한국인을 위한 중국사

한국인을 위한 중국사

초판 1쇄 발행 2004년 4월 7일
초판 22쇄 발행 2023년 2월 10일

지은이   신성곤 윤혜영
펴낸이   이영선

편집   이일규 김선정 김문정 김종훈 이민재 김영아 이현정 차소영
디자인   김회량 위수연
독자본부   김일신 정혜영 김연수 김민수 박정래 손미경 김동욱

펴낸곳 서해문집 | 출판등록 1989년 3월 16일(제406-2005-000047호)
주소 경기도 파주시 광인사길 217(파주출판도시)
전화 (031)955-7470 | 팩스 (031)955-7469
홈페이지 www.booksea.co.kr | 이메일 shmj21@hanmail.net

ISBN 978-89-7483-210-0 03910

이 도서의 국립중앙도서관 출판시도서목록(CIP)은 e-CIP 홈페이지(http://www.nl.go.kr/ecip)에서
이용하실 수 있습니다.(CIP제어번호: CIP2005000509)

서해역사책방 ⑥

한국인을 위한 중국사

신성곤 · 윤혜영 지음

서해문집

 머리말

　필자들은 오랫동안 강단에서 중국역사를 강의하면서 학생들에게 참고서를 소개할 때마다 늘 아쉬움을 느껴왔다. 대개는 중국인 학자들의 책을 번역한 것을 소개하는데 시각의 차이나 생소한 용어가 걸렸기 때문이다. 중국인 다음으로 많은 연구를 해 온 일본 책의 번역에서도 정도의 차이는 있지만 생소함은 마찬가지다. 제3자의 입장에서 서술한 객관적이고도 냉철한 기술을 찾아보기 힘들기 때문이다. 그렇다고 서구 연구자의 번역본이 아쉬움을 달래줄 수 있는가 하면 그것도 아니었다. 중국이라는 세계에 낯선, 서구의 독자를 대상으로 한 것이기 때문에, 역사적으로 긴밀한 관계를 맺어와 중국에 대한 관심이 남다른 우리나라 독자의 수준에는 역시 걸맞지 않기 때문이다.

　이렇게 마땅한 참고도서가 없어 고심하면서 우리나라의 중국사 연구도 본격적인 단계에 접어든 만큼 객관적인 시각으로 통사를 저술할 때도 되지 않았을까 생각하게 되었다. 이에 필자들은 우리나라 연구자들의 중국사 연구 결과를 충실히 반영하여 우리의 시각으로, 우리의 용어로 중국사를 개관해 보았다. 이 책의 1부 9장까지는 신성곤, 1부 10장과 2부는 윤혜영이 집필했다.

　이 책을 집필하면서 필자들이 기존의 통사에 비해 신경을 쓴 부분은 문화, 생활사 부분이다. 근년 역사학계의 큰 변화를 꼽는다면 기왕의 역사 서술에서 소홀히 취급되어온 문화, 생활사에 대한 연구가 늘었다는 점이다. 이 책에서는 이 점을 충분히 반영하여 전근대와 근대 이후를 막론하고 새로 장절을 마련하여 중국 사람들이 어떻게 생활하였는가 하는 점에 관심을 기울였다.

　다음으로 사진, 도판, 지도 같은 자료도 이용했다. 그리고 그동안 우리나라 역사책에서는 다루지 않은 중화인민공화국의 역사를 과감히 포함시켰고 독자들의 이해를 돕기 위해 설명용 주를 다수 첨가했다. 그렇게 해서 2004년에 이 책이 세상에 나왔고 꾸준히 독자의 사랑을 받아왔다.

　그런데 2017년인 금년에 이르면 한중 간의 국교가 수립된 지도 20년이 훌쩍 넘었다. 중국의 사정도 크게 변화했다. 그동안 많은 사람이 중국을 드나들게 되면서 중국에 대한 관심이 부쩍 커졌다. 일반인의 중국에 대한 갈증을 해소시켜 주기 위해 중국여행기라든지 오늘날의 중국을 소개하는 책들도 많이 나왔다. 그러나 오늘날의 중국을 이해하기 위해서는 중국의 어제를 충실히 기록한 역사서의 출간이 우선적으로 이뤄져야 함에도 불구하고 아직까지도 우리 시각으로, 우리의 용어로 중국의 어제를 객관적으로 서술한 역사책은 많지 않다. 그런 점에서 이 책이 가지는 여러 가지 미흡함에도 불구하고 중국사를 배우는 학생은 물론이고 일반 독자에게도 도움이 되리라 기대한다.

그동안 필자들은 중국이 오늘날 한국의 인명이나 지명을 한국어 발음으로 표기하지 않고 중국어 발음을 고수하고 있는 한 우리도 형평에 맞추어 우리 식으로 중국 인명, 지명을 표기하자는 고집을 부려왔다. 그러나 이제 독자들이 중국의 지명과 중화민국 이후 시대의 인물에 대해 중국어 발음대로 표기하는 관행에 익숙해진 만큼 필자들도 이 관행을 따르기로 했다.

끝으로 원고를 여러 차례 읽어가면서 독자의 눈으로 세심하게 문제점을 지적해주어 더 나은 책의 형태를 갖추게 해 준 서해문집 편집부에 감사의 말씀 전한다. 이 책이 처음 나온 이래 중국사의 연구에도 큰 진척이 이뤄졌고 이 점을 보완한 개정판의 필요성을 절감하고 있음을 밝히면서 미흡한 부분에 대해서는 여러분의 따끔한 가르침을 기다린다.

2017년 4월 신성곤, 윤혜영

머리말

1부　중국문명의 형성과 발전

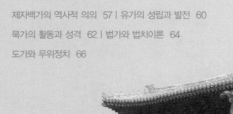

2부 근대 이후 중국역사의 전개

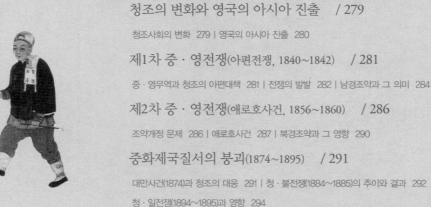

1부
중국문명의 형성과 발전

중국문명의 기원

중국은 구석기시대부터 인류가 거주하던 공간이었으며, 1만 년 전부터 신석기문화가 싹트기 시작해 각지에서 자생적이고 독자적인 문화가 전개된 곳이다. 신석기 농경문화에서는 집단 취락의 성립, 모계사회에서 부계사회로의 진입, 사회 내부의 계층화, 빈부의 격차 등의 현상을 찾아볼 수 있다. 신석기문화는 선진지역이라고 볼 수 있는 황하 유역과 양자강 유역을 중심으로 발전해, 황하 중 유역인 중원中原지역을 중심으로 고대국가가 등장했다. 삼황오제三皇五帝의 뒤를 이어 우禹왕이 건립했다는 최초의 왕조인 하夏의 역사적 실체는 아직 우리들에게 그 모습을 드러내지 않았다. 그러나 문명 발달 이전의 단계에서 활약했을 것이라 추정되는 문화 창조 영웅들의 신화 및 전승과 많은 연관성이 있으며, 조만간 실재했던 역사적 왕조로서의 모습을 드러낼 가능성이 농후하다.

일반적으로 인류의 역사는 기록의 유무에 따라 선사시대와 역사시대로 나뉜다. 선사시대는 다시 구석기시대, 중석기시대, 신석기시대로 나뉘고, 구석기시대는 다시 전기와 중기, 후기로 구분한다. 중국에서는 고고학적으로 구석기시대 전기의 인류를 원인猿人, 중기의 인류를 고인古人, 후기의 인류를 신인新人 즉 호모 사피엔스라 부르는데, 지금까지 이들은 중국 각지에서 발견되고 있다. 이를 표로 정리해 보면 아래와 같다.

중국에서 인류의 활동이 최초로 확인된 것은 170만 년 전으로 추정되며, 운남성雲南省에서 발견된 원인 단계의 원모인元謀人이 최초의 인류이다. 이후 60만 년 전에서 50만 년 전까지 남전인藍田人과 북경인北京人 등이 활동했는데, 모두 인공적인 불과 간단한 타제석기를 사용하고 있었다. 이들은 직립 보행하면서 수렵과 어로 위주로 생활했고 집단으로 거주했으며, 상호 간 의 사소통을 위해 언어를 사용했던 것으로 보인다. 두개골의 뇌용량으로 짐작

시기구분	출현연대	문화 혹은 인류	발견지역	발견연대
전기구석기猿人 (200~20만 년 전)	약 180만 년 전 약 170만 년 전 약 60~70만 년 전 약 50만 년 전	서후도西侯度유적 원모인元謀人 남전인藍田人 북경인北京人	산서성山西省 예현芮縣 운남성雲南省 원모현元謀縣 섬서성陝西省 남전현藍田縣 북경시北京市 주구점周口店 제1지점	1961, 1962 1965 1963, 1964 1927, 1937, 1949 이후 계속
중기구석기古人 (20~10만 년 전)	북경원인 이후 약 10만 년 전후 약 20만 년 전	대여인大荔人 허가요인許家窯人 마패인馬壩人 장양인長陽人 정촌인丁村人 동재인桐梓人	섬서성陝西省 대여현大荔縣 산서성山西省 양고현陽高縣 광동성廣東省 마패향馬壩鄉 호북성湖北省 조가언趙家堰 산서성山西省 양분현襄汾縣 귀주성貴州省 동재현桐梓縣	1974, 1976, 1977 1978 1958 1956 1954 1972
후기구석기新人 (4~5만 년 전)	약 4~5만 년 전	유강인柳江人 자양인資陽人 기린산인麒麟山人 오르도스인 산정동인山頂洞人	광서성廣西省 유강현柳江縣 사천성四川省 자양현資陽縣 광서성廣西省 내빈현來賓縣 오르도스지역 (수동구, 사라오소강 유역) 북경北京 주구점周口店 산정동山頂洞	1958 1951 1956 1923, 1956, 1964 1933, 1934

〈중국의 구석기 인류〉

17

구석기인들이 사용하던 도구들

컨대 이들의 진화과정은 매우 완만했으며 현대인과의 직접적인 관련은 없다.

원인은 20~10만 년 정도에 이르러 점차 현생인류에 가까워졌다. 고인 단계의 마패인, 장양인, 정촌인 등이 대표적인데, 이들은 석기 외에 골기와 목기를 사용했다. 그리고 잡혼하는 풍습에서 벗어나 혈연에 따라 혼인함으로써 이후 씨족제로 넘어가는 계기가 마련되었다.

대략 4~5만 년 전이 되면, 인류는 더욱 진화해 현대인과 같은 단계인 호모 사피엔스가 된다. 이들은 원인이나 고인에 비해 대뇌가 발달해 현대인의 뇌용량 편차범위1300~1500㏄에 속할 정도가 된다. 대표적인 인류로는 오르도스인, 산정동인山頂洞人, 기린산인麒麟山人, 유강인柳江人 등을 들 수 있다. 이들은 정교한 도구인 돌화살촉과 뼈바늘을 사용했으며 석기의 가공 능력도 한층 발달했다. 특히 흥미로운 것은, 산정동인의 경우 인골 주위에 붉은 쇳가루가 뿌려져 있는 점인데 이로 보아 죽은 사람에 대한 종교적인 행위가 행해졌던 것으로 짐작된다. 이는 구석기인들이 삶과 죽음에 대한 초보적인 종교 관념을 갖게 되었음을 알려준다.

구석기인들은 모두 수렵과 채집, 어로생활을 했다. 사회적으로는 초기 단계부터 상당한 규모의 집단을 형성해 지도자를 중심으로 활동했으며, 남녀의 분업이 행해졌다. 후기 구석기시대가 되면서 혈연혼인이 사라지고 족외혼族外婚, 즉 한 씨족의 형제들이 다른 씨족의 자매들과 혼인하는 상호 군혼群婚의 형태가 나타났으며, 이에 따라 동일 씨족 내에서의 통혼은 금지되었다. 또한 후기 구석기시대 말기에는 극히 초보적인 농경의 흔적이 확인되는데, 그들 스스로 식량을 생산하게 되었음을 짐작할 수 있으며 이후 신석기시대의 식량생산 기술이 여기서 비롯되었음을 알 수 있다.

신석기 농경문화의 다양성과 독자성

구석기시대와 신석기시대를 구분하는 기준은 석기의 제조 기술이 타제에서 마제로 변한 것과 토기의 등장을 들 수 있다. 그러나 두 시기를 구분하는 데 있어 더 중요한 것은 식량을 재배하고 가축을 사육함으로써 스스로 생산할 수 있게 되었다는 점이다. 이를 계기로 인류사회는 급격한 변화를 맞이해 불과 1만 년이 되는 동안 최첨단의 현대문명에까지 도달하게 되었다.

신석기인들이 사용하던 마제도구

1978년 하남성 신정新鄭 배리강裴李崗에서 출토된 길이 63.5cm, 폭 28cm, 높이 7.3cm의 마제도구. 식량 가공을 위한 용도로 보이는데, 탈곡용으로 사용되었던 것 같다.

중국에서 최초로 발견된 신석기문화는 앙소仰韶문화[●]이다. 앙소문화는 1920년대에 스웨덴의 지질학자 앤더슨Andersson이 하남성 낙양 서쪽 민지현에서 발견하여 전 세계에 알려지게 되었는데, 가장 대표적인 앙소문화는 반파半坡문화[●]이다. 이후 중국인 배문중裴文中이 산동성 역성현歷城縣 용산진龍山鎭 성자애城子崖 유적에서 검은 빛이 도는 흑도가 중심이 된 용산龍山문화[●]를 발견한 바 있다. 두 문화가 황하 유역을 중심으로 발전하여 이후 고대국가를 형성하였다는 논의를 입각하여 이를 근거로 한때 '황하문명' 이라는 말이 유행하기도 했다.

뼈로 만든 작살

그러나 신중국 성립(1949) 이후 중국의 각 지역에서 다양한 유형의 신석기문화가 속속 발견되었다. 용산문화보다 선행하는 대문구문화[●]도 발견되었고, 황하 유역 이외의 지역인 절강성 여요현餘姚縣에서 발견된 하모도河姆渡문화는 앙소문화보다도 앞선 시기의 문화로서 쌀을 재배하고 대형 목조건축물을 축조하는 등 앙소문화보다 수준이 높은 것이 확인되었다. 이후 B.C. 4500~3000년에 이르는 수도작水稻作을 위주로 한 다양한 양자강 유역의 문화가 잇달아 발견되었다. 양자강 하류, 강소성을 중심으로 한 청련강靑蓮崗

앙소문화
황하 중상류 유역에서 발견된 최초의 신석기문화. 홍도紅陶가 이 문화의 특징이고 채색토기가 주류를 이룬다. 농경·수렵·어로의 흔적이 보이며 모계제 사회를 영위했던 것으로 추정된다.

반파문화
1949년 이후 발굴된 앙소문화 유적 중 서안西安 근교의 반파에서 발굴된 대표적 취락 유적이다. 대략 B.C. 5천년경으로 추정된다. 흑도가 특색이며 농경과 가축 사육의 흔적을 엿볼 수 있다.

용산문화
황하 중하류 유역을 중심으로 한 중국 신석기 후기의 문화(B.C. 3천년경). 흑도가 특색이며 농경과 목축 생활을 영위했고, 부계 위주의 씨족사회로서 제례를 올린 흔적이 보인다.

대문구문화
산동지역의 용산문화에 앞서 등장했던 황하 하류 유역의 신석기문화. 산동성 태안泰安 대문구촌에서 발견되어 붙여진 이름이며 시기적으로는 B.C. 4000~3000년 정도이다. 수공업의 발달과 다양한 색깔의 도기가 발견되었다.

중국 신석기문화의 분포도

문화, 절강성을 중심으로 한 양저良渚문화(B.C. 3000~1000)와 마가병馬家浜문화(하모도문화와 비슷한 시기), 양자강 중 유역 호북성 중심의 굴가령屈家嶺문화(B.C. 3300~2000), 양자강 상류 사천성을 중심으로 한 대계大溪문화(B.C. 4400~3300) 등이 그것이다. 이때에 이르러 '중국문명' 이라는 용어가 보다 널리 사용되기 시작했다.

마지막으로 중국 신석기문화의 초입연대는 현재 B.C. 9500년까지 소급되고 있다. 중국 신석기문화는 외부의 영향을 받은 것이 아니라 독자적으로 자생한 문화였다. 또한 중국 한자의 기원을 살펴보면, 기존 갑골문에서 신석기시대로 거슬러 올라가 약 B.C. 3000년경에 이미 한자의 원형이라고 생각되는 문양과 부호들이 발견되고 있으며, 일부일처제의 확립에 따라 조상숭배의식도 발달하기 시작했다.

신석기시대에는 농경과 가축의 사육에 의한 생산 기술이 발달해 각 유적지에서는 돌과 뼈, 나무, 조개껍질로 만든 다양한 형태의 농기구가 대량으로 출토되고 있다. 재배 작물은 자연환경의 차이에 따라 화북과 강남의 신석기문화가 차이를 보이는데, 화북지역에서는 조와 피, 수수 등을, 강남지역에서는 벼 등이 확인된다. 가축의 종류는 말을 제외하고 개, 돼지, 소, 양 등이 있었다. 농업 발달과 함께 수공업도 발달해 각종 생산도구뿐만 아니라 저장용, 취사용, 제사용 등 갖가지 형태의 토기가 제작되었으며 장식용으로 정교하게 만들어진 옥기와 상아제품도 생산되었다. 또한 마와 견직물로 만들어진 의류도 발견할 수 있다.

신석기인들은 정주취락을 형성해 거주했는데, 가장 잘 알려진 취락지는 앙소문화에 속하는 섬서성 서안시 근교의 반파半坡 유적이다. 이 유적지는 1952년 발견되었는데, 초기 앙소문화의 대표적인 원형 취락이다. 약 5만㎡의 유적지 중 현재 1만㎡만이 발굴되어 취락의 전체 구조가 분명하게 확인되지는 않았다. 다수의 반지하식 주거지가 밀집되어 있고 취락 전체를 방어용 호濠가 둘러싸고 있다. 직경 200~300m의 원형 취락유적에 200~300개의 주거지가 있으며, 수백 명에서 천 명 정도가 취락을 구성했을 것으로 생각된다. 시기는 대략 B.C. 5000년경으로 채소와 함께 식량용 밀, 종자용 조

앙소문화 출토 도기들

앙소문화 도기의 특징은 채색도기인데, 오른쪽은 배 형태의 단지이고, 중간은 황새, 물고기, 돌도끼가 그려진 두레박이고, 왼쪽은 반파에서 발견된 가장 대표적인 사람 얼굴을 한 물고기 문양대야이다.

강채유적 가상복원도

가 출토되었고, 돼지와 개를 사육한 것으로 보인다.

　이보다 규모는 작지만 동북쪽으로 약 20km 지점에 위치한 강채姜寨 유적은 일부를 빼고는 취락 전체의 구조가 밝혀져 앙소문화시대의 취락 형태를 잘 보여 준다. B.C. 4500년경의 것으로 추정되는 이 취락은 주위가 방어용 도랑으로 둘러싸여 있고 도랑의 안쪽은 목책이 둘러쳐져 있다. 주거지는 중앙광장을 중심으로 해 다섯 군데가 무리를 지어 형성되어 있다. 각 무리는 대형 주거지와 중형 주거지가 하나씩 발견되었고 소형 주거지가 약 20호戶 정도 발견되어 전체적으로 100호 정도가 된다. 300~400명 정도가 모여 살았던 이 유적의 신석기인들은 원형과 방형|네모반듯한 모양|의 반지하식 가옥에서 거주했다. 나이와 성별에 따라 별개의 집단이 만들어져 있었고, 부장품은 청소년과 유아를 제외하면 거의 차이가 없어 이때까지는 계급의 분화가

이루어지지 않았음을 알 수 있다. 취락의 운영은 씨족조직을 기반으로 하고 있었으므로 씨족의 장로들에 의해 운영되었다고 보인다.

그러나 묘에 부장된 부장품이 시대의 흐름에 따라 달라짐을 발견할 수 있는데, 이는 빈부의 격차가 생겨나고 있음을 알려주는 증거이다. 이와 아울러 남녀의 분업과 차별, 단혼가정의 독립 등의 현상도 나타났다. 이러한 현상은 농경생활로 인한 잉여에 의해 발생한 것이다. 농기구의 발전과 다양한 품종의 재배 등을 고려하면 신석기 후기에는 향상된 농업생산의 기반 위에서 사회 내부의 계층화, 인구의 증가, 모계사회에서 부계사회로의 전환 등이 나타났음을 알 수 있다. 그리고 이후 청동기시대에 중국 최초의 고대국가를 출현시킬 대부분의 준비가 이루어졌던 것으로 보인다.

중국 신화의 세계와 하왕조의 실재

중국인들은 오래 전부터 문명 발달 이전의 단계를 문화 창조의 영웅을 중심으로 한 신화와 전설의 형태로 간직해 왔다. 청대의 고증학과 근대 역사학의 발달과 함께 이러한 고전승에 대한 일대 비판이 일어나 상고사에 대한 문제제기가 시작되었고, 그 허구성이 지적된 바 있다. 그러나 최근까지 고고학의 성과와 갑골문甲骨文, 금문金文의 발견 등으로 인해 역사 초기단계의 상황을 모색하는 연구가 계속되고 있다.

중국에서 최초의 국가형성과 출현을 암시하는 고전승의 주인공은 삼황오제三皇五帝이다. 삼황오제의 전설은 여러 계통이 있어, 삼황과 오제가 누구인가를 둘러싸고 여러 견해가 제기되어 왔다. 그러나 『사기』의 기술에 따라 대체로 신농씨神農氏, 복희씨伏羲氏, 여와씨女媧氏를 삼황으로, 황제黃帝, 전욱顓頊, 제곡帝嚳, 요堯, 순舜을 오제로 보는 것이 일반적이다. 복희와 여와는 뱀의 몸뚱이에 사람의 얼굴을 하고 있으며, 인류에게 문자와 불, 그리고 혼인제도를 가르쳐 준 주인공이다. 신농은 사람의 몸뚱이에 소의 얼굴을 하고 있으며 농사 짓는 법을 가르쳐 주어 농업과 관련된 태양신으로 추앙된다. 황제는 무력으로 중국을 통일한 최초의 군주이자 여러 문물을 창안한 창시자로서 숭배되고 있고, 전욱과 제곡에 대해서는 잘 알려져 있지 않다. 이들에 비해 가장 이상적인 제왕으로 추앙받는 것은 요와 순이다. 전통적으로 이상적인 태평시대를 열었다는 요 · 순시대에는 개인적인 능력보다는 도덕적인 덕목을 통치자의 능력으로 중시했다. 따라서 지배자는 문화와 도덕의 체현자를 의미하게 되었다는 점에서 중요하며 또한 후대에 가장 이상적인 왕위계승의 형태인 선양禪讓*의 방식을 채택했다는 점에서 의의가 있다.

이러한 고전승 자체가 역사적 사실은 아니지만 그 내용에 반영되어 있는 불의 사용, 농경의 발명, 제위의 계승방식 등은 대략 신석기시대 혹은 그 말기에서 청동기시대로 이행하는 과도기에 일어났음 직한 인류 문물의 발전 과정을 반영하고 있다고 보인다.

오제의 전설에 뒤이어 나타난 우禹의 치수 전설과 하夏왕조의 건국에 대한 전설은 중국 최초의 국가 출현을 시사하고 있는데, 전승에 의하면 하는

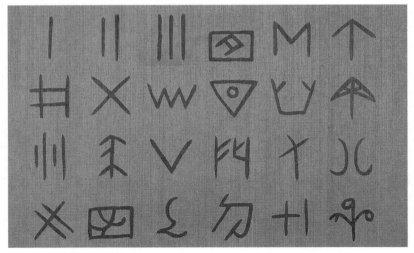

신농

선양
군주의 지위를 세습이 아니라 명망과 덕을 갖춘 제삼자에게 양위하는 계승방식. 군주의 자발적인 양위라는 점에서 역성혁명易姓革命과 다르며, 요가 순에게, 순이 다시 우에게 군주의 지위를 넘긴 것이 대표적인 예이다. 후세 유학자들은 선양을 가장 이상적인 왕위계승의 형태라여겼다.

이리두에서 출토된 도기파편에 새겨진 부호
이리두에서 발견된 도기 표면에 그려진 부호. 도자기를 굽는 장인이 모종의 특수한 의도를 가지고 새겨 넣은 것이라고 보여지며, 수를 의미하는 문자의 탄생과 상당한 관계가 있다고 여겨진다.

우에서 걸桀에 이르기까지 17왕 472여 년간[B.C. 1600년경까지] 존속했던 것으로 전해진다. 뒤에서 다시 설명하겠지만 하의 뒤를 이었다는 상에 대해서는 이미 고고학적으로 확인되었고, 근년에는 이리두=里頭문화[●]와 관련해 전설상의 시대라고 추정했던 하왕조의 실재에 대한 연구가 이루어지고 있다.

이리두문화
하남성 언사현[偃師縣] 이리두에서 발견된 청동기시대 문화. 총 4기로 나뉘는데, 1기 유적은 하남의 용산문화에 근접했고 4기는 상나라 중기의 문화에 해당한다. 처음 발굴되었을 때는 하의 문화 유적이라고 추정되었지만 지금은 대체로 상商을 건국한 집단과의 문화적 연계성이 확인되었다.

상·주의 정치와 사회

하왕조에 비해 고고학적인 발굴과 조사를 통해 일찍이 모습을 드러낸 상왕조는 씨족의 거주 단위인, 성벽으로 둘러싸인 도성을 의미하는 읍邑을 중심으로 누층累層적인 읍제국가邑制國家를 발전시켰다. 이 누층적인 읍제국가 간의 정치적 연결고리는 봉건제라는 읍 중심의 분권적인 통치 형태였다. 상왕은 정치적인 최고 지도자인 동시에 종교적인 권능도 함께 보유하고 있었다. 원시적인 종교관에 따라 점을 쳤던 복사卜辭, 이를 통해 드러난 정치와 종교가 일치된 신정神政통치의 최고 정점에 상왕이 존재했다.

상왕조를 물리치고 건국된 주왕조는 왕조 교체의 정당성을 확보하기 위해 천명天命사상을 주장했는데, 천명이란 통치자 개인의 덕德에 따라 하늘의 의지가 달라진다는 의미이다. 이런 논리는 문치文治 우위의 사회가 형성되고 관료제가 발달하는 데 있어 중대한 역할을 했다. 또한 주왕조는 봉건제를 채택하면서도 그 내부적인 원리로 적장자 상속을 원칙으로 하는 혈연 조직에 바탕을 둔 종법제를 내세웠다. 이처럼 씨족과 혈연에 기반한 종법적 봉건제는 주왕조 건국 초기의 안정화에 큰 바탕이 되었다. 그리고 소농민을 보호하는 토지분배제도인 정전제井田制를 실시했다는 전승도 첨가되어 이후 주왕조는 역대 가장 이상적인 시대로 자리매김하게 된다. 이런 주왕조에 대한 이상적인 생각 때문에 이후의 중국인들은 과거에서 유토피아를 찾는 복고적 혹은 상고적尚古的 관념을 갖게 되었다.

갑골문의 발견과 신정통치

중국에 최초의 왕조라고 하는 하夏는 아직 발견되지 않았고, 지금까지 고고학적으로 연대를 확인할 수 있는 최초의 국가는 상商이다. 기록에 의하면 상족의 조상은 설契이라는 사람인데, 요·순시대에 백성을 교화하고 후에 우왕을 도와 치수에 공을 세워 상 땅에 봉건되었기 때문에 상이라 부르게 되었다고 한다. 이처럼 전설에서는 국가의 이름과 종족의 명칭, 근거가 된 지역의 이름이 대개 동일하다. 전설에 따르면 14대째에 탕왕湯王이 등장해 하왕조의 폭군 걸왕을 물리치고 상왕조를 개국했다고 한다B.C. 1600년경. 이후 수차례 도읍을 옮기다가 19대째인 반경盤庚 때에 은殷으로 옮겨 마지막 주왕紂王까지 273년간 왕조가 유지되었다. 상이라는 명칭과 더불어 문헌에는 은이라는 칭호도 보이는데, 이것은 상왕조 멸망 후에 주족周族이 상의 주민들을 경멸하는 뜻에서 사용하던 호칭이었으며, 상왕조의 마지막 수도가 은이었던 데서 연유하기도 한다.

예전에는 하, 상, 주 삼대三代의 실존에 대해 아무도 의심을 품지 않았고, 이 시대를 이상적인 시대로 묘사했었다. 그러나 전통적인 역사관에 대한 부정이 시작되면서 상왕조도 한때 그 실존을 의심받은 적이 있다. 그러나 청조 멸망 직전인 1899년에 갑골문甲骨文이 발견되고, 이것이 상왕조에서 만들어진 복점의 기록 즉 복사卜辭라는 사실이 밝혀진 후에는, 왕위세계王位世系도 전해지던 것과 거의 차이가 없음이 드러났고, 그 실존이 확인되었다.

갑골문은 1899년에 유악劉鶚이 학질의 한방약으로 쓰이던 '용골龍骨'이라는 뼈를 발견한 데서 비롯되었다. 고문자에 대한 이해가 깊었던 유악은 뼈에 새겨져 있는 옛 문자가 이전에는 볼 수 없었던 아주 오래된 시기의 문자라는 것을 알아채고, 그것의 수집과 연구에 몰두했다. 1903년 그가 자신이 소장한 갑골문의 탁본을 모아 『철운장귀鐵雲藏龜』라는 책을 출판함으로써 갑골문의 존재가 세상에 알려지게 되었다. 갑골이란 주로 거북의 복갑腹甲|배딱지|이나 소의 어깨뼈|견갑골|를 말하며, 갑골문이란 갑골의 이면에 불에 달군

갑골문

하남성 안양에서 출토된 갑골문. 갑골문은 당시 점을 친 기록 즉 복사卜辭이지만, 당시의 문자와 의례만이 아니라 상대의 천문과 역법에 관한 다양한 자료가 포함되어 있어 자료적 가치가 매우 크다.

가는 나무를 눌러 급속히 팽창시키면 표면에 국부적인 균열이 생기고, 그 균열의 상태로 점을 친 후에 주변에 점을 친 날짜와 점을 친 사람의 이름, 점친 내용 및 결과 등을 새겨 넣은 글을 말한다.

이후 고고학자들은 갑골문이 주로 출토된 하남성 안양시安陽市 소둔촌小屯村이 상나라의 마지막 수도였던 은허殷墟임을 밝혀내고, 이 지역의 발굴을 통해 다량의 갑골문을 획득했다. 중·일전쟁시기를 제외하고 꾸준히 발굴조사가 행해진 결과 지금까지 약 10만여 편에 달하는 갑골문이 출토되었으며, 궁전의 유적과 왕묘로 추정되는 대묘를 포함한 1천여 개의 묘가 발굴되었다.

갑골문은 이미 육서六書에 의한 한자의 형성원칙이 갖추어져 있어 현대 중국어의 원형을 보이고 있다. 그 내용은 주로 조상신이나 자연신에 대한 제사의 가부, 전쟁의 가부, 농사의 풍흉, 바람과 비의 유무, 수렵이나 여행시의 재해 유무, 10일이나 매일의 재해 유무, 질병이나 임신 등 다방면에 걸쳐 있는데, 가장 많은 것은 제사에 관한 것이다. 또 출토된 갑골문은 시기적으로 볼 때 대개 22대 무정武丁 이후 마지막 30대인 제신帝辛 때까지의 것이고, 점복의 기록이라는 자료상의 한계는 있지만 이를 통해 상대 특히 후기의 모습에 대한 이해가 가능해졌다.

신정통치와 그 변화

상나라에서는 상제上帝라는 존재가 우주의 지배자이며, 그 의지에 따라 모든 미래가 결정된다고 생각했다. 갑골문은 상대 사람들이 상제의 의향을 묻기 위해 행한 행위의 기록이었기 때문에 제사와 관련된 기록이 유난히 많으며, 그 중심이 되고 있는 것은 선왕先王들의 제사에 대한 것이었다. 상대인은 태양이 지중에 10개가 있어 그것이 매일 하나씩 교체돼 천상에 나타나 10일마다 한 번씩 돈다고 생각했다. 10개의 태양에는 각각 이름이 있는데, 일갑日甲부터 일계日癸까지 10간十干이 그것이다. 결국 상대인의 정신구조의 기저를 이루는 것은 이처럼 원시적인 태양숭배였다. 이러한 왕조 제사의 원형은 원시적인 태양관과 씨족 내부의 선조숭배였고, 이 둘이 결합해 왕조 제사의 중핵을 이루었다. 따라서 상은 정치와 종교가 일치된 신정국가의 성격을 띠고 있었으며, 청동기는 바로 이러한 신정적 권위의 상징이었다.

이러한 측면을 잘 보여 주는 것이 바로 거대한 규모의 왕성·왕묘와 다수의 순장자 및 정인貞人이라는 존재이다. 상문화는 고고학적 발굴에 따르면 전기|B.C. 1700년경|, 중기|B.C. 1600년경|, 후기|B.C. 1300년경|로 나눌 수 있는데, 갑골문을 포함한 은허유적은 후기의 것이다. 전기의 대표적인 유적은 이리두에서 발견되었는데, 용산문화

의 영향을 받으면서 이리두 후기에 동서와 남북이 각각 약 100m에 달하는 대궁전의 유적과 상대의 성터|언사상성偃師商城|가 발견된 바 있

이리두 궁전 복원 모형도

다. 중기인 이리강二里崗시기에는 한쪽 벽의 길이가 1,700~1,870m, 높이 10m, 폭 30m에 달하는 거대한 성벽이 발견되었는데|정주상성鄭州商城|, 축성에 필요한 인원과 기간을 추산해 보면 매일 1만 명 이상의 인원이 약 18년 정도 걸려 작업했을 것으로 보인다. 이것은 엄청난 정치력이 전제되지 않으면 불가능한 일이었다. 이는 결국 강력한 왕권의 출현을 의미하며, 초기의 왕과는 달리 후기가 되면서 다른 씨족장들과 현격하게 구별되는 신적인 권위를 지닌 존재가 출현하게 되

었음을 나타낸다. 이와 함께 이리강기 후기부터 순장자가 발견되는데, 안양기에는 300명 이상의 순장자가 발견된 곳도 있다. 더욱이 노예를 제사의 제물로 바치는 경우도 많았는데[벌제伐祭], 갑골문에는 무려 2,500명 이상 희생되었다는 기록이 있으며, 현재 발견된 갑골문에서 확인된 희생자의 수는 모두 14,000명 이상에 달한다.

초기 지배씨족에서 교대로 선출된 상왕이 절대적인 권력을 보유했다고 볼 수는 없다. 왕은 당시 점복에서 길흉을 판단할 수 있는 지상의 유일한 존재였다. 갑골을 가지고 점을 치는 사람은 정인이라는 전문직이지만 그 의미는 왕 혼자서 판단했고, 왕은 신의 세계와 인간 세계의 유일한 매개자였다. 정인은 명칭에 지명이나 씨족 혹은 부족의 이름이 보이는 것으로 보아 왕이 지배하는 소국가나 부족의 대표자 겸 봉사자로 파견된 자로 보인다. 갑골문에서 확인되는 정인은 120명 정도인데 이들은 정인기구를 구성해 상왕의 측근으로서 우대를 받았다. 왕이 바뀜에 따라 정인의 명단도 바뀌는 것으로 보아 왕의 신정적인 성격을 보좌하는 한편 상의 신정통치가 지닌 부족연합적 성격을 반영하고 있다.

그러나 후기로 갈수록 신정적인 성격은 약화되고 전제적인 세속왕권을 지닌 상왕으로서의 성격이 강화된다. 이는 왕위의 계승에서 확연히 드러나는데, 초기에는 왕위가 형제상속이었으나 점점 바뀌어 말기 4대에는 부자상속으로 고착되는 현상을 보이고 있다. 물론 당시의 형제, 부모라는 것은 오늘날의 육친관계를 뛰어넘는 보다 광범위한 관계를 일컫는다. 일족이거나 일족이 아니라면 의형제 혹은 의부자 관계처럼 혈연을 뛰어넘어 맺어진 준혈연적인 인간관계를 의미하는 의제적擬制的인 혈연관계를 통해 충분히 세습의 조건을 갖출 수 있었다.

정인기구는 상대를 통해 계속 축소·약화되는 경향을 보이며, 상 말기에는 왕권에 예속되어 버린다. 이것은 신정적인 성격을 띤 상대의 왕권이 약화되고, 세속적 왕권이 강화되면서 그 의미가 축소되어 결국 왕권에 흡수되었음을 뜻한다. 강한 왕권과 그것이 지닌 권위를 유지하기 위해서는 문자와 청동기의 장악 역시 중요했다. 상대는 정신문화의 신정적인 측면을 유지하

상나라시대의 정교한 청동기와 주조에 쓰인 주물
높이 1미터 무게 82.5kg인 방정과 청동도끼, 그리고 청동기를 주조하던 폭 6.5~7.4cm, 두께 3.4~3.9cm의 주물

면서도 물질문명은 오히려 후대인 주대보다 발달해 있었다. 그 대표적인 것이 청동기인데, 이리두문화 후기부터 시작되었다고 추정되는 청동기의 주조는 중국에서 독자적이고 자생적으로 발달했다. 주조기술이나 정교함에서 현재까지 타의 추종을 불허하며, 이리강기에는 높이 1m에 달하는 대형 사각형 솥인 방정方鼎이 주조되기도 했다. 이 청동기는 바로 권위의 상징이었고, 상왕의 권위를 대표한다. 문자는 이미 갑골문에서도 잘 드러났듯이 왕권이 강화되면서 행정통치와 의식에서의 필요에 따라 크게 증가했음을 알 수 있다. 이리강기에 겨우 몇 개에 지나지 않았던 갑골문이 안양기에 대규모로 출토된 것은 바로 이를 뒷받침하는 증거이다.

씨족의 사회조직과 누층적 읍제국가

상대의 계층은 대체로 지배층, 평민, 노예로 구성되었다. 지배층은 상왕을 중심으로 왕실귀족이나 지방의 씨족장들을 포함한다. 상왕은 정치적인 지배자이자 종교적인 수장이었다. 상왕과 더불어 성을 가질 수 있었던 것은 지배층으로서 이들을 총칭해 백성百姓이라 불렀다. 이들의 묘에서 출토된 부장품과 순장자로 추정컨대 막강한 지배력을 보유하고 있었음을 알 수 있다. 평민은 대개 농민으로서 국가에 대해 공물과 요역의 의무를 졌다. 노예는 전쟁이나 약탈을 통해 형성되었고, 이들은 주로 순장이나 제사의 희생물로 사용되었다.

상의 지배씨족은 이념적으로 10개로 배열된 내혼조직을 갖고 있어서 각 군도 갑, 을, 병, 정 …… 계의 태양명으로 불려졌는데, 각 씨족군이 태양의 손자라는 관념을 갖고 있었을 것으로 보인다. 왕이나 왕비는 불규칙하지만 교대로 이 갑군, 을군, 병군 …… 등에서 선출되었다.

이를 보면 상은 혈족집단을 핵으로 하는 읍邑 기반의 소국가가 연합한 성격으로 출발했음을 알 수 있다. 이 읍을 서아시아나 그리스·로마와의 유사성 때문에 도시국가라 부르기도 하는데, 일반적으로는 읍제국가라 부른다. 대읍,

은허 부호묘에서 출토된 장식품

족읍, 속읍i소읍I이 누층적으로 맺어진 것이 상의 기본적인 국가조직이었다. 국가의 기본을 이루는 것은 족읍이었고 이것은 신석기시대의 취락에서 발달한 것으로 보인다. 이런 족 사이의 연합·협력관계가 점차 통합조직을 형성하고 이것이 국가로 형성되었으며, 지배씨족과 그 거주지로서의 대읍을 만들어냈다. 따라서 상의 초기에는 대읍이 족읍을 지배했다기보다는 족읍의 연합에 의해 국가가 형성되었다고 보는 편이 더 자연스럽다. 족읍은 1974년에 발견된 호북성 황피현의 반룡성盤龍城으로 그 크기를 추정할 수 있는데, 남북 290m, 동서 260m에 달한다. 규모로 볼 때 족읍의 전형적인 크기 중의 하나이며 시기적으로는 상 중기 이리강기의 것이라 추정된다. 면적은 정주성과 비교할 때 약 9분의 1에 달한다.

읍은 기본적으로 집락集落으로 구성되지만, 집락만을 의미하지는 않았다. 읍이란 단순한 거주지만이 아니라 경작지나 산림지역을 포함한 지역적인 영역을 의미하고 있었기 때문에 읍이란 주민과 주민의 생활기반인 토지 전체를 일컫는 용어로 보아야 한다. 갑골문에서는 상의 수도를 '읍'이라 부르는데, '대읍상大邑商', '천읍상天邑商'이 그것이다. 이 읍의 규모는 반경이 약 20km에 달한다. 그리고 서주의 성주成周인 낙읍洛邑도 대략 한 변이 28km 정도의 크기로 정방형이기 때문에 상읍商邑의 크기와 거의 일치한다. 그리고 여기서 말하는 성벽이란 읍의 내부를 구획하는 것일 뿐 읍 전체를 둘러

싼 것은 아닌데, 성벽의 한 변은 대략 2km 정도이다.

읍의 바깥은 '봉封'으로 표시한다. 봉이란 흙쌓기인데, 토지의 경계를 확정하면서 어떤 경우는 하천에 의해, 어떤 경우는 구릉에 의해, 어떤 경우는 도로에 의해 경계가 지워지면서 요소요소에 흙쌓기가 이루어진다. 따라서 읍은 봉封에 의해 구분되며, '봉건封建'이란 바로 이러한 경계를 세우는 작업에서 비롯된 용어이다. 읍의 외측에는 별읍別邑이 있는 경우가 있고, 야野가 있는 경우도 있다. 야란 원야原野를 의미하는데, 이른바 이만융적夷蠻戎狄 ●에 속하는 사람들이 거주한 것으로 생각된다.

당시에는 도시국가로서의 읍만이 존재했던 것은 아니다. 갑골문에는 방方이라는 소국가가 자주 등장하는데, 방은 상왕실에 대해 적대적이거나 어느 정도 독립적인 지위를 가지면서 상왕의 통치권 밖에 있는 소국가를 가리킨다. 이들은 반드시 단일한 세력만은 아니었으며 몇 개의 부족을 통칭하는 개념이라고 보는 게 좋다. 대표적인 방은 인방人方, 토방土方, 강방羌方 등이며, 후대 주왕조를 건국한 주족周族도 초기에는 주방周方이라 불렸다. 이후 주후周侯로 바뀌는 기록으로 보아 후기에 상왕조의 정치질서에 편입되었음을 알 수 있다.

일반적으로 봉건제는 주왕조에서 시작되었다고 하지만 최근의 연구에 의하면 상대에도 이미 봉건제가 시행되었음을 알 수 있다. 갑골문에 '전甸', '백伯', '후侯', '자子', '남南' 등의 명칭이 확인되며, 제후는 상왕에게 조근朝勤과 공납貢納의 의무를 졌고, 왕의 명에 따라 출정出征과 제사에 참여하고 있음이 확인된다. 또한 각종 행정직을 담당한 관직명이 다수 발견되고 있는 것으로 보아 서주의 관료제에도 뒤지지 않았다. 따라서 상대의 통치구조 역시 읍제국가에 기반한 봉건제로 보아도 좋을 것이다. 다만 잦은 천도와 초·중기에 우세했던 형제상속제를 본다면 왕권의 안정이 주대에 미치지 못했으며, 상제를 받드는 신정적인 성격이 강했다는 점에서 다소의 차이가 보인다.

모든 토지는 왕의 토지로 인식되었고[왕토사상王土思想], 족族을 기반으로 한 씨족공동체에 의한 집단 경작방식이 행해졌다. 경작자는 평민이었는데, 농

이만융적
중국을 둘러싸고 있는 네 방향의 오랑캐를 의미한다. 중국은 중화中華사상에 입각해, 자신들을 화하華夏 또는 중화라 부르고, 동쪽 오랑캐를 동이, 서쪽 오랑캐를 서융, 남쪽 오랑캐를 남만, 북쪽 오랑캐를 북적이라 불렀다.

업생산은 농기구의 개량보다는 집단적이고 조직적인 노동력의 동원, 개나 소 등 동물의 사역, 관개와 시비법 등 농업기술 면에서의 진보에 의해 크게 발전하였다. 주된 생산물은 수수, 고량, 기장, 피, 맥, 조, 벼 등이었다. 농업 생산력의 발달에 따라 대내외적인 상업이 발달했는데, 동방과 남부지역에서만 생산되는 희귀한 작은 조개 껍질인 자안패子安貝와 주석 등이 화폐로 기능했던 데서 그 예를 찾을 수 있다. 이것은 공납이나 약탈의 결과라고 볼 수도 있지만 대개의 경우는 교역의 산물이었다.

서주의 봉건체제

상·주의 교체와 주공의 동방경영

상나라를 멸망시키고 주나라를 건립한 주족은 농업신인 후직后稷의 자손이라고 전해지는데, 섬서성 위수渭水 유역에서 흥기했다. 이곳은 땅이 비옥해 농경에 적합할 뿐만 아니라 감숙 방면에서 서방의 문화가 중국으로 들어오는 통로에 위치해 있었다. 기록에 의하면 후직부터 12대를 지난 고공단보古公亶父● 때에 기산岐山의 기슭, 이른바 주원周原으로 이주해 융적戎狄의 풍속을 버리고 성곽과 궁실을 축조해 읍락邑落을 구성했다고 전해진다. 이 기록이 맞다면 상의 무정武丁시기부터 1~2세기 이후의 일이 될 것이다. 그러나 갑골문에 의하면 이미 무정시기부터 주방周方을 토벌하는 일에 대해 점을 치고 있어 고공단보 이전에 주나라는 상나라에 위협적인 존재였던 것으로 추정된다.

고공단보의 막내아들 계력季歷이 뒤를 이었는데, 당시의 상왕 문정文丁에 의해 살해되었다고 한다. 계력이 살해되자 창昌이 그 뒤를 이었는데 이가 주왕조의 기초를 쌓은 서백西伯으로 후일의 문왕文王이다. 서백은 50년간 재위했다고 하는데, 죽기 전에 기산의 기슭에서 풍豐으로 수도를 옮겼다. 풍은 관중關中 평야의 요충지로 이후 상을 무너뜨리는 전진기지가 되었다.

서백이 죽은 후 무왕武王이 즉위해 12년 만에 서방의 제후를 규합해 상을

고공단보
주 무왕의 증조부. 주왕조가 성립되기 전 주족의 추장으로서 융적의 침입을 피해 부족을 이끌고 빈에서 기산으로 이주해 농경에 종사했는데, 이때부터 주周라는 명칭이 사용되었다고 한다.

정복했다. 이를 은주혁명殷周革命이라 하는데, B.C. 1046년에 일어난 이 혁명으로 6백 년 가까이 지속되었던 상왕조가 멸망하게 된다. 은주혁명의 의의는 단순히 왕조가 교체되었다는 데에 있지 않다. 상왕조는 장기간에 걸친 읍제국가의 틀 속에서 점차 왕권을 강화시켰고, 이에 따라 세습화가 진행되면서 전제화가 이루어졌지만 그 통치의 기반은 여전히 원시적인 종교관에 기초한 신정적인 성격을 띠고 있었다. 따라서 은주혁명은 이후 등장하는 서주에 새로운 통치원리를 부여했다는 데에 그 의의가 있다.

무왕은 상을 정복하고 주로 돌아와, 일족과 공신에 대해 토지를 분배하는 봉건에 착수했고 수도를 풍에서 호鎬로 옮겼다. 무왕이 천도한 수도를 당시 종주宗周라 했는데, 무왕은 상을 정복한 지 2년 만에 병사하고 성왕成王이 뒤를 이었다. 그러나 성왕의 나이가 어린 탓에 주공周公 단旦이 섭정攝政을 하게 되었다. 일설에는 주공 단이 왕이 되었다는 견해도 있지만 이는 확실치 않다. 상의 옛 땅에 봉해진 무왕의 동생 관숙管叔과 채숙蔡叔이 상조의 후예

주공의 모습

인 녹보祿父와 함께 일으킨 반란을 삼감三監의 난●이라 하는데, 주공이 이를 진압하는 데는 3년이 걸렸다.

일단 국가통치를 안정시키자 주공은 현재의 낙양洛陽에 상의 유민을 동원해 낙읍洛邑을 건설하고, 이를 동방통치를 위한 전진기지로 삼음과 동시에 대대적인 봉건을 실시했다. 이 낙읍을 성주成周라 하는데, 성왕은 한때 수도를 종주에서 성주로 옮기려고 했던 것 같다. 그러나 성왕은 종주로 돌아갔고, 주공이 성주에 남아 동방을 다스렸다. 아마 주의 영토는 실제로는 분할통치되었던 듯하다. 종주는 B.C. 771년 융적戎狄의 침입을 받아 파괴되고 성주로 수도를 옮겼는데, 이때까지를 서주라 부른다.

삼감의 난
주 무왕이 상나라를 정복한 뒤 상의 유민을 감시하기 위해 관숙管叔과 채숙蔡叔, 곽숙霍叔을 파견했다. 이들을 삼감이라 한다. 이들이 녹보와 연합해 반란을 일으키자 주공이 섭정을 하면서 삼감을 폐지하였다.

천명사상과 봉건제·종법제의 채용

『서경』
『서書』 혹은 『상서尚書』라고도
불리는 고대의 산문 모음집으로
13경經의 하나. 공자와 제자들
이 모아 전국시대에 편찬했다고
전한다. 요·순시대부터 춘추시
대까지의 군주와 집정자들의 말
과 글이 실려 있다.

상나라 때 절대신이었던 상제와 마찬가지로 주족이 숭배한 최고의 신은 천天이었다. 천은 우주를 창조하고 천지와 자연의 법칙을 주재함과 동시에 인간사를 규제하는 절대신이었다. 『서경書經』에 따르면 이 천이 주의 통치자였던 문왕에게 포악한 상나라를 멸망시키고 주를 건국하라는 천명天命을 내렸다고 적고 있다. 또한 주초에 상 유민의 반란을 진압한 주공은 "원래 천명이 하왕조에 있었지만 걸왕桀王이 실정失政해 상의 시조인 탕왕湯王에게 전수되었고, 다시 상왕조의 주왕紂王이 실정하자 주왕조의 문왕에게 천명이 내렸다."라고 설명한다. 따라서 주의 상 정벌은 제후가 왕을 무력으로 공격한 하극상이 아니라 천의 의지를 수행한 것이라고 강조해 주왕조 창업의 정당성을 강조했다.

상나라시대에 상제는 인간의 운명을 절대적으로 지배하는 존재이고, 점복을 통해 그 의지를 알 수 있는 존재로 여겨졌다. 그러나 주대의 천은 인간의 노력, 즉 덕德의 실천에 의해 천명이 좌우된다고 하는 관념으로 발전했다. 이것은 인간이 신들의 지배에서 벗어나 자유를 획득한 것을 의미하며, 다만 그 자유에 일정한 제약을 둔 것이 신의 응보라는 논리이다.

천명사상으로 주의 무력정벌을 합리화시킨 주의 통치이념은 주 왕실에 새로운 정치사상과 세계관을 형성했다. 우선 주왕은 천명을 받은 군주이기 때문에 천자天子이고, 따라서 천자는 천을 대신해 천하를 지배해야 하는 유일한 존재로 설정된 것이다. 따라서 천자는 화이華夷 즉 중화민족과 이민족을 망라한 세계질서의 주재자가 되어야 했다. 이러한 관념은 주왕조에 위엄과 권위를 주었을 뿐 아니라, 이후 중국 역대 왕조의 황제들에게도 공통되게 나타난다. 화이를 불문하고 천자는 하나일 수밖에 없기 때문에 모든 정치질서는 천자가 주재해야 했다. 이는 이후 나타나는 분열을 극복하고 통일제국의 등장을 가능하게 만든 이념적 기반이 되었으며, 왕권에 절대적인 권위를 부여해 전제적인 지배를 가능하게 하는 기반이 되었다.

또한 천명의 이동은 통치자의 도덕적 자질, 즉 덕치德治에 의해 나라의 운명이 좌우된다는 논리에 따라 자연스럽게 무력에 의한 통치보다는 문치文治

우위의 통치이념이 자리잡게 했다. 천명을 주고받을 때는 불가피하게 무력이 동원된다고 해도 천자로서의 통치는 무력이 아닌 문치여야 한다는 이념이 그것이다. 이 때문에 실제 상을 무력으로 멸망시킨 무왕보다는 천명을 받아 행했다고 하는 문왕을 주왕조의 창업자로 거론하는 것이다. 주의 천명사상은 또한 문치를 위한 제도적인 장치로서 중국 관료제도의 발달에 기여했다. 상대의 관직이 주로 제사와 군정과 관련된 것이 많은 데 비해, 서주의 관직은 매우 다양하고 전문적이었으며 속관을 두어 업무를 처리하기도 했다.

주왕조는 상으로부터 물려받은 광대한 영토와 선진적인 문화를 자랑하던 상왕조 계열의 제후국의 문제도 처리해야 했다. 그래서 상나라의 봉건제를 채용하는 한편 여기에 주 왕실을 중심으로 한 종법제를 결합시켜 왕실과 제후와의 관계를 정치적인 면 이상으로 발전시켰다. 주초에는 공신과 왕실의 자제와 일족을 각지에 분봉해 상의 유민과 상왕조에서 이어진 제후국, 특히 동방의 제후들을 견제했다. 물론 일부 지역에서는 상왕조 일족의 읍을 해체해 수도였던 종주로 데려가기도 했다. 분봉된 제후들은 주 왕실의 일족이 약 56개 국, 이성異姓 제후가 약 70여 개 국으로 추측되며, 전체 제후국은 약 130~180개 국이었다고 추산된다. 이들 제후의 통제책으로써 상대의 봉건제에서 사용되던 조근과 공납의 의무가 요구되었다.

당시엔 주왕의 직할지인 왕기王畿를 제외하고 분봉한 땅을 국國이라 불렀다. 국은 나름대로 경제적 자립성을 지니고 있으면서 정치적으로 도都와 다시 봉건관계를 맺고 있었다. 국은 제후의 근거지였을 것이고 도는 제후에게 분봉을 받은 경卿·대부大夫의 근거지였을 가능성이 크다. 도의 지배층인 경·대부가 제후에 대해 갖는 부담은 제후가 주왕에 대해 갖는 부담과 비슷했을 것이다. 봉건의 형태는 간단히 말해 주 왕실에서 그 일족이나 친족을 파견해 새로운 읍을 건설하는 형태였다. 이것은 주의 지배층이 이제까지 상왕조와 연합하고 있던 읍제국가 위에 새로운 지배자로 들어온 것을 의미한다. 그런데 그곳에는 이전부터 거주하고 있던 여러 씨족이 있었고, 당연히 종주의 권위로 봉국에 들어온 지배층과 여러 문제가 야기될 수밖에 없었다.

서주시대 귀족이 입었던 옷

봉건제를 매개로 광대한 지역에서의 정치적 통합은 가능하게 되었지만 이러한 통합을 보다 효과적으로 유지시켜 준 것은 종법제宗法制와 천명사상이었다. 대대로 주왕은 적장자가 부친의 뒤를 이어 대종大宗이 되고, 적장자의 동생들은 소종小宗이 되는 것이 종법이다. 제후국에서도 마찬가지로 대종이 제후가 되고 그 동생을 소종으로 삼았다. 즉 주왕을 정점으로 한 주왕조 전체가 한 계통의 혈연조직에 포섭되는 것을 이상으로 하는 국가 지배이념이었다. 결국 종법제란 최고 권력자와의 혈연적인 친소에 따른 누층적인 신분질서가 그 특징이며 적장자상속이 원칙이었다.

이는 공동의 혈연의식[준혈연관계로 맺어진 의식까지를 포함]을 바탕으로 한 것이지만, 이 관계를 보다 보편적인 규범의식으로 강화해 준 것이 바로 천명사상이었다. 천명사상은 천명이 천하를 지배할 수 있는 능력과 덕을 겸비한 인물에게 부여되고, 천명을 받은 인물이 천명에 따라 새로운 정치질서를 구현하는 과정에 참여한 협력자를 봉건해 제후로 삼는다는 내용을 담고 있다. 그래서 천명을 매개로 성립된 정치질서는 혈연적 관계를 초월한 개인적인 덕과 능력에 기초한 것으로 정당화될 수 있었다. 결국 서주는 혈연조직에 바탕을 두고 종묘와 사직을 중심으로 한 도시국가의 연합체라 할 수 있다. 이러한 도시국가 간의 연결관계를 봉건제 · 종법제를 통해 유지했으며, 그것을 이념적으로 지탱해 준 것이 천명사상이었다.

정전제의 이상화

전국시대의 사상가인 맹자孟子에 의해 가장 이상적인 토지제도로서 서주에서 실시되었다고 하는 정전제井田制는, 아직도 그 실시 여부에 대한 논란이 끊이지 않고 있다. 맹자가 전하는 정전제는 900무畝에 달하는 정사각형의 전토를 정#자형으로 만들어진 두둑으로 9등분하고[작은 정사각형 하나의 면적은 100무], 사면의 800무畝를 8가에게 100무씩 사전私田으로 경작하게 해 생활의 근거를 제공하는 제도이다. 중앙에 있는 나머지 100무는 공전公田으로 해서 8가의 공동경작에 의해 그 수확물을 조세로 납부하게 되어 있다. 이 경우 모든 토지는 왕의 소유이며[王土], 사전은 다만 대여된 것에 불과하다. 따라서 그 대가로 농민은 공전을 경작하는 것이기 때문에 노동력의 형태로 조租를 거두었다고 여겨진다.

이것이 『맹자』에 나오는 정전제의 내용이다. 그러나 사실 이러한 내용만으로는 실제 시행되었던 토지제도라고 보기 어렵다. 당시의 농업기술상 휴경농법이 필수적이었을 텐데 이와 관련된 규정이 없다는 점, 일정 연령을 기준으로 한 토지의 수수授受와 환수에 관한 규정이 없다는 점, 토지의 정기적인 재분배가 보이지 않는다는 점, 경지 내의 수로 조직이 보이지 않는다는 점, 계절에 따른 거주지의 변화가 보이지 않는다는 점 등에서 제도적인 미비함을 보이고 있다.

따라서 서주시대에는 정전제가 있었지만 맹자가 주장하는 것과 같은 토지국유의 제도는 아니었을 가능성이 높다. 오히려 토지의 사유나 영구점유가 발생하기 이전의 촌락사회 내부의 토지분배 관행과 수취관계로 이해하는 편이 자연스럽다. 즉 서주 초기의 농민은 씨족공동체적 생활을 하면서 씨족장의 지휘 아래 집단경작의 방식을 취하고 있었고, 씨족장을 통해 전토에 대한 공납과 노역의 의무를 집단적으로 지고 있었던 점을 충분히 인정할 수 있다. 맹자가 전하는 정전제가 실제 시행되었는가의 여부도 중요하다. 그러나 더 중요한 것은 이후의 위정자들이 실제 그것이 시행되었다고 믿고, 정전제를 시행함으로써 이상시대로 복귀할 수 있다는 이상을 갖게 되었다는 점이다. 역대 국가에서는 소농민의 생활보호와 대토지 소유의 억제를 위해 빈번하게 정전제의 부활을 주장하고 추진했다.

제후의 농민에 대한 지배는 개개의 농민이 아니라 씨족장을 통해 읍을 단위로 집단적으로 이루어지고 있었다. 그러나 후기로 갈수록 제후들은 토지를 획득하는 것이 어려워졌기 때문에 산림을 이용하거나 개간해 새로운 경지를 확보하고 다른 영지의 농민을 동원하게 되었다. 이에 따라 종래 읍 단위를 통한 농민지배는 불가능하게 되었으며, 농민들은 제후에게 생활을 유지하기 위한 강한 비호를 요구하게 되었다. 서주 중기 이후 제후들 사이에 벌어진 토지의 쟁탈이나 유력제후에 의한 소제후의 병합은 주 왕실의 통제력이 약화되었음과 동시에 제후들이 자립성향을 띠고 있음을 보여 준다.

결국 씨족공동체는 서주 일대를 통해 해체되어 갔고 이것은 혈연을 기반으로 한 종법적 봉건제에 균열을 가져왔다. 세대가 내려감에 따라 이 제도에는 여러 가지 문제가 생겼는데, 주왕의 동생들을 제후로 분봉해 줄 봉지가 부족해졌고, 혈연관계는 더욱 희박하게 되었다. 더욱이 제후는 봉국 내에서 토착세력과의 협력관계를 더욱 강화하지 않을 수 없는 입장이었는데, 이것이 주 왕실의 쇠퇴를 가져오고 서주를 멸망시킨 원인이 되었다.

또한 주 왕실의 이적夷狄 정벌과 이적의 항쟁 역시 이러한 경향을 촉진시켰다. 주의 정치지배가 미치는 지역은 기산과 종주·성주를 잇는 지역이었고, 주왕조는 점과 선으로 이어진 국가구조에 불과했다. 주가 분봉해 준 봉국封國인 읍은 농업을 기반으로 성립했지만 농경지는 한정되어 있었고, 그 농경지 주변에는 융족戎族이나 이족夷族이라 불리는 이적이 아주 가까이 거주하고 있었다. 이들은 주 왕실의 정치적 질서에서 벗어나 본국의 생존을 위협하는 존재가 되었지만 주 왕실의 무력만으로 해결될 문제는 아니었다. 따라서 제후들은 토착세력과의 결합을 더욱 강화하면서 자립적 경향을 보이게 되었다. 또 서주 후기가 되면 씨족제적 규제가 현저히 이완되고, 제후나 경·대부·사 이외의 계층이 토지를 집적하면서 서주의 통치질서 밖에서 신흥 토지소유계층으로 성장한다. 이 역시 종법적 봉건제를 근본부터 흔드는 시대적 추세였다.

춘추·전국시대의 사회변혁과 사상

종법적 봉건제와 씨족 질서가 와해되면서 맞이한 춘추·전국시대는 각국의 제후들이 독립적인 성향을 드러내면서 상호 경쟁과 대립을 반복한 분열의 시기였다. 군사적으로는 황하와 양자강 유역의 국가들이 대립하는 국면을 보이면서, 동주의 왕을 대신해 패자覇者가 각국 외교 정치의 중심이 되었다. 하극상下剋上을 특징으로 하는 전국시대에 들어서면 제후 중심의 공실公室질서가 붕괴되고, 기존의 신분질서가 해체된다. 각국의 군주들은 부국강병을 추진하기 위해 앞다투어 중앙집권적인 군현제와 관료제, 법치제도를 도입했다. 이 과정에서 5인 가족 기준의 단혼소가족이 사회·경제상의 단위로 자리잡았고, 이들을 직접 장악해 국가의 근본으로 삼으려는 제도상의 개혁이 적극적으로 전개되었다.

춘추·전국의 분열시기에 현실적인 개혁 요구에 부응하는 다양한 사상적 경향으로 등장한 제자백가諸子百家는 중국적 문화와 사상의 골격을 형성했다. 이는 씨족의 속박에서 벗어난 사인층의 적극적인 활약과 부국강병을 추구하던 각국 군주의 요구가 엮어 낸 새로운 사회에 대한 전망이기도 했다. 제자백가는 인간 중심적인 사상을 지향하면서 현실 정치의 문제에 관심을 기울였고, 지식의 적극적인 공개와 교육을 통해 학파를 형성했으며, 평화주의적인 입장을 강조하기도 했다. 주요 학파로는 유가, 묵가, 도가, 법가가 있었다.

『춘추』와 춘추시대

서주 중기 이래 주 왕실의 세력은 급속히 쇠미해졌다. 이는 혈연에 기반한 종법적 봉건제의 취약점 즉 혈연의식의 약화와 함께 이미 예견된 것이었다. 경제적 기반이 점차 약화되어 가던 서주 말, 여왕厲王은 왕실의 약체화를 막기 위해 새로운 경제정책과 호구조사를 실시했다. 그러나 이 정책은 제후들의 강한 저항을 받았는데, 특히 서주의 지배층 격이었던 국인國人들은 여왕을 내쫓기에 이른다. 이들에게 내몰린 여왕은 체峙, 산서성 곽현로 망명했고, 이후 13년간 왕이 없는 공위空位시대가 출현했다. 여왕이 망명한 해는 B.C. 841년인데, 이를 공화共和 원년이라 한다. 이 해는 중국 역사상 연대가 분명한 최초의 해이다. 공화라는 의미는 공백共伯 화和가 천자의 업무를 대신한 데서 비롯된 용어이다. 공백은 여왕이 죽은 후 선왕宣王이 즉위하자 본국으로 돌아갔는데, 선왕 때에 주 왕실은 일시적으로 권위를 회복했지만 그리 오래가지 못했다.

선왕의 뒤를 이어서는 유왕幽王이 등장했는데, 그는 애첩인 포사褒姒를 후로 삼고 그 아들을 태자로 삼았다. 이에 분노한 정후正后의 오빠 신후申侯가 견융족犬戎族과 연합해 주를 공격했다. 유왕의 태자인 의구宜臼가 평왕平王이 되었지만 견융의 난을 피해 동방의 수도였던 낙읍지금의 낙양으로 옮기게 되고, 이로써 서주는 멸망하고 만다.

이리하여 서주의 창업부터 B.C. 770년 평왕이 천도할 때까지를 서주라 하며, 그 이후 진이 전국을 통일할 때까지를 동주라 한다. 그리고 동주시대를 다시 둘로 나누어 전반기를 춘추春秋시대, 후반기를 전국戰國시대라 부른다. 춘추와 전국이라는 이름은 모두 이 시대를 대상으로 한 역사서에서 그 명칭을 따왔다. 『춘추』는 공자가 편찬했다고 하는 노나라의 연대기이고 『전국책戰國策』은 각국을 돌아다니면서 군주에게 자신의 주장을 펴던 유세지사遊說之士의 담론을 모은 서적이다. 춘추는 B.C. 722년부터 B.C. 481년까지의 기록밖에 없지만, 일반적으로 춘추시대는 그보다 약 반 세기 정도 소급해 주의 동천부터로 보고 있다. 그리고 전국시대의 개시는 한韓·위魏·조趙가 진晉을 삼등분한 B.C. 453년 혹은 주 왕실이 이를 공인한 B.C. 403년부터 잡는 것이 일반적이다.

춘추시대가 되면서 이미 독립적 성향을 띠고 있던 제후국들은 독립해 서로 공방전을 계속했다. 결국 춘추시대란 약 200여 개에 달했던 제후국이 점차 몇 개의 국가로 통합되어 가는 과정임과 동시에 도시국가의 형태였던 읍제국가에서 영역국가로 이동하는 과정이라고 볼 수 있다. 동주 왕실은 동쪽으로 이동해 일단 명맥을 유지했지만 낙읍을 중심으로 한 소국에 불과했다. 다만 처음에는 종주로서의 권위를 제후국이 인정했지만 그것도 잠시뿐이었다.

춘추시대에 가장 먼저 두각을 나타낸 나라는 정鄭이었다. 낙읍 부근에 위치해 있던 정은 주 왕실과 가장 가까운 관계였지만, 점차 주 왕실에 대항하기 시작했고, 왕을 화살로 맞히는 사건이 발생했다. 그러나 주 왕실은 이를 제어할 수 없었으며, 권위는 극도로 실추되고 말았다. 그러자 춘추 중기부터 방대한 영토와 인구 및 강대한 무력을 지닌 강국이 등장해 쇠미해진 동주 왕실 대신 국제정치의 주도권을 장악했다. 이들을 패자霸者라 하는데 춘추시대에는 5패가 유명하다. 이 5패가 누구인지에 대해서는 의견이 분분하지만 일반적으로는 제 환공, 진 문공, 초 장왕, 오왕 합려[혹은 부채], 월왕 구천을 꼽는다.

정나라가 등장한 지 얼마 되지 않아 양자강 유역에 위치한 남방의 대국 초楚가 강국으로 대두했다. 남방 초나라의 위협에 대항해 중원의 제후를 규합한 후 대항한 것이 동방의 제齊였다. B.C. 7세기 경에 시행된 제후들의 모임인 회맹會盟은 제를 중심으로 한 경우가 많았고, 이에 참가한 나라도 동방에 치우쳐 있었다. B.C. 658년에 초가 마침내 중원의 강국이었던 정에 침입해 춘추시대 남북대립의 장을 열었다.

제의 환공桓公은 이에 대해 제후를 소집해 초를 물리치는 데 성공했다. 그리고 B.C. 651년 규구葵丘에서 회맹해 첫 번째 패자가 되었다. 제 환공이 죽은 후 패자의 지위를 물려받은 것은 진晉 문공文公이었다. 그는 제후를 이끌

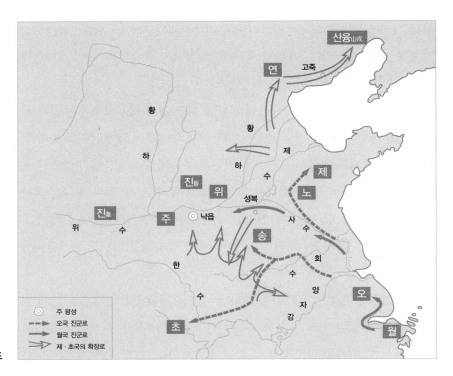

춘추시대 열국의 각축도

고 다시 북쪽으로 진격해 온 초에 승리를 거둔 후(B.C. 634) 돌아오는 길에
천토踐土에서 제후들을 이끌고 회맹했다. 그러나 진 문공이 죽은 후에는 다
시 초가 패자가 되었다. 초는 중원의 제후국과 달리 본래 주 왕실의 영향력
밖에 있었던 데다, 이민족 출신의 국가였다. 이것으로 보아 초는 중원과는
다른 계통의 문화를 지녔으며, 아마 신석기시대 양자강 유역의 문화계통을
이었을 것이다. 초는 장왕莊王 때에 중원 제후의 연합군과 싸워 승리했으나
이전의 패자들과는 달리 제후를 모아 회맹한다거나 주 왕실을 받드는 등의
행위를 하지 않았다.

초가 패자가 됨으로써 초나라의 견제세력이었던 양자강 유역의 국가들
이 강대해졌는데, 이로써 남북항쟁이라는 춘추시대의 세력판도는 달라지게
된다. 중원까지 진출한 초를 위협한 것은 중원의 세력이 아니라 초의 배후
에서 세력을 구축한 오吳와 월越이었다. 오나라는 B.C. 6세기 초 무렵의 수
몽壽夢 때부터 강력해져 진晉과 연합해 초를 공격했다. 이후 합려闔閭 때에는
초의 수도인 영郢을 함락시켰고, 초는 이 때문에 수도를 옮기는 위기를 당했

다. 그러나 오나라 역시 오의 남방에서 일어난 월나라의 도전을 받게 된다. 월의 대두에는 오 때문에 곤욕을 치른 초의 적극적 후원이 작용했고, 이로써 오와 월의 사투가 벌어지게 된 것이다. 오왕 부차夫差는 월나라에 승리한 후 중원으로 진출해 맹주의 지위를 다투었지만, 결국 월왕 구천勾踐의 공격을 받아 오나라는 멸망했다. 구천도 중원을 공격해 패자가 되었지만 이후 초가 다시 양자강 유역의 패권을 차지하게 된다. 이후는 양자강 유역의 초와 중원의 중심인 진사이의 각축을 기본으로 남북 간의 전쟁이 벌어졌고 여기에 산동의 제齊와 서주의 옛 땅에 자리잡은 진秦이 강국으로서 두각을 나타냈다.

이렇듯 대략 B.C. 600년경을 전후해 각국 간의 겸병전이 치열해지고 그 결과 약소국이 대거 멸망하게 된다. 이전에는, 주 왕실이 권위와 통제력을 상실하면서 패자를 중심으로 회맹질서가 그를 대신했고, 적어도 그 안에서 약소국은 굴욕을 받기는 했지만 국가로서의 명맥은 유지할 수 있었다. 그러나 춘추 중기를 전후해 세력을 잡은 진晉·진秦·초楚 등의 강대국들은 종래의 회맹질서에서 탈피해 소국을 멸망시킨 후 현縣이라는 지방행정 단위를 설치해 직접 지배하는 새로운 지배방식으로 전환했다.

또한 춘추 중기 이후 각국에서는 기존의 권력구조가 재편되면서 제후의 가문公室은 몰락하고 그 대신 유력한 경대부의 가문인 세경가世卿家가 국가의 권력을 찬탈하게 되었다. 주 왕실의 권위가 약화된 것과 마찬가지로 공실의 권위가 몰락하고, 일부 군주권을 강화하려는 시도가 있기는 했지만 국인의 강력한 반

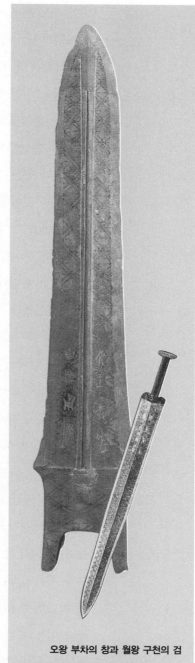

오왕 부차의 창과 월왕 구천의 검

1976년 하남성 휘현輝縣에서 발견된 오왕 부차가 사용하던 청동으로 만든 창矛과 최근 호북성 망산望山에서 출토된 날이 둘 달린 월왕 구천의 검劍. 창과 검에 모두 명문銘文이 새겨져 있는데, 대략 5세기 초의 유물이다.

발에 부딪혔다. 새로이 등장한 유력 세경가들은 전쟁의 격화에 따른 국가적 위기에서 난국을 타개하고, 그것을 계기로 군사권을 장악함으로써 공실을 누르고 권력의 전면에 부상할 수 있었다.

이들은 이를 위해 자신들의 통치지역을 증대시키는 한편, 토지제도와 세역제도, 병역제도를 개혁함으로써 세력을 강화시켰다. 이 제도들의 개혁 방향은 대개 군역의 부담이 없던 농민에게 새로이 군역이나 군부軍賦를 부담 지우거나 또는 수확물을 효율적으로 수취함으로써 군사·경제적 기반을 확대시키는 것이었다. 농민을 병사로 편성함으로써 이들을 사병화해 강력한 무력기반을 갖게 되었고, 나아가 이들을 군대에 편입시킴으로써 지휘권을 획득했다.

이러한 농민에 대한 징병의 확대는 상·주의 읍제국가 하에서 전사의 역할을 독점했던 사 계층 위주의 국인의 특권을 위태롭게 했고, 전통적인 상하관계를 무너뜨리는 계기를 만들었다. 세경가는 국인층의 불만을 해소하기 위해 강화된 경제력을 바탕으로 적극적인 시혜施惠를 베풀었고, 핵심적인 가부장적 무력집단을 구성함으로써 문제를 해결했다. 이로써 주로 사 계층인 국인과 세경가 사이에는 혈연관계가 아닌 은혜와 그에 대한 충성이라는 새로운 인격적 관계가 형성되었다. 일반적으로 이러한 관계를 임협任俠관계라고 부르는데, 임협관계는 기존의 혈연적 종법관계를 벗어난 새로운 인격적 유대관계를 일컫는 말이다.

한편 세경가의 세력 확대과정에서 유력 세족 간의 갈등이 심화되어 이들에 의한 권력 충돌도 벌어졌다. 진秦과 초와 같은 국가는 문화적·지역적 특수성 때문인지는 모르겠지만 세경가의 성장이 군주권을 위협할 만한 정도가 아니어서 춘추·전국시대에 걸쳐 단일혈통의 군주권이 유지되었다. 그러나 이는 매우 드문 경우이고 대개는 세경가가 국권을 분할하거나 찬탈하는 것이 일반적이었다.

진晉나라는 6명의 경이 투쟁하다 결국 한·위·조의 유력 세경가가 나라를 분할해 새로운 국가를 성립시켰고, 제는 전씨田氏에 의해 왕실의 혈통이 바뀌었다. 극심한 세습귀족들 간의 투쟁으로 인해 춘추시대에 유력했던 세습귀족은 일부 찬탈자를 제외하고 모두 몰락했다. 가령 전국시대 각국의 재상직을 맡은 인물 중 춘추시대 세습귀족 출신이 없다는 것은 그 단적인 예이다. 세습귀족의 대거 몰락에 따른 사회적 공백을 메운 것은 사士 계층[*]이었다. 전국시대를 사인士人의 시대라 부를 정도로 사인은 정치의 각 부문에서 중요 역할을 담당하게 된다.

춘추 중기를 분수령으로 씨족제 질서도 붕괴되었다. 앞서 지적한 대로 춘추 중기를 전후해 강대국은 약소국을 멸망시킨 후 현縣을 설치해 직접 지배하는 새로운 지배방식으로 전환했다. 현은 원래 변경을 방위하는 군사 거점으로서의 성격이 강했기 때문에 내지보다 확고한 지배가 요구되었다. 본래 현縣의 의미는 걸려 있다는 뜻으로, 중앙央의 직할지를 의미한다. 따라서 현의 출현은 분권적인 봉건체제에서 전국 이후 확립된 군주에 의한 직접 지배방식으로서의 군현제郡縣制의 선구라 할 수 있다. 물론 춘추시대의 현의 설치가 권력의 집중도나 지배력의 관철도 면에서 볼 때 전국 이후의 현의 설치와 같을 수는 없겠지만 말이다.

씨족제 질서가 파괴된 또 하나의 원인으로는 철제 농기구의 보급에 따른 생산력의 급격한 상승을 들 수 있다. B.C. 7~6세기경 제철업의 발전에 따른 철기의 출현으로 철제농기구와 우경牛耕이 보급되면서 이전에는 엄두를 낼 수 없던, 땅을 깊이 갈아 엎어 생산력을 증대시키는 심경深耕과 농경과정에서의 효율성으로 인해 단위면적 당 생산량이 급격히 상승했다. 이와 함께 노동생산성이 제고되어 광대한 황무지와 들이 개간되면서 공동체적인 토지 소유의 제한을 받지 않는 개인의 농경지가 출현했다. 이와 함께 토지 소유의 불균형이 나타나기 시작했다. 그리고 낮은 생산수준 때문에 불가피하게 유지되던 공동경작이 사라지고 5인 정도의 가족을 단위로 한 소농경영이 등장했다. 다만 철제 농기구는 대개 국가의 수중에 장악되어 있어서 전국 중·후기에 가서야 본격적으로 보급의 단계에 접어든다.

사 계층
원래 종법제도하에서 경대부卿大夫의 밑에 위치하며 지배층의 말단을 차지하는 계층. 경대부로부터 채읍采邑을 받아 경제적 생활을 영위하였으며, 유사시 군대의 중핵을 이루었다. 춘추시대 이후 전국시대에 걸쳐 개인의 능력을 바탕으로 사회의 주도층으로 성장하였다.

춘추·전국시대의 …

47

전국 국가의 형성과 경쟁

전국시대의 개막과 함께 나타난 국가형태상의 변화는 읍제국가의 붕괴와 영토국가의 출현이다. 즉 종래 분권적 봉건질서하에서 읍을 단위로 유지되던 지배가 군현제하의 영역에 의한 직접지배로 변화한 것이다. 물론 이러한 군현제적 지배의 관철이 순탄하게 이루어진 것은 아니었다. 전국시대에 들어오면 대다수의 약소국은 이미 겸병을 통해 정리되고 소수의 강대국만 남게 되었다. 이들을 전국칠웅戰國七雄이라 하는데, 진, 초, 제, 한, 위, 조, 연燕이 그들이다. 그러나 제후국 간의 전쟁은 오히려 더욱 격화되었다. 춘추시대에 비해 전쟁의 발발 건수는 반 정도로 줄었지만 전쟁의 규모는 오히려 확대되었고, 전쟁 기간도 더 길어졌다. 이는 춘추시대까지 미약하나마 유지되던 종법적인 질서가 완전히 붕괴되고 새로운 질서를 요구하는 단계로 접어들었음을 보여 주는 것이다. 이제 새로운 질서를 창조하고 이끌어 가는, 국가에 의한 통합이라는 새로운 국면을 맞게 되었다.

전국시대 무사 복원도

이에 따라 전국시대부터는 전쟁에서의 전술의 중심이 수레전|車戰|에서 보병전으로 전환되었다. B.C. 540년 최초로 보병이 사용된 이래 꾸준히 그 중요성이 확대된 결과였다. 수레전은 지배층인 사 계층 이상으로 구성되는 국인층 이상만이 전쟁에 동원되었다. 일단 교전에 들어가 한 편의 수레진용이 무너지면 전쟁의 성패는 그것으로 결정되었기 때문에 고작 하루나 이틀이면 끝났다. 또한 요새화된 성곽을 공격하는 데 수레전은 효과적이지 못해 공성전攻城戰은 아주 드문 경우였으며 지역적으로 화북일대의 국가에서 성행했다.

반면 보병부대는 원래 강과 호수가 많았던 오·월에서 비롯되어 중원의 제국으로 전파되었는데, 전국시대에는 대규모의 보병이 주력이 되었다. 전쟁의 조건이 변화하면서 전차의 중요성이 감소된 데 그 이유가 있었다. 즉 전쟁의 규모가 확대되면서 늪지나 산지 같

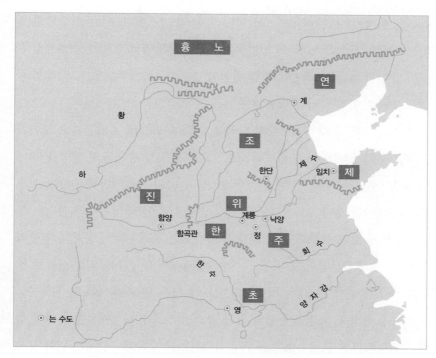

전국시대의 형세도

은 지형에서도 전투가 벌어졌고, 악천후의 상황 속에서도 전투가 지속되는 등 장기화되었다. 이런 조건에서는 기동성을 갖춘 보병이 효율적이었다. 보병보다 기동성이 뛰어난 기병은 기습공격이나 측면공격에 동원되었지만, 전면공격이나 포위공격망 돌파, 성의 함락 등은 역시 보병이 담당했다. 이로써 전국 중기 이후에는 수십만의 병력이 수년간 전쟁에 동원되기도 했다. 이런 대규모의 병력을 동원하려면 자연히 기존에는 병역의 부담이 없었던 농민들이 징병 대상이 될 수밖에 없었다.

또한 전쟁에 동원되는 병력의 수도 급격히 늘어났다. 춘추 전기 강대국의 병력은 대략 3만 정도로 추산된다. 그러나 춘추 말에는 10만 정도의 병력으로 증대되었고, 전국시대 7웅의 군사력은 약소국이었던 한과 위의 병력이 30만, 진과 초는 약 100만에 달했다. 이는 춘추 전기에 비해 10~30배나 증가한 수치이다. 전투에 투입되는 병력의 규모도 늘어나, 전국 초 10만 전후이던 것이 40만 정도로 증가했고, 전투도 장기전화해 3~5년씩 걸리기도 했다. 전쟁이 빈번해지고 격렬해짐에 따라 지하와 요충지에 수비시설을

갖추는 등 방어수단과 병법, 군사학이 한층 더 발전했다. 물론 전쟁에 동원되는 민중의 고통은 말할 수 없었고, 이 같은 상황에서 전쟁을 종식시킬 수 있는 유일한 길은 한 국가에 의한 완전한 승리, 즉 통일뿐이었다. 따라서 국경을 초월해 어떤 국가에 의한 통합이든 간에 환영받을 수 있었다.

반면 전쟁에서 패배함으로써 타국에 의해 무력으로 겸병될지도 모른다는 제후들의 위기의식은 심화되었고, 그 결과 점차 총력전의 양상을 띠게 되었다. 이를 극복하기 위해서는 인적·물적 자원을 극대화하고, 효율적으로 배치해야만 했다. 그 결과 군주권을 중심으로 한 국내체제의 정비와 부국강병의 추진이 요구되었다. 군주권의 강화는 종래 씨족공동체의 영향력 하에 놓여 있던 산림과 호수 등 산림수택山林藪澤이 군주 개인의 재산으로 전화되면서 경제적인 토대를 마련했다. 산림수택은 원래 제사와 군사를 공동으로 하는 씨족제적 읍공동체의 수렵 장소였다. 그러나 춘추 중기 이후 전란이 격화되면서 산림수택은 군주의 직할상비군의 확대·강화를 위한 군사자재의 공급원으로서 중요성을 갖게 되었다. 이후 전국시대가 되면서 교역의 확대와 상업의 발달을 계기로 전제군주권의 경제적 기반이 되었다. 제염과 제철을 군주가 독점하고 이로 인한 수입을 얻거나 이를 개간해 획득된 토지도 공전화公田化해 수입을 증대시켰던 것이다. 장기간에 걸친 전쟁은 결국 국부의 대소에 의해 결정되는 경우가 많았기 때문이다.

한편 사회적으로는 춘추 중기 이후 씨족이 분열되고 재산이 사유화됨에 따라 읍 내부의 계층분화가 심화되었으며, 이를 계기로 다수의 읍민이 몰락하고 이산하는 현실이 나타났다. 국가로서는 이들의 취약한 생산기반을 보장하고 토지에 안착시키는 것이 무엇보다 중요했다. 전국시대 이후 도시 거주 인구가 급증한 데에는 생산력의 발전과 사회적 분업화도 중요한 요인으로 작용했지만 파산농민의 도시유입 역시 무시할 수 없는 이유였다. 그리고 상업의 발달로 인해 농업이 아닌 상공업 즉 말업末業에 종사하는 인구가 늘어났는데 이 역시 국가로서는 바람직하지 않은 현상이었다. 왜냐하면 상공업이 발달하게 되면 농업인구가 줄어들게 되어 징병의 대상이 줄고, 국부의 대다수인 농업이 황폐화할 가능성이 컸기 때문이다. 따라서 대부분의 국가에서는 강력한 중농억상 정책을 추진했다.

군주권을 강화시키려면 군주의 수족 역할을 할 수 있는 관료집단의 충원과 관료제의 정비 또한 요구되었다. 영토국가가 출현한 이후의 국가경영은 징세 중심의 간단한 행정과는 이미 차원을 달리 했고, 군주 직할지의 확대는 행정사무의 복잡화와 전문화를 요구했다. 따라서 전국시대가 되면서 실제 행정능력과 정치적 식견을 갖춘 유능한 인재가 대거 필요했고, 신분의 귀천은 효율적인 관료선발을 저해하는 거추장스런 짐으로 작용했다. 그래서 굳이 자국 내의 인재에 국한하지 않고 타국 출신의 유능한 인재를 적극적으로 초빙해 객경客卿으로 발탁해 군주를 보좌하게 하였다. 또 자국에서 견제를 받던 경대부 출신도 타국으로 이주해 적극적인 출세에 나섰다. 전국국가 중 특히 진나라는 객경을 모시는 비율이 높아 거의 90%에 달할 정도였다.

여기에 덧붙여 찬탈과 배반의 위기를 느끼는 군주가 자신의 지위를 넘보지 않는 단순 기능인을 이상적 관료로서 측근에 두게 되었는데, 이런 필요 때문에 신분을 가리지 않고 사 계층을 훈련시켜 하급관료로 충원하기에 이르렀다. 이제 유력 세가라는 씨족적 배경은 오히려 정치적 배격의 대상이 되었고, 이와 같은 시대의 요구에 따라 빈궁한 하층인 사 계층이 자신의 학식을 매개로 출세할 수 있는 기회는 더욱 넓어졌다. 이 같은 능력지상주의와 출세주의 풍조는 사회전반의 신분상승 욕구를 더욱 부채질했다. 군주에게 있어 이들 관료 지망자들을 효율적으로 선발해 관리·운용하는 것은 경쟁에서 승리하는 데 있어 부국강병 못지않게 중요한 일이었다.

변법과 제민 지배

이상의 사회변화에 적응하고자 전국시대 각국의 군주들이 적극적으로 시행한 것이 바로 변법變法이다. 변법이란 기존의 국가체제를 바꾼다는 의미로서 간단히 말하면 기존의 종법적 봉건제 형태의 읍제국가에서 군주가 전국을 지배하는 집권적 군현제 형태의 영토국가로의 변화를 추구하는 개혁을 말한다. 이는 시대의 변화에 능동적으로 대처하는 한편 국내의 개혁을 타국보다 앞서 달성함으로써 부국강병을 이루려는 정책이기도 했다.

전국시대 접어들어 가장 먼저 변법을 실시한 것은 위나라의 문후文侯였다. 그는 법가의 시조라고 하는 이회李悝를 등용해 최고의 성문법이라는 『법경法經』●을 편찬했고, 소농민 보호대책, 적극적인 농지개간정책 등을 실시해 국내체제를 정비함으로써 적은 영토에도 불구하고 전국 초기에 최강국의 지위를 누렸다.

이어 B.C. 403년에는 조나라가 정치적 개혁을 추진했으며, B.C. 390년경에는 초나라가 위나라에서 개혁을 시행한 경험이 있던 오기吳起를 등용해 개혁을 주도케 했다. 오기변법의 핵심은 세습 귀족의 특권을 배제하고 불필요한 관직을 없앰으로써 관리의 기강을 정비하고 군사력을 증대시키는 것이었다. 그러나 도왕悼王의 사후에 오기가 처형되는 바람에 이러한 목적을 제대로 달성하지 못했다. 한의 경우도 B.C. 354년에 신불해申不害를 재상으로 기용해 그의 주도하에 효율적인 관료제 운용방식을 도입해 강력한 군주권을 확립했다. 그 결과 신불해가 재상으로 재임한 15년간 약소국이었던 한은 타국으로부터 침입을 당하지 않았다고 한다. 제나라에서도 B.C. 357년 추기鄒忌가 기용되어 개혁을 추진했다. 진에서도 상앙商鞅의 주도로 B.C. 359년과 350년에 2차에 걸친 변법을 추진했고, 연나라에서도 B.C. 316년에 획기적인 개혁이 이루어졌다.

결국 7웅은 B.C. 400년을 전후해 약 100년간 경쟁적으로 변법을 단행해 국내체제를 정비했다. 변법의 주목적은 군주를 중심으로 한 전국적인 법치의 관철에 있었다. 또한 소농민에게는 균등한 토지의 점유와 안정적인 재생산구조를 보장하면서 이들을 호적에 편입시켰다. 소농민을 균등한 농민이라는 의미의 제민齊民으로 파악한 것은 이를 통해 국내체제를 안정시키고 군주권을 강화함과 동시에 이들을 최대한 확보해 군사적 경쟁에서 승리하기 위해서였다. 결국 변법의 최후 목적은 제민지배체제의 확립에 있었다. 다만 그 구체적인 내용은 각국의 사정에 따라 약간의 차이가 있으며, 성취도에서도 상당한 차이를 보였지만, 대개의 경우 기존 특권층의 엄청난 반발에 직면했다. 변법 중 가장 대표적이자 성공적이었고, 이후까지 지속적으로 계승되어 변법의 구체적인 추진 내용을 알려주고 있는 것이 바로 상앙이 시행한 변법이다.

상앙은 1차 변법에서 십오제什伍制와 연좌제를 통해 인민을 빈부에 관계없이 평등하게 십오什伍로 편성하고 상호 감시하게 함으로써 향리공동체의 내부질서를 파괴했다. 십오제란 백성 5집, 10집을 단위로 서로 조세의 납부와 병역 등에 있어 공동의 의무를 지우는 제도이다. 연좌제란 범죄가 발생했을 때 십오를 단위로 모두 같은 처벌을 함으로써 십오 내에서 상호 감시를 강화시키는 제도였다. 이로 인해 십오로 편성된 혈연 간에는 유대보다는 연좌를 면하기 위한 감시의 눈이 번뜩이게 되었다. 다음으로 기존의 세습에 의한 신분제를 일체 없애고 국가에 대한 공헌도를 기준으로 정치적, 사회적 지위를 보장하는 제도를 시행했다. 군공軍功에 따라 작위爵位를 부여하고, 그 작위의 등급을 20등급으로 나누어 그에 합당한 지위를 누리도록 하는 20등 작제等爵制의 실시이다. 신분제의 해체와 전쟁의 격화에 따라 전공에 의한 신분상승의 기회는 더욱 넓어졌고, 이 작위의 서열에 따라 거처할 수 있는 저택의 규모, 보유할 수 있는 토지의 양, 소유할 수 있는 노비의 수, 입을 수 있는 옷의 종류 등 일상생활 전반에 걸쳐 모든 지위가 차등적으로 보장되었다.

1차 변법을 바탕으로 2차 변법에서는 먼저 옛 풍속이나 습성을 폐지해 5

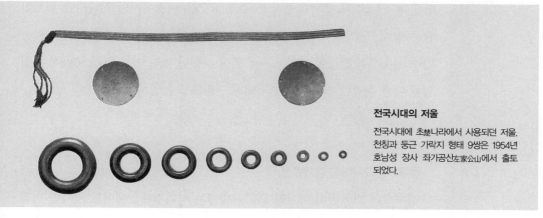

전국시대의 저울
전국시대에 초楚나라에서 사용되던 저울. 천칭과 둥근 가락지 형태 9쌍은 1954년 호남성 장사 좌가공산左家公山에서 출토되었다.

인 가족이 기준이 되는 소농민, 즉 제민을 적극적으로 창출했다. 또한 31현을 설치해 군현제적 지배를 확립했다. 이렇게 중앙집권적인 군현지배를 관철시키는 한편 본격적인 제민의 창출을 위해 1호당 100무[약 4.5ha]를 분배해 주는 토지제도 즉 수전제도를 시행해 토지의 균등한 분배와 국가에 의한 소농민의 보호에 나섰다. 이와 아울러 제민은 농민인 동시에 전사인 경전지민耕戰之民이었기 때문에 이들을 활용한 군사체제의 강화에 주력했다. 나아가 국가를 획일적으로 통치하기 위해 도량형을 통일하고 사상을 단일화하기도 했다.

결국 전국시대 변법에서 지향했던 것은 첫째, 폐쇄적인 씨족질서와 대가족제를 해체하고, 관료제에 의한 군현제적 지배를 실시하려는 데 있었다. 그리고 이를 위해서 십오제와 연좌제를 수단으로 제민을 철저히 감시·감독했고, 이 모든 것들은 군주권을 중심으로 한 법치질서의 확립을 위한 것이었다. 둘째, 수전제도의 정비와 소농민의 보호를 통해 제민을 최대한 확보하고, 그들에게서 최대한의 노동력을 뽑아내고 봉사하도록 강요하는 체제를 수립하는 것이었다. 셋째, 주요 산업을 관영화하거나 국가독점화해 민영산업의 성장을 억제해 빈부의 격차에 따른 소농민의 몰락과 부호富戶의 출현을 막기 위해서였다. 넷째, 군공서열에 의한 작제적爵制的 신분질서의 정립을 통해 제민의 전투욕구와 신분상승 욕구를 부추겨 효율적 지배를 기하기 위함이었다.

결국엔 진이 최종적으로 변법에 성공해 부국강병을 이루었고 중국을 통일했다. 진나라가 중국을 통일한 주요 요인은 이것이지만 진나라가 위치한 관중 땅이 가진 지역적인 유리함도 적지 않게 작용했다. 게다가 진나라는 원래 씨족제적 전통이 약하고 군주권이 강했던 데다 이 지역의 문화적 후진성에 따른 순박한 기질로 제민지배의 관철도를 높일 수 있었다.

춘추·전국시대의 경제발전
정치상의 변동만이 아니라 전국시대에는 사회경제상에서도 커다란 변화가 일어났다. 그 최대의 요인은 철제 농기구의 사용과 보급 및 소를 농경에 동원하는 우경牛耕의 확대였다. 황토지대의 특성상 땅을 깊이 갈아엎으면 엎을수록 지력을 최대한 이용할 수 있는데, 이러한 경작방식을 가능케 한 철제 농기구의 사용은 이전 돌로 만든 농기구에 비해 농업생산력을 획기적으로 증대시켰고, 동일한 시간 내에 경작 가능한 토지의 면적을 대대적으로 늘렸다. 또한 물이 부족한 곳에서 주로 사용되는 한지旱地농법과 인분을 경작에 이용하는 시비법 등을 주로 한 체계적 농법이 발달했다.

한편 제민에게 분배할 토지를 확보할 목적으로 국가 주도의 대규모 개간사업도 활발히 전개되었다. 이회와 함께 위나라의 정치에서 중요한 역할을 했던 서문표西門豹가 실시한 대규모 관개시설이나 전국 말 한나라의 토목기사였던 정국鄭國이 진에서 개설한 정국거鄭國渠는 수십만의 인원이 수십 년에 걸쳐 건설한 수로로써 관중의 땅 4만여 경頃I1경은 100무I을 옥토로 바꾸어 놓았다. 이러한 농업생산력의 발달을 배경으로 해 5인이 1호를 이루는 표준농가가 성립되었다.

농업의 발달은 잉여생산물을 통한 수공업과 상업의 발달도 촉진시켰다. 수공업 생산은 서주시기까지 주로 왕실이나 공실에 예속된 직업씨족이 생산의 주된 담당자였지만, 씨족이 해체되면서 관영공장으로 개편되고 일부 자영의 수공업자도 출현했다. 또 수공업 생산품의 성격도 변화해 춘추시대까지는 지배층을 대상으로 한 사치품이나 군수품이 주류를 이루었지만 전국시대가 되면 일반인의 일용품생산이 증대한다. 철제 농기구의 보

전국시대 옥으로 만든 기물

급도 이를 통한 것이었다. 또한 염철업, 피혁, 금속, 직물 등 각종 수공업의 분업화가 진행되고 이에 따라 지역적 특산품의 생산이 발달했다.

농업과 수공업의 발달을 통해 다양한 수공업 제품과 각지의 특산품은 상

품이 되어 교역되었다. 또한 각국의 지역 간의 발전 편차와 특수한 지리적 조건으로 인한 교역의 필요성이 증대되었으며, 소농민의 자립화에 따라 구매자가 증가하고, 대상인이 출현했다. 시장은 국가의 영역을 넘어 전국적인 유통망이 성립되었으며, 일부 투기를 통한 대상인도 등장했는데, 투기에 성공한 결과 후일 진의 재상까지 지낸 여불위呂不韋가 그 대표적 인물이었다.

상업이 발전함에 따라 결제수단으로서 금속화폐가 사용되기 시작했다. 이미 철기의 사용이 시작되어, 춘추시기부터 금속화폐가 주조되기 시작하고 전국시대에 보급되었다. 금속의 주된 재료는 청동이었는데, 초기에는 대도시의 상인들이 주조했고, 후에는 제후국에 의해 주조되었다. 화폐의 종류는 그 생김새에 따라 크게 4종류로 나뉘는데, 포전布錢은 당시 가장 보편적인 농기구인 호미의 형태에서 유래된 것으로 한·위·조의 삼진三晉지역에서 주로 유통되었다. 두 번째는 도전刀錢인데, 칼의 형태를 하고 있으며 주로 산동의 제에서 유통되었고, 소형은 연과 조의 북부에서도 사용되었다. 세 번째는 현재의 동전과 같은 둥근 동전 중앙에 사각의 구멍을 뚫은 형태이다. 이러한 형태의 동전은 진과 낙양에 위치한 주 및 조와 위에서 유통되었다. 마지막으로 패화貝貨인데, 상대와 서주시대 화폐였던 자안패子安貝의 형태를 본뜬 것이다. 주로 남방의 초에서 유통되었다. 당시 상업은 국경과 화폐유통권을 넘어 이루어졌기 때문에 당연히 화폐의 종류에 따라 각기 다른 환산율이 정해져 있었고 환율차도 고려되었을 것이다.

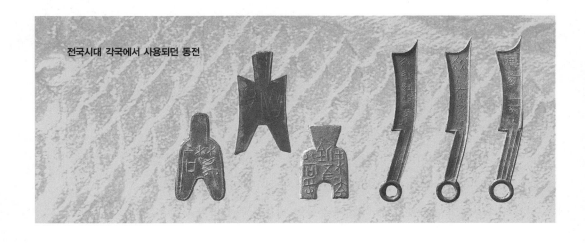

전국시대 각국에서 사용되던 동전

이들 화폐를 주조한 도시들은
모두 대도시이다. 위의 대량大梁과
안읍安邑, 조의 한단邯鄲과 진양晉陽,
한의 평양平陽, 제의 임치臨淄, 후대
의 북경인 연나라의 계薊, 초의 완
구宛丘, 정의 양적陽翟, 주의 낙양 등
은 모두 상업과 수공업이 번성한
도시들이었다. 그중에서도 가장
유명한 것은 제의 임치였다. 임치
의 성곽은 큰 성과 작은 성으로 나

제나라의 도성 유적지

뉘며, 큰 성은 동서 약 3,400m, 남북 5천m 정도이고, 작은 성은 동서 약
1,400m, 남북 약 2천m였다. 동서의 성 밖에는 하천이 있고 남북의 성 밖에
는 호濠를 둘러쳤다. 성 안에는 배수로 외에 폭 10~20m 정도의 대로가 동
서·남북으로 곧게 뻗어 있고, 이 도로에 의해 구획이 나누어졌다. 가장 큰
배수로는 폭 30m, 깊이 3m 이상이고 전체 길이가 2,800m였다. 작은 성 안
에는 제후의 궁전이 있었다. 임치의 인구는 전국 후기에 호수戶數가 7만이었
다고 하므로 1호당 평균 5인으로 계산하면 35만의 인구가 거주하고 있어
전국시대를 통해 가장 번화한 상공업도시였다.

제자백가의 주요 사상과 그 내용

제자백가의 역사적 의의

춘추·전국시대는 정치적으로 분열과 혼란의 양상을 띠고 있었지만, 중
국 역사상 문화적인 창조력이 가장 충만된 시기 중 하나였으며, 우리가 흔
히 '중국적'이라고 생각하는 문화의 골격이 완성된 시기였다. 이 시기의 문
화는 이전 시대인 상주시대를 계승하면서도 그 질적인 수준이나 내용은 보
다 세련되고 다양해졌을 뿐 아니라 변혁의 시대에 대응한 새로운 전개를 보

였다. 따라서 춘추·전국시대의 사회변화는 제자백가의 사상이 활짝 꽃피울 수 있는 배경이 되었고, 이러한 문화 창조의 주역인 사 계층이 본격적인 주인공으로 대두되었다.

이 시기의 문화활동은 제자백가라 알려진 일군의 학자와 그들의 사상을 잇는 학단 혹은 학파를 중심으로 전개되었는데, 그 결과 종래 소수의 귀족에게 독점되었던 지식과 학문이 일반 서민층에까지 확산되었다. 그리고 종족과 씨족집단이 해체됨에 따라 집단의 전통적 속박에서 해방되는 이들이 많아졌고, 학식과 능력을 통해 신분상승을 꿈꾸는 개인의 강렬한 욕구가 표출되기도 했다. 게다가 각국 군주들도 신분에 구애받지 않고 능력 있는 사인들을 발탁해 자국의 부국강병을 추구했기 때문에 이러한 경향은 한층 발전하게 된다.

상·주시대에 혈연을 비롯한 각종 규제에서 벗어난 제자백가들은 자연스럽게 인간의 운명과 그 운명을 바꿀 수 있는 의지에 자신감이 생겼으며, 이전 시대까지의 무지에서 비롯된 주술과 마력의 위협에서 해방되어 인간과 자연에 대한 합리적인 해석을 추구했다. 그들은 인간과 자연에 법칙이 내재하고 있다고 확신했으며, 만약 인간이 그 법칙을 인식할 수만 있다면 스스로 운명의 주체가 될 수 있다고 생각했다.

물론 당시의 자연과학적 지식의 한계 때문에 그들의 합리성도 경험론의 한계를 벗어나지는 못했지만 신비주의적 요소를 탈피한 것은 분명했다. 따라서 그들이 추구한 인간의 발견과 인간 본위의 태도 및 사물에 내재한 법칙의 탐구는 이 시대 문화의 성격을 특징 짓는 것이었으며, 발전의 기초가 되었다. 이러한 기초 위에서 그들이 제시한 새로운 사회를 지향하는 질서의 원리와 정치사상은 인간과 사회의 본질적인 이해에 기반하고 있다. 여기에는 새로운 사회로 진입하는 국가의 형태를 나름대로 구상해 보려는 의식도 강하게 작용했던 것으로 보인다.

우선 합리적이고 인본주의적인 정신은 그때까지의 전통문화의 재해석과 모든 지식의 체계적인 정리로 나타났다. 서주의 사회규범인 예악과 문학의 전통인 『시경』, 역사의 전승인 『서경』 등이 이 시대에 재정리되었으며, 각

씨족의 설화와 전설도 황제黃帝를 정점으로 한 성왕聖王의 계보로 정리되어 역사 인식의 바탕이 되었다. 또한 각국의 이질적 계통에 기반한 문화와 접촉함으로써 자신들의 문화가치에 대해 입장을 새로이 정리했으며, 이러한 전통의 재인식이 문자화되어 지금까지 남아 있다는 사실은 매우 중요한 의미를 지닌다. 이것은 문자화된 것의 권위에 집착하는 중국적 특질을 낳았으며, 또한 그러한 권위를 빌린 이론의 전개와 저술활동을 촉진시키는 힘이 되었다. 그러나 제자백가서의 대부분은 본인이 아니라 제자들에 의해 저술·편찬된 것이거나 아니면 완전히 가탁에 불과한 것들이 많았다.

제자백가는 대개 새로운 사회질서를 모색하는 윤리나 철학, 사상 등의 문제를 다루고 있지만, 지리지식이나 농업지식, 수공업지식, 의료지식, 천문학과 역법에

명대에 그려진 그림 속의 굴원屈原

관한 지식, 수학지식, 일화나 고사에 관한 지식 등 모든 지식을 문자로 정리하고 공개적으로 전수하려는 정신을 가졌다. 이러한 왕성한 저술 속에서 문장은 갈수록 세련되어져 문학의 경지로까지 나아갈 정도였다. 『맹자』나 『한비자』, 『장자』의 문장은 고문체의 모범으로 확고한 지위를 굳혔으며 『좌전』역시 뛰어난 산문체를 자랑한다. 한편 춘추시대까지 이어온 시경문학의 전통이 전국시대에 쇠퇴해 북방에서는 운문의 발전이 없었지만, 남방의 초 지방에서는 그 지방의 무가巫歌 전통과 관련된 초사楚辭문학●이 발달했다. 굴원이 남긴 「초사楚辭」, 「구가九歌」, 「천문天問」 등의 작품이 유명하다.

그러나 이 시대는 정치적 혼란기였던 만큼 정치사상 면에서 가장 뛰어난

초사문학
사부辭賦 계열의 운문. 춘추·전국시대 양자강 유역 초나라 지방의 시가에서 비롯되었는데, 우수나 격정 같은 감정을 자수와 길이의 제한을 받지 않고 자유롭게 지방 가요의 아름다운 형식을 빌어서 표현했다. 대표적인 작가로 굴원과 송옥宋玉이 있다.

업적을 이루었다. 이것은 거대한 사회변혁의 흐름 속에서 무엇보다 현실적으로 새로운 국가의 지배 원리가 요구되었기 때문이다. 그 때문에 궁극적인 관심은 모두 국가를 통치하고 백성을 다스리는 효율적인 방법으로 집중되었고, 인간과 자연에 대한 본질적인 물음보다는 정치적 · 사회적 존재로서의 인간을 탐구대상으로 삼았다.

이들은 한대 이래 전통적으로 유가儒家, 묵가墨家, 법가法家, 도가道家, 명가名家, 병가兵家, 종횡가縱橫家, 농가農家, 음양가陰陽家, 잡가雜家 등으로 분류되고 있지만, 학파로서 가장 성공적이었던 것은 유가, 묵가, 법가, 도가였다.

유가의 성립과 발전

유가는 춘추 말에 생존했던 공자孔子IB.C. 551~479I에서 비롯되어 제자백가 중 가장 먼저 성립되었다. 그는 몰락귀족의 후예로서, 어지러운 현실을 구제할 원리로 종주從周를 제시해 서주적인 질서를 회복하려 했는데, 종주란 서주의 옛 제도로의 복귀를 말한다. 그에게는 새로운 제도를 시행하는 것이 목표가 아니라 서주 초 주공이 만들어 냈던 이상적인 시대로의 회귀가 목표였다. 종주를 달성하기 위한 방법으로는 실제 무너진 사회적 신분질서를 다시 세우는 정명正名을 제시했다.

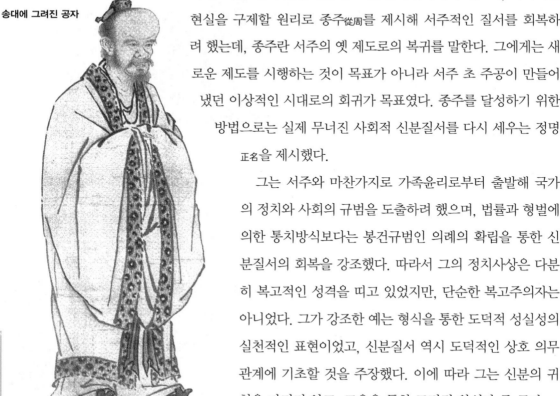

송대에 그려진 공자

그는 서주와 마찬가지로 가족윤리로부터 출발해 국가의 정치와 사회의 규범을 도출하려 했으며, 법률과 형벌에 의한 통치방식보다는 봉건규범인 의례의 확립을 통한 신분질서의 회복을 강조했다. 따라서 그의 정치사상은 다분히 복고적인 성격을 띠고 있었지만, 단순한 복고주의자는 아니었다. 그가 강조한 예는 형식을 통한 도덕적 성실성의 실천적인 표현이었고, 신분질서 역시 도덕적인 상호 의무관계에 기초할 것을 주장했다. 이에 따라 그는 신분의 귀천을 가리지 않고, 교육을 통한 도덕적 완성자 즉 군자君子

를 배양하려 했다. 군자에게 특히 강조된 덕목은 인仁이었는데, 인이야말로 그의 도덕철학 중 핵심이었고, 나머지 덕목은 인仁을 실천하는 방법에 불과했다. 그의 도덕적 이상주의는 실패했지만 가족질서, 즉 효를 중시했던 사상은 증자曾子와 자사子思를 거쳐 맹자에게 계승되었다.

전국시대 인물인 맹자孟子IB.C. 371~289I는 공자가 제시하지 못한 인을 실천할 수 있는 근거를 성선설性善說에서 찾았다. 본성이 선한 인간은 천부적으로 측은지심惻隱之心, 수오지심羞惡之心, 사양지심辭讓之心, 시비지심是非之心을 가졌기 때문에 이 사단四端●의 발로인 인의예지仁義禮智의 실천도 본성의 배양과 확충만으로 가능하다는 것이 주장의 요체다. 특히 측은지심의 발로인 인이 정치에 실현되면

곡부曲阜에 있는 공자묘

이것이 바로 왕도王道정치가 된다는 것이다. 패도覇道정치가 폭력과 정치적 기만을 수단으로 한 것이라면 왕도정치는 도덕적 실천에 자발적으로 귀의하는 정치를 의미한다. 맹자는 왕도정치를 단순한 도덕론에 그치지 않고 그를 구현하기 위한 방법으로써 양민養民과 교민教民을 주장했는데, 이것은 그의 위민爲民사상과 통하는 것이었다. 그는 정치의 근본이 위민에 있으며 이를 어기는 군주에게는 방벌放伐을 인정했다. 이것은 도덕적 자질에 기반한

사단
「맹자孟子」의 「공손추公孫丑」 상편에 나오는 말로, 인간의 본성에서 우러나오는 마음씨, 즉 선천적이며 도덕적 능력을 의미한다. 불쌍히 여기는 마음(측은지심), 자신의 불의不義를 부끄러워하고 남의 불의를 미워하는 마음(수오지심), 양보하는 마음(사양지심), 잘잘못을 분별하여 가리는 마음(시비지심)의 네 가지 도덕적 감정을 말한다.

당대에 발견된 필사본 「논어」
1900년대 초반부터 중국 서북지역을 탐험한 서양학자들에 의해 실크로드상의 유물과 유적이 많이 발굴되었다. 특히 돈황과 투루판에서는 토지문서, 호적, 공문서, 개인편지, 불경 사본 등 다량의 문서가 출토되었다. 이 그림은 투루판에서 발견된 「논어」이다.

역성易姓혁명을 긍정하는 것으로 그의 왕도정치론은 당시 상황으로는 혁신적인 것이었다. 그러나 군자와 소인의 차이를 긍정하고, 인간의 도덕적 실천을 지나치게 낙관적으로 본 것은 그의 관념론이 지닌 한계라 하겠다.

맹자가 공자의 인仁사상을 이은 반면 자하子夏계통을 이은 순자荀子[B.C. 298~238]는 예禮사상을 계승했다. 그는 인간에게 악과 욕망이 존재한다는 성악설을 주장했기 때문에 선천적인 도덕성을 인정하지 않았다. 대신 후천적인 개조의 가능성을 확신했고, 그래서 특히 교육을 강조했다. 그는 복고적 성향보다는 시대의 추세에 적응하는 성향의 사상가였다. 그래서 그가 말하는 예는 공자가 말하는 예처럼 고정된 규범이 아니라 시대의 흐름에 맞는 보편적 강제규범이었다. 따라서 그가 강제규범의 근거로서 군주권의 절대적인 권위와 상하의 귀천질서를 인정한 것은 당연했으며, 이 점에서 법가이론에 영향을 끼친 것은 사실이었다. 반면 그가 법치法治보다는 인치人治를 주장하고, 도덕성을 전제로 한 권위를 인정한 점, 그리고 천도天道와 인도人道를 철저히 구분한 것 등은 역시 유가의 사상을 이은 것이라 하겠다.

묵가의 활동과 성격

묵가는 전국 초기에 활동한 묵적墨翟[B.C. 475~390?]에 의해 창시되었다. 처음에는 유가에서 배움을 시작했지만 실망하고 후일 유가에 대한 가장 강력한 반대자로 변했다. 묵자가 기계제작자로 알려지고 있듯이 묵가 역시 수공업자를 기반으로 한 방어집단에서 출발한 듯하다. 그래서 묵가는 주로 하층민들로 구성되었으며, 하층민들에게 보다 동정적인 입장으로 논리를 구축해 나갔다.

이러한 입장 때문에 그들은 무엇보다 사회 전체의 공리公利를 중시했는데 지배층의 위선과 허위, 사치와 낭비를 철저히 반대했다. 그들은 음악마저 소수 지배층의 의례와 사치를 위한 도구라고 여겨 반대했으며, 지배층의 이익을 위한 전쟁 역시 반대해 반전평화를 주장하였다. 그리고 단순히 반전논리를 펴는 데 그치지 않고 강대국의 약소국 침략에 적극적으로 대응해 약소국을 지원하기도 했다. 특히 유가에서 강조하던 장례를 비용이 많이 든다는 이유로 간소화할 것을 주장했는데, 이것은 묵가의 일관된 논리적 입장으로 보인다.

한편 묵가는 현실의 사회모순과 어지러운 정치현실 및 연속되는 전쟁의 근본원인이 혈연적, 신분적인 폐쇄성과 그 이익 때문이라고 보았다. 그래서 해결책으로 모든 사람을 차별 없이 사랑하는 겸애兼愛를 주장했다. 이는 혈연의 친소를 기반으로 상대에 대한 대우를 달리하는 유가의 차별애를 공박한 것이다. 이를 실천하는 구체적인 방법으로써 이익을 서로 공유하는 교상리交相利의 원칙도 제시했는

묵자의 가르침을 전하는 「묵자」

데, 이는 오늘날의 사회주의적인 분배와 일맥상통하는 바가 있어 사회주의 국가인 중국에서 많은 각광을 받기도 했다.

이것은 유가가 욕심의 발로라 해 의식적으로 회피한 이익의 개념을 긍정적으로 이해한 것이며, 신분의 차별성과 폐쇄성을 타파하려 한 것은 그의 사상이 혁신적이었음을 잘 보여 주고 있다. 이 때문에 신분적 세습론을 부정하고 개인의 능력에 따라 사회적 지위를 누리자는 상현론尙賢論을 주장했다. 같은 상현론이지만 유가의 논리가 가족질서의 한계를 넘지 못한 것과는 달리 묵가는 철저한 능력본위의 사회서열을 강조했다. 따라서 일체의 세습적인 신분제는 부정되었으며, 관료는 물론 군주의 세습마저 부정하는 고대 선양禪讓의 논리를 재차 강조했다. 여기에 현자의 개념도 개인의 도덕적 자질보다는 천하의 백성을 위한 업적을 중시해, 백성을 위한 희생과 봉사로 일관된 군주상을 이상적인 것으로 제시했다. 검약과 근면 속에서 치수治水사업에 전력 헌신한 우禹왕이 묵자에게 있어 성인의 전형이 된 것은 결코 우연이 아니었다.

그러나 이러한 피지배층 위주의 정치사상을 강조했음에도 불구하고 묵가사상은 당시의 가족제도와 군신제도 및 사유재산 자체는 용인하고 있었

상동론
상동이란 아랫사람은 윗사람에게 절대적으로 복종하는 것을 주장하는 묵자의 논리이다. 사람이란 모두 뜻이 다르므로 그대로 방치하면 사회의 질서를 유지하기 어렵기 때문에 아래에서 위로 의견을 일치시켜야 한다는 주장이다.

다. 특히 후기 묵가의 사상이었다고 하는 상동론尚同論 *에서는 단계적인 권력구조하에서의 일방적인 하향식 통치방식을 강조함으로써, 윗사람에 대한 무비판적인 복종과 체제 옹호적인 논리를 제공했음을 부인할 수 없다. 이것은 지도자에 의한 일방적인 독재를 가능하게 하는 이론이기도 했다.

묵자가 선진사상에 공헌한 또 다른 하나는 논리방법이다. 묵가는 집단성이 강했기 때문에 문도를 효과적으로 교육시키기 위한 방법으로서 일상적인 지식과 진리의 논증에 남다른 관심을 보였다. 이에 따라 소박한 형태의 논리학이 제시되었는데, 어휘에 대한 엄격한 개념 규정의 중요성을 강조하기도 했다. 이 논리방법은 별묵別墨 혹은 명가名家라 불리는 혜시惠施와 공손룡公孫龍 등에 의해 더욱 발전하였다. 그들은 사물인식의 주관성과 상대성 및 일면성을 논증했으나 지나친 궤변으로 흐른 점도 발견된다.

법가와 법치이론

법가사상은 전국 중기 실제 정치의 경험을 토대로 형성되었는데, 신불해申不害의 술치術治이론, 신치愼到의 세치勢治이론, 상앙商鞅의 법치法治이론을 토대로 전국말의 한비자韓非子IB.C. 280~233I에 의해 종합되었다. 법가의 출발점은 인간성에 대한 극단적인 불신이었는데, 기존 귀족세력을 일소하고, 엄격하게 관료를 통제하고, 철저하게 제민齊民을 지배하며, 군주권의 절대화를 통해 강력한 중앙집권국가를 확립하는 것이 최종목표였다.

그들은 인간을 본질적으로 이기적인 존재로 보았으므로 도덕적인 자기규제가 가능하다고 판단하지 않았다. 오직 권위와 형벌에 의한 복종의 강제만이 사회질서를 유지하는 기초라고 생각했다. 따라서 철저한 법치를 강조하고 법치를 위해 만인에게 적용될 수 있는 보편적인 성문법의 제정에 심혈을 기울였다. 군주와 신하의 관계도 도덕적인 관계가 아니라 권력과 지위에 의한 역학관계에 불과한 것이기 때문에 군주가 반드시 현자일 필요는 없으며, 그 어떤 명분으로도 군주의 권위를 부정할 수 없다는 논리를 갖고 있었다. 이것이 바로 신도의 세치이론인데, 이 논리는 정치와 도덕을 분리시켰다는 점에서는 중요한 의의가 있다.

　그러나 권력의 정당성이나 합리적인 근거를 논외로 하고 군주의 지위 자체에 절대적인 권위를 부여했다는 데에 문제가 있었다. 그 때문에 군주는 어쩔 수 없이 복종하고 있는 신민臣民의 도전에 직면하지 않을 수 없게 된다. 따라서 그 지위를 보호하기 위한 방법이 바로 법치와 술치이다. 술이란 관료에게 엄격히 규정된 임무를 부여한 후 그 수행 여부를 감독하고 그 결과에 따라 엄격한 신상필벌信賞必罰을 행사하는 것이다. 이 경우 행위의 동기보다는 결과가 중시되는 것은 당연하며, 좋은 결과라 할지라도 관료 고유의 권한을 벗어난 것이라면 처벌되어야 했다. 이 논리는 이후 중국 관료제의 기본원리가 되었고 관료제 발달에 공헌하게 된다. 결국 술치란 관료가 정치적인 실권을 장악하지 못하도록 방지하는 것이 주목적이었기 때문에 신하가 능동적으로 정치에 참여하기보다는 철저히 군주의 수족이 될 것을 요구한 것이었다. 모든 최종 권한은 군주의 독단에 의해 내려지는 것이며, 특히 상벌권은 군주 고유의 권한임을 강조했다. 이는 객관적이고 합리적인 관료 질서보다는 군주의 자의적인 권위에 개별적으로 복종하는 관료를 만들어내는 데 주력한 이론이었다.

　술치가 관료에 대한 통제술이라면 법치는 백성을 통치하기 위한 수단이다. 법가에 의하면 법이란 이기적인 인간이 서로 갈등하는 무질서한 사회에 일정한 행동의 표준과 시비의 기준이며, 이는 군주가 마련한 강제규범이었다. 따라서 법은 공개되어 모든 백성에게 숙지되어야 하고, 지위와 신분의 고하를 막론하고 평등하게 적용되어야 하며, 시대의 변화에 따라 적절하게 개정되어야 한다. 이 점에서 법가가 정치에서의 객관적인 기준, 법 앞에서의 평등, 시세에 따라 제도도 변화해야 한다는 시변時變과 변법變法의 논리를 제시한 것은 의의가 크다.

　그러나 법 제정의 주체는 법을 초월한 군주이며, 백성은 법에 대한 호오好惡는 물론 의사표시도 금지된 채 무조건 준수해야 하는 존재로 상정되어 있었다. 이것은 결국 군주의 획일적 통치를 강제하는 것이며, 이것을 철저히 지키기 위해 우민愚民정치와 사상의 통일이 주장되기에 이르렀다. 비판의 근거를 만들 수 있는 법 이외의 모든 지식은 철저히 탄압되었고, 백성은 국가가 요구하는 생산과 병역에 전념해야 한다. 이러한 법가의 논리는 당시 군주에게 큰 환영을 받았으며, 진시황과 이사李斯에 의한 전국통일에 의해 그 효율성이 입증되었다. 반면 군주의 권력과 법의 합리적인 근원을 제시하지는 못했고, 이를 보완하기 위해 전국 말과 한초에 도가사상에서 도道의 개념을 차용한 황로술黃老術●이 등장하게 되어 법가와 도가의 결합에 이르게 되었다.

황로술
황제黃帝와 노자老子의 가르침을 따르는 통치술이라는 의미. 한나라 건국 초부터 무제 초년까지 약 60년간 유행하던 무위지치無爲之治를 지향하는 통치이념인데, 대표적인 인물로 소하蕭何와 조참曹參 등이 있었다.

도가와 무위정치

도가는 공자와 거의 동시대 인물인 노자老子에 의해 창시되어 전국 말 장자莊子(B.C. 369~286)에 의해 완성된 것으로 알려져 왔다. 그러나 사상의 체계는 전국 중기 이후에 형성되었고, 『노자』도 전국 말의 사상이 농후하게 보인다. 도가는 개인의 본성을 보호하는 것을 목표로 한 양생술養生術과 현실생활에서 자신을 보호하기 위한 처세술과 인생철학, 군주의 지배술과 같은 상호모순되는 듯한 복잡한 요소를 포함하고 있어 그 전체적인 사상을 단숨에 이해하기 어렵다. 다만 우주만물의 생성근원을 도道에서 찾았다는 점에서 사상사적으로 공헌했고, 그 무궁한 생성변화의 운동법칙에 대한 탐구와 역설의 논리를 발전시킨 것은 주목할 만하다.

명대에 그려진 노자

도가에 따르면 만물은 경험적 감각세계를 초월한 이름 붙일 수 없는 혼돈 상태인 도에서 생성되며, 생성 후 각각 자기의 본성을 얻어 그것에 의해 자기보존을 유지하는데, 그 본성을 얻은 후에 다시 일정한 형체를 얻음으로써 비로소 사물이 된다고 한다. 이것이 무無에서 유有가 생성되는 원리이며, 이 유가 다시 운동변화에 의해 근원인 무로 돌아가는 것이 우주만물의 생멸 변화과정이라고 한다. 만물의 생성은 의식적인 작용의 결과가 아니라 다만 불변의 법칙에 따른 도의 무의식적인 자기운동의 결과일 뿐이다. 이것이 바로 도의 무위無爲이자 자연의 원리이다. 따라서 인간도 일체의 욕망과 지혜를 버리고 무위의 원리를 체득하고 실천함으로써 본성인 자연을 보호하고, 존재의 근원인 도와 합일될 수 있다고 주장한다.

이 논리는 도를 해칠 수 있는 모든 것에 대한 비판으로 귀결된다. 즉 유가가 강조하는 도덕과 법가가 강조하는 법을 비롯한 일체의 인위적인 제도와 문명은 인간의 본성인 도를 해치는 것이라 여겨, 이를 비판하는 한편 자아 확충을 위한 자유방임을 주장한 장자의 제물齊物론●으로 발전하기에 이른다. 이 점에서 도가는 문명의 폐단과 전제권력을 비판하고, 자아를 중시하는 개인주의적 철학과 자연주의적 성향을 보이며, 한편으로 가치판단에 있어 상대성을 강조하는 역설의 논리를 발전시켰다. 그러나 도가는 자아의 확충보다는 현실생활에서의 구체적인 목적달성에도 관심을 두었다.

노자는 무위無爲를 통한 지배를 강조했다. 무위란 도의 원리에 따라 일체의 인위적인 지배를 배제한 통치형태인데, 무위를 일반 백성에게 적용시킬 때 자유의지의 상실을 강조한 나머지 백성들을 우민화시켜 버릴 위험이 내재되어 있다. 이 점에서 노자가 제시한 이상사회인 소국과민小國寡民이라는 작은 국가의 이상은 비교의 대상마저 없애 버린 폐쇄적인 원시공동사회의 논리로 전락할 수 있었다. 도가는 위선적인 도덕정치와 적나라한 폭력통치

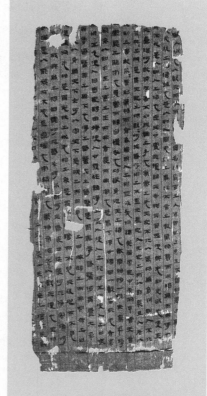

마왕퇴에서 발견된 「노자」

1972년 호남성 장사長沙 마왕퇴馬王堆에서 발견된 유물 중 하나. 마왕퇴는 부패되지 않은 여성의 사체가 발견된 것으로 유명하지만 「노자」 외에도 「전국책」, 「주역」 등이 비단에 쓰여진 상태로 발견되어 학계에 충격을 준 바 있다.

제물론
「장자」 「내편內篇」중 하나. 모든 현상과 사물은 상대적이지만 하나로 귀일되므로 만물은 일체一體이다. 따라서 생사生死도 하나이며 꿈과 현실의 구별도 없다. 이처럼 자신을 잃어버리는 경지에 도달하는 것이야말로 수양의 극치라고 주장하였다.

춘추·전국시대의 …

를 부정했지만, 도의 체현자인 군주에 의한 고도의 우민정치로 발전할 수 있었고, 이점에서 훗날 법가와 결합해 황로술로 나아갈 수 있는 논리가 숨어 있었던 것이다.

진·한 통일제국의 출현과 발전

진시황秦始皇의 통일로 인해 중국은 중앙집권적인 통치체제를 구축했다. 관료제와 군현제의 실시, 그리고 제민지배齊民支配에 의한 지배체제의 구축 등은 진·한 교체기를 거치면서 약간의 변화를 가져왔다. 유교 이념을 기반으로 한 통치이데올로기의 채택, 흉노 등의 이민족에 대한 적극적인 대외정책의 추진 등 새로운 재정정책의 실시, 실크로드의 개척을 계기로 한 주변국들에 대한 책봉冊封 정책의 완비 등은 한제국의 전성기를 보여 주는 상징적 의의가 있는 사건들이었다.

왕망王莽이 잠시 한제국을 찬탈했지만, 왕망을 대신해 한 왕조를 부흥시킨 인물은 광무제光武帝였다. 그의 지지기반은 호족 세력이었고, 후한 건립 이후 호족은 향리에 예교적인 질서를 정착시켜 향리사회를 이끄는 지배층으로 성장했다. 그러나 후한 중엽 이후에는 전한과 마찬가지로 외척과 환관의 전횡이 번갈아 등장하는 등 정권 쟁탈의 각축장으로 변모했다. 이에 대해 청류파 지식인은 도덕적인 정의감을 바탕으로 격렬하게 저항했지만, 두 차례에 걸친 당고黨錮 사건은 이들 지식인들에게 현실 정치의 쓴 맛과 함께 깊은 좌절을 안겨 주었다. 정치적 혼란은 결국 전국적인 농민의 반란을 불러왔고, 태평도太平道라는 신흥 종교단체가 주도한 황건黃巾의 난으로 후한 정권은 실질적으로 멸망하고 만다. 이러한 혼란은 새로운 분열시대를 여는 서막이었으며, 다른 한편으로 소설 삼국지에서 여러 군웅의 활약상을 엿볼 수 있게 해 주는 무대를 마련한 계기이기도 했다.

황제의 탄생

B.C. 247년 진秦나라에서는 재위 3년 만에 장양왕이 갑작스럽게 사망하고 정政이 그 뒤를 이었다. 후에 시황제라 불리는 그는 당시 13살이었는데, 국정의 실권은 본래 한韓의 대상인 출신이었던 여불위呂不韋가 장악하고 있었다. 여불위는 진왕 정의 생모가 원래 그의 첩이었기 때문에 일설에 실제 그의 부친이라고 전해진다. 진은 이미 상앙변법 이래 오랜 씨족제를 타파하고, 귀족의 특권을 배제해 군주 중심의 중앙집권체제의 확립을 꾀했다. 이와 동시에 부국강병책을 실시한 결과 전국 이후 진의 영토는 전 중국의 3분의 1에 달했고, 국부는 2분의 1이 넘었으며, 기마전술로 무장한 군단은 갈수록 무적을 과시했다. 반면 나머지 6국은 정치개혁에 실패하거나 불철저하여 진나라와의 국력 차는 갈수록 벌어졌다.

21세가 된 진왕 정은 어머니의 애인이었던 노애嫪毐가 일으킨 난의 진압을 계기로 여불위를 제거하고, 유능한 인재를 국적에 관계없이 발탁해 적극적인 통일정책을 추진했다. 한나라 출신의 정국鄭國, 위나라 출신의 위료尉繚, 초나라 출신의 이사李斯가 그들이었다. 그중에서도 특히 이사는 유가인 순자의 제자로서 진왕 정을 보좌해 진의 정책결정에 중요한 역할을 담당했다. 진왕 정은 내정을 공고히 함과 동시에 각국에 간첩을 파견해 군신을 이간시키는 방책을 채용하는 등 교묘한 외교술과, 기마를 중심으로 한 강력한 무력을 통해 B.C. 230년 한나라를 멸망시킨 것을 선두로 조|B.C. 228|, 위|B.C. 225|, 초|B.C. 223|, 연|B.C. 222|, 제|B.C. 221|의 6국을 불과 10년 만에 평정하고 통일을 달성했다.

천하를 통일한 진왕 정은 먼저 통일국가의 기초를 다지는 정책을 단행했다. 세상에 오직 유일하게 군림하는 자신의 존재를 부각시키고 권위를 확립하기 위해 기존에 사용하던 왕이라는 호칭의 개명을 추진했다. 그 결과 채택된 것이 황제皇帝라는 칭호였다. 청조의 멸망에 이르기까지 약 2100여 년 동안 중국 역대 왕조에서 군주의 정식 호칭으로 사용된 황제라는 용어가 이

때 탄생되었다. 또한 이와 동시에 군주의 사후에
생전의 업적에 따라 추칭追稱하는 시호諡號를 불경
不敬하다고 여겨 폐지했고, 초대는 시황제始皇帝로
시작해 이후 2세황제, 3세황제로 만세에 영구히
전할 것을 선언했다. 이와 동시에 황제의 권위를
높이기 위해 스스로를 짐朕이라 부르며, 황제의
명령을 제制라든가 조詔라 하여 황제의 전용어로
삼았다. 진왕 정이 자신의 칭호를 황제로 택한
이유에 대해 두 가지 견해가 있다. 그 가운데 하
나는 황황煌煌한 상제上帝, 즉 휘황찬란하게 빛나
는 절대신적 존재라는 의미에서 황제란 칭호를
택했다는 견해이다. 일찍이 없던 위업을 이룬 진
왕은 절대자가 된 자신을 지상에 출현한 상제에

진시황

비견했다. 자신을 상제라 한 것은 하늘의 명을 받아 지상을 통치하는 인물
인 천자天子보다 한 단계 위임을 나타내기 위해서이다. 또 한 가지 견해는
황제는 삼황오제라는 전설상의 군주 칭호에서 따온 것이며, 지상의 최고 군
주를 의미한다는 것이다.

진의 통일정책과 법치

6국의 평정 후 문제가 된 것은 이 광대한 영토를 어떠한 방식으로 통치
할 것인가 하는 것이었다. 조정의 회의에서 다수의 관료들은 영토의 광대함
과 왕조 수명이 길어지는 장점을 들어 주대에 시행했던 봉건제를 다시 채용
할 것을 제안했다. 이에 대해 이사는 제후의 분쟁으로 붕괴한 주 왕실의 멸
망 원인을 거론하며 전국시대부터 새로운 정복지를 대상으로 시행하던 군
현제를 전 영토에 시행해야 한다고 반론했다. 시황제는 이사의 견해를 받아
들여 군현제를 채택하고 전국을 36군郡으로 나눈 후 그 아래에 현을 두어
통치했다. 군에는 지방관으로서 수守, 군수의 보좌역으로서 문서와 사법을

관장하는 승丞, 군의 군사를 주관하는 위尉, 군수를 감찰하는 감어사監御史를 두었으며, 현에는 령令을 두고 그 아래에 현승縣丞과 현위縣尉를 두어 현의 업무를 관장토록 했다. 이는 군현에서 행정, 사법, 군사를 담당한 관리들이 서로 견제토록 하고 황제에 직접 보고케 하는 제도였다.

군현의 관리는 중앙에서 파견했고, 국가로부터 봉록을 받는 관리로서 세습이 허락되지 않았으며, 그들의 임면권은 황제가 장악했다. 군현제라는 이 통치방식은 중앙집권체제를 의도한 것이었다. 또한 이와 병행해 전국을 통치하는 중앙정부의 기구로서 삼공구경三公九卿제를 정비했다. 이는 한대의 행정제도와 동일하므로 뒤에서 설명하겠다. 이 작업을 통해 모든 중앙행정과 지방통치를 정비해 정치권력이 황제에게 집중되는 전제적인 중앙집권체제가 확립되었다.

군현제의 실시와 더불어 각종 통일정책이 시행되었다. 먼저 도량형을 통일했는데 전국시대에 각 국가마다 달랐던 도량형을 통일해 진량秦量·진권秦權이라 불리는 승升이나 분동分銅을 각지에 반포했다. 화폐도 각지의 포전布錢이나 도전刀錢을 모두 폐지하고 무게가 반량|약 8g|인 둥그런 원형 안에 사각형 구멍이 뚫린 형태의 반량전半兩錢으로 통일했다. 그러나 최근 출토된 진의 반량전은 크기와 중량에서 상당한 차이를 보이며, 그 출토지도 사천과 섬서를 중심으로 한 옛 진의 영토에 한정되어 있다. 이것은 진이 화폐통일을 추진했지만 통일을 완성하기 전에 멸망했음을 의미한다. 6국의 병합이 불과 10년여 만에 급속히 추진되었던 만큼 여러 제도를 통일하는 데에는 많은 시일이 걸렸을 것이다.

다음으로 수레의 폭을 6척|약 135cm|으로 통일하고, 전국에 걸친 도로망을 정비했으며, 문자를 통일했다. 통일된 수레바퀴의 폭은 한대에도 계승되었으며, 최근 조사된 한대 장안성長安城 성문에 남아 있는 바퀴자국의 흔적에서도 이 사실이 확인되었다. 또한 지금의 고속도로에 해당하는 치도馳道를 건설해 지방에 대한 중앙의 통제를 강화했다. 치도는 도로 폭이 약 50m나 될 정도로 넓었고 수도인 함양을 중심으로 동쪽으로는 연·제지역, 남쪽으로는 오·초지역에 이르렀다. 중원과 서남지역의 관계를 강화하기 위해

5척 넓이의 오척도五尺道를 만들었으며, 북쪽 오르도스지역을 넘어 구원군九原郡에 곧장 이르는 직도直道도 건설했다. 원래는 신속한 군대의 이동으로 지방의 반란을 효과적으로 진압하기 위해 만든 것이지만, 각국이 건설한 방어기지와 성채 등을 부수어 할거의 기반을 없애는 데도 도움이 되었고 이후 교통과 상업의 발달에도 기여했다.

통일 후 진나라의 저울추와 반량전

왼쪽은 8근斤, 약 2kg 정도의 무게를 지닌 진시황 26년 시기의 저울추인데, 도량형의 통일 때 전국에 반포한 것으로 생각된다. 진대의 반량전은 무게가 12수銖(반량半兩)로 한대에 주조된 반량전(8수와 4수)보다 크고 무겁다.

이와 함께 중앙집권적 통치체제를 확고히 하기 위해서는 문서 행정을 제대로 시행할 필요가 있었고, 문서 행정이나 원활한 의사소통을 위해서는 문자가 필요했다. 그리하여 이사는 소전小篆체[진전秦篆이라고도 한대]를 제정하여 기존의 필획이 복잡한 서체를 간략화하고 지방마다 다른 서체를 통일하는 표준자체로 삼았다. 또한 도로망의 건설에서도 나타나듯이 군사력을 국가가 독점하고 지방의 반란 가능 세력의 근절에 노력했는데, 이를 위해 민간의 병기를 몰수했다. 이와 함께 전국의 부호 12만 호를 수도인 함양의 주변에 강제로 이주시켜 세력을 약화시킴과 동시에 함양을 번영시키려는 정책을 폈다.

이러한 법가적 통치정책은 더 나아가 역사상 악명 높은 분서갱유焚書坑儒로 일컬어지는 사상의 통일로 발전했다. 분서란 서적을 불태워버린 것을 말하며 갱유란 자신의 통치이념에 반대하는 학자를 땅 속에 묻어 죽인 것을 이른다. 학자 중에는 진의 획일적인 법치에 불만을 품고 옛 것을 찬미하며 시황제의 정치를 비난하는 이들이 있었다. 이를 계기로, B.C. 213년에 이사의 건의에 따라 진의 역사서와 의약, 점복과 농업관계 이외의 서적을 몰수해 30일 내에 소각했다. 그리고 고서古書에 대해 논의하는 자는 사형, 옛 것을 찬미하고 진을 비방하는 자는 일족 전체를 죽인다는 금령을 내렸다. 이 분서령은 이미 상앙의 변법을 통해 진국 내에서 실시되던 것인데, 이를 전국으로 확대한 것이다.

그 목적은 민간 소장의 서적과 사학私學을 금지하고 그것을 관이 소장하며 관학으로 일원화하는 데에 있었다. 따라서 분서령이 반포된 이후에도 수도 함양에는 여전히 유가의 경전이 소장되고 있었으며, 박사들에 의해 정리·연구되고 있었다. 다음으로 갱유는 시황제의 신선술에의 동경이 그 계기가 되었다. 분서의 다음 해에 자신을 속인 방사方士 노생盧生에 대한 화풀이로 유학자를 포함한 460여 명의 학자들을 함양에서 파묻어 죽였는데, 이것은 학자와 학문에 대한 탄압책의 대표적인 사례였으며 후세에 시황제를 비난하는 근거가 되었다. 시황제의 장자인 부소扶蘇는 학자풍 인물로서 갱유사건 때 시황제에 간언했지만 도리어 부친의 노여움을 사 북변에 주둔하고 있던 몽염蒙恬을 감독하라는 명목으로 북변으로 쫓겨났다. 시황제의 주변에는 이제 그의 통치에 대한 비판자가 없게 되었다.

통일제국의 황제로서 시황제는 천하를 주유하면서 태산에서 제사 지내는 봉선封禪을 실시해 황제의 권위를 과시했다. 국내통치가 본 궤도에 오르자 통일한 다음 해부터는 순행巡幸에 나서기 시작했는데 병사하기까지 10년 동안 치도를 통해 총 5회의 순행을 했다. 순행이란 천하를 돌며 지방정치나 백성의 생활을 시찰하는 것을 말한다. 또한 태산泰山 등의 명산에 올라 통일과 민생안정에 대한 자신의 공적을 찬미하는 비석을 새겨 후세에 전하게 했다. 2차부터 5차까지의 순행의 의도에 대해서는 불로장생을 구하는 신선사상과 결부해 해석하는 것이 일반적이다. 그러나 순행 도중 태산에서 천명을 받은 왕이 그 공업의 완성을

운몽진간雲夢秦簡
이 죽간竹簡은 호북성 운몽현雲夢縣 수호지睡虎地에서 발견된 진율秦律의 일부이다. 진시황이 천하를 통일한 직후 원래 초楚나라의 통치지역에서 발견되었는데, B.C. 4세기 중엽 상앙이 추진하던 변법의 내용이 잘 반영되어 있다.

천지의 신에게 보고하는 제사인 봉선을 거행한 것으로 보아 순수한 신선사상으로 보긴 어렵다. 시황제의 순행도 형식적으로는 순수했지만, 정복지의 백성에게 황제의 위엄을 과시함으로써 통치의 기반을 공고히 하려는 정치적 의도가 있었음을 부인하긴 어렵다. 그러나 하루에 약 30kg이나 되는 문서를 결재했을 정도의 정력가였던 시황제는 점차 노쇠해 가면서 생에 대한 강한 애착을 갖게 되었고, 장생을 기원하고 불사의 비약을 추구하는 데 노력했다. 이것이 진제국이 멸망하는 결정적 요인이었을 것이다.

진승 · 오광의 농민반란

진시황은 B.C. 210년 순행 도중 산동성 사구沙丘에서 병사했다. 사망에 임박했음을 느낀 그는 장자인 부소의 제위 계승을 지시하는 조칙을 남겼지만, 환관 조고趙高는 이 조칙을 묵살했다. 그리고 이사와 막내 호해胡亥를 끌어들여 조서를 위조해 부소와 몽염에게 불효와 불충이라는 죄목을 뒤집어씌워 죽음을 내리고 호해를 즉위시키려고 획책했다. 그 결과 부소는 자살했고 승복하지 않던 몽염은 체포된 후 자살했다. 호해는 2세황제로 즉위했고, 이듬해 조고를 낭중령郎中令에 임명해 조고가 정치의 실권을 장악하게 되었다. 정권을 장악한 조고는 반대파인 종실과 고관을 숙청했고, 이후 음모에 가담했던 이사도 처참한 최후를 맞았다.

백성들은 여전히 아방궁의 축조 등 대공사에 동원되었으며, 요역의 징발과 가혹한 법치는 계속되었다. 이에 진제국에 대한 불만과 원성은 점차 높아져만 갔다.

시황제는 생전에 세 가지 대토목공사에 착수한 바 있었다. 첫째는 만리장성萬里長城이다. 북방에 대해서 B.C. 215년에 장군 몽염에게 30만의 대군을 주어 흉노匈奴를 정벌케 했다. 흉노는 북방의 몽골 초원지대에서 유목생활을 하던 종족으로서 당시 군장인 선우單于의 지휘하에 부족이 통합되어 점차 남하하고 있었다. 몽염은 흉노를 황하 북쪽으로 쫓아내고 오르도스 지방을 회복하는 데 성공했다. 그 지역에 군현을 설치하고 죄수 등을 강제로 이주시켜 수비를 굳건히 하는 한편, B.C. 214년부터 이 지역을 영구히 확보하고 흉노의 침입을 방어하기 위해 요동遼東에서 농서군에 이르는 총 5천여 km의 장성을 쌓았다. 장성은 흙을 쌓아 굳힌 토성인데, 전국시대부터 연·조·진秦 등에서 북방 유목민을 막기 위해 쌓았던 것을 보수해 연결한 것이었다. 장성은 단순히 대립하는 두 세력의 경계만이 아니라 농경세계와 유목세계라는 자연조건을 기준으로 한 생활문화의 경계이기도 했으며, 역으로 장성의 축조는 스스로의 세계에 대한 한계를 정한 것이기도 했다. 이와 함께 시황제는 B.C. 214년, 현재의 광동과 광서 및 베트남 북부에 세력을 떨치고 있던 남월南越왕국에 군대를 파견해 진의 지배하에 복속시켰다.

나머지 두 가지 대토목공사는 여산릉驪山陵과 아방궁阿房宮을 건설한 것이다. B.C. 212년 효공 이래의 수도였던 함양이 좁다는 이유로 새로운 궁전의 조영을 개시했다. 아방궁이란 그 궁전의 앞 부분인데, 지명으로 임시 호칭을 붙인 것이었으나 준공되기 전에 진이 멸망해 버렸기 때문에 정식명칭은 없다. 그 규모는 동서 약 690m, 남북 약 115m로 1만 명이 앉을 수 있는 거대한 궁이었다. 아방궁이 지상의 궁전이라면 지하궁전으로서 시황제의 즉위와 동시에 착공된 것이 여산릉이다. 소위 시황제의 능이다. 현재 남아 있는 묘는 거대한 분구墳丘로서 높이가 100여m, 한 변이 500m인 정방형으로 깊게 판 묘실 안에는 궁전이 건조되고 백관의 자리도 정해져 있었으며, 사후에도 호사스러운 생활을 할 수 있도록 현세를 그대로 재현해 작은 중국세계를 만들었다. 1974년에 묘의 동쪽 약 1.5km 떨어진 지점에서, 유명한 병마용갱兵馬俑坑이 발견되었다. 이들 도용陶俑은 실물크기보다 약간 크고 형태나 방향으로 보아 시황제의 묘를 지키는 친위군단으로 보이며 무장

아방궁 유적

병마용에서 발견된 동거마

1978년에 병마용에서 발견된 동으로 만든 마차인데, 진시황이 실제 사용했던 것이 아니지만 실물 크기의 약 반 정도 되며 구조는 실물과 동일하다. 지금까지 발견된 동거마 중 제일 크고 가장 장식이 화려하며 모방이 매우 정교하고 또 완전하게 보전된 동거마이다.

을 하고 질서정연하게 늘어서 있다. 현재 총면적 2만km²에 달하는 병마용갱 안에는 7천 개에 달하는 도용이 매장되어 있다고 추정되는데, 발굴된 병마용갱이 시황릉의 극히 일부에 지나지 않는다는 점을 감안하면 그 규모는 엄청날 것으로 보인다.

만리장성과 치도의 건설 등은 통일중국의 유지와 미래를 위한 사업이었지만, 아방궁과 여산릉은 확실히 황제의 위엄을 과시하려는 사치스러운 측면이 있었다. 그러나 이러한 사업들이 약 10년이라는 단기간에 대규모로 진행됨에 따라 엄청난 국력의 소모가 있었음은 짐작하기 어렵지 않다. 막대한 비용은 농민에 대한 중과세로 나타났고, 노동력은 의무적으로 강제되었다. 기록에 따르면 여산릉과 아방궁의 건설에 죄수 70만이 동원되었다고 하는데, 다른 토목공사까지 합치면 연인원 300만 정도가 동원되었다고 한다. 당시 진의 호구 수는 4백만 호, 2천만 명 정도였다고 추산되므로, 약 15% 정도의 인원이 동원된 것으로 보인다. 더욱이 노동 가능한 연령층이 동원된 것을 감안하면 1호당 1명 꼴로 징발된 셈이다. 2세황제는 이러한 토목공사를 계승했으며, 가혹한 법치와 함께 과도한 중세와 징발에 따른 농민의 부담은 한계를 넘어선 것이었다.

진에 대한 반항의 기치를 든 것은 진승陳勝과 오광吳廣이라는 두 빈농이었다. 2세황제 원년[B.C. 209]에 회수 가까이에 있는 대택향大澤鄕에서 두 사람은 북변을 수비하기 위해 징발된 농민 900명을 이끌고 반란을 일으켰다. 이것은 가혹한 진의 통치에 대한 반항에서 비롯된 중국 최초의 농민반란이다.

병마용갱에서 출토한 궁수인형

두 사람은 모두 초나라 출신이었으므로 초나라를 확장한다는 의미의 장초張楚를 국호로 삼아, 사방에 봉기 참여를 호소했다. 과중한 노역과 가혹한 법치에 시달리고 있던 농민들은 중앙에서 파견된 관리를 살해하고 이에 호응했다. 이중 강소성 패현沛縣에서 병사를 일으킨 유방劉邦과 강소성 소주 부근 오중吳中에서 거병한 항우項羽가 가장 유력했다.

그러나 진승과 오광은 주력군이 진군의 반격을 받아 패배함으로써 불과 반 년 만에 살해되고 그들이 세웠던 농민정권은 붕괴했다. 그러나 그들의 봉기는 각지의 반진反秦 봉기를 유발했고, 마침내 B.C. 206년, 진은 멸망하고 만다. 또한 단기간이지만 왕조를 수립한 진승의 행동은 이후 유방에 의한 한왕조의 성립의 선구가 되었다. 진승의 장초정권이 멸망하자 항우와 유방이 두각을 나타내기 시작했는데 항우는 초나라에서 대대로 장군을 지냈던 귀족가문 출신으로서 신장이 8척|184cm|이나 되었고 괴력을 지녔다고 전해진다. 유방도 초나라 출신이기는 하지만 농민 출신이었다. 어릴 때 유협游俠이 되어 떠돌아다니다 향리에 돌아와 치안을 담당하는 정장亭長을 지냈고, 후에 군도群盜의 수령이 되었다.

항우와 유방은 초의 회왕懷王을 맹주로 하고 먼저 진의 수도인 함양에 입성하는 사람이 진의 본거지인 관중關中의 왕이 되기로 약속했다. 항우는 진의 주력군을 격파하면서 진격했지만, 유방은 진왕실의 내분을 틈타 먼저 함양에 도착했다. 유방은 진의 궁전이나 창고를 봉인해 이를 보전하는 데 주력했고, 진의 가혹한 법치에 시달렸던 사람들을 안정시키기 위해 법삼장法三章의 원칙을 제시했다. 법삼장이란 진의 법률은 모두 폐지하고, 사람을 죽인 자는 사형, 상해를 입힌 자와 도둑질을 한 자는 각각 정도에 따라 처벌한다는 원칙이자 약속이었다. 유방보다 1개월 늦게 함곡관에 도착한 항우는 40만의 대군을 거느리고 자웅을 겨루려고 했다. 유방은 항우의 진영으로 나아가 홍문에서 회견했는데 이를 역사상 유명한 홍문지회鴻門之會라고 한다. 항우는 함양으로 진격해 진왕조를 멸망시키기는 했으나 자신의 우유부단함으로 인해 결국 유방을 죽일 기회는 놓치게 된다.

한제국의 건설과 발전

고조의 즉위와 군국제의 실시

진을 타도한 후 항우는 진시황이 수립한 중앙집권체제를 부정하고 전국시대의 옛 체제에 대한 부활을 꾀했는데 이는 항우가 초나라의 귀족출신이었던 것과 관련이 있다. 회왕을 의제義帝로 옹립한 후 스스로 서초패왕西楚覇王이 되어 팽성彭城[강소성 동산현銅山縣]에 도읍하고, 공적이 있던 나머지 18명의 장군을 왕으로 삼아 전국에 분봉했다. 또 약속과는 달리 유방을 한중漢中[섬서 남부와 사천 북부]의 왕으로 삼았지만, 시세에 역행하는 분봉제는 새로운 전란의 불씨가 되었다. 이전 시대의 예로 보아 서주시대와 같은 분봉제는 제후들 간의 분쟁을 낳을 뿐인 시대역행적인 것이었다. 분봉이 마무리된 지 1개월 만에 제나라의 일족이었던 전영田榮이 먼저 분봉에 불만을 품고 반기를 들었고, 항우가 진압에 나선 틈을 타 배후에 있던 유방은 관중으로 진격해 그곳을 평정하고 동쪽으로 진격해 항우와 대결했다. 초나라와 한나라는 이후 수년간의 사투를 계속했지만 관중이라는 천하제일의 후방기지를 확보하고 있던 유방이 병력이나 보급 면에서 우위를 점했으며, 결국 항우는 B.C. 202년에 자살하고 만다.

B.C. 202년 유방은 여러 왕들의 추대로 황제에 즉위했다. 한나라의 초대 황제가 된 고조 유방은 진나라의 체제를 답습하면서도 통일시대에 맞게 재편하는 작업에 나섰다. 유방이 가장 먼저 직면한 문제는 그를 받들어 한왕조를 창업한 집단의 대다수가 신분이 낮은 자들이라는 점이었다. 그들은 진나라의 관료들보다 행정적인 능력이 현저히 떨어지는 데다 유방과의 사이에 군신관계가 확고하게 구축되지 않은 상태였다. 창업공신들 중 한의 대관료 가문인 장량張良을 제외하면, 패현의 서기 출신인 소하蕭何와 감옥간수 출

한 고조 유방

신인 조참曹參이 그나마 학문이나 지위가 있는 편이었고, 개도살꾼이었던 번쾌樊噲, 행상이었던 관영灌嬰, 장례식 나팔수였던 주발周勃, 마부였던 하후영夏侯嬰, 무직의 무뢰배였던 노관盧綰 등은 모두 유협과 무뢰 출신이었다. 유방과 이들 신하들을 결합시킨 것은 혈연관계나 지연관계를 넘어선 개인과 개인의 신의관계였으며, 전국시대부터 사회적 습속으로 자리잡아가던 임협적任俠的 결합관계였다. 즉 고조집단은 임협집단이었던 것이다. 따라서 임협관계에서 벗어나 상하적인 군신관계로의 전환이 무엇보다 시급했던 것이다.

황제로 즉위한 고조가 시행한 첫 번째 업무는 이 집단에 대한 논공행상이었다. 항우를 타도하기 위해 협력한 공신 7명은 왕으로 봉하고, 거병 이래의 공신들은 열후列侯로 봉했다. 열후에게는 1현을 단위로 한 봉읍이 지급되어 그곳에서 징수된 조세가 그들의 수입이 되었다. 이들 공신에 대한 처우는 한제국 내에서의 공식적인 신분과 지위를 결정짓는 것이었지만 그것은 임협적인 결합관계를 통일제국 내에서의 황제와 신하와의 관계로 정산하는 것이기도 했다.

반면 제후왕 7명이 차지한 왕국의 크기는 큰 왕국의 경우 몇 개의 군, 몇십개의 현에 이르렀고, 독자적인 기년법紀年法을 사용했으며 독립된 관료기구를 지녔다. 중앙정부는 태부太傅와 행정을 총괄하는 상국相國의 임명권만을 가질 뿐이어서 이들은 사실상 독립왕국이나 다름없었다. 왕국과 후국을 제외한 지역에서는 진대의 군현제를 채택했는데, 이렇게 봉건제와 군현제를 병용하는 통치구조를 군국제郡國制라 부른다. 한초에는 103개의 군국이 존재했는데, 그중 한 조정이 직접 장악했던 것은 15개 군에 지나지 않았고 왕국의 크기는 한 전체 영토의 3분의 2를 점했다.

그렇다면 봉건제의 부활이나 다름없는 군국제를 유방은 왜 도입해야 했을까? 여기에는 두 가지 요인이 있다. 첫 번째 요인은 진나라가 멸망한 원인 중 하나가 반란세력에 대한 울타리 역할을 해 줄 무리가 없었다는 사실이었다. 이는 종실을 우대하지 않은 데서 비롯되었다. 이런 점을 감안해 군국제를 도입한 것이다. 두 번째, 반란군을 조직할 때부터 이미 각지에는 독립된 왕국이 존재하고 있었는데 이들을 왕으로 추인해 주면서 통일을 성취한 한왕조 성립과정의 문제였다. 따라서 전국을 통일한 이후에도 이들 왕국의 존재를 승인하지 않을 수 없었다. 이 두 번째 요인이 보다 중요했다.

수도는 항우의 전례를 반성해 진나라의 수도였던 장안으로 정했다. 위수渭水 분지는 비옥할 뿐만 아니라 그 서남쪽에 사천 분지를 끼고 있으며, 위수와 황하를 이용한 조운漕運이 편리했다. 그리고 산과 강으로 둘러싸인 천연적인 요새라는 지형적 요인 때문에 수도로 정해질 수 있었다. 장안은 군사적 성격을 갖는 고대도시의 전형이었다고 할 수 있다.

이와 더불어 소하와 숙손통叔孫通 등에게 한나라의 문물과 제도를 제정하게 했다. 한왕조는 임협관계를 기반으로 성립했기 때문에 전투에서는 큰 힘을 발휘하지만 통일제국을 운영하는 데는 적합치 않았기 때문이다. 신생국가인 한은 행정능력에서 법치를 철저히 시행하던 진보다 뒤떨어졌기 때문에, 건국초 그 대부분은 진대의 것을 계승했다. 이런 과정을 통해 필연적으로 진의 법술통치가 재등장하게 되었고, 무질서한 군신관계도 재정립되면서 유방은 황제로서의 위엄을 갖추게 되었으며 지배왕조로서의 통치도 점차 궤도에 오르게 되었다.

이어서 착수한 것은 장기에 걸친 전란으로 황폐해진 국가경제의 재건이었다. 진의 가혹한 법치로 궁핍해진 농민 중 대부분은 진한의 교체기에 벌어진 전쟁으로 유랑민이 되었고, 농경지는 황폐한 채 방치된 상태였다. 고조는 농민생활의 안정과 농업생산력을 회복시키기 위해 전쟁에 종군했던 군대를 해산해 병졸을 귀향시키고, 그 공적과 연공에 따라 노역勞役을 면제시키거나 소규모의 토지를 주어 농업에 전념토록 했다. 또 전란을 피해 도망했던 유랑민에게 원래의 경지와 택지의 소유를 인정하고 노비를 해방시켜 농경과 개간을 장려했다. 특히 진의 가혹한 법을 대부분 폐지하고 관리들에게 관대하게 대처할 것을 명령하는 등 농민의 보호와 육성에 진력했는데 이것이 백성과 더불어 휴식을 취하는 정책이었다.

국내통치의 기반을 수습한 고조에게 가장 현안으로 대두된 것은 광대한 영토와 강력한 군대를 거느리며 자치가 인정된 이성異姓 제후왕국의 존재였다. 지방분권적인 이들의 존재를 제거하기 위해 고조는 모반을 구실로 삼아 차례로 이들을 제거하는 작업에 착수했다. 결국 즉위 후 수년 사이에 7명의 이성 제후왕 중 거리가 멀고 국력이 약했던 장사왕長沙王을 제외하고는 모두 모반의 죄를 빌미로 제거했다. 대신 이들 지역에는 종실인 유씨 일족을 봉건함과 동시에 "유씨가 아닌 자는 왕이 될 수 없다."는 불문율을 남겼다. 이성 제후왕은 고조시대에 모습을 감추었지만 동성 제후왕의 문제는 여전히 남아 있었다. 이것은 진이 통일을 달성한 후 이사가 지적했던 봉건제도에 내재된 위험성 바로 그것이었다.

한대의 행정제도

왕조 창업 초기의 어려움을 성공적으로 극복했던 고조가 사망한 후|B.C. 195|, 장자인 혜제惠帝가 즉위했지만, 병약해 일찍 죽었다. 그리고 황태자가 없어 고조의 부인인 여후呂后가 후궁의 아들을 내세워 여전히 실권을 장악했다. 여후는 이러한 권력을 배경으로 해 여씨 일족을 왕으로 봉하면서 전횡해 한왕조는 전복의 위기에 처하게 된다. 그러나 B.C. 180년 여후가 죽자 고조시대의 공신이었던 태위太尉 주발周勃과 진평陳平 등이 여씨 일족을 죽이고, 고조의 서자로서 대왕代王에 봉해졌던 유항劉恒을 맞아 제위에 올렸다. 이가 바로 문제文帝이다.

역사서에서는 문제와 그 뒤를 이은 경제景帝의 통치시기|B.C. 179~141|를 문경지치文景之治라고 해, 한대의 치세로 칭송하고 있다. 문제는 23년간의 재위기간 중 스스로 검약을 실천하고, 관료의 수를 축소시켜 경비를 절약하는 한편 빈농에게 종자나 식량을 대여해 주어 적극적으로 농경을 장려했다. 문제는 고조가 정한 전조田租 즉 토지세를 15분의 1에서 30분의 1로 경감했고, 만년의 12년간은 완전히 전조를 면제시켰으며 요역도 대폭적으로 경감

했다. 또한 형벌의 시행에 있어서도 연좌법을 폐지하고, 비방죄와 유언비어 날포죄를 제외하고는 언론을 개방했으며, 신체에 손상을 가하는 육형肉刑을 폐지했다. 이러한 문제의 통치방침은 도가의 영향을 받은 무위의 정치를 실현한 것이다.

경제는 전조를 부활시켜 30분의 1로 한 것을 제외하고는 모두 문제의 통치방침을 답습했다. 오랜 전란으로 고통받고 있었던 만큼 이러한 정치는 민생을 안정시키고 사회생산력을 회복하는 데 효과적이었다. 반면 이러한 경제의 회복과 번영의 이면에는 사회적 모순 또한 증대되고 있었다. 농업생산력이 회복되고 경제는 발전했지만 그 결실을 거둔 것은 상인과 수공업자였다. 상인과 수공업자들은 경제력을 이용해 농민의 토지를 겸병했으며, 농민은 그들의 노비나 소작인으로 전락했다.

이들은 각 지역에서 유력한 호족층을 형성하면서 지방정치에 간여하기 시작했고, 막대한 부의 축적을 배경으로 지역사회의 강자로 부상했다. 이미 문제시대 정치가였던 가의賈誼는 B.C. 178년에 농업을 중시하고 상업을 억제하는 중농억상정책을 건의한 바 있다.

그러나 보다 중대한 정치적 문제는 대내적으로 제후왕의 세력증대였고 대외적으로 흉노의 끊임없는 침략이었다. 고조 말년 제후왕은 장사왕을 제외하고 모두 유씨 성을 가진 황실의 동성 제후왕이었으며 그 수는 9국에 이르렀다. 세력이 강한 제후왕 중에는 독자적으로 동광을 개발해 동전의 주조권을 장악하고 염철을 생산해, 중국 전역에 판매함으로써 막대한 이익을 올리면서 부국강병책을 취하기 시작하는 자가 등장했다. 왕국의 부와 세력은 점차 강대해졌지만 혈연관계는 세월이 흐름에 따라 소원해져, 제후왕은 점점 한제국에 위협적인 존재가 되었다.

문제 때인 B.C. 177년에 일어난 제북왕濟北王 흥거興居의 반란과 174년, 회남왕淮南王 유장劉長의 반란을 계기로 중앙정부는 제후왕 억제책을 구체적으로 추진하기 시작했다. 그 방법은 영지의 분할과 삭감인데, 이를 주장한 인물이 가의와 조조鼂錯였다. 이 문제에 소극적이었던 문제와는 달리 경제는 강경한 조조의 건의를 받아들여 왕국의 축소책에 나섰다. 이에 대해 오

장사왕국 마왕퇴에서 출토한 백화

장사왕국의 승상 부인의 무덤인 마왕퇴 1호묘에서 출토된 길이 2미터에 달하는 T자형 백화帛畵이다. 위쪽은 천상의 광경이고, 아랫부분 상단은 무덤 주인의 모습, 중단은 제사 모습, 하단은 물속의 모습을 그린 것이다. 이 백화는 당시인들의 내세관을 잘 보여 준다.

왕景王 비寵를 주모자로 해 초왕, 조왕, 제남왕, 교동왕, 교서왕, 치천왕 등이 간신 조조를 주살한다는 명분으로 반란을 일으켰다. 이것이 B.C. 154년의 오초칠국吳楚七國의 난이다. 경제는 난의 제공원인자인 조조를 참수함과 동시에 주발의 아들 주아보周亞父를 장군으로 삼아 토벌에 나서, 불과 3개월 만에 난을 평정했다.

난이 평정되었지만 제후왕국이 폐지된 것은 아니었다. 군국제는 외형적으로 존속했지만 그 실질은 이전과 크게 달랐다. 제후왕을 왕국의 정치에서 분리시킴과 동시에 왕국 내의 관리는 상국을 비롯한 중앙에서 파견한 관리가 장악했고, 조세의 징수도 그들의 권한이 되었다. 제후왕은 자국의 국정에서 배제되고 오히려 중앙에서 파견되는 관리의 감시를 받게 된 것이다. 다음으로는 몇 개 군에 걸칠 정도로 광대했던 영지가 삭감되고 세분화되었다.

이러한 추세는 경제 다음 무제시대인 B.C. 127년에 추은령推恩令이 발포됨으로써 제도화되었다. 추은령은 황제의 은혜로써, 제후왕국의 봉지를 모든 자제에게 분봉토록 한 것이다. 이로써 광대했던 왕국의 규모는 점차로 축소되고 세력도 약화되었다. 결국 오초칠국의 난을 거치고 난 이후의 한의 군국제는 실질적으로 군현제나 다름없게 되었다. 그러나 한초 이래 북변을 자주 침략해 약탈과 살육을 반복하던 흉노에 대한 대책은 아직 해결되지 않은 채 남아 있었고, 이 과제는 중앙집권체제를 완성한 무제시대가 되어서야 해결된다.

결국 문제와 경제를 거치면서 대내적으로 한초 이래의 모든 현안을 거의 극복했고, 후퇴했던 중앙집권체제도 다시 재확립되었다. 이러한 통치제도를 잠시 살펴보자. 우선 한의 중앙관제는 진대와 마찬가지로 삼공구경제를 채택했고 지방관제는 직할지에 군현제를 실시했다. 그 직무와 군현제의 조직에 대해서는 표에 잘 나타나 있다.

이를 보면 중앙관제나 지방관제 모두 행정과 사법, 군사의 권한이 엄격히 구분되어 황제 혹은 삼공에 귀속되고 있음을 알 수 있다. 구경은 오늘날의 각부 장관에 해당하며, 업무를 나누어 담당하고 있었다. 구경의 특징은 국가의 업무보다 황제 개인의 측근이라는 성격이 많이 보인다는 것이다. 지방관리는 군과 현에 파견되며 향리는 향촌의 자치적인 질서를 유지하고 있었다. 따라서 그 지역 출신 중에서 선임하는 것이 일반적이었다.

한의 관직 등급은 석石|전한 때 1석은 약 34.2리터, 후한 때는 19.8리터|이라는 곡물

한의 삼공구경제	삼공三公	승상丞相 : 최고 행정장관 태위太尉 : 최고 군사장관 어사대부御史大夫 : 부승상의 직무와 감찰
	구경九卿	태상太常, 봉상奉常 : 의례와 제사 담당 광록훈光祿勳, 낭중령郎中令 : 황제의 신변 경호 위위衛尉, 중대부령中大夫令 : 궁정의 경비 태복太僕 : 어용 거마車馬의 관리 정위廷尉, 대리大理 : 사법 담당 전객典客, 대홍려大鴻臚 : 빈객의 접대와 소수민족 사무 종정宗正, 종백宗伯 : 종실 사무 담당 대사농大司農, 치속내사治粟內史 : 국가 재정 관리 소부少府 : 황실 재정 관리
한의 지방행정 조직	군郡	군태수郡太守 : 행정장관|2000석石| 군승郡丞 : 행정차관|600석石| 군도위郡都尉 : 군사장관|比2000석石|
	현縣	현령縣令 : 행정장관|600석石| 현승縣丞 : 행정차관|400~200석石| 현위縣尉 : 군사장관|400~200석石|
	향鄕	향삼로鄕三老 : 민중의 교화 유질有秩 : 하급관리 유격遊徼 : 경찰업무
	리里	이장里長 : 리里의 민정 일반

■석石은 곡물의 양으로 여기서 연봉의 단위이다.
■ '구경' 에서 봉상, 낭중령 등 함께 표기된 관직명은 진대의 것이다.

〈삼공구경제〉

의 부피 단위로 구분된다. 그 수치는 연봉으로 지급되는 곡물의 양을 의미하는데, 실제 그만큼의 봉록을 받았던 것은 아니며, 월봉으로 나누어 지급받았다. 관위는 2천 석 이상, 6백 석 이상, 2백 석 이상, 백 석 미만을 받는 등 4등급으로 나뉜다. 2천 석을 받는 관리는 각 관청의 장관급이며, 6백 석 이상을 받는 이는 후대의 5품관에 해당하는 고위관리이다. 2백 석 이상을 받는 관리는 장리長吏로서 1백 석 미만을 받는 소리少吏와 구분되었다. 장리 이상의 관직에 나가기 위해서는 선거라는 임용절차를 거쳐 황제의 비서 격이었던 낭중郎中에 임명되어야 했다. 낭중에 먼저 임명하는 것은 황제의 신하라는 입장을 우선시한 데서 비롯된 것이다.

전한시대의 재정은 국가통치를 위해 운용되는 국가재정과 황제와 황족의 비용에 운용되는 제실帝室재정의 두 가지가 있었다. 국가재정은 구경 중 대사농이 담당했고 제실재정은 소부가 담당했는데, 한 초기에는 제실재정의 수입이 국가재정보다 많았다. 즉 한황실의 재산이 전 중국 전체의 재산보다 많았다는 의미이다. 이것은 국가를 사유재산시하는 중국적 특질에 기인한 현상이다.

한대에 제정한 최초의 법령은 소하가 만든 9장으로 구성된 구장율九章律인데, 진대 상앙의 6률[盜律, 賊律, 囚律, 捕律, 雜律, 具律]에 호율戶律, 흥율興律, 구율廏律이 덧붙여진 것이다. 율과는 별도로 영令이 있어 추가법의 역할을 했다. 한율을 포함한 중국의 법률은 군주가 신하에게 내린 국무집행 준칙의 성격을 갖는데, 행정법규임과 동시에 형벌의 성격을 동시에 갖고 있었다. 따라서 공법과 사법, 행정법과 형법의 구분이 없다. 한대 형벌의 주류는 사형과 노역형이었으며 기간이 정해져 있었다.

한대의 제도 중 병제는 명확하지 않은데, 이는 한대에 역역力役과 병역兵役이 명확히 구분되지 않았기 때문이다. 23세에서 56세에 이르는 성인 남자가 역역과 병역의 징발 대상이었고, 이들이 궁성의 수비와 군국의 경비병 및 변경수비를 담당했다. 한대 경제시기까지 여러 제도의 개혁과 수정이 일단락되어 집권적 통치구조가 성립됐다.

이상의 제도는 모두 10세기까지 중국의 각 왕조로 이어지는 기준으로 작용했다. 그러나 진대에 시행되었던 토지분배제도는 시행하지 않았는데 이 때문에 토지의 소유에 있어 불균형이 야기될 가능성이 농후했고, 실제로 문제와 경제시대의 경제 발전의 열매를 거둔 지방의 유력층인 호족이 토지를 집적할 수 있는 기반으로 작용했다. 그래서 토지소유 불균형의 문제는 대내적인 최대의 과제로 떠오르게 되었다.

중앙집권체제의 완성

B.C. 141년 경제의 뒤를 이어 무제는 16세의 나이로 황제 자리에 올라 B.C. 87년까지 55년간의 재위기간 동안 정치·군사·문화 면에서 큰 업적을 남겼다. 무제시기는 전한의 전성기임과 동시에 중앙집권적인 체제를 완성한 시기이기도 했다. 그렇지만 한편으로 황제의 집권 기반을 위협하는 여러 요소들이 대거 나타났던 시기이기도 하였다. 그의 업적은 크게 볼 때 황제를 정점으로 한 집권체제의 완성과, 내치를 바탕으로 한 적극적인 대외정책의 추진이었다.

무제는 먼저 경제의 정책을 계승해 제후왕에 대한 통제를 한층 강화했다. 앞서 시행한 추은령 외에도 제후왕국에 파견된 관리가 제후왕과 사사로이 군신관계를 맺는 것을 규제하는 좌관율左官律, 제후왕을 위해 세액을 증액하거나 별도 명목으로 과세하는 것을 금지하는 부익율附益律, 중앙에서 파견된 관리가 제후왕의 죄를 묵인하는 것을 처벌하는 아당율阿黨律 등을 시행했는데, 특히 제후왕 통제책으로 맹위를 떨친 것은 주금율酎金律이라는 형벌이었다. 이것은 황제의 종묘제 때 제사비용으로 제후왕과 열후에게 황금을 헌상토록 하고, 그 양이 부족하거나 성분이 기준에 미달할 때 처벌하는 법률이었다. 따라서 황제의 의사에 따라 얼마든지 마음대로 제후왕을 벌할 수 있었다. 실제 B.C. 112년에는 열후 106명이 주금율에 저촉되어 파면될 정도로 제후왕과 열후의 통제에 위력을 발휘했다. 이후 중앙의 정책이 왕국 내에서도 똑같이 시행되고, 제후왕은 봉국의 조세에 의해 생활을 보장받는 존재가 되어, 그 실질은 군현이나 다름없었다.

한 무제

중앙의 통제는 제후왕과 열후만이 아니라 군현의 장관 특히 군태수에게도 적용되었다. B.C. 106년에 수도 주변을 제외한 나머지 영토를 13부部 혹은 주州로 구획을 나누고, 각 주에 자사刺史를 파견해 지방관의 부정에 대한 감찰과 지방 호족과 지방관과의 유착을 적발했다. 자사는 600석의 봉록을 받는 관리로서 2천 석의 봉록을 받는 군태수보다 지위는 낮았지만, 감찰권을 지니고 있어 실제 군태수의 권한을 능가했다. 이때 역사상 처음 선보인 주라고 하는 구획은 군이나 현 등과 같은 지방행정조직이 아니라 편의상의 감찰구역만을 나타내며, 수도 주변지역에는 자사를 두지 않고 대신 사예교위司隷校尉라는 특별관직을 두어 감찰토록 했다.

주의 자사는 이후 후한시대가 되면 군 태수를 대신해 지방관리적인 색채를 띠게 되고, 후한 말에는 주목州牧으로 개칭되면서 1개 주를 관장하는 행정관으로 변모한다. 또한 황제의 군사권을 강화하기 위해 기문군期門軍과 우림군羽林軍을 창설해 수도지역의 방위를 담당토록 했으며, 이후 8교위校尉를 두어 수도에 주둔하면서 황제의 경호를 맡겼다.

이와 동시에 중앙행정조직에서도 승상의 권한을 약화시키고 대신 황제의 비서 격인 시중侍中이나 상서尚書를 중용해 그들을 통해 황제의 의지를 관철시켰다. 따라서 승상 이하 삼공구경 및 그 예하의 관리들로 구성된 정식 관료조직인 외조外朝는 일반 정무를 집행하는 기관으로 권한이 약화되었다. 반면 황제의 시종으로 황제의 의지만을 충실하게 받드는 내조內朝 혹은 중조中朝가 실질적인 정치상의 정책을 입안하고 결정하는 기구가 되었다. 이는 이제 황제의 의지와 권력이 관료집단을 능가하게 되었음을 보여 주는 것이다.

무제는 진의 시황제에 못지않은 전제적 중앙집권체제를 완성했으며, 유교를 정치적인 정당성의 확보에 이용하는 이념적 통치술까지 가미했다. 이처럼 황제체제의 이데올로기까지 갖추게 됨으로써 명실상부하게 황제지배가 부활되었다. 결국 한초 이래 오랫동안 해결하지 못하던 국내의 현안 즉 제후왕국의 강대함, 중앙관료의 성장, 지방관료의 원심적 경향 및 토착세력과의 유착 등을 거의 해결하게 되었다. 이제 이러한 내치의 실적을 바탕으로 고조 유방 이래 열세에 놓여 있던 대흉노 관계에 강경한 정책으로 전환할 수 있는 토대가 마련되었다.

B.C. 129년 마읍馬邑에서의 전투를 시작으로 전면전을 벌인 한제국과 흉노는 한 측의 철저한 물량작전과 인해전술 및 위청衛靑과 곽거병霍去病 등 청년장군들의 활약으로 B.C. 119년 일단 한제국의 승리로 귀결되고, 흉노는 고비사막을 넘어 후퇴했다. 이에 대해서는 뒤에 다시 설명하도록 하겠다.

흉노에 대한 원정에서 어느 정도 성과를 거두자 무제는 그 여세를 몰아 남방과 동방으로 원정에 나섰다. B.C. 112년에는 한제국의 남방으로 군사를 돌려 진격한 결과 광동과 광서, 베트남 북부에 걸쳐 여후시대 이래 독자 왕국을 형성해 세력을 떨치던 남월南越을 평정하고 9개 군을 설치해 직할지로 삼았다.

또한 사천 남부로 군사를 진격해 운남, 귀주에 거주하고 있던 서남이西南夷도 평정하고 5개 군을 두어 역시 직할지로 삼았다. 이어서 B.C. 109년에는 수군과 육군을 동원해 한반도 방향을 침략해, 이듬해 낙랑·임둔·진번·현도 4개의 군[한사군漢四郡]을 설치했다. 이로써 한반도의 북부지역은 한

마답비연馬踏飛燕

마답비연은 나는 제비를 밟고 있는 말로, 나는 제비보다 더 빠른 말이라는 의미이다. 동분마銅奔馬라고도 부른다. 길이 45cm, 높이 34.5cm이다. 1969년 감숙성 무위武威 뇌대雷臺에서 발굴되었다. 마답비연은 천리마의 모든 특징을 갖춘 걸작품으로, 중국과 미국이 수교하면서 닉슨 대통령의 방중 때 중국 측이 선물로 준 것으로 유명하다. 아마 중미 관계의 급속한 발전을 바란다는 의미였던 것 같다.

흉노를 밟고 있는 말

중국 섬서성 서안 교외에 한 무제의 능인 무릉茂陵이 있는데, 그 배장묘陪葬墓로 대흉노전쟁에서 큰 전공을 세운 곽거병의 묘가 있다. 24세에 병사한 그의 묘 앞에는 흉노족을 짓밟고 있는 말의 석상이 있다. 그만큼 흉노와의 대립과 갈등이 깊었던 시대임을 보여 준다.

의 직접지배를 받게 되지만 소제시기에 이미 임둔과 진번 2개 군은 폐지되었고, 현도군은 요동으로 옮겨갔으며, 낙랑군만이 그대로 유지되었다. 이로써 한제국은 광대한 영역을 차지하게 되었고, 이런 영토확장으로 한제국의 문화가 각지에 전파되었다. 이러한 정책은 한 무제 이전까지 주변 여러 민족의 군장이 황제와 군신관계를 맺고 군장을 한의 외신外臣으로 두고 지배하는 간접지배방식인 책봉체제册封體制를 폐지하고, 직접 지배하는 군현제 통치를 추구한 것이었다. 이 군현제 지배가 주변 민족의 민족적 성장과 발전을 촉진한 것은 사실이지만 또한 그들의 반발도 초래해 이후 한의 멸망과 함께 주변 민족들은 자립화의 길에 나서게 되었다.

한 무제시대의 빛과 그림자

신재정정책의 추진

무제시대 끊임없이 반복되던 흉노에 대한 원정은 B.C. 117년 일시 막을 내렸는데, 대흉노 전쟁에서 가장 공적이 컸던 곽거병의 사망이 직접적인 계기가 되었지만 보다 근본적인 원인은 지속적으로 전쟁을 수행할 재정의 부족에 있었다. 흉노와 벌인 10여 년간의 전쟁은 대부분 물량작전과 인해전술로 수행된 것이었고 그 때문에 막대한 군사비가 소모되었다. 게다가 흉노를 물리치고 확보한 토지도 농경이 불가능한 지역이어서 경제적인 이득은 전혀 없었다. 그리고 또다시 흉노가 침입하는 것을 방어하기 위해 내지에서 징발해 수비대로 배치한 수십만 병사들을 위해 식량은 끊임없이 보충되어야만 했다.

여기에 전쟁과정에서 항복한 흉노에게 내려 주던 엄청난 금액의 상금, 무제 개인의 욕망을 충족시키기 위한 대대적인 토목공사 등에 들어간 막대한 비용 때문에 풍족했던 국고는 바닥을 드러냈다. 이를 해결하기 위해 무제가 추진한 것이 재정궁핍을 타개하기 위한 신재정정책인데, 이를 주도한 인물은 상홍양桑弘羊과 공근孔僅 등의 상인 출신 재무관료였다. 이들 상인 출신의 관료들은 상인들이 부를 축적하는 방식을 누구보다 잘 알고 있었으므로, 상인을 탄압하는 억상抑商정책을 통해 재원을 마련하고자 했다.

신재정정책의 첫 번째는 소금과 철에 대한 전매정책이다. 이 정책은 B.C. 119년에 시행되었는데, 지방의 염철 산지에 염관 36개소와 철관 48개소를 설립해 소금과 철을 직접 관리했다. 소금은 생활하는 데 있어 필수품이었고, 철은 무기와 농기구의 재료인데, 특히 농기구는 전국시대 이후 보급되어 필수품화되어 있었다. 결국 수요가 큰 농기구의 제조를 국가가 독점함으로써 수입을 증대시키려는 것이었다. 반면 소금의 전매는 민간의 염생산업자에게 맡기고, 생산된 소금을 모두 국가가 사들여 전매함으로써 수익을 올렸다. 이렇게 염철전매로 인한 수입은 대사농에게 귀속되어 국가재정으로 사용되었다. 전매품의 이익은 원가의 약 10배에 달할 정도로 엄청난 것이었다.

이것으로도 부족해 B.C. 110년에는 균수법均輸法과 평준법平準法을 실시했다. 균수법과 평준법은 물자의 조달과 수송 및 물가의 통제를 통해 대상인을 억제하고 국고의 증수를 꾀하기 위한 정책이었다. 균수법은 관에서 필요로 하는 물자의 합리적인 조달과 수송을 도모하기

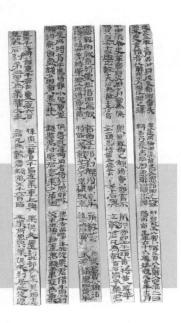

거연한간居延漢簡

한나라 때의 목간. 거연은 장성 이북에 위치했는데, 한 무제의 대흉노전쟁 당시 전진기지였다. 1920년대 스웨덴과 중국학술협회의 탐사과정 이후 대량의 간독簡牘이 수거, 정리되었고 이것은 대만의 중앙연구원에 소장되었다. 신중국 성립 이후에도 탐사를 계속해 많은 간독이 수집되었는데, 모두 조서詔書와 율령 및 공문서들이다.

위해 지방 간의 직송 등을 균수관이라는 국가기관이 주체가 되어 행한 것인데, 실제로는 각 지방의 산물을 조세로서 징수하고 그것을 부족한 지방에 운송해 팔아 이익을 거두는 방법으로 쓰였다.

또한 평준법은 물가안정정책으로 추진되었지만, 각 군국에서 물가가 쌀 때 관이 물자를 매입해 중앙의 평준관에 저장해 두었다가 물가가 등귀하거나 부족해지면 매출해 그 차액을 국가의 수입으로 삼는 방책이었다. 이러한 정책의 명분이야 어쨌든 간에 국가 스스로가 상행위를 한 것이나 다름없었으며, 그 결과 국가는 재정의 위기를 타개했지만 대상인은 크나큰 타격을 받았다. 이 두 가지 정책은 지역에 따른 가격차와 계절에 따른 가격차를 주요 이득으로 삼던 상인의 역할을 국가가 대행함으로써 재정의 확대를 꾀한 것이었다.

여기에 상인에게 더욱더 타격을 주었던 것은 고민령告緡令이었다. B.C. 119년 무제는 상인에 대해 배나 수레를 기준으로 중과세를 부과하고, 재산 액수를 허위신고한 자를 엄벌에 처하는 법령을 제정했다. 그런데 허위신고한 상인이 많았기 때문에, 이를 밀고한 자가 있으면 조사 후 사실로 드러날 경우 전 재산을 몰수하고 신고한 자에게 재산의 절반을 상금으로 주었다. 이처럼 밀고가 장려되었고 결국 정부는 상인으로부터 막대한 토지와 노비, 재산 등을 몰수했다. 이 때문에 중류 이상의 상인은 대부분 파산했다고 한다.

이와 아울러 화폐의 주조권도 중앙에서 회수했다. 이전까지는 중앙정부 외에도 동광을 소유하고 있던 각 군국에서 자유롭게 화폐가 주조되었는데, 품질이 일정하지 않고 화폐가치가 균일하지 못해 물가의 폭등이 빈발했다. 이에 따라 B.C. 113년 중앙에 수형도위水衡都尉●라는 관서를 두고 독점적으로 화폐를 주조케 했다. 이로써 화폐의 가치를 안정시키고 각종 재정정책의 운용과 국가재정의 재건·유지를 뒷받침하는 데 성공하고, 이후 주조된 오수전五銖錢은 당대까지 중국화폐의 기본형태가 되었다. 이상과 같은 신재정정책의 성공으로 국가의 재정을 늘리는 데 상당한 효과를 보았다. 화폐주조권을 확보하는 것 역시 재정에 많은 도움을 줌과 동시에 지방세력의 경제적 약화를 동시에 노린 것이었다.

수형도위
한 무제 때 설치한 관직명. 상림원上林苑의 관리와 황실재정 및 오수전의 주조를 담당했다. 후한 때 폐지되고 업무가 소부少府로 이관되었다.

그러나 이상과 같은 강력한 재정정책을 강행하기 위해서는 잘 정비되고 훈련된 관료조직과 유능한 실무관료가 필요했다. 따라서 무제시기에는 국가권력을 배경으로 해 국법에 따라 엄격한 법치를 실시하는 관리 즉 혹리酷吏가 등장하게 된다. 혹리란 실무에 숙달되고 황제의 명령을 절대적으로 준수해 사사로운 정리에 좌우되지 않으면서 국가정책을 철저히 단행하는 관리를 말한다. 이들은 무제시대에 다수 배출되었는데, 장탕張湯을 비롯해 의종義縱, 왕온서王溫舒, 두주杜周 등이 그들이다. 이들 혹리는 주로 호족豪族을 억압하는 것이 주요 임무였기 때문에 사법과 경찰분야에서 활동했는데, 위법자의 적발 후 형벌의 적용은 극히 엄격했다.

이들의 활약은 진시황 시절의 법술관료의 재등장을 연상시킬 정도였다. 이들은 범죄의 동기를 중시해 실제 범죄를 저지르지 않았다 하더라도, 범죄를 보아서 알고 있다는 것만으로 문죄하거나 심중으로 비방한 것도 처단할 정도로 가혹했다. 이들의 활동 배후에는 인간행위의 평가를 행위자의 심정에 기준을 두는 춘추공양학春秋公羊學●의 등장이 있었다. 무제시대의 유학은 법치의 이론적 무기이기도 했다. 혹리와 반대되는 유형의 관리가 순리循吏인데, 이들은 중앙집권적인 행정통치보다는 향리의 자율적인 질서와 사회 안정을 추구해 권농이라든가 빈민의 구휼 등을 중시했다. 이들이 대거 등장한 것은 좀더 시간이 지난 선제와 원제 이후의 일이다.

춘추공양학
공자가 지은 『춘추春秋』에 공양고公羊高가 붙인 주석서인 『공양전』을 연구하는 학문. 『좌전左傳』, 『곡량전穀梁傳』과 더불어 춘추삼전三傳이라 부른다. 공양학은 춘추의 경문에 숨겨져 있는 공자의 본래 뜻을 밝혀내는 데 목적이 있었다.

오수전과 오수전 주조틀
오수전은 한 무제시기인 B.C. 119년부터 주조되기 시작한, 한 이후의 당대까지의 표준화폐이다. 수銖는 약 0.65g으로 추정되는데, 워낙 장기간에 걸쳐 주조되었기 때문에 시대마다 동의 함량, 크기, 형식 등에 편차가 크다.

한제국의 대외관계

중국의 북방에 펼쳐진 몽골고원 일대는 원래 유목민의 세계로서, 옛날부터 장성 이남의 농경민과의 대립과 항쟁의 역사가 전개되었는데, 한대에 특히 활발한 활동을 벌인 것은 흉노였다. 흉노는 B.C. 4세기, 전국시대 중엽부터 중국의 역사에 모습을 드러냈는데, 스키타이민족에서 비롯된 기마전법을 채용해 보병 위주의 중국 각국에 큰 위협이 되었다. 전국시대의 내전을 틈타 이들이 대거 남하하자 북변에 위치한 진·연·조 등의 국가에서는 각기 북쪽 변경에 장성을 건설했고, 시황제시대에는 30만의 대군을 거느린 몽염을 파견해 이들을 황하 이남의 오르도스지역에서 내쫓고, 북변의 수비를 위해 만리장성을 수축한 바 있었다.

진의 시황제 때 음산陰山의 북방으로 쫓겨난 흉노는 진과 한의 교체기를 틈타 다시 세력을 만회했다. 흉노의 군장을 선우單于라 부르는데, 선우였던 부친을 살해한 묵특冒頓은 B.C. 209년에 선우가 되어 흉노 부족을 통합해 동쪽으로는 동호東胡, 서쪽으로는 월지月氏를 격파하고 흥안령興安嶺에서 천산天山산맥에 이르는 대유목제국을 건설했다.

유방이 장성의 이남에서 초를 물리치고 한제국을 건설하자 한과 흉노의

북변 봉화대 유적
흉노 등 유목민족은 기동성이 뛰어나 자주 습격을 하였으므로 그에 대한 대비로 수비주둔지까지 봉화로 연락을 했다.

충돌은 불가피했다. B.C. 201년 묵특선우는 대군을 이끌고 산서성에 침입했으며, 한의 고조 유방도 천하를 통일한 직후 32만의 대군을 이끌고 자신 있게 출정했지만 산서성 대동大同에서 흉노의 대군에 포위되어 구사일생으로 살아남는 치욕을 당했다.

이후 강대한 흉노의 군사력을 직접 경험해 보고, 이들이 한의 상대가 아니라고 깨달은 고조는 흉노의 침입을 피하기 위해 화친和親정책을 추진했다. 황제의 딸을 선우에게 보내 선우의 후后인 연지關氏로 만들고 매년 엄청난 액수의 견직물과 술, 식량 등을 흉노에게 보내는 것이 조건이었다. 고조가 취한 이러한 화친정책은 이후 흉노에 대한 기본 외교방침이 되어 문제와 경제시대를 통해 유지되었다. 화친정책이란 이렇게 평화의 대가로 물자를 공급하고 서로 혼인을 통해 인척의 관계를 맺는 것을 말한다.

오른쪽 그림은 후대인 명대에 그려진 「왕소군출새도」이다. 후대의 일이기는 하지만 후궁인 왕소군이 흉노의 선우에게 보내져 한의 영토를 벗어나는 것을 그린 그림이다. 이들의 이야기는 흔히 문학작품에서 많이 등장한다. 아래 그림은 선우화친單于和親이라는 문자가 새겨진 와당이다.

한의 화친정책은 흉노의 침입을 완화시키는 역할은 했지만 원래 양국 관계가 흉노 우위에서 성립된

「왕소군출새도」

데다 그 후에도 흉노는 자주 평화를 깨고 북변에 침입해 한제국의 물자와 인력을 약탈해 갔다. 이 때문에 문제와 경제시대에 가의나 조조처럼 화친정책을 전환해 강경책을 쓸 것을 주장하는 사람도 나오게 되었다. 그러나 당시는 무위의 정치를

와당

추진했고 국내에서는 제후왕의 세력이 강대해 대외문제에 대처할 여력이 없었다. 흉노는 인구나 물자, 문화 모든 면에서 한제국과 비교할 수 없었지만, 기마병을 위주로 한 가공할 무력을 보유한 채 한제국에 오랫동안 굴욕을 강요했던 것이다.

그렇다면 흉노는 왜 장성 이남의 중국을 반복해서 침략했던 것인가? 이에 대해 유목민인 흉노는 초원과 사막이라는 거주지의 지리적 환경 때문에 끊임없이 식량 부족에 시달렸고, 그 때문에 농경지대에 침략했다는 견해가 있다. 또한 당시 흉노는 한의 풍부한 산물에 눈독을 들였지만 특히 관심을 두었던 것은 견직물이었다. 견직물은 흉노 자신도 필요한 것이었지만 상당량은 교역품으로 사용했다. 즉 이 견직물을 실크로드를 따라 판매함으로써 이익을 확보해 군사적, 재정적인 기반으로 삼았다는 것이다. 따라서 공납이나 교역을 통한 물자의 확보에 만족하지 못하고 다량의 견직물을 확보하기 위해 한에 대한 보복과 위협의 수단으로 사용되었다는 견해도 있다. 여하간 한제국은 그들의 침입으로 인한 공포에 시달렸고, 이는 한제국의 위엄과 제국으로서의 존망에도 누가 되는 문제였다.

무제는 즉위 후 중앙집권체제를 완성하자, 한초 이래의 경제력 회복과 발전으로 인한 풍부한 재정을 기반으로 흉노에 대한 적극적인 강경책으로 전환했다. 그러나 정면으로 흉노에 도전하는 것은 무리였기 때문에 군신선우軍臣單于를 몰래 평성 부근의 마읍馬邑으로 유인해 토벌하는 작전을 추진했다. 이 작전은 B.C. 133년에 실행에 옮겨졌지만, 사전에 흉노에게 감지되어 실패로 끝났다. 이 사건을 계기로 흉노와 한의 화친관계는 결렬되었고,

흉노의 유물

흉노는 한이 속임수를 쓰려 한데 분노해 매년 북변을 침입해 약탈과 살육을 자행했다. 이에 대처하기 위해 한은 B.C. 129년부터 흉노에 군대를 파견했고 한과 흉노는 전면전에 돌입했다.

흉노의 고분벽화

무제가 대흉노작전에서 채용한 전술은 철저한 물량작전과 인해전술이었다. 흉노의 기마병에 대항하기 위해 한도 기마병을 육성해 배 이상의 병력으로 맞섰다. 또한 위청衛靑과 곽거병과 같이 황실과 관련이 있는 젊고 유능한 장군을 전쟁에 투입했다. 위청과 곽거병은 모두 무제의 부인과 혈육인 외척 출신이었다. 초기 흉노와의 전쟁에서 활약한 것은 위청이었는데, 그는 무제의 총희인 위황후의 동생이었다. 위청은 거기장군車騎將軍에 임명되어 B.C. 129년부터 119년까지 총 7회에 걸쳐 흉노의 토벌에 나섰다. 처음에는 별다른 성과를 거두지 못했지만 3차 출정에서 흉노에 대승을 거두고 북방의 오르도스 지방을 수복하는 공훈을 세웠다.

반면 표기장군驃騎將軍 곽거병은 위청의 생질로서 주로 서방의 흉노를 토벌했다. 곽거병은 B.C. 121년 20세의 젊은 나이로 표기장군이 되어 농서隴西 일대의 흉노에 타격을 주어 하서河西지역을 한의 지배하에 두게 되는 공훈을 세웠다. 더구나 이때 흉노의 서부방면을 지키고 있던 혼야왕渾邪王은 패배 후 선우에게 살해될 것을 두려워해 한에 투항했다. 이후 하서지역에는 4군이 설치되어 한의 서역진출의 거점이 되었으며, B.C. 119년에는 위청과 곽거병이 산서에서 대군을 거느리고 출격했다. 이들은 평성 부근에서 갈라져 외몽골까지 진격했고, 이를 견디지 못한 선우는 고비사막을 넘어 도망감으로써 남부의 근거지를 완전히 상실했다. 마읍의 전투로 시작된 대흉노전쟁은 일단 한의 승리로 매듭지어졌다.

당시 생산되던 비단

실크로드의 개통과 서역도호의 설치

서역이란 중국의 서방에 위치한 여러 국가들을 총칭하는 말인데, 좁은 의미로는 중앙아시아의 타림분지 주변의 오아시스국가를 가리키고, 넓은 의미로는 페르시아와 아라비아까지를 포함하는 지역을 말한다. 이들 국가에 대한 지리와 풍속 및 정치상황에 대한 정보를 알게 된 것은 이 지역을 여행한 무제시대 장건張騫 덕분이다. 그에 의해 실크로드라 불리는 비단길이 개통되어 이후 동서문화의 교류가 활발히 이루어졌다.

무제는 포로가 된 흉노병사에게서 한제국의 서북방인 감숙지방에 거주하던 월지月氏가 흉노와 원수지간이라는 이야기를 듣고, 월지와 연합해 흉노를 공격할 계획을 세웠다. 그리고 장건을 월지에 사절로 파견하게 된다. 당시 중국에서 농서의 서방은 미지의 세계였고 월지가 어디에 존재하는지도 알지 못했다. 다만 그곳에 가기 위해서는 흉노의 지역을 통과해야 했다. 이 위험한 임무를 자원한 사람이 장건인데, 그는 B.C. 139년경에 유목민 통역관인 감보甘父와 시종 백여 명을 거느리고 장안을 떠났다. 장건 일행은 농산을 넘자마자 곧바로 흉노에게 사로잡혀 선우에게 호송되었는데, 선우는 장건의 목적을 알고 강제로 억류시켰다. 당시는 아직 화친정책이 유지되고 있었기 때문이었다.

이후 장건은 흉노족 여성을 아내로 맞아 자식도 낳았지만, 10년 후 감시가 소홀한 틈을 타 몇몇 부하와 함께 흉노지역의 탈출에 성공했다. 그후 계속 서쪽으로 여행해 대원국大宛國에 이르렀다. 흉노에 의해 감숙지역에서 쫓겨난 대월지는 이때 이리강으로 도망갔다가 다시 오손烏孫에게 쫓겨 아무르강 상류에서 대월지국大月氏國을 세우고 있었다. 대원국의 호의로 대월지국에 도착했지만, 대월지는 이미 기후나 물자가 풍부한 이 지역에 정착해 있어 흉노와의 전쟁에 동의하지 않았고 장건은 결국 사절로서의 목적은 달성하지 못했다.

장건은 이곳에서 1년여를 머문 후 귀국길에 올랐다. 원래의 사명을 이룰 수는 없었지만 귀로에 주변 오아시스 여러 나라의 풍속과 산물 등에 대한 서역의 사정을 견문할 수 있었다. 이란과 페르시아, 시리아, 인도에 이르는 국가들에 대한 정보를 이때 입수했다. 장건은 흉노를 피해 파미르고원을 넘은 후 타림분지의 남쪽을 따라 중국으로 들어오는 길을 택했지만 다시 흉노에게 사로잡혔다. 1년여의 억류생활 끝에 다시 흉노의 내란을 틈타 장안으로 돌아왔다(B.C. 126). 출발부터 14년 정도가 걸린 여행이었고 일행 중 무사히 귀환한 것은 장건 외에 감보와 흉노족 아내뿐이었다.

장건의 귀환 후 무제는 이들 서역제국과 교섭하기 위해 서방의 교통로에 해당하는 하서지역의 장악에 주력했다. 곽거병의 출정으로 이 지역을 확보한 무제는 B.C. 119년 이리지방의 오손과 동맹하기 위해 장건을 다시 사절

「장건출사서역도張騫出使西域圖」
이 그림은 감숙성 돈황 막고굴莫高窟 제323굴에서 발견된 벽화이다. 당대에 그려진 것으로 추정되며, 장건이 무제의 명을 받아 비단길을 개척하러 나서는 모습이 생생하게 그려져 있다.

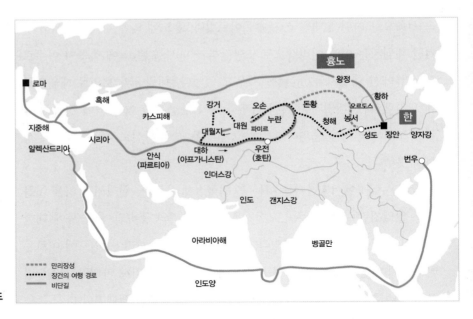

로 파견했다. 당시 오손은 왕위계승의 문제가 겹쳐 소기의 목적을 달성하지는 못했다. 대신 장건은 부하들을 대원, 대월지, 안식安息[파르티아], 강거康居, 대하大夏[박트리아] 등에 사절로 파견하고 스스로는 오손의 사절과 말 수십 마리를 데리고 귀국했다.

얼마 뒤 부하들도 각기 서역 제국의 사절을 대동하고 귀국했다. 그 결과 한에 온 사절을 통해 한제국의 부강함이 서역에 알려졌고, 이후 사절과 상인의 왕래가 빈번해졌다. 서역으로부터 포도와 석류, 개자리, 호도 등이 수입되었고, 서역의 음악과 기술 및 곡예 등이 전해졌다. 반대로 중국에서는 견직물을 수출했고 이는 서역 제국의 인기를 끌었다. 이 견직물은 중앙아시아와 서아시아를 거쳐 멀리 로마에까지 운송되었다. 비단길이라는 의미는 이로 인해 생긴 것이며, 아시아와 유럽을 잇는 교통로가 장건의 활약에 의해 비로소 국가 수준에서 공식 개통되었다.

한편 무제는 B.C. 104년 외척인 이광리李廣利를 대원에 파견했다. 중국의 군대가 세계의 지붕인 파미르고원을 넘은 것은 이것이 역사상 최초이며, 한의 위세가 서역 일대에 전해지면서 서방국들은 앞다투어 한과 친선관계를 맺기 시작했다. 한은 이렇게 확보된 교역로를 유지하기 위해 흉노와 티베트계인 강족羌族의 진출을 저지하는 한편, B.C. 60년에는 서역도호西域都護라는 관직을 두어 서역 제국의 통제와 감시를 담당토록 했다. 이후 서역은 한제국의 세력으로 편입되었는데, 한제국과의 화친을 둘러싼 강온 대립이 이어지면서 흉노는 내부분열이 발생해 서역에 대한 영향력이 현저히 감소되었다. 그러나 이후 왕망의 시기가 되자 그의 중화의식에 근거한 대외정책으로 서역 제국은 이반하게 되었고, 서역도호는 폐지된 채[B.C. 13] 후한에 이르게 되었다.

<h2 style="text-align:center">유교이념의 정착과 왕망정권</h2>

한 초의 통치이념과 유교이념의 정립

한나라는 정치적으로 진나라의 가혹한 법치의 유산을 이어받았기 때문에 초기에는 국가 부흥을 위해 휴식 위주의 정책을 펴는 한편, 도가의 무위無爲 정치를 기본으로 한 소극적 정치를 시행했다. 한의 문제로 대표되는 이 정치방침은 정치의 간여를 최소화하려는 것이었다. 그러나 사회가 안정되어 감에 따라 농업생산력도 회복되고 경제가 부흥되면서 무위의 정치보다

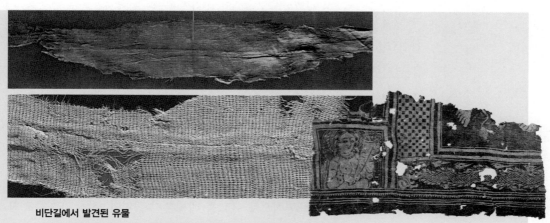

비단길에서 발견된 유물
비단길이라는 명칭은 19세기 독일의 지리학자인 리히트호펜Fernand von Richthofen이 처음 사용한 용어이다. 비단길에 위치한 신강에서는 당시 사용되던 다양한 종류의 비단과 직물제품이 출토되었다.

는 의례를 중시하는 유가의 정치이념이 본격적으로 등장하게 되었다. 이미 한 고조 유방이 예악을 받아들여 엄정한 법의 통치를 유학으로 장식하는 것을 선호했고, 무제는 강력한 중앙집권적인 통치체제를 구축해 감에 따라 그것을 사상적으로 지지해 주었다. 그리고 국가의 권위와 위엄을 갖추어 줄 기반을 유학에서 구함에 따라 유학은 한제국의 통치이념으로 자리 잡게 되었다.

한 무제는 유학자 동중서董仲舒의 제언에 따라 유학을 관학화했다. 동중서는 춘추공양학春秋公羊學을 배워 경제景帝 때 박사가 된 학자였는데, 그의 사상은 신비주의적인 정치사상으로서 오행설에 바탕을 둔 천인상관天人相關설이었다. 이는 천인감응天人感應설이라고도 하는데, 간단히 말해 하늘과 인간은 서로 교감을 하기 때문에 황제가 정치를 잘하면 하늘이 상서로운 징조를 내려 주고, 잘못하면 재앙을 내려 준다는 설이다. 즉 자연재해는 인간의 통치와 연관이 있다는 설이다. 이 학설은 황제를 중심으로 집권화를 추구하던 무제에게는 아주 적합한 사상이었다.

무제는 그의 진언에 따라 유교를 국가가 인정하는 정통의 학문으로 인정하고, 장안에 태학太學을 설치했다. 그리하여 유교의 경전인 오경I五經 : 易, 書, 詩, 禮, 春秋I에 박사를 두고, 그 아래에 각 10명씩 50명의 박사제자원博士弟子員을 두어 매년 시험을 거쳐 성적이 우수한 인물을 관리 후보자인 낭중郎中으로 임명했다IB.C. 136I. 또 2년 후에 지방 군국에서 효행이나 청렴한 행위를 실천한 인물을 한 명씩 천거받아 선발을 거쳐 낭중에 임명하는 관리등용법을 실시했는데, 이를 효렴과孝廉科라 한다. 그 결과 유학을 배워 교양과 덕목을 익힌 자가 관리가 된다는 원칙이 세워졌는데, 이것은 이후 문신관료 위주의 유교국가의 원칙이 되었다.

유학을 효과적으로 보급하기 위해 관리임용이라는 수단을 가미했기 때문에 이 정책은 더욱 효과를 나타낼 수 있었다. 무제가 유교를 국교화해 사상의 통일을 꾀하며 표면적으로 유교를 내세우긴 했지만, 진정으로 유교의 관학화가 정착된 것은 좀더 시간이 흐른 뒤인 선제宣帝와 원제元帝시기에 이르러서였다. 그렇다면 왜 이처럼 유학이 승리를 거두게 된 것일까?

첫째, 한왕조는 진의 폭정을 없애는 것을 명분으로 성립된 왕조이기 때문에 겉으로 내세울 수 있는 사상은 법가와 대립되는 유가 이외에 선택의 여지가 없었을 것이다. 둘째, 유학은 당시 향촌 내의 질서를 통제하는 데 적합한 사상이었다. 한대의 향리사회는 부로父老라는 연장자를 중심으로 한 자치적인 질서가 지배적이었다. 결국 향리란 확대된 가족질서의 형태를 띠고 있어서, 가족윤리를 사상의 근거로 삼는 유학의 사고방식에 적용된다. 따라서 유학을 존숭함으로써 국가의 지배는 이 향리의 질서를 유지하면서 국가의 권위를 침투시킬 수 있는 장점을 갖게 된다. 셋째, 왕조의 집권체제를 유지하는 데 있어 덕치주의는 지나치게 이상적이었고 이를 극복하기 위해 법에 의한 지배가 필수적이었다. 이는 이념과 현실의 문제이지만, 동중서가 제시한 춘추공양학은 법치주의의 이론적 무기로 변용될 수 있었다. 즉 유학의 이름을 내걸고 법치의 수행이 가능했던 것이다. 이미 한 무제시기의 혹리의 활동은 이 점을 잘 보여 주고 있지만, 여기에는 한초의 유학이 선진시대의 원시유가와는 달리 여타 학파의 장점을 흡수해 보다 종합적인 통치이념을 제공한 점도 작용했다. 그리고 새롭게 향촌의 지도층으로 등장하고 있던 신흥 호족계층에게도 향리의 자치와 가족질서를 강조하는 유학은 그들에게 활동의

동중서와 한대 유가사상 연구의 주요자료인 『공양전』의 탁본 일부

근거와 입지를 충분히 마련해 주고 있었기 때문에 환영받을 수 있었다. 그러나 음양오행설에 의한 신비주의적 유학은 이후 미신적인 참위설讖緯說로 흐르고, 왕망王莽의 정권찬탈에 사상적 근거를 제공해 주기도 했다.

왕망정권의 개혁과 좌절

한제국은 독립된 자영농과 자치적 성격의 향리사회를 기반으로 한 국가였다. 그러나 생산력의 향상과 함께 화폐경제가 발전하자 농민들 사이에 계층분화가 진행되었다. 대토지 소유는 사회적·정치적 위기를 초래했으므로 이의 억제는 정권 최대의 과제였다. 이를 위해 전한 말 애제哀帝 때 대사마였던 사단師丹이 토지의 소유를 제한하는 한전법限田法을 제안했다. 내용은 제후왕과 열후는 봉국 내에서만 토지소유를 인정하며 관리나 일반 서민을 불문하고 토지의 소유 면적을 30경l3,000무l으로 제한하고, 노비도 제후왕은 200명, 열후는 100명, 관리나 일반 서민은 30명으로 제한한 것이었다. 그러나 이마저도 특권을 지키려는 제후왕과 열후 및 관리의 반대로 실패하자 사회불안은 더욱 고조되었다. 이 와중에 정치적 실권을 잡아 한왕조를 찬탈한 인물이 왕망이었다.

왕망의 등장은 이상과 같은 경제적인 상황 외에 무제시대 실제 정치를 담당했던 내조의 권한 강화에서 비롯된 것이기도 했다. 무제가 병사한 이후 외척인 곽광霍光은 대사마대장군大司馬大將軍이라는 장군 칭호와 행정관으로서 상서를 겸임하는 영상서사領尙書事의 자격도 획득했다. 상서란 원래 소부의 속관으로서 황제의 비서관의 직책이었다. 구체적으로 상주문을 황제에게 전달하고 조서를 하달하는 직책이지만, 상주문을 취사선택하여 올리고 조서의 내용을 미리 알 수 있는 지위였기 때문에 국가의 기밀에 간여해 점차 외조의 수장인 승상을 능가하는 권한을 갖게 되었다. 내조란 오늘날의 대통령 비서실이고, 영상서사란 비서실장임과 동시에 군권을 총괄하는 참모총장을 겸임한 지위였다.

한 무제 이후 승상을 정점으로 하는 외조는 퇴조하고, 곽광을 중심으로 한 집단이 내조를 구성·성장했다. 그리하여 선제와 원제, 성제, 애제로 이어지는 대략 100년간은 내조의 전성기였다. 막강한 권한을 지닌 내조의 수장인 상서의 지위에는 황제와 밀접한 관계를 맺고 있던 외척이 임명되는 경우가 많았다. 곽광은 그 선구를 이루는 인물이고, 선제시대에는 허씨許氏와 사씨史氏, 성제시대에는 왕씨王氏가 모두 상서를 맡았다. 그러한 가운데 외척이자 내조의 수장인 상서의 권한을 배경으로 한왕조를 찬탈하려 한 것이 왕망이다.

왕망은 원제 황후의 동생인 왕만의 아들이었다. 성제가 즉위하자 왕황후는 태후가 되었고 왕씨는 외척으로서 실권을 장악했다. 왕망은 왕씨 일족이면서도 일찍 아버지를 여의었기 때문에 불우한 환경에서 자랐다. 그러나 유학에 전념해 내외에서 현자라는 평판을 얻게 되었다. 이를 계기로 순조롭게 관리로 승진을 거듭해 B.C. 8년, 38세의 젊은 나이로 대사마의 지위에 올랐다. 이후 일시 은퇴 상태에 있었지만, 애제가 죽자 9세인 평제를 옹립하고 자신의 딸을 황후로 삼아 정치적 실권을 다시 장악하게 된다.

왕망은 찬탈계획을 신중히 추진했다. 자식이 죄를 짓자 엄히 문책해 자살토록 했으며, 식읍도 반려하고 빈민을 구제하는 데 힘을 쏟았다. 그러자 공정하고 겸양해 성인과 같다고 칭송이 자자해졌고 점차 황제와 비견될 정도로 그의 명성은 높아졌다. 5년에는 쿠데타를 통해 평제를 살해한 후 두 살된 영을 황태자로 삼고 자신을 가황제假皇帝라 했다. 이어 당시 유행하던 참위설을 이용해 여론을 조작한 끝에 결국 8년에 한의 천하를 찬탈해 신新을 건국했다.

이는 무제 이래의 외척에 의한 정치의 전횡이 가장 첨예화한 것으로, 참위설로 흐른 신비주의적 유학을 배경으로 새로운 정권을 창출한 것이었다. 참위讖緯란 엄밀히 말해 미래에 대한 기록과 예언설을 의미하는 도참圖讖과 경서를 보완한 위서緯書로 구분되는데, 모두 신비적 예언이라는 점에서는 같다. 참위설은 공양학을 중심으로 한 유학에서 파생된 것이라 생각되며, 전한 말과 후한 초에 걸쳐 정권교체의 이론적 근거로 자주 이용되었다.

유교의 열렬한 신봉자였던 왕망은 황제의 자리에 오르자 주공이 지었다

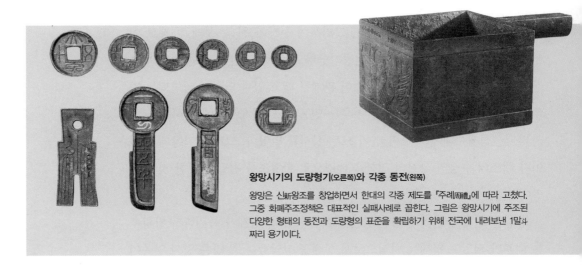

왕망시기의 도량형기(오른쪽)**와 각종 동전**(왼쪽)

왕망은 신新왕조를 창업하면서 한대의 각종 제도를 『주례周禮』에 따라 고쳤다. 그중 화폐주조정책은 대표적인 실패사례로 꼽힌다. 그림은 왕망시기에 주조된 다양한 형태의 동전과 도량형의 표준을 확립하기 위해 전국에 내려보낸 1말斗 짜리 용기이다.

고 하는 『주례』를 모범으로 삼아 유교적 이상국가의 건립에 나섰다. 또한 사회개혁의 여망에 부응하고자 각종 개혁에 착수하여 대토지 소유를 제한하는 왕전제王田制를 실시했다. 전국의 토지를 모두 국가의 소유로 해 매매를 금지시킴과 동시에 남자 8명 이하의 집에서는 1정井 즉 900무를 한도로 정한 후, 초과 토지는 친족이나 향당의 토지가 없는 자에게 분여할 것을 명한 것이었다. 그리고 대토지의 노동력인 노비에 대해서도 제한을 가했는데 노비를 사속私屬이라 하여 매매를 금지했다. '왕전'이나 '1정' 등의 표현에서 알 수 있듯이 왕전제는 주대의 정전법을 모델로 삼아 만든 토지제도였다.

그러나 토지의 사유화가 진행되고 있던 시대적 추세를 역행하는 것이었기 때문에 호족과 관료의 격렬한 반대에 부딪혔고 겨우 3년 만에 폐지되어 버렸다. 노비에 대한 매매의 금지 역시 마찬가지였다. 왕망의 개혁은 전국 시대 이후 이상화된 유가의 제도를 그대로 적용한 탁고적託古的 성격을 띠었기 때문에 효과를 거두지 못했고, 오히려 그 시대역행적인 내용 때문에 정치와 사회, 경제에 많은 혼란을 초래했다. 따라서 서주를 이상화해 시행한 대폭적인 관제의 개혁이나 관명과 지명의 명칭변경은 행정의 비효율로 이어졌으며, 무제 이후 표준화폐 역할을 하던 오수전五銖錢의 폐지는 경제 면에서의 혼란을 가중시켰다. 여기에 주요산업을 국가독점화하는 정책은 지방 호족들의 불만을 초래했다.

한편 유학의 중화의식을 그대로 대외관계에 적용해 주변의 이민족을 경시하는 정책이 시행되었는데, 이민족 군장을 모두 왕에서 후로 격하시키는 정책이 그것이었다. 이는 결국 한 무제 이래 겨우 안정되었던 주변 제국의 이반을 초래했다. 선제 이후 중국과 안정적인 관계를 유지하고 있던 흉노는 이를 기회로 다시 한제국을 침략했고, 북변의 긴장 상태가 결국 왕망정권의 몰락을 초래했다. 왕망은 대규모의 군대를 파견해 흉노에 대응했지만 패배해 대내적인 기반까지 약화되었다.

왕망정권의 결정적 몰락을 가져온 것은 녹림군綠林軍*과 적미赤眉* 등의 농민반란이었다. 기아에 굶주린 농민들이 들고 일어나자 각지의 호족과 지주들 역시 자위를 위해 무장하게 되었는데, 그중에는 농민군과 협력해 왕망정권을 타도하기 위해 봉기한 세력도 있었다. 특히 세력이 강력했던 것은 남양南陽의 호족으로 한왕실과 관련이 있던 유인劉縯과 유수劉秀 형제였다. 그들은 녹림군과 연합해 일족인 유현劉玄을 경시제更始帝로 추대해 23년 10월에 신왕조를 멸망시켰다. 경시제는 수도를 장안으로 옮겼지만 무질서한 정치가 이어져 인심을 잃었다. 이후 적미가 유분자劉盆子를 옹립해 경시제를 죽이고 정권을 탈취했지만 유분자정권 역시 약탈과 무질서로 신망을 잃었다.

이러한 상황을 보고 유수는 하북에서 거병해 낙양을 수도로 삼아 한제국을 부흥시켰다. 유수가 건국한 한왕조는 왕망의 찬탈 이전의 한왕조와 구분해 후한왕조라 하며, 유수를 광무제光武帝라 부른다. 혹은 수도가 낙양이었기 때문에 전한을 서한西漢이라고 하고 유수가 세운 후한을 동한東漢이라고 한다. 광무제는 전한 경제의 후손이라고 하지만 남양의 명문으로서 그 지역에서 활동하던 호족의 일원이었다. 따라서 후한왕조는 성립 초부터 호족의 연합정권이라는 성격이 강했으며, 국호만을 따른 것이 아니라 실제 전한의 모든 제도와 이념을 그대로 이어받았다. 때문에 토지소유의 문제 등은 전한 말과 마찬가지로 여전히 심각했다. 그리고 유교만이 호족의 지배이념으로서 굳건한 자리를 차지하게 되었다. 또한 낙양에 국립대학인 태학太學을 세워 다수의 유학생을 양성하고, 이들을 효렴과 등을 통해 관리로 발탁했다. 이로써 유교이념이 지방에까지 확산되어 후한은 예교사회를 이루게 되었다.

녹림군
왕망정권 말기에 왕광王匡과 왕봉王鳳 등이 호북성에 있던 녹림산綠林山을 근거지로 일으킨 농민봉기군. 23년 유현劉玄을 황제로 옹립하고 왕망군을 무찔렀지만, 이후 적미군의 공격으로 몰락하였다.

적미
왕망정권 말기였던 18년 왕망정권 타도를 목표로 여모呂母라는 여성을 중심으로 일어난 반란군과 번숭樊崇을 중심으로 일어난 반란군이 합쳐 조직했다. 오행 중 화덕火德을 상징하는 붉은색으로 눈썹을 칠했으므로 적미라는 이름이 붙었다.

한대의 호족과 농민

전한 무제 이후 중앙정치에서 내조와 외조의 대립이 표면화하던 즈음 소농민들이 살아가던 향리사회에도 변화가 일어났다. 호족의 대두가 그것이다. 전한 초 당시의 표준적인 농민은 5인 가족으로서, 2인의 노동력으로 100무畝의 토지를 보유하고 100석에서 150석 정도의 수확을 올렸다. 그러나 농민의 생계는 적자를 면치 못했다. 물론 농가부업을 통해 적자를 보전하기도 했지만, 자연적인 재해와 세역의 부담은 여전했기 때문에, 토지나 가옥을 저당 잡히기도 하고 심지어 자식을 노비로 파는 경우마저 생겼다.

여기에 소제 이후 지방의 유력계층인 호족이 등장해 자립적인 소농민의 기반을 더욱 잠식했다. 특히 무제시기의 신재정정책은 국가의 재정에 큰 도움이 되었지만 상업활동이 침체되어 불황을 초래했고, 이 여파가 소농민의 생계를 위협했다. 결국 전통적인 향리사회는 붕괴되고 변질되었다. 향리의 부로는 덕망 있는 인사가 선발되는 것이 아니라 일정한 자산을 갖춘 호족 중에서 선발되었고, 이에 소농민의 대부분은 몰락했다. 이로써 진·한을 지탱해 주던 제민지배체제가 붕괴되고 호족을 중심으로 한 새로운 사회체제의 길로 접어들었다.

소농민이 몰락해 간 반면 이들이 잃어버린 토지를 집적하는 대토지소유자가 등장했고, 이에 따라 빈부의 격차는 심해져 갔다. 이러한 대토지소유자를 일반적으로 호족이라고 하는데, 이들의 확대에 대한 대처가 전한정권의 중요한 과제였다. 따라서 애제 때에 토지소유를 제한하는 한전법이 입안된 바 있고, 마침내 왕망 때에 왕전제가 반포되기에 이르렀던 것이다. 그러나 호족의 지지를 얻은 후한왕조가 재건되면서 이들에 의한 대토지소유는 더욱 심해졌다.

호족의 인적 기반은 주로 종족과 향당鄕黨이었다. 호족은 일반적으로 대가족을 유지하면서 가산家産을 분할했기 때문에 분가된 가족들이 종주宗主를 중심으로 단결했고 이들이 종족을 구성했다. 종족 중에 빈민이 생기면 이들을 구제하는 것은 호족의 중요한 의무였다. 호족들은 일정한 시기에 각종 농산물과 수공업품을 매매하면서 향촌 내에서 소농민을 대상으로 수확기와 단경기의 가격차를 이용한 상행위로 재산을 늘렸다. 이처럼 호족은 상업과 고리대를 통해 주변의 소농민과 대차貸借관계로 맺어졌고, 이 때문에 향당의 궁핍을 구제하는 의무 또한 호족이 지게 되었다. 이같이 호족은 향당을 기반으로 지방세력화했다.

호족은 후한이 성립되자 세력을 더욱 넓혔다. 그들은 토지문제에 대한 중앙정부의 무관심을 틈타 토지를 계속 겸병했으며, 주변의 산림이나 원야, 소택지 등을 사들여 장원을 이루었다. 이와 함께 호족은 종족과 향당사회를 토대로 관리로 선발되어 중앙과 지방의 정계로 진출했다. 한대의 관리는 점차 학문, 특히 유학의 습득과 교양을 기준으로 선발되는 경우가 많았다. 우선 지방관리의 추천을 받은 자를 박사제자博士弟子라 칭하고, 중앙의 태학太學에 입

후한시대 광대인형
후한대 2세기의 것으로 추정되는 묘실에 부장된 인형. 상반신을 벗은 광대가 북을 껴안고 재미있는 대사를 장단에 맞추어 연기하면서 사람들을 웃기고 있는 모습이다.

학해 박사의 수업을 마친 후 시험에 급제하여 관리가 되는 방법이 있었다. 또 하나의 길은 직접 향리에서 관리 후보자를 추천하는 방법으로, 대신大臣이나 열후列侯·주州 자사 등이 추천하는 '수재秀才[후한에서는 무재茂才]'와, 군郡·국國의 장관이 추천하는 '효렴孝廉'이 유력했는데, 특히 후한의 관리는 효렴 출신이 많았다. 그 경우 유학의 습득과 덕행을 판단하는 기준으로 향당의 평가[세론世論, 향론鄕論]가 중시되었는데, 이를 향거리선鄕擧里選이라 불렀다. 향리란 군현 아래의 자치집락으로서, 여기서 선발해 추천한다면 당연 호족의 자제이거나 유력호족의 일원인 경우가 많았다. 이들은 상호 통혼 등을 통해 지역을 초월한 관계를 맺음으로써 권력에 접근해 갔다.

후한의 정국과 청류파의 저항운동

호족이 지방에서 세력을 확장해 점차 중앙의 정계에 등장한 데 반해, 황

제의 측근에서 권력을 장악하고 있던 세력은 외척과 환관宦官이었다. 이미 전한의 왕위가 외척 왕망에 의해 찬탈된 사건이 있었지만 후한에 들어서도 외척 세력은 여전히 컸다. 특히 후한에서는 황제가 대개 단명해 나이 어린 황제가 즉위하는 경우가 많았기 때문에 모후母后와 그 일족이 정치를 담당할 기회가 많았고, 따라서 외척이 종종 세력을 장악했다. 반면 황제가 성장하게 되면 친정親政을 하게 되고, 이때 외척을 억제하기 위해 이용하는 세력이 환관이었다.

후한은 광무제, 명제明帝, 장제章帝 3대가 전성기였는데, 장제가 죽고 화제和帝가 10세로 즉위하게 되자 장제의 황후 두씨竇氏의 형제인 두헌竇憲 등이 권력을 장악했다. 그러나 화제는 환관 정중鄭衆 등과 함께 두헌을 죽여 버렸다. 종이의 발명으로 유명한 환관 채륜蔡倫도 이때 정중 등과 함께 화제의 측근이었다. 화제가 죽은 후 화제의 황후 등씨鄧氏가 실권을 잡았으나 등태후가 죽자 실권은 안제安帝의 황후 염씨閻氏의 오빠 염현閻顯에게 넘어갔다. 그는 안제가 죽자 황태자를 폐위시키고 소제少帝를 세웠지만, 소제가 급사한 후 손정孫程 등 환관 19명이 염씨 일족을 살해하고 폐태자였던 순제順帝를 세웠다. 이것이 환관에 의한 최초의 황제 옹립이다. 이 공으로 환관 19명은 일거에 후侯로 봉해졌을 뿐만 아니라 양자를 들여 작위를 세습하도록 허락했는데, 『삼국지』에 나오는 조조曹操의 아버지도 이때 환관 조등曹騰의 양자가 되었다.

순제의 황후 양씨梁氏 일족은 순제가 죽은 후, 충제沖帝·질제質帝·환제桓帝가 각각 2세, 8세, 15세로 즉위했기 때문에 3대에 걸쳐 권력을 장악했다. 양씨는 사상 최대의 외척으로서, 양씨 중 후로 봉해진 자가 7명, 황후가 된 자가 3명, 귀인貴人이 된 자가 6명, 여성으로 식읍을 받은 자가 7명, 황녀의 배필이 된 자가 3명, 대장군 2명, 그 외에 고관과 장군 등이 57명이었다고 한다. 그중 양태후의 오빠 양기梁冀는 4대에 걸쳐 약 20년 동안 전횡했다. 후한 후반기는 외척과 환관의 정쟁과 전횡으로 황제권은 쇠락해 갔다.

후한 말에 이르러 이상과 같은 환관세력의 전횡과 매관매직 등의 부패상에 대해 맹렬한 비난이 일었다. 지방의 호족과 사인士人의 세론도 이것을 지지했으며, 정의파 지식인들은 환관과 결탁한 일부 관료와 호족을 탁류濁流라 부르고 자신들은 스스로를 청류淸流라 불러 구분하고 정치적으로 대립했다. 중앙에서 청류파의 세론을 대표한 것은 태학생太學生이었다. 무제 때에 50명으로 발족한 박사제자後의 太學生는 전한 말에 1천 명으로 증원되었는데, 후한 질제 무렵에는 3만 명을 넘었다. 태학생들은 태위太尉 진번陳蕃과 사예교위司隷校尉 이응李膺 등을 영수로 했고, 환관에 반대하던 외척 두무竇武도 이들과 통했다.

환관 측은 이응 등이 학생들과 함께 조정을 비난하고 풍속을 어지럽힌다는 이유로 이응과 지지자 2백여 명을 체포했고 당파를 결성했다는 이유로 투옥했다166년. 다음 해 그들은 향리로 돌아와 종신 금고형에 처해졌는데, 이것이 제1차 당고黨錮사건이다. 환제가 죽고 두무 등에 의해 영제가 옹립되자 당고되었던 인사들은 조정에 복귀했다. 두무는 이들과 함께 환관을 없앨 계획을 세웠지만 환관 측은 선수를 쳐 두무와 진번 등을 살해하고 그들의 문생門生과 고리故吏를 금고형에 처했다168년. 다음 해 전국적으로 사인에 대한 일대검거가 시행되어 약 600~700명에 이르는 명사가 처벌을 받았다. 이것이 제2차 당고사건이다.

당시 군현의 속리屬吏들은 지방장관이 자유로이 선임했다. 따라서 지방장관이 관리를 추천할 경우 자신의 속리 중에서 추천하는 경우가 많았는데, 속리가 된다는 것은 바로 지방장관과 사적인 관계가 형성되었음을 의미했다. 이들 속리들은 장관이 다른 관직으로 옮기거나 자신이 선거에 의해 중앙으로 진출해도 원래의 장관에 대해 은혜와 의무를 느껴 '고리'라고 칭했다. 또 관리가 되기 위해서는 스승에게 유학을 배울 필요가 있었기 때문에 중앙의 태학만이 아니라 지방에서도 많은 제자가 육성되었는데, 이들 제자들은 스승에 대해 '문생'이라 불렀다. 이러한 문생·고리 관계를 통해 사적인 관계가 이미 정계에 형성되었으며, 지방호족 사이에도 폭넓은 유대가 이루어졌기에 환관에 대한 저항운동이 가능했다. 이것이 중국에서의 집단적인 지식인운동의 초기의 사례이다.

그러나 2차에 걸친 탄압은 청류파운동을 재기불능의 상황까지 위축시켰다. 원래 이 운동에는 도덕적인 정의감에서 비롯된 자아도취적인 측면이 농후했다. 그러나 후한왕조는 이미 환관과 외척의 사적인 점유물이 되어 버렸으며, 운동의 실패 후 후한왕조와 지식인층 사이의 괴리감은 심화되었다. 이에 일군의 인물들은 정치에 대한 지향을 끊고 고고한 삶을 추구하는 은둔자로서의 행동방식을 찾아갔다. 이것은 한왕조에 대한 절망감에서 연유된 것으로, 한왕조 밖의 세계에서 살아가고자 하는 것을 의미했고, 한제국은 이후 호족의 지지를 완전히 상실하게 되었다.

태평도·오두미도의 유행과 황건의 반란

호족에 의한 토지겸병의 위기에 처한 농민은 외척이나 환관의 정부하에서 과중한 부역의 부담에도 시달렸다. 더욱이 후한 중기 이후부터는 모든 왕조의 말기에 전형적으로 나타나는 대규모 재해가 잇달아, 농민은 만성적인 기근에 시달렸다. 게다가 북방에서 이민족의 침입을 방비하는 군사조직이 허술해져 강족羌族, 흉노, 선비鮮卑 등이 자주 침략했다. 그러나 국가의 방어력과 경제적 구제능력은 이미 바닥에 이르러 있었다. 막다른 지경에 처한 농민 중에는 무력으로 저항하는 경우도 발생하기 시작했지만 산발적이어서 차례로 진압되었다. 그러나 각지에서의 농민반란이 점차 조직화되었고 결국 황건黃巾의 난으로 대폭발하기에 이르렀다.

황건이란 봉기에 참가한 사람들이 황색의 띠를 머리에 둘렀기 때문에 붙여진 이름이다. 반란의 모체는 하북 출신인 장각張角이 창시한 태평도太平道라는 신흥종교단체인데, 태평도는 황제黃帝와 노자의 사상을 추앙하는 황로도黃老道를 기본으로 해 여러 민간신앙을 섞어 사람을 치료하는 주술로 인기를 얻은 종교였다. 훗날 오두미도五斗米道와 함께 위진남북조시기에 도교로 발전했다. 장각은 주술로써 질병을 치료하고 빈민을 구제하는 것으로 인심을 얻어, 170년대에 화북에서 양자강 유역에 이르기까지 수십만의 신도가 있었다. 이후 농민의 반정부 감정을 타고 신도를 규합해 184년에 대규모 반란을 일으켰다. 이것이 황건의 난이다.

한대 군사의 모습을 보여 주는 각종 도용

1965년 섬서성 함양 양가만楊家灣에서 출토된 도용들인데, 크기가 50cm 정도로 진시황의 병마용보다 작을 뿐 아니라 형태도 비슷하고 도식적이다. 다만 채색이 완전한 형태로 남아 있어 당시의 복장과 무기를 알 수 있다.

후한정부는 이 반란에 직면해 권력투쟁을 일시 중시하고 당고되었던 사인들을 석방해 황건군의 진압에 나서도록 했다. 이후 장각이 병사하고 그 동생인 장량과 장보도 전사해 주력군은 패퇴했다. 그러나 각 지방에서의 반란군은 여전히 강력해 이들을 모두 진압하기까지는 20~30년의 세월이 걸렸다. 또한 사천지역에서는 장릉張陵이 창시해 그 손자인 장로張魯까지 이어지는 오두미도가 있었다. 이들도 병을 치료하는 것으로 인심을 얻었으며, 신도를 규합해 이 지역에서 3대에 걸친 종교왕국을 성립했다. 오두미도 역시 도가사상의 영향을 받았는데, 강고한 교단조직을 그대로 국가기구로 만들었다. 오두미란 명칭은 질병이 치유되면 쌀 5두를 바치는 데서 비롯되었다.

태평도와 오두미도의 확대는 단순한 종교교단의 확대가 아니라 향리공동체의 붕괴에서 비롯된 현상이었다. 원래 한대에는 부로층을 중심으로 공동의 제사를 통해 농민의 공동의식이 강화되고 향리의 전통적인 질서가 유지되고 있었다. 그런데 호족의 성장에 의해 이러한 공동의식이 붕괴되자, 몰락농민들은 의지할 곳이 없게 되었다. 생명과 재산을 보호해야 할 국가는 이미 환관과 외척에 의해 사권화한 데다 과중한 부역의 부담은 곧 소농민의 재생산을 불가능하게 만들었고, 여기에 자연재해와 토지의 상실은 삶을 더욱 불안하게 만들었다. 이때 나타난 주술적인 경향을 띤 두 종교는 농민의 개인적인 고민을 해결해 줄 뿐 아니라, 그들을 경제적으로도 교단조직에 의지하게 만들어 신도를 확보할 수 있었던 것이다. 난세는 농민들에게 종교라는 도피처를 만들어 주었고 이것이 반란집단에 세력을 키워 준 것이다.

흉노의 분열과 후한의 대외관계

한 무제 이후 고비사막 이북으로 물러난 흉노는 수세에 처했으면서도 줄곧 한에 대한 반격을 시도했고, 한은 그때마다 출격했지만 성과가 없었다. 한은 무제 이후 흉노에 대한 강경책을 포기하고 화친관계를 포함한 우호관계의 재수립을 도모했다. 흉노는 B.C. 60년경 선우의 계승을 둘러싸고 내부분열이 발생해 한때 5명의 선우가 대립하기도 했다. 이후 형인 질지선우郅支單于와 동생인 호한야선우呼韓邪單于의 대립 끝에 열세였던 호한야선우가 B.C. 53년에 한에 항복해 구원을 요청했다. 질지선우는 한의 공격을 받아 몽골고원에서 이리강 유역으로 도망간 후 다시 탈라스강까지 도피했지만 결국 한의 원정군에 의해 살해되었다.

B.C. 51년 호한야선우는 몽골의 흉노를 통일하고 한에 대해 스스로 신하를 자청했다. 한에서는 선우의 지위를 제후왕의 위에 두어 파격적으로 외신外臣으로 우대했고 종래대로 중국의 변경 밖에서 거주하는 것을 허락했다. 이리하여 한 무제 이래 흉노와의 전쟁은 종지부를 찍게 되었다.

그러나 왕망정권 때에 이민족에 대한 처우를 강등했기 때문에 흉노는 격분해 이반했고 이후 우호관계는 단절되고 중국을 다시 침략하기 시작했다. 그러다가 후한 초인 48년 흉노에서 다시 내부분열이 발생해 일축왕日逐王 비比가 자립해 호한야선우라 칭하고 여러 부족을 이끌고 한에 항복했다. 후한에서는 이들 남흉노를 장성의 이남에 거주토록 하고 그들의 북흉노 공격을 지원했다. 북흉노는 선비족鮮卑族과 정령丁零에게 쫓기다가 91년에 오르콘강의 서쪽 본거지를 버리고 이리지방으로 이동했다. 북흉노는 이후 반세기에 걸쳐 후한과 서역에 대한 지배권을 다투었지만 2세기 중반에 다시 키르기즈 초원지대로 이동했다. 그후 이들에 대한 기록은 남아 있지 않지만 4세기에 유럽에 침공해 민족대이동의 도화선이 되는 역할을 한 훈족Huns이 이들의 후예일 것이라는 견해도 있다.

후한의 성립 이후 정부는 왕망시대에 실추된 주변 민족에 대한 권위를 회복하는 데 주력했다. 한이 다시 서역을 장악하게 되는 것은 73년 북흉노를 토벌하기 위해 파견된 장군 두고竇固가 서역 제국의 설득을 위해 부하인 반초班超*를 파견한 데서 비롯되었다. 반초는 왕망정권 이후 60년 만에 부활된 서역도호로서 30년간 서역 땅에서 지내며 동서 교통로의 재확보에 주력했다. 그 사이 대월지의 침입을 저지했고, 파미르고원 동서의 50여 개국을 한에 조공국으로 복속시켰다. 더 나아가 서방의 대진국大秦國[로마제국]과의 통교를 위해 부하인 감영甘英을 파견했다. 감영이 대진국에 이르지 못해 반초의 꿈은 실현되지 못했지만, 그의 활약으로 인해 실크로드는 동서를 잇는 교역로로 발전했고, 그의 생애를 서역경영에 쏟은 공적 역시 장건에 못지않다. 그러나 반초 이후 강족의 침입과 반란에 시달리면서 서역에 대한 영향력은 계속 후퇴했다.

반초
후한의 장군으로 『한서漢書』를 지은 반고班固의 동생이자 당시 뛰어난 여류시인 겸 사학자였던 반소班昭의 오빠. 서역으로 출정하여 흉노와의 전쟁에서 큰 공을 세웠고, 훗날 정원후定遠侯에 봉해졌다.

한대인의 생활과 문화

한대인의 생활

당시 농민의 대부분은 촌락에서 거주했는데, 대개의 경우 흙담으로 둘러싸인 집촌이었다. 이것을 향鄕이라 하는데, 그 규모는 근년의 보고에 의하면

한대의 배 모형
1954년 광동성 광주시廣州市에서 발견된 배 모형. 높이 16cm, 길이 54cm로 방향타까지 갖추고 있는 살림배 형태로 보이며, 한대 당시 중국 남방에서 사용하던 배의 모양을 잘 보여 주고 있다.

동서 약 890m, 남북 약 770m 정도의 크기이다. 향의 중앙에는 폭이 약 6m 정도인 큰 도로가 동서로 나 있으며, 폭 2.5m 정도의 작은 도로 4개가 남북으로 나 있다. 이에 따라 향은 동서와 남북의 도로에 의해 10개의 구역으로 나뉘어지는데, 이 구획이 바로 리里라고 불리는 단위이다. 리에는 평균 100호 정도가 거주했는데 주위가 낮은 담벽으로 둘러싸였으며 문이 동서 혹은 남북으로 대면해 있다. 농민들은 향의 주변에 있는 각자의 농경지에서 농사를 짓다가 저녁에 리 안으로 돌아오는 생활을 했다. 리에는 부로父老라는 연장자를 중심으로 한 자치적인 조직과 질서가 형성되어 있었다.

이 리를 최소단위로 해 구성된 향은 자치적이고 독립적인 의식이 강했다. 향에는 교화를 담당하는 삼로三老와 세무나 소송을 담당하는 색부嗇夫, 치안을 담당하는 유격遊徼이 있었는데, 이들 향관은 주민 중에서 천거하고 군현에서 임명되었다. 따라서 징세나 요역의 분담은 물론 민사나 형사문제도 현 등 상급관청의 개입 없이 향관의 책임하에서 처리되었다. 한제국은 독립된 자영농과 이러한 향리사회를 기반으로 해서 성립되었던 것이다. 그러나 전술한 대로 호족의 등장으로 이러한 자치적 질서를 갖는 향리사회가 붕괴되었다.

한대인의 주거는 화북의 황토지대에서 전통적인 방식 즉 황토를 다져서 굳게 쌓아올리는 판축법版築法에 의해 건축되었고 일부 동굴주택도 조성되었다. 반면 호족의 주거지는, 정원을 갖춘 회랑이 있고 지붕은 기와로 건축되었으며 저택의 입구에는 문주가 세워져 주인의 위엄을 과시했다. 한대 이전 고대 중국인들은 하루에 두 번 식사를 했는데 대략 아침 7시에서 9시 사

절구와 풍차　　　　　　　논과 저수지　　　　　　　수공업 작방

한대의 주택

한대의 창고

한대의 가옥

이를 대식大食이라 부르고, 오후 3시에서 5시 사이를 소식小食이라 부른 데서 추정할 수 있다. 이는 아마도 농사를 짓기 위해서는 아침을 배불리 먹어야 했고, 오후에는 곧 잠을 자야 하므로 많이 먹을 필요가 없었기 때문에 생긴 식습관인 듯하다. 그러나 한대부터는 농업 생산력도 높아지고, 야간의 활동도 증대되어 한 끼의 식사를 더하게 되었다.

식사용 곡물로는 조와 수수, 벼, 메벼, 보리, 콩, 마 등이 있었는데 주식은 조와 수수였고 관리의 봉록으로 사용된 곡물도 조가 주였다고 보인다. 미米는 당시까지 벼나 쌀을 의미하지 않았고 탈곡한 각종 알맹이를 가리켰는데, 특히 조를 탈곡한 것을 백미白米라 불렀다. 곡물의 조리법은 주로 찌는 방식이 사용되었다. 음식의 종류는 일반적인 동식물과 어류 외에 도마뱀과 쥐, 뱀, 말벌의 유충 등 그 지역의 거의 모든 동물이 식용의 대상이 되었다. 육류는 생식하거나, 말려서 포를 뜨거나, 버무리거나 열을 가해 먹었다. 현대 중국의 주된 조리법인 튀김과 볶음은 없었다. 이 두 조리법은 지속력을 갖춘 화덕과 그에 견딜 수 있는 얇은 솥이 등장하는 송대 이후가 되어서야 나타났다. 또한 고대 중국에서 의복은 추위나 외부로부터 몸을 보호하는 용도 외에 사회지위를 나타내는 중요한 수단 중 하나였다.

한대의 과학기술

한대, 특히 후한대에는 과학기술 면에서 눈부신 성과를 올렸다. 먼저 제

태초력
한 무제 태초太初 1년(B.C. 104)에 실시한 역법. 이전 역법에서 10월을 세수歲首로 하였던 것을 정월 세수로 바꾸었고 동지를 11월로 고정시켰다. 유흠은 태초력을 수정하여 삼통력이라 이름 붙였다.

삼통력
전한 수화綏和 2년(B.C. 7) 경학가이자 천문학자인 유흠劉歆이 태초력을 수정해서 만든 것. 유흠은 천문학과는 아무런 관계가 없는 『주역周易』의 신비수치를 끌어들여 태초력의 기본수치를 해석하고 동중서董仲舒의 역사 순환론을 역법에 사용하였는데, 이는 후세의 역법 개정에 나쁜 영향을 주었다.

장형(78~139)
후한의 문학가이자 과학자. 젊어서 효렴孝廉에 추천되어 관직을 지내면서 태평성대를 노래한 「이경부二京賦」, 「사수시四愁詩」 등을 지었고, 혼천의와 지동의를 제작하는 등 천문학과 역학에 많은 관심을 기울였다.

철기술에서의 진보를 들 수 있는데, 철기는 이미 전국시대부터 보급되기 시작했지만 주철을 정련해 강철을 만들기 시작한 것은 한대부터이다. 강철은 무기만이 아니라 수리사업, 화상석 등의 석각예술 등 여러 방면에 적극 활용되었다. 이와 아울러 한 무제시기에 염철전매제가 시행되면서 철의 대량 생산에 주력해 수력 풀무와 대형의 고로가 사용되었다.

천문학은 이전부터 정확한 농시를 측정하려는 목적으로 연구 발전되었는데, 한대에는 특히 유학이 발달하면서 천인상관설 등의 영향을 받아 국가의 명운과 사시의 운행을 점치려는 목적에서 관측기술이 발달했다. 그리하여 무제시기에 태초력太初曆, 전한 말에 삼통력三統曆이 제정되기에 이르렀다. 또한 우주의 형태에 관한 논의도 활발해져 하늘과 땅이 서로 평행하는 평면 혹은 곡면이라는 개천설蓋天說, 천체를 담은 천구天球의 중심에 대지가 있다고 하는 혼천설渾天說, 우주공간이 무한히 퍼져 있다고 하는 선야설宣夜說 등이 제창되었는데, 이중 후세에 가장 영향을 끼친 설은 혼천설이다. 후한의 장형張衡[78~139]은 혼천의渾天儀를 제작했는데, 혼천의는 모든 항성이 천구상에 있고, 일월오성日月五星도 천구상을 운행하고 있다는 생각에서 만들어진 장치이다. 동력을 이용해 밀실 안에 있는 누각의 물을 하루에 1회 자동으로 회전시켜 하늘의 상태와 부합하도록 만든 자동식 천구의이다.

장형은 관측을 거듭해 월식의 원리와 달빛이 태양의 반사광임을 밝혀냈고, 지동의地動儀라는 지진계를 제작하기도 했다. 지동의는 나무통 모양을 한 기구의 8면에 용머리를 매달아 지진이 나면 진원지 방향의 용의 입에서 동구슬이 그 아래의 개구리의 입으로 떨어져 들어가도록 설계되었으며, 지진의 강도도 측정이 가능했다.

지동의
후한 132년 장형이 만들었다고 하는 최초의 지진계이다. 직경이 약 1.9m로 동으로 주조되었으며 형태는 술주전자 모양이다. 그림은 『후한서』에 실린 자료를 토대로 복원한 모형이다.

후한대의 발명품 가운데 가장 유명한 것은 제지법이다. 필기의 재료로 이전에는 비단과 간독簡牘[대나무쪽과 나무쪽] 등이 사용되었지만, 비단은 가격 때문에, 간독은 사용상의 불편 때문에 널리 사용되지 못했다. 전한대에는 풀솜을 펴서 만든 종이와 아마 종이를 만들었고, 후한 100년경에 채륜蔡倫이 이 기술을 발전시켜, 나무껍질과 베옷, 고기잡이그물 등을 합쳐 분쇄함으로써 종이를 값싸게 제작하는 방법을 고안했다. 이 제지법으로 비교적 쉽게 필기재료를 공급할 수 있어 서예나 회화의 발달을 촉진하게 되었다. 제지법은 한국과 일본에 곧 전파되었으며, 당

종이 제작 과정

대에 중앙아시아를 거쳐 아라비아로, 그곳에서 다시 유럽으로 전파되었다.

한대에는 수학에 관한 지식도 비약적으로 발전해 전한 초에 발간된 『주비산경周髀算經』에는 이미 이등변삼각형의 원리가 소개되어 있고, 후한대의 『구장산술九章算術』에서는 현대의 수학처럼 산술과 대수, 기하의 내용을 포함하고 있다.

선진시대에 축적된 의학의 지식은 현존하는 중국 최초의 의학서적인 『황제내경黃帝內經』으로 집대성되었다. 이 책에서는 질병의 진단 방법과 인체의 해부 지식, 혈액의 순환과정 등을 설명하고 있으며, 이를 바탕으로 왕망시대에는 인체해부도 행해졌다. 후한 말의 장중경張仲景은 열병학설熱病學說을 발전시켜 『상한론傷寒論』을 지었다. 그는 이 책에서 질병의 주요 증상인 발열을 상한으로 보아 질병의 진단과 치료의 원칙 및 처방 등을 설명했다. 약학과 약물에 대한 분석도 깊어져 후한대에는 각종 약학 서적이 저술되었지만 오늘날 전하는 것은 『신농본초경神農本草經』이다. 이 책에는 365종의 약물을 독성의 유무와 상용 가능의 여부에 따라 상·중·하품으로 구분하는 등 약물의 성질을 인식하고 각종 약제를 배합하고 있어 병리학과 깊은 관련을 가지고 약학이 발달했음을 보여 주고 있다. 『신농본초경』은 『상한론』과 함께 후대에 큰 영향을 미쳤다. 이와 함께 선진시대부터는 침을 사용한 의료

금루옥의金縷玉衣

1973년 하북성 정현定縣 만성한묘에서 출토된 중산왕 유승의 후예인 유수劉修의 시체에 입힌 수의. 시신에 염을 한 후 네모난 옥편을 금실로 꿰어 옷을 만들어 시신에 입힌 것이다. 이 옥의玉衣에 사용된 옥은 1,203개이고 금실은 2,567g이 사용되었다고 한다.

행위가 발달하기 시작해 B.C. 1세기에는 이미 널리 보급되어 있었다. 전한의 중산왕中山王 유승劉勝의 만성묘滿城墓에서 정교한 금침과 은침이 발견된 바 있으며, 장중경張仲景과 화타華陀는 약물과 침구를 병행했다고 전해진다. 후한 말의 화타는 마비산麻沸散이라는 일종의 마취제를 사용한 외과수술에 매우 뛰어났다고 한다. 이렇게 한방의학의 기초는 후한대에 이미 확립되어 있었다.

한대의 문화

전한 중기 이후 유학이 독존적 지위를 차지하면서 경학이 발달하기 시작했다. 경학이란 유학의 경전과 전적에 대한 학문인데, 진시황의 분서갱유 이후 경서의 수집과정에서 금문학파와 고문학파의 구별이 생기게 되었다. 금문학파란 한초까지 살아남은 일부 유생의 구술에 의거해 당시의 문자인 예서체隸書體로 정리된 경전을 기반으로 해석 및 연구를 하던 학파를 말한다. 그리고 고문학파란 경제 때 공자의 옛 집에서 발견되었다고 하는 춘추·전국시대의 문자로 쓰여진 경전을 기반으로 하던 학파를 가리킨다. 동중서의 제안으로 관학화된, 『춘추공양전』 등을 근거로 한 금문학파는 주로 자구의 해석이나 천인상관설에 바탕한 정치론으로서, 군주권의 정당화나 참위설을 내세우는 등 신비주의적인 성격이 강했다. 반면 『춘추좌씨전』 등을 근거로 한 고문학파는 전한까지 위서僞書라 여겨져 인정받지 못하다가 전한 말 유흠劉歆에 의해 정리되면서 다시 각광을 받게 되었다. 유흠이 정리한 고문학파의 이론은 왕망의 권위와 정당성 확립에 이용되어 신정권에서 관학화했다.

후한 들어 경학의 주도권을 둘러싸고 금문학파와 고문학파의 논쟁이 벌어졌다. 후한 장제章帝는 백호관白虎觀에서 경서 해석을 둘러싼 토론회를 열었고 그 과정이 『백호통의白虎通義』로 집약되기도 했다. 후한 말에 정현鄭玄은 고문경과 금문경을 비교해 통일적 해석을 시도했다. 그는 경학의 전적 해석은 고문설을 위주로 했고 집대성은 금문설을 위주로 작업했는데, 학문적 방법으로 글자의 음이나 뜻을 연구했기 때문에 이를 훈고학訓詁學이라 부른다. 또한 이러한 훈고학적인 방법론에서 한자 9천여 자를 수록한 허신許愼의 『설문해자說文解字』가 출간되기도 했다.

금문학파에서 뚜렷이 드러나듯 이 시대의 경학에는 도참이나 참위 같은 신비주의적이고 비합리적이거나 주술적인 성격이 강했다. 이에 대해 경험적 지식을 바탕으로 합리적·실증적으로 진리를 추구하고자 하는 경향도 나타났다. 후한의 왕충王充이 그러한 인물로서, 그는 『논형論衡』에서 모든 존재가 기氣로 이루어지며, 기의 전개에 따라 자연현상, 사회현상, 인간의 운명이 결정된다고 주장해 인간과 자연이 교감한다는 천인감응론을 부정했다. 왕부王符는 『잠부론潛夫論』에서 이러한 합리적 입장을 계승해 인간의 주체적 행위에 대한 의미를 부여했고, 이 입장에서 당시의 정치와 사회상에 대한 통렬한 비판을 가한 바 있다. 후한 말의 중장통仲長統에 이르면 인격신인 천의 관념을 부정하고 하나의 자연현상으로 이해해, 인사人事 중시의 관점에서 정치나 사회를 비판했다. 이들은 후한의 예교사회하에서 화석화해가는 경학의 풍조 속에서도 우주의 생성에 대한 합리적 해석을 토대로 인사인 사회모순이나 정치적 부패에 통렬한 비판을 가했던 것이다.

한대에는 또한, 이후 중국 정사正史의 기본 형식인 본기와 열전 위주의 기전체紀傳體 사서가 등장했다. 전한의 전성기를 이룬 무제시대는 학문분야에

사마천과 『사기』

서 동중서와 같은 지식인의 활동도 있었지만, 가장 주목되는 것은 『사기史記』의 편찬이었다. 사마천은 부친 사마담司馬談의 뒤를 이어 천문과 역법 및 문헌을 관장하는 태사령이 되었다. 그는 부친의 유언으로 염원하던 역사서의 집필을 부탁받아 B.C. 108년경부터 집필에 들어갔다. 그러나 대흉노전쟁이 진행되던 과정에서 '이릉李陵사건'을 변호하다가 생식기를 제거하는 궁형을 받았다. 이로 인해 인간의 운명에 대한 새로운 성찰을 하게 되었고, 이를 바탕으로 『사기』 130권을 완성했다.

『사기』는 상고시대부터 한 무제시대까지 2천여 년간의 역사를 기전체紀傳體로 정리한 것이다. 『사기』의 구성은 크게 제왕의 연대기인 본기本紀와 개인의 활동상인 열전列傳 및 분야에 따른 기록인 서書로 이루어져, 이후 중국 정사正史의 틀을 제시했다. 후한의 반고班固는 부친인 반표班彪의 작업을 계승해, 『사기』의 체제를 정비하면서 한왕조 일대의 기전체 사서인 『한서漢書』를 저술했다. 후한 말에는 순열荀悅이 『한서漢書』의 내용을 『춘추좌씨전』의 편년체 형식으로 재편성해 『한기漢紀』를 저술했고, 후한대에 문헌과 서적의 수집 및 정리를 담당하던 동관東觀에서는 후에 『동관한기東觀漢紀』로 정리된 사료집을 편찬하기도 했다.

문학 방면의 형식으로는 한대 부賦와 악부시樂府詩가 있었다. 부란 장편의 운문시를 말하는데, 문제 때의 가의, 매승梅乘, 사마상여司馬相如, 양웅揚雄, 반고 등이 대표적인 작가였다. 악부시란 무제 때에 각지의 가요와 악장을 수집케 해, 시를 짓고 음률을 넣어 만든 것이다. 부가 주로 화려하고 아름다운 것을 노래한 반면, 악부시는 소박한 실생활에서 소재를 찾았다. 후한 말에는 악부시의 형식을 모방해 오언시가 나타났는데, 조조와 그의 아들인 조비와 조식曹植은 모두 정치가이자 뛰어난 문학가였기 때문에 그들의 막하에는 문학가들이 모여 하나의 문단이 형성되었다. 이를 한 헌제의 연호를 따 건안문학建安文學[*]이라 부른다.

한대의 회화로는 마왕퇴에서 발견된 비단에 그려진 그림이나 일부 묘실의 벽화도 있지만 대개는 돌에 새겨진 화상석畵像石이 많다. 화상석은 돌로 만든 묘실의 벽면이나 측면에 새겨진 화상으로 전한 중기부터 제작되어 후한대에 성행했다. 한대인은 생전에 관이나 묘를 만드는 관습을 가지고 있었으며, 죽은 사람도 욕구를 가지고 있다고 생각했기 때문에 사실적인 그림으로 죽은 이의 영혼을 위로하려 했다. 내용은 주로 천문신화, 귀신신앙, 역사적 고사, 오락, 건축, 산천의 풍경, 생산활동, 일상생활의 정경 등인데, 오늘날에는 당시의 풍속과 사회생활을 엿볼 수 있는 귀중한 자료가 되고 있다. 화상석보다 늦게 후한 중엽부터 성행하기 시작한 것이 비문의 건립이다. 비문에는 예서가 주로 새겨져 있는데, 이것이 오늘날 서예의 선구를 이룬다. 당시의 상용문자에 독특한 장식적인 필체를 가미해 풍부한 예술적 필치를 뽐내는 것이 많아서 서예의 진흥과 문장의 발달에 공헌한 바 크다.

건안문학
후한 헌제 때인 건안 연간(196~220)의 문학 경향. 건안칠자七子가 이 경향을 주도하였는데, 칠자는 공융孔融, 진림陳琳, 왕찬王粲, 서간徐幹, 완우阮瑀, 응창應瑒, 유정劉楨 등 7명을 말한다. 이들은 종래의 부賦 대신 시詩, 특히 오언시五言詩와 악부시樂府詩를 주로 지었고, 시에서 강렬한 개성과 참신한 품격을 발휘하였다.

한대 화상석
화상석은 돌로 만든 분묘墳墓나 사당祠堂의 평평한 벽면, 또는 전塼이나 석문石門 등에 새겨진 장식적 그림이다. 전한 때부터 유행하였지만 특히 유행한 것은 분묘나 건조물이 급격하게 발달한 후한이다. 인물, 거마車馬, 조수鳥獸, 건조물 등 당시의 풍속과 문화를 알 수 있는 귀중한 자료이다. 이 화상석은 사천에서 출토된 것이다.

북방민족의 이동과 남북조시대

황건의 난으로 후한이 멸망한 후 국면은 위魏·촉蜀·오吳가 대립하는 삼국시대로 접어들었다. 280년 서진西晉이 잠시 전국을 통일했지만 얼마 되지 않아 내란으로 다시 분열상을 드러냈으며, 결국에는 북방 이민족의 침입으로 멸망했다. 이후 중국은 남과 북이 분열하고 대립하는 시기로 접어들었다. 화북에서는 오호五胡가 흥망을 거듭하며 패권을 둘러싸고 각축을 벌였고, 선비족鮮卑族 탁발부拓拔部가 건립한 북위北魏가 최종 승자가 되었다. 강남에서는 건강建康을 중심으로 동진이 성립되었고, 이후 송宋·제齊·양梁·진陳의 남조 국가가 교체되었다.

사회적으로는 구품관인법九品官人法의 실시를 계기로 호족이 문벌귀족으로 성장해 국가의 지배층이 되었고, 특히 남조에서는 황제권의 그늘에서 벗어난 화려하고 세련된 귀족문화가 꽃피었다. 화북의 북위에서도 효문제의 한화漢化정책 추진으로 남조와 유사한 귀족제가 성립되었다. 사상적으로는 남조와 북조 모두 유교가 쇠퇴하고 대신 불교와 도교가 크게 세력을 확장했으며, 귀족문화의 영향으로 세련된 문학 작품을 탄생시켰다.

『삼국지』의 시대

황건의 난에 의해 한제국의 지배는 대타격을 받았다. 반란에 의해 살해된 지방관도 있었고 한왕조에 대항해 자립을 꾀하는 움직임도 등장해 지방분권의 형성을 조장했다. 189년에 영제가 사망하자 다시 환관과 외척 사이의 정쟁이 재개되었다. 외척인 하진何進은 일류 명족이었던 원소袁紹와 강족羌族의 반란을 성공리에 진압한 군벌 동탁董卓과 협력해 환관을 타도하려 했다. 이 과정에서 하진은 살해되었고, 원소는 환관세력을 일소했다. 이를 기점으로 해 각지의 군웅이 일어나 패권을 다투는 새로운 정치상황이 등장했다. 원소와 동탁, 조조曹操와 손견孫堅 등이 여타의 호족과 결합하면서 세력을 넓혀 군벌로서 전국을 분할했다.

한의 황제는 이미 군벌에 대항할 힘이 없었고, 명목상의 황제일 뿐이었다. 동탁에 의해 옹립된 헌제獻帝는 동탁을 따라서 낙양에서 장안으로 옮겼다. 동탁이 부하에게 피살되자 다시 낙양으로 돌아왔지만, 그곳은 완전히 폐허가 된 상태여서 이후 조조曹操에게 의지했다. 군벌의 세력판도는 잇달아 바뀌었다. 조조는 200년에 관도官渡에서 원소를 격파하고 이어 전 화북을 거의 확보했다. 손견은 유표와 싸우다 전사했고, 그 아들 손책孫策은 강동을 평정했지만 암살되어 동생 손권孫權이 뒤를 이었다. 원소 측에 가담했다 패배한 유비劉備는 남쪽 형주荊州로 도망가 군사 제갈량諸葛亮을 만나 자립의 기회를 엿보았다.

적벽대전으로 유명한 호북성 서쪽의 적벽

208년 조조는 남하를 개시해 형주[양자강 중류]의 유종劉琮을 항복시켰지만, 적벽赤壁[호북성 가어현 서쪽]에서 유비와 손권의 연합군에 패배를 당했다. 이로써 조조는 강남지역의 병합은 포기하지 않을 수 없게 되었다. 한편 유비는 익주益州사천성]로 달아나 유장劉璋을 대신해 성도成都에서 자립했으며, 손권은 유비에게서 형주를 빼앗아 강남지역에 판도를 확립했다. 이리하여 천하는 화북의 조조, 강남의 손권, 사천의 유비에 의해 셋으로 나뉘었다.

216년 조조는 위왕魏王으로 봉해져 사실상 새로운 왕조를 개창했지만 220년에 낙양에서 사망했다. 조비曹丕가 그 뒤를 이어 낙양에서 선양의 형식으로 헌제의 양위를 받아 위왕조를 세웠다. 그는 경제적인 재부나 가문에 관계 없이 유능한 인재를 선발하는 새로운 관리임용방식인 구품관인법九品官人法•을 시행해 관료를 육성하려 했지만, 이미 각지에서 기반을 굳힌 호족세력이 오히려 이를 기반으로 해 관직을 독점했고, 황제권은 이에 따라 위축되었다. 이렇게 구품관인법을 계기로 관료기구에 편입되어 대대로 여러 가지 정치상의 특권을 획득한 일군의 호족들은 이후 명문名門·대족大族으로 성장해 발언권을 강화해 가면서 후일 문벌귀족의 선구를 이루었다.

위왕조가 수립되었다는 소식을 들은 유비는 다음 해 성도에서 즉위식을 거행했다. 전한 경제의 자손이라는 점이 유비의 명분상 이점이었기 때문에 한으로 국호를 삼았다. 이를 전·후한과 구분해 촉한蜀漢이라 부른다. 유비정권은 화북에서 이동해 온 유비의 측근인물들과 사천 토착호족과의 연합정권이었는데, 풍부한 경제력을 바탕으로 귀주와 운남 방면으로 세력을 확장시켰다. 그러나 유비와 제갈량이 사망한 후 급속히 국력이 약해져 263년 위왕조에게 멸망당했다.

한편 양자강 하류에 근거하던 오는 위왕조의 조비가 즉위하자, 스스로 아직 자립할 만큼의 국력이 되지 않아 일단 신하로서 조비에게 복속해 오왕吳王에 봉해졌다. 결국 위의 책봉체제에 편입된 것이다. 그러나 국정이 안정되자 손권은

구품관인법
220년 진군陳群에 의해 실시된 관리선발제도로 구품중정법九品中正法 이라고도 한다. 군국의 중정관이 지방의 인재를 가문, 덕행, 재능, 향론을 근거로 중앙에 추천하는 제도이다. 587년 과거제의 시행 전까지, 문벌귀족이 고관을 독점하는 제도적 기반이 되었다.

유비

222년에 황무黃武라는 독자의 연호를 세우고 오왕조를 세웠다. 오는 강동 토착호족의 협력을 얻어 수도를 건업[지금의 남경]으로 옮겼는데, 당시 오의 문벌은 주씨朱氏, 육씨陸氏, 고씨顧氏, 장씨張氏 등의 4성이었다. 이들은 사병과 독자적인 영지를 보유한 대세력으로 발전했고, 황제권은 이와 반비례해 약화되었다. 결국 280년에 위나라의 뒤를 이은 서진西晉에 의해 멸망하였다.

그러나 오왕조시기에는 화북의 위왕조에 대항해 강남을 적극적으로 개발했는데, 이는 후일 남조가 장기간 화북의 이민족 정권에 대항할 수 있는 기반이 되었다. 오왕조는 온난한 기후와 풍부한 수량을 갖춘 이 지역에서 치수와 배수 및 간척과 농경지의 개간에 주력함으로써 전란을 피해 강남으로 도피해 온 이주민을 받아들일 수 있었다. 또한 새롭게 개착된 운하망은 배수와 물자의 수송에 도움을 주었고, 때문에 상업과 수공업이 크게 발달했다. 수도인 건업은 강남 경제의 중심지로서 동남아시아의 상선은 물론 로마 제국의 무역선도 출입하는 국제도시로 성장했다. 건업은 서진 말년에 건강建康이라는 명칭으로 바뀌었는데, 이후 남조시대 강남정권의 거점 도시가 된다.

조조정권의 성격

조조는 패국沛國 출신으로 환관 조등曹騰의 양자가 되었던 조숭曹嵩의 아들이다. 조숭은 1억 전을 내고 태위의 관직을 샀다. 조숭은 본래 하후씨夏侯氏였다고 하는데, 굳이 분류하자면 탁류에 속했다. 조조는 향리의 추천을 거쳐 관리가 되었지만 동탁의 전횡을 보고 가산을 털어 5천 명의 병사를 모은 후, 황건의 잔당을 토벌해 자신의 군대에 충원함으로써 세력을 확대했다. 이후 헌제를 업고, 원소에 대항한 관도官渡전투에서 승리한 후 213년에 위공魏公이 되었고 마침내 위왕에 올랐다.

조조를 지지하던 호족들은 부곡部曲이라 불리는 사병집단과 빈객賓客이라 불리는 가신들을 거느리고 있어서 정부가 일반 민호로부터 병력과 세역을 확보하는 것이 쉽지 않았다. 이 문제를 해결하기 위해 조조는 병호제兵戶制

조조

와 둔전제屯田制를 실시했다. 병호제란 병력의 확보를 위해 모병과 투항병을 중심으로 세습적으로 병역의 의무를 지우는 제도를 말한다. 가족과 함께 일정 지역에 거주하며 생활할 수 있도록 국가에서 보장해 줌과 동시에 일반 주군민과 구별하여 병력을 확보하는 방법이었다. 쉽게 말하면 상앙변법 이래 채택되었던 병농일치의 제도가 병농분리의 제도로 바뀐 것이다. 이 제도는 이후 오와 촉에서도 실시되고, 남북조를 통해 실시되었지만, 후대로 갈수록 병호의 신분은 저하되었다.

그리고 전란으로 인한 토지 황폐화와 군량의 부족을 극복하기 위해 채택한 것이 둔전제이다. 둔전이란 국가의 토지로서, 둔전의 경작자는 일반 주군민 중에서 모집하거나 피정복민을 강제로 이주시켜 확보했다. 둔전민에 대한 토지의 지급면적은 1호당 100무 정도였던 것으로 추산되며, 호족의 토지를 소작할 때와 비슷하게 수확의 50~60% 정도를 국가에 바쳐 이를 군량으로 확보했다. 이로써 유민의 생활 안정과 안정적인 군량 확보를 할 수 있게 되어 위는 삼국 중 가장 강대한 국력을 자랑할 수 있었다.

조조는 인재의 등용에 있어서도 유학적 교양을 바탕으로 명사의 추천에 의해 관리가 되는 후한의 방식을 버리고 오로지 재능만 있으면 발탁하는 등용법을 채택했다. 원래 탁류 출신인 조조는 명사들의 교조적인 유학적 지식과 청류에 대해 탐탁하게 생각하지 않았고, 반드시 도덕적인 자질과 재능이 일치한다고 보지도 않았다. 후한 이래 예교주의 영향에 따라 추천을 통해 명사를 관리로 선발하는 방식을 버리고 현실의 급박한 정치를 담당할 수 있는 인재를 선발했던 것이다. 이것은 조조가 한왕조의 정통성에 연연해 명절을 지키는 명사보다는 자신을 위해 죽음을 불사하는 추종자를 원했음을 반영한다.

이상과 같은 정책을 기반으로 하여 위는 삼국의 주도권을 쥘 수 있었다. 당시 국력을 비교해 보면 위·오·촉의 주수州數는 9 : 3 : 1이었고, 호수戶數는 7 : 5 : 3, 구수口數는 4 : 2 : 1이었다. 오와 촉은 지역적으로는 위에 필적할 정도로 광대했지만, 중앙권력의 호구 장악 능력이나 주군州郡의 편재에서 위에 뒤졌다. 대체로 삼국의 힘은 6 : 2 : 1 정도였다고 추정되며, 여기에 중원을 차지하고 있던 위가 가장 강성했다.

서진의 통일과 점전·과전제

위왕조의 3대 황제인 명제明帝는 대장군 사마의司馬懿에게 정권을 맡긴 후 오로지 수도인 낙양의 건설에 전념했다. 사마의는 요동의 군벌 공손씨公孫氏 정권을 멸망시키는 등 공적을 쌓아 권력을 더했다. 사마의는 이후 조씨 일족을 제거한 후 사망했지만, 그 위세는 아들 사마사司馬師와 사마소司馬昭에게 이어졌다. 사마소는 263년에 촉한을 멸망시키고 그 공로로 20개 군을 거느린 진왕晉王이 되었다. 사마소의 장자인 사마염司馬炎은 위왕조가 한에서 선양받은 것과 같은 방식에 따라 황제의 지위를 양위받아 265년 진晉왕조를 수립했다. 사마씨의 정권 장악을 지지했던 것은 당시 일류 호족이었다. 조조는 법술정치로 호족을 억압했기 때문에 호족 사이에서 평판이 좋지 않았다. 반면 사마씨는 일류 호족 출신으로 이 정권하에서 호족의 영향력이 한층 강화되었다.

진의 무제가 된 사마염은 280년에 오왕조를 멸망시켜 전국을 통일하자마자 화북을 중심으로 한 지배질서의 회복과 농업생산의 부흥에 착수했다. 먼저 점전占田·과전課田제라는 토지제도를 실시하고 호조식戶調式이라는 새로운 세제를 반포했다. 점전·과전제는 현재 여러 가지 해석이 분분해 논란의 여지가 많은 제도이다. 일반적으로 점전은

사마염

북방민족의 …

토지를 점유할 수 있는 한도를 규정한 한전적限田的인 성격이 강한 토지제도인 것으로 보인다. 그리고 서민의 계층분화를 방지하는 데도 목적이 있었다.

과전은 경작의무를 부과하고 과역을 부담시키는 토지이다. 따라서 과역의 부담이 없는 귀족에 대해서는 과전의 규정이 없었다. 서민은 연령에 따라 과전액의 차이가 있었고, 성인 남성의 경우 전조田租는 속粟 4곡이 기준이었다. 또한 호조식戸調式에 따라 호당 견 3필과 면 3근, 여자와 준성인의 호는 그 반을 부담했다.

결국 점전·과전제는 일반 농민 1호당 약 100무의 전토를 확보할 수 있게 하고, 그 대신 70무 정도를 기준으로 해 엄격히 조세를 징수하는 제도인 듯하다고 보인다. 또한 귀족이나 관료에게는 관품에 따라 전객佃客과 전토 보유액의 한도를 정해 무분별한 토지겸병을 규제하려 한 것이었다. 이는 후한 이래 방기되었던 소농민에 대한 국가 규제의 재시도라는 의의를 가지며, 이것이 선례가 되어 5세기에 북위에서는 균전제가 등장했다. 이와 같은 토지제도는 생산력의 회복에 상당한 효과를 거두어 국가가 파악하고 있는 호수가 245만에서 377만으로 단번에 증가했다.

한말 이래 분열의 경향은 서진의 일시적인 통일로 극복되었지만 서진이 안정된 상태로 통치와 질서를 유지했던 것은 무제 일대에 그쳤다. 통일 이후 무제는 후궁이 1만에 이를 정도로 정치에 대한 열의를 상실했다. 더구나 한 말 이래 지방호족의 발전으로 끊임없이 유민이 발생했고, 분권적인 통치가 형성되어 주군의 지방관은 이들의 지지를 얻어 군사력을 장악한 상태였다.

무제는 위나라의 멸망 원인이 황족을 억압해 고립무원의 상태에 빠졌기 때문이라고 판단해 공신에게 군과 현 단위로 봉토를 지급했다. 그리고 총 27명에 이르는 사마씨 일족을 제왕諸王으로 봉해 정권을 지탱해 주는 울타리로 삼았다. 이들 제왕들은 봉토만 받은 것이 아니라 5천 호에서 2만 호에 이르는 호구도 나누어 받았다. 또한 일정 수의 군대를 받아 각종 장군직과 도독都督의 직책도 겸했으며, 지방군부의 병력까지 통솔하게 되었다. 이는 바로 고대 봉건제의 재판이었다. 이것은 무제의 의도와는 달리 분권적인 경향을 가속화시켰고, 이후 8왕의 난이라는 황실 제왕 사이의 피비린내 나는 정쟁으로 발전했다.

여기에 무제의 정치에 대한 무관심과 이를 기회로 삼은 외척 양준楊駿의 등장이 더해져 정치적 부패가 다시 재개되어 날로 심각해졌다. 이로써 귀족들은 사마씨 정권에 등을 돌리게 되었다. 무제가 죽은 후 황제로 등극한 혜제 역시 무능하기 그지없었다. 이러한 통치가 좀더 이어졌더라면 서진은 양씨에게 탈취되었을지도 모르는 일이었다. 그러나 혜제의 즉위 직후 황태후 양씨와 황후 가씨賈氏 사이에 외척의 대립이 벌어졌고, 결국 여남왕汝南王 양亮과 초왕楚王 위瑋의 지원을 받은 가씨 일파가 승리함으로써 일단락되었다.

그런데 무제의 숙부인 조왕趙王 윤倫이 거병해 가씨 일족을 살해하고 혜제를 추방한 후 황제에 오르자, 이를 묵과할 수 없었던 제왕들은 잇달아 거병해 골육이 서로 싸우는 전란의 장이 연출되었다. 이를 8왕의 난291~306이라 하는데, 8왕의 난은 7명의 제왕이 비참한 죽음을 당하고 혜제도 독살된 후, 306년 동해왕 월이 회제懷帝를 세워 패권을 확립함으로써 종결되었다. 8왕의 난은 수습되었지만 이 난의 과정에서 제왕들이 다투어 북방 유목민의 무장병력을 사병으로 끌어들임으로써 이후 서진이 멸망하고 화북을 오호五胡가 장악하게 되는 중대한 화근을 남겼다. 즉 오호십육국시대의 막을 열었던 것이다.

호족의 화북 진출과 호족국가의 흥망

8왕의 난에서 나타나듯 사마씨 일족은 골육상쟁을 벌였고, 귀족사회를 형성한 사인들은 특권층으로 성장해 사리를 추구하는 탁류 속으로 휩쓸렸다. 하증何曾은 매일 식사비용으로 1만 전을 사용했다고 하며, 그 아들인 하소는 하루 식비를 2만 전으로 정했다고 한다. 또 석숭石崇은 낙양 교외에 대저택을 지어 놓고 담장 40리를 비단으로 두르고, 장작 대신 밀납을 사용했다. 이같은 귀족의 화려한 사치생활은 서진의 통치집단을 역사상 가장 부패한 정치의 전형이라 낙인찍게 했다.

8왕의 난으로 전란이 전 영토로 확대되자, 화북의 농경지대에 수해와 한해 및 메뚜기 떼의 피해가 잇달아 발생했고, 치수시설도 방치되어 농경지는 황무지가 되었다. 바로 후한의 멸망 직전 상황의 재판이었다. 의식주를 해결하기 위해 화북의 농민들은 사방으로 유랑하게 되었는데, 주로 강남지역으로 이동했다. 당시 유민流民은 30만 호에 1백만 명 이상으로 추산된다. 산서성 부근 주민의 5분의 3이 남으로 이주해, 양자강 유역 특히 호북과 사천 일대는 이러한 유민으로 들끓었다. 이에 따라 서진 말기에는 도처에서 유민들의 반란이 일어났다. 귀족의 사치, 제후왕의 분권적인 정쟁, 백성의 빈궁화 등은 서진의 몰락을 예고하는 징조였다.

귀족생활을 그린 칠기

화북 농경민의 빈궁화와 남으로의 이주는 곧 화북에 이주했던 이민족들에게 영향을 미쳤다. 후한 이후 흉노는 한제국에 굴복해 유목민으로서의 생활과 부락체제를 상실하고 화북의 농경지대로 분산해 이주했던 바 있다. 이들의 옛 땅에는 흉노의 지배를 받던 오환烏桓과 선비鮮卑족이 차례로 동북지역에서 이주해 왔다. 또한 서진의 북서쪽과 서방에 있던 티베트계통인 강羌족과 저氐족은 오히려 한족의 유입에 의해 기반을 상실한 채 강제로 내지로 분산, 이주됐다. 내지로 들어와 분산, 거주하던 이민족의 운명은 한족 이상으로 비참해 지역을 장악하고 있던 호족豪族들에 의해 전객이나 노비로 전락하는 경우가 많았다. 흉노의 별부別部인 갈羯족 추장 출신으로 행상, 전객, 노예로까지 전락했던 후조後趙의 건국자 석륵石勒은 바로 그러한 실례였다. 그러나 일부는 여전히 부락제의 전통을 지키며 추장이나 대인大人의 통솔하에 병력으로서 활동하기도 했다. 8왕의 난은 그들에게 용병이라는 활동무대를 제공했지만, 그들의 신분이나 대우는 비참한 것이었다.

유민에 의한 반란이 빈발하던 304년, 유연劉淵이라는 부장이 좌국성左國城|산서성|에서 자립해 한漢을 세웠다. 유연은 남흉노 선우의 자손으로 자신이 유씨 성임을 강조해 한이라 칭했고, 8왕의 난 때는 성도왕 영의 휘하에서 활약했던 용병 대장이었다. 이를 계기로 오호십육국시대가 개막되었으며, 유연은 308년 평양平陽으로 수도를 옮기고 황제를 칭했다. 한편 동해왕 월에 의해 옹립된 회제는 영원히 좋은 시대라는 영가永嘉로 연호를 바꾸고 국정의 쇄신을 꾀했지만, 오히려 동란이 본격화돼 전란으로 빠져들어 갔다. 유연은 석륵을 파견해 하남·산동과 화북을 점령했고, 310년 유연이 죽은 후 아들인 유총劉聰이 그 뒤를 이어 유요劉曜를 파견해 서진의 수도 낙양을 공략했다. 낙양은 311년 결국 함락되어 약탈과 살육의 장으로 변했으며, 회제는 체포되어 평양으로 호송되었다가 후일 살해되었고, 황후 양씨羊氏는 유총의 처가 되었다. 이를 영가의 난이라 한다. 생존한 대관과 장병이 장안에서 민제愍帝를 세웠지만 316년 유요의 군대에게 함락되었고, 서진은 완전히 멸망하게 된다.

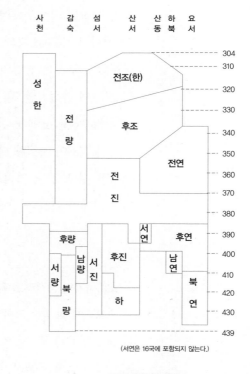

(서연은 16국에 포함되지 않는다.)

오호십육국의 흥망

북방민족의 …

서진이 멸망한 후 화북에서는 한족을 포함해 여섯 민족이 130년간 전후 18개국, 22개의 정권을 건립하는 오호십육국의 동란시대를 맞이했다. 오호란 흉노, 선비, 저, 갈, 강족을 말하며, 십육국이란 최홍崔鴻이 지은 『십육국춘추十六國春秋』라는 저서에서 시대의 이름을 딴 것으로 정확히 16개국은 아니었다.

전통적인 한족의 관점에서는 오호십육국시대를 야만적인 폭군이 속출한 무질서한 난세라고 보는 것이 일반적이다. 그러나 이 시대를 호족과 한족의 대립으로만 보는 것은 옳지 않다. 오호시대를 거치면서 호족과 한족은 스스로의 장단점과 한계를 인식했고, 이후 북조에서 호·한의 융합체제를 성립시키는 원동력이 되었으며, 이로써 중국의 문화에도 활력을 불어넣은 역동적인 시기이기도 했다.

부견苻堅 때에 전진前秦은 한족 출신 재상인 왕맹王猛의 도움으로 차례로 오호제국을 멸망시키고 376년 화북 전역의 통일을 달성하여 오호시대 중 가장 안정된 치세를 실현한 바 있었다. 그러나 전진의 화북 통일은 강남에서 성립된 동진東晉과의 충돌을 불러일으켰다. 명실상부한 중국의 황제를 꿈꾸었던 부견은 왕맹의 반대를 무릅쓰고 383년 87만의 대군을 동원해 동진 정벌에 나섰지만, 비수淝水의 전투에서 동진의 사현謝玄 등이 지휘하는 8만의 북부군北府軍에게 대패했다. 비수의 전투 이후 전진은 공중분해되었고, 각지의 정권이 자립해 다시 분열·할거의 시대가 되었으며, 더 이상 남진을 수행할 수 없었다. 따라서 이후에는 회수를 경계로 남과 북의 정권이 병존하는 시대가 되었다.

호족국가의 성격과 호족 지배하의 한족사회

오호시대의 혼란기에도 통일을 향한 움직임은 끊임없이 이어졌다. 그러나 오호제국의 흥망을 살펴보면 대개 단명한 나라들이 많았고, 더욱이 멸망 시기에는 엄청난 혼란이 야기되는 것이 보통이었다. 이것은 오호제국의 국가 구조에 그 원인이 있었던 것으로 보인다.

우선 오호제국은 지배민족이 부족제를 유지하면서 다수의 한족을 지배해야 했다. 중국 전통의 집권적인 지배조직과 그들의 부족제를 어떻게 조화시키는가가 항상 문제가 되었다. 황제에 의한 지방의 주군에 대한 지배는 불철저했고, 국가권력의 중핵을 이룬 것은 호족의 군대, 즉 무력이었다. 이들 군대는 유목민의 전통에 따라 종실에게 분배되어 각지에 주둔한 제왕諸王들에 의해 통솔되었다. 군대는 부락제의 전통을 충실히 유지하고 있었으며, 주군현 관리의 지배를 받지 않는 일반 민호도 예속시키고 있어 자급자족을 하고 있었다. 결국 호족국가는 일종의 군사적 봉건제와 흡사했다.

이러한 체제는 건국시에는 위력을 발휘했지만, 일단 지배권이 확립된 뒤에는 권력을 둘러싼 내분이 발생할 소지가 다분했다. 특히 중원의 지배는 이들에게 이익을 보장하는 기회가 되었기 때문에 일족 간의 결속이 약화되었고, 이에 따라 호족왕조는 대개 단명으로 끝이 났다.

여기에 한족과 같은 장자 중심의 왕위계승제도의 전통이 미비했던 것도 하나의 요인이어서, 황제의 사후에는 계승분쟁이 뒤를 이었다. 결국 호족국가가 한족까지를 포함한 중국의 왕조로서 군림하기 위해서는 종족과 혈연이 아닌 보편적인 통치원리에 입각한 국가가 되어야만 했던 것이다.

한편 오호제국에서는 정복지에 대한 대책으로서, 한족 호족과 유목 추장의 세력을 뿌리뽑기 위해 수도 주변에 지배의 중점을 두고 노동력과 병력을 강제로 이주시키는 사민정책徙民政策을 취했다. 일부 오호의 군주들은 수십만에 달하는 대량의 사민을 통해 군주권을 강화시키고 지방세력을 억제해 나갔으며, 전연의 경우 사민의 대상자에게 토지와 경우耕牛를 지급하기까지 했다. 이것은 이후 북위의 정복지정책으로 이어져, 적극적인 사민과 사람 수를 계산해 토지를 분배해 주는 계구수전計口授田에 의한 황제권의 강화와 집권적 국가체제의 재건에 공헌하게 되었다.

반면 서진이 멸망한 후 유민들의 폭동과 오호의 전란으로 인한 정치적 혼란이 커졌는데, 이때 전란을 피하기 위한 인구의 대이동이 시작되었다. 강남 등 타지로 이주한 사람이나 화북에 남아 있던 사람 모두 전란을 극복하기 위해 각지에서 자위단을 조직해 향촌의 질서를 유지했다. 지방의 호족들이 이들의 지도자로 성장했으며, 이 과정에서 새로운 형태의 집락集落이 등장했다.

자위조직이 등장한 것은 이미 후한 말부터지만 위진시대를 거치고 난 후 서진 말의 동란과정에서 급증하게 되었다. 자위조직은 종족과 빈객을 중심으로 지도자를 추대하고, 농경지를 개간해 자립적 경제기반을 갖추었다. 이들의 지도자인 주主는 종족과 빈객이 지켜야 할 법률을 만들고, 학교를 세우고, 혼인의 예를 정하는 등 실로 하나의 국가 구실을 했다. 이들 자위조직이 형성되는 장소는 기존의 향리와는 다른 산간의 요지였고, 방벽防壁을 쌓아 외부의 침략에 대항했다. 당시 이러한 방벽으로 둘러싸인 세계를 오塢·보堡·벽壁이라 불렀고, 이를 중심으로 집락이 형성되면 이것을 촌村이라 불렀다. 한대의 향리가 도시국가적인 성격이 강했던 데 반해, 이 시대에 등장한 촌은 그야말로 전원에 세워진 농촌을 의미했다. 오를 통솔하는 오주는 서양의 봉건영주와 비슷하지만, 촌민들의 추대에 의해 옹립되었던 점과 공동체적 원리에 입각해 오와 촌이 운영되었던 점에 차이가 있다. 오의 내부는 이전 시대까지의 혈연주의가 아닌 지도자와 성원 간의 인격적인 연대가 통합의 원리로 작용하고 있었다.

동진시대에 만들어진 무사 인형

동진정권의 건국과 한계

서진의 멸망 소식을 건강建康에서 들은 서진 왕실의 후예 사마예司馬睿는 317년 원제元帝가 되어 동진왕조를 세웠다. 이 과정에서 원제에게 큰 도움을 준 것은 낭야琅邪의 명족인 왕도王導였다. 그는 지지기반이 거의 없고 재능과 명망에서 떨어진다고 여겨졌던 원제를 위해, 화북에서 이주한 귀족들과 강남의 토착귀족들을 결합시켰다. 이후 3대에 걸쳐 새로운 정권의 기반을 창출했으며, 낭야 왕씨를 동진 제일의 귀족으로 발전시켰다. 서예가로 유명한 왕희지王羲之는 왕도의 사촌 동생이다.

원래 강남지방에는 삼국의 오나라 때부터 토착귀족이 존재했다. 이들은 오나라 멸망 후 서진에 귀부했는데, 동진정권은 이들을 이용해 국가를 건립한 것이다. 토착귀족은 낮은 관직을 주로 담당했지만, 화북의 오호제국으로부터 강남을 보전해야 한다는 점에서 이해가 일치해 연합했던 것이다. 귀족들은 문벌에 따라 고관과 청직淸職을 독점했고, 휘하의 백성에게 과역을 감면시켜 주는 등의 특권을 누렸다.

동진시대 내내 귀족들의 정권투쟁은 거의 일관되게 지속되었다. 322년에는 건국공신인 왕돈王敦이 반란을 일으켜 수도인 건강을 일시 점거하는 사건까지 일어났다. 그러나 이러한 귀족들에 의한 연이은 반란이 동진왕조의 멸망을 초래한 것은 아니었다. 북방에 할거하던 정권으로부터의 위협이 강했던 데다, 화북을 탈환해 낙양에 다시 수도를 세울 때까지는 귀족들의 연합이 필수적이었기 때문이었다.

동진의 중요한 군사력을 형성했던 것은 북방에서 이주해 온 유민집단이었다. 당시 형주荊州와 양주揚州는 군사적인 2대 요충지로서 동진의 호구 중 반가량이 속해 있었다. 동진을 비롯한 이후 남조의 강남정권은 형식상 중앙집권적 관료기구를 구비하고 있었지만, 지방의 자사를 중심으로 중앙의 통제를 이탈할 위험성은 상존했다. 결국 양주에 주둔하고 있던 유유에 의해 동진은 멸망하게 된다.

강남의 정권

동진이 멸망한 후 강남지역에서는 송宋·제齊·양梁·진陳의 4왕조가 잇달아 들어섰는데, 모두 건강을 수도로 하고 북위 및 이후의 화북왕조와 대립했다. 이를 남북조시대라 하는데, 남조의 역사는 420년 송의 건국부터 589년 진의 멸망까지 170여 년간 이어졌다. 남조의 4정권은 모두 선양禪讓이라는 형식을 통해 이어졌는데, 이는 새로운 실력자에게 황제의 정통성을 보장하는 하나의 의식이었다.

손은 · 노순의 반란
손은은 산동성 낭야琅邪 출신으로 대대로 오두미도를 믿다가 도교의 일파인 천사도라는 민간종교를 바탕으로 민중의 불안과 불만을 틈타 반란을 일으켰다. 노순은 손은의 매부로서 손은의 사망 후 후계자가 되어 세력 만회를 도모하였지만 유유의 활약으로 좌절되었다.

동진에서는 399년에 손은孫恩 · 노순盧循의 반란●이 일어났다. 이것은 귀족들의 사치와 정권의 부패 및 과중한 세역 부담에 저항해 일어난 농민반란이었지만 결국 411년 평정되었다. 이 반란을 평정한 유유는 남연南燕과 후진後秦을 멸망시키고 낙양과 장안 두 도시를 탈환했다. 이것은 동진 1백 년 역사상 가장 큰 공적이었으며, 이주민들의 염원을 잠시나마 풀어주었다. 유유는 환현桓玄의 반란까지 평정하고 마침내 동진의 공제에게 선양을 받기에 이른다[420].

유유는 사씨나 왕씨 등의 문벌귀족이 아니라 지체가 낮은 가문을 의미하는 한문寒門 출신의 무장으로 화북 이주민의 자식이었다. 송의 무제가 된 유유는 사혼과 왕유 등 명문귀족을 축출하고 한문 출신 군인과 관료들을 대거 발탁했다. 또한 이어 등장한 문제의 치세 30년간[424~453]은 원가元嘉의 치세라고 일컬어지듯 남조를 통틀어 가장 국력이 강성했고 영토도 최대로 확대된 시기였다. 문제는 무제가 추진했던 소농민 위주의 경제정책과 호적의 정리 작업을 계승해 농경지의 개간을 장려했고, 세역을 담당하는 호구인 과호課戶를 증가시켜 국가의 병력원과 재원을 확보했다.

한문 출신의 황제가 의지할 수 있는 것은 군사력뿐이었다. 군사력은 각지의 군단장으로 임명된 일족에게 나누어져 있었다. 따라서 일족의 실력자들 간에 내전은 피할 수 없는 일이었다. 효무제 이후 10년 동안 6명의 황제가 바뀌었고 8명의 황제 중 암살을 면한 것은 3명뿐이었다. 이로써 민생의

죽림칠현도
강소성 남경 근처에서 발굴된 4세기경의 묘에서 출토된 죽림칠현도. 묘를 따라 세워져 있던 벽돌을 탁본한 것. 무위자연을 이상으로 삼아 고고하게 한담을 나누고 있는 죽림칠현의 모습이 잘 그려져 있다.

안정이라는 국가의 기본 임무는 소홀하게 되었고, 마침내 송조를 배반한 무장 출신 소도성蕭道成이 실권을 장악해 제를 건립했다[479]. 소도성 역시 유유처럼 한문 출신의 무인이었다. 송조 말기의 내전에서 군공을 세워 제를 건립한 후, 재위 동안에 절약정책과 호적 정비를 추진했지만 별 효과를 보지 못했다. 결국 종실 출신인 옹주자사雍州刺史 소연蕭衍이 502년 선양을 받아 양을 건국했다.

강남의 귀족문화

양 무제의 치세 동안 새로운 귀족제 아래서 학문과 예술이 장려되었기 때문에 송·제시대와 같은 살벌한 분위기는 없었다. 무제 자신이 뛰어난 문인이었을 뿐만 아니라 황태자인 소통蕭統은 고금의 시문을 모은 『문선文選』●을 편집할 정도로 문단의 중심 인물이었다. 양의 귀족문화는 문예를 중시하고 미의식을 존중하는 경향을 보이면서도 기교주의가 강해 퇴폐적인 분위기가 농후했다. 이미 남조에 들어서면서부터 귀족들은 무인이 지배하던 현실정치에 연연해하지 않는 초속적인 성격을 띠었으며, 자연의 아름다움에 귀의했다. 명교를 초월한 청담淸談으로 유명한 위진시대의 죽림칠현竹林七賢●이 그러했고, 남조에서는 전원시인 도연명陶淵明과 산수시인 사령운謝靈雲이 그러했다. 이들 예술의 바탕은 노장사상이며, 자연으로의 귀일을 강조하는 은일적隱逸的 사상이었다. 예술은 귀족의 자립성을 보증해 주는 수단이었기 때문에 시문과 음악, 서예, 경학 등에서 뛰어난 예술적 업적이 나올 수밖에 없었다. 예술과 종교와 학문은 귀족들에게 교양이자 현실로부터의 도피였지만, 남조 말에는 반대로 기교적이고 유희적인 편향을 낳았다.

또한 양 무제는 불교를 과도하게 장려해 수많은 사원을 축조하느라 재정을 탕진했다. 무제초

「문선」
남조 양의 소명태자가 편찬한 시문의 총집. 선진先秦시대부터 양대까지 800년 간의 문학작품 752편을 담았다. 이 시기의 문학 경향 및 작품을 연구하는 데 중요한 자료이다.

죽림칠현
위진시대에 죽림에서 생활하며 서로 교유하던 완적阮籍, 혜강嵇康, 산도山濤, 향수向秀, 유령劉伶, 완함阮咸, 왕융王戎 등 7인을 말한다. 어수선한 시대의 영향으로 관직에도 나아가지 않고 노장사상을 신봉하였다. 형식적인 예교禮敎를 경멸하며 그 위선을 폭로하기 위해 상식에서 벗어난 언동을 자주 벌인 것으로 유명하다.

양 무제

술에 취한 도연명

건강 주변에는 500여 개의 사원이 있었지만 무제시대에만 200여 개가 증가되었다고 한다. 사원은 또다른 장원경제를 형성했다. 결국 이러한 지배층의 사치와 무기력은 백성에 대한 국가의 책임을 방기하는 것이었다.

이렇게 문벌귀족에서 교양귀족으로 변모한 남조 귀족문화의 취약성을 여지없이 드러낸 것은 바로 후경侯景의 난이었다. 후경은 동위東魏의 창업공신이었는데, 10만의 군대를 거느리고 하남의 병권을 장악하고 있었다. 동위의 권신이던 고환이 죽고 훈귀勳貴가 억압을 받게 되었는데, 대군을 거느리고 있던 자신이 중앙으로부터 경계를 당하자 서위로 도망갔다가 다시 남조 양에 귀부했다. 관대한 양 무제는 후경을 받아들여 동위를 견제하려 했지만, 이에 대해 동위는 군사를 동원해 양과 후경의 군대를 격파하고 양에 대해 화평을 제의했다. 미묘한 입장에 서게 된 것은 후경이었다. 화평의 대가로 신병이 동위로 송환될지도 몰랐기 때문에 기선을 잡아 양자강을 건너 양의 수도 건강을 포위하게 된다. 548년 양 무제의 치제 말년의 일이었다. 무제 초 건강의 호구 수는 27만 호였다고 하는데 엄청난 약탈을 당한 후 4개월 반의 저항 끝에 함락되었다.

건강이 전화를 당하자, 전란을 피해 도피한 사람들은 남조 제2의 도시인 강릉江陵|호북성 형주|으로 모였는데, 그중 무제의 황자였던 소역蕭繹|원제元帝|도 있었다. 그는 왕승변王僧辯을 파견해 광동 방면으로부터 북상한 진패선陳覇先과 협력해 후경을 토벌토록 하고|552|, 강릉에서 황제의 지위에 올라 일단 양조를 다시 일으켰다.

그렇지만 554년 강남의 혼란을 노리던 서위의 대군이 강릉을 공격하는 바람에 소역은 살해되었고, 양의 사서士庶 10만 이상이 서위의 영토로 끌려갔다. 이후 강릉에서는 서위의 괴뢰정권인 후량後梁이 세워졌고, 한편 건강

남조의 화상석

하남성 등현鄧縣에서 출토된 남조시기의 화상석이다. 각각 귀부인의 나들이, 소가 끄는 마차, 의장행렬을 그린 이 화상석은 당시의 모습을 잘 그려냈다.

에서는 진패선이 왕승변을 살해한 후 진조를 건립했다[557]. 진패선의 뒤를 이은 문제와 선제는 북제의 남하를 막아내고 민심의 안정을 위해 노력했다. 그러나 영토는 양자강 중·하 유역의 남쪽으로 한정되어 있었으며, 북제를 정복해 화북을 통일한 북주와 그 뒤를 이은 수왕조의 상대가 되지는 못했다. 진조의 유력관료는 대개 한문 출신이 많았기 때문에 양말의 건강과 강릉의 함락에 의해 남조 교양귀족제는 소멸되었다.

북조의 황제권력과 호·한체제

북위의 건국과 화북통일

오호 중 선비족은 현 흑룡강성 눈강嫩江 유역 일대에서 유목과 수렵 및 원시적인 농업을 영위하던 부족이었고, 탁발부拓拔部는 그런 선비족 중 하나였다. 탁발부는 후한 말의 혼란과 북변지역민의 남으로의 이주를 뒤따라 화북으로 진출했다. 이들은 농경민과의 교역이나 약탈에 의해 물자를 공급받았기 때문에 자연히 남으로 진출한 것이다. 3세기 중엽에 탁발부는 세습화된 대인大人이라는 부족장을 중심으로 결속해 성락盛樂에 도읍을 두고 세력을 확장했다. 탁발규拓拔珪가 386년에 대왕代王에 즉위한 후, 395년에는 후연을 격파해 황하 이북의 농경지와 요지를 지배하게 되었다. 화북의 농경지와 농민을 통치하게 된 탁발규정권은 농업에 기반한 경제력을 토대로 수도를 평성平城으로 옮긴 후 북위北魏를 건국했다I398I.

북위가 여타 오호제국과 달랐던 점은 호족국가의 최대 약점이었던 호·한의 갈등을 해소시키는 데 주력했다는 점과 유목민 특유의 봉건적 질서를 배제하고 중국식 집권적 국가체제를 지향했다는 점이었다. 이를 위해 선비족 대대로 지켜오던 부락조직을 포기하기까지 했다. 즉 호족과 한족의 구별 없이 주현의 호적에 편입한 것이었다. 이는 종래 군장君長이나 대인大人을 통한 간접지배의 방식에서 벗어나 황제의 통치를 받는 국가의 백성으로 편재하려 한 것이었다. 또한 이런 원칙 아래서 한족이라도 능력만 있다면 호족과 차별 없이 발탁해 관료로의 길을 열었다.

북위의 태무제太武帝는 마침내 오호제국을 모두 멸망시켜 439년에 화북을 통일했다. 중국식 천자가 되고자 했던 태무제는 자신의 권위를 절대화하기 위해 도교를 적극적으로 받아들였는데, 여기에는 한족의 고관 최호崔浩와 도사 구겸지寇謙之의 권유가 있었다. 도교는 국교의 지위를 획득했고, 반면 불교는 철저히 탄압받았다I446I. 그러나 구겸지와 최호, 태무제가 세상을 떠나고 불교신자인 문성제가 황제가 되면서 불교는 다시 부흥기를 맞았다. 폐불의 경험을 겪은 불교교단은 북위황제의 권위를 교의로써 원조하는 입장을 취하고 국가의 보호를 받는 국가불교로 모습을 바꾸었다. 이는 한초 유교가 국가유교화하는 과정과 일치한다. 이러한 불교의 융성을 바탕으로 당시의 수도였던 평성에 대규모 석굴사원이 조성되었다. 운강석굴雲崗石窟이

내몽골 선비족의 발상지

그 실례인데, 현존하는 주요 동굴은 40여 개, 조각된 불상은 5만 개 이상에
달한다.

효문제시기 대민통치의 재편과 한화정책

헌문제 사후에 5세의 나이로 즉위한 효문제孝文帝 통치기간의 전기는 문
성제의 황후 풍태후馮太后|문명태후文明太后|가 섭정하던 시기였다. 풍태후는 북
위국가의 성격을 중국식 집권국가로 변모시키는 정책에 착수했다. 그 주요
한 정책은 균전제와 삼장제三長制였다. 485년에 공포된 균전제는 오랜 전란
으로 황폐해진 농경지를 노동력을 갖춘 몰락농민에게 분배함으로써, 농업
생산력을 높여 안정적인 세수와 요역의 확보를 꾀하려는 것을 목표로 했다.
이에 앞서 484년에 관리에 대해 처음으로 봉록을 지급하는 봉록제를 실시
해 관리의 기강을 확립했다.

485년 한족관료인 이안세李安世의 건의에 따라 시행한 균전제의 내용은
15세에서 70세까지의 성인을 대상으로 남자 40무, 여자 20무의 노전露田을
지급하고, 마전麻田은 남자 10무, 여자는 5무를 지급했다. 이 토지들은 70세
가 되거나 사망시 국가에 반환해야 하는 토지였다. 마 경작이 어려운 토지
일 경우에는 상전桑田을 지급했는데 성인 남자가 20무를 지급받았다. 이외

에 원택지園宅地를 지급하고 노비와 경우耕牛의 수에 따라 토지를 지급했다. 이로써 균전제의 실시 목적이 토지소유의 제한보다는 농업생산력의 회복과 징세원의 확보에 있었음을 짐작할 수 있다.

이러한 균전제를 시행하기 위해서는 전국에 걸친 토지소유의 현황과 성별·연령별로 자세하고 거짓이 없는 호적이 작성되어야 했다. 이를 달성하기 위해 삼장제三長制가 실시된 것이다.

효문제가 친정을 시작한 이후 낙양으로 수도 이전을 계획했으나 선비계 귀족의 반발이 심했다. 결국 이 반발을 물리친 효문제는 495년 낙양에 입성해 천도를 강행했다. 효문제에 의해 재건된 낙양성은 501년에 이르러 그 바깥에 동서 20리, 남북 15리에 걸친 외성을 건설해 모습을 쇄신했다. 낙양의 모습은 『낙양가람기洛陽伽藍記』라는 책에 잘 묘사되어 있는데, 특히 사찰이 많아 북위 말에는 1,300여 개에 달했다고 한다. 또한 낙양의 남쪽 교외에는 운강석굴을 계승한 장대한 용문석굴龍門石窟이 조성되었다.

낙양으로 천도하자마자 효문제는 한화정책漢化政策을 적극 추진했다. 선비족의 풍속과 언어 및 의복을 폐지하고, 남으로 이주한 귀족들의 본관을 낙양으로 옮겼다. 496년에는 탁발이라는 자신의 성을 호성胡姓이라는 이유로 포기하고 원元이라는 한족풍의 성漢姓으로 바꾸었다. 이를 모범으로 해 다른 선비계 부족들에게 한족의 성을 부여했다. 현재 확인할 수 있는 성만 해도 193개에 이른다. 또한 중국의 가족법에 따라 동성은 결혼할 수 없으며, 이성일 경우 양자를 삼지 않는다는 금기

삼장제
5가家를 1린鄰으로 하고 5린을 1리里, 5리를 1당黨으로 조직하여, 각각 인장, 이장, 당장을 두어 호적의 작성과 조세의 징수 및 요역의 징발, 치안유지의 책임을 맡기는 인보제鄰保制였다.

용문석굴
중국 하남성 낙양 부근에 위치한 석굴로 운강석굴과 쌍벽을 이루는 중국의 대표적 석굴사원. 북위 때부터 송대까지 석회암의 암벽에 다수의 크고 작은 동굴을 뚫어 놓았는데, 동굴 안에는 저마다 엄청난 수의 불상이 새겨져 있다. 2000년 유네스코 세계문화유산으로 등록되었다.

가 호족에게 적용되었다. 효문제는 이와 함께 호족과 한족의 통혼을 적극 장려해 자신부터 최씨나 노씨 등 한족 명문의 딸을 아내로 맞아 후궁으로 삼았고, 선비 귀족인 자도 동등한 가문의 한족과 통혼관계를 맺도록 했다.

효문제는 남조와 같은 문벌사회를 지향해 출신성족을 기준으로 등급을 결정하는 성족상정姓族詳定을 단행했다. 부족 대인의 혈통과 선조 3대에 걸쳐 몇 명의 고관을 배출했는가를 기준으로 해 호족과 한족 각각 가문의 등급을 두고 관리의 임용이나 통혼의 기준으로 삼았다. 이는 각족의 가문 등급을 서열화·계층화한 것이다. 결국 관제에서도 남조처럼 귀족제와 문벌주의에 의한 지배원리가 등장하게 된 것이다. 귀족제의 정비와 함께 효문제는 구품관인법의 전면적인 실시에도 착수했다. 구품관인법은 일부 오호제국에서도 실시된 바 있었는데, 북위에서는 중정관의 임무가 주군의 속관에만 한정된 것이 아니라 중앙관의 임명도 취급하도록 개정했다.

이는 북조에서도 문벌귀족이 탄생되었음을 의미하는 것이었다. 다만 북조의 문벌귀족은 양진과 남조의 귀족과는 차이가 있었다. 북조의 귀족은 어디까지나 국가의 인정에 의해 만들어진 것이고, 그 가문 등급의 인정도 관료기구를 통한 국가에의 공헌도가 평가의 기준이 되었기 때문이다. 유목민의 군장으로서만이 아니라 중국 전역을 통치하는 황제가 되기를 원했던 효문제는 말년에 남조에 대한 친정親征에 전력을 쏟았으나 499년 원정 도중에 33세의 나이로 병사했다.

육진의 반란과 동·서위의 분열

효문제의 문벌주의와 한화정책은 북조 권력을 지탱해 주던 병사들의 불만을 불러일으켰다. 519년에 우림羽林·호분虎賁의 병사 약 1천여 명이 수도에서 반란을 일으켰다. 우림과 호분은 평성에서 낙양으로 이주한 선비족의 자손에서 선발된 정예군이었는데, 문관에 비해 불리한 승진 때문에 불만을 품고 봉기한 것이다.

그로부터 5년이 지난 524년에 북변의 육진 중 옥야진沃野鎭의 병사 파락

한발릉破落汗拔陵이 주장을 살해하고 봉기하자 반란은 북변 전체로 확대되었다. 육진이란 북위 초 평성을 몽골고원의 고차高車족과 유연柔然족으로부터 방위하기 위해 둔 것인데, 처음에는 선비족의 명문 출신과 귀부한 한족 호족의 자제로 구성되었다. 그러나 효문제가 낙양으로 천도한 이후 그들에 대한 대우가 열악해져 중앙에서 파견된 진장鎭將들에게 천시되고 사역되는 형편에 처해 있었다. 이 불만이 폭발한 것이지만 근본적으로는 효문제시기의 여러 정책에 대한 반발적 성격도 있었다. 이때 육진의 군대를 격파하고 등장한 인물이 산서山西에서 유목생활을 하던 갈족의 추장 이주영爾朱榮이었다.

당시 북위의 조정에서는 영태후靈太后파와 숙종肅宗파 간의 대립이 있었는데, 숙종파가 이주영에게 의지하려고 하자 영태후파는 숙종을 독살해 버렸다. 이주영은 이를 알고 병사를 거느리고 낙양에 진입해 영태후를 체포

북위의 무사 인형

해 황하에 던졌고, 신하 2천여 명을 살해했다|528|. 이를 하음河陰의 변變이라 한다. 이후 북위 영내의 반란은 거의 이주영에 의해 마무리되었지만, 이 사건은 북위의 귀족들에게 충격을 주었다. 그들은 이주영이 세운 효장제孝莊帝를 끌어들여 이주영이 입조入朝한 틈을 타그를 살해했다. 그러자 이주영의 뒤를 이은 이주조爾朱兆가 다시병사를 거느리고 낙양에 들어와 효장제를 죽이고 절민제節閔帝를 옹립했다.

이주爾朱씨의 부하 중에는 북진의 병사들이 많이 포함되어 있었지만 반드시 이주씨에게 심복하고 있었던 것은 아니었다. 그중 회삭진懷朔鎭 출신의 고환高歡은 하북의 한인 호족과 결합해 이주씨를 멸망시키고 낙양에 들어가 효무제孝武帝를 세웠다. 그러나 효무제는 고환을 꺼려 장안에 있던 우문태宇文泰에게 도피했다. 그러자고환은 다시 효정제孝靜帝를 세우고 수도를 업鄴으로 옮기기에 이른다|534|.

장안에 근거를 마련한 우문태는 원래 무천진武川鎭 출신으로 이주영의 일족인 이주천광爾朱天光을 따랐지만,

이주영이 죽고 이주천광이 복귀한 후 그 지역의 실권자가 되었다. 이후 효무제를 독살하고 문제文帝를 세웠는데|535|, 이로써 북위는 동위와 서위로 분열되었다.

우문태는 한인 호족이 향토방위를 위해 조직한 농민병|鄕兵|을 자기의 군대에 편입시켜 병력의 확충을 꾀했다. 우문태의 말년에는 24군이 있었는데, 보통 이것을 훗날 병농일치제인 부병제의 선구라 한다. 다만 서위의 군적은 일반 민호의 호적과는 별도였으므로 수·당시대처럼 완전한 의미에서의 병농일치는 아니었다.

우문태는 이 부병을 자기의 공신인 신귀족이 장악하게 했다. 즉 신귀족의 제1위였던 것은 8주국八柱國|8인의 주국대장군柱國大將軍|이라 불리는 사람들이었는데, 그 가운데 우문태 자신과 황족인 원흔元欣을 제외하고 다른 6주국에 24군을 4군씩 나누어 장악하게 했다. 그리고 그 아래에 12대장군十二大將軍을 두어 2군씩 거느리게 하고, 다시 그 아래에 24인의 개부의동삼사開府儀同三司를 두어 각기 1군씩 관장했다. 수나라를 건국한 양견은 12대 장군의 후손이었고, 당조를 건국한 이연 역시 조부가 8주국의 일원이었다. 이들은 상호 통혼을 통해 강한 결속력을 유지하고 있었다. 이러한 세력을 바탕으로 서위를 계승한 북주는 577년 북제를 멸망시켜 다시 화북을 통일했다. 또 남조 진으로부터는 양자강 이북의 영토를 빼앗았다.

위진남북조의 사상과 문화

중국이 남북으로 크게 분열해 있던 이 시대, 학술을 비롯한 문화도 남북이 서로 양상을 달리했다. 북조의 문화는 질박하고 고풍스런 자태를 풍겼던 반면, 남조에서는 화려한 귀족문화가 전개되었다. 문벌귀족화해 있던 당시의 사인들은 정치의 실권으로부터 소외되어 가면서도 관직이 대부분 자동적으로 주어지는 이상, 위험이 따르는 정권의 중추로부터 가능한 한 멀어지려고 하는 경향이 있었다. 그와 동시에 정치적, 사회적 현실에 대한 관심을 상실하고 개인의 내면생활에 침잠하게 되었다. 따라서 이 시대의 학술은 현실에서 실용과 실익을 담당하는 것은 천하게 여겨졌고, 오로지 세련되고 귀족다운 교양을 과시하기 위한 학술만이 존재하게 되었다. 귀족적인 교양이나 소양으로서의 학술이라는 것은 결국 귀족적인 체제를 장식하고 유지하기 위한 학술이었으므로, 깊은 지식보다는 폭넓은 지식이 요구되었을 것으로 보인다.

한편 정치적으로 불안정한 현실에 대한 관심의 쇠퇴는 영원한 것, 절대적인 것을 추구하는 측면으로 기울어졌다. 동진 이래 불교 신앙은 더욱 확대되었고, 불교는 곧 인간 본성의 참된 심오한 진리를 구하는 길로 의식되면서 사인의 내면생활의 중추를 점하기에 이르렀다. 이 시대의 사상·종교상의 문제는 대부분 불교를 둘러싸고 일어났다고 말할 수 있다. 불교의 이러한 동향에 자극받아 중국의 토착 종교인 도교가 대성하게 되었다. 여기에 종래의 유교를 더해 유·도·불의 삼교가 서로 영향을 주고받으면서 병존하고 있었다.

일찍이 유학에 의거한 예속禮俗에의 비판을 위주로 한 노장의 무위자연은 당시 유학과 타협해 예속 그대로를 자연으로 간주하는 방향으로 흘러, 현상을 용인하고 있는 그대로의 현실 위에 안주하게 되었다. 따라서 현학玄學이라 해도 거의 사상적인 전개를 보이는 일 없이 오직 귀족적인 사교의 장에서 재주와 변론을 과시하기 위한 소재를 제공하는 데 지나지 않았다.

불교는 후한 명제 때 실크로드를 따라 중국에 들어왔지만, 당시는 유학의 전성기였고 유학이 강조하는 중화의식 때문에 오랑캐의 종교였던 불교는 널리 전파되지 못했다. 그러던 중 오호시대에 들어 불교는 유교를 누르고 눈부신 발전을 하게 되었는데, 이 과정에서 서역승의 활동이 활발했다. 이들은 오호의 군주와 결합해 적극적으로 포교활동을 폈다. 당시 불교의 포교는 본래의 교의보다는 부처의 기적이나 영험담이 중심이어서 그 주술성과 신비성을 빌려 자신의 권력을 강화하려 했던 것이 호족 군주의 본심이었다. 서역승은 이들 호족 군주의 수용 태도에 따라 포교방식을 달리함으로써 쉽게 포교에 성공할 수 있었다. 그리고 후일 북조에서의 호국불교적인 성격을 띠게 되는, 즉 국가불교화하는 단서를 열었다.

남방에서도 유학이 쇠퇴하고 중화의식이 크게 흔들렸던 동진시대부터 불교가 일반인들에게 수용되었는데, 당시 유행하고 있었던 노장사상을 통해 이해되었다. 중국의 전적 특히 노장사상을 매개로 해 불전을 해석한다는 격의불교格義佛敎의 풍조가 일기 시작한 것이다.

한편 남북조시대에는 외래의 불교에 자극을 받아 중국의 토착종교인 도교가 자각을 하기 시작한다. 그리하여 지금까지 각각 독자적으로 존재하던 교단도 하나의 종교로서 통합되어 갔다. 후한 말의 오두미도와 태평도를 거쳐 점차 종교로서의 형태를 갖추기 시작한 도교는 원래 신선술과 불로장생을 추구하는 민간신앙을 도교에 가탁한 것이었으나, 점차 불교의 융성에 자극을 받아 조직을 갖추어 갔다. 아울러 위진시대에는 노장사상에 바탕을 둔 철학적 담론인 청담淸談의 유행과 신선이 되기 위한 선약仙藥의 제조법과 복용법, 장생술 등을 서술한 갈홍葛洪의『포박자抱朴子』◦는 도교의 확립에 많은 기여를 했다. 북조의 도교는 북위의 구겸지寇謙之365~448 때 이민족 왕조에 대한 정통성을 제공함으로써 도교의 일파였던 신천사도新天師道를 국교로 만들고, 국가도교의 조직을 완성했다.

남북조시대 이후의 미술을 그 이전과 뚜렷이 차이 나게 만드는 것은 불교일 것이다. 석굴사원으로 대표되는 불교 조각은 이 시대 미술작품의 중심을 이루고 있을 뿐만 아니라, 하나의 전환기를 맞은 중국미술 전체에 직접, 간접적으로 영향을 주었다. 중국 미술, 특히 회화가 독특한 길을 걷기 시작한 것도 바로 이 시대였다.

불교 미술은 중앙아시아로부터 돈황敦煌, 그리고 하서河西지역을 지나 중원지대에 이르는 당시의 교역 루트를 따라 점점이 남아 있는 석굴사원을 통해 확인할 수 있다. 그 가운데에도 질과 양 모두 중요한 석굴사원은 돈황의 막고굴莫高窟이다. 동서교통의 요충으로서 번영했던 돈황에는 일찍부터 불교가 전해지고 불교학도 매우 성행했다. 돈황 교외의 명사산鳴沙山에 석굴이 개착되기 시작한 것은 4세기경부터라고 한다.

중앙아시아로부터 하서지역에 성행했던 석굴사원의 조영은, 중국 북부를 통일한 북위에 의해서 중국 영내에서도 대규모로 행해지게 되었다. 한족

『포박자』
동진의 갈홍이 지은 신선, 복약, 불로장생의 비법을 서술한 책. 내편과 외편으로 구분되며 내편은 도가의 신선사상을 위주로 한 예언과 질병 치료술을 기록했고, 외편은 당시 정치의 득실과 인사人事에 관해 기술했다.

은 물론 여타 소수민족을 지배하는 통일이념으로서 적극적으로 불교를 이용한 선비족의 북위가 승려 담요曇曜의 권고에 의해, 대동 교외 운강雲崗에 소위 담요오굴曇曜五窟을 개착하기 시작한 것은 460년의 일이었다. 북위에는 이후 일시적으로 폐불廢佛이 행해지기도 했으나 불교를 국가종교로 삼아 사원의 조영이 문화사업의 중핵을 이루어 갔다.

이후 북위는 철저한 한화정책을 취하고 수도를 대동에서 낙양으로 천도하면서 낙양 교외의 용문龍門에 새로운 석굴사원을 조영하기 시작해, 이후 당대에 이르기까지 수많은 석굴이 용문에 개착되었다. 용문은 운강과는 달리 단단한 석회암의 암질이었다. 따라서 개착공사 자체도 어려웠고 일시에 마무리되지 못한 석굴도 많았다.

중원에서 강남으로 옮겨간 한인사회에서는 정치적인 혼란과는 상관없이 후세 육조문화로 동경되고 회고되었던 풍요로운 문화를 만들어냈다. 그 최전성기는 양의 무제시대였다. 미술 특히 회화가 단순히 교화 · 장식 등의 실용적인 면만이 아니고 인간 최고의 정신생활의 하나로서 명확히 인식되었던 것은 남조에 와서였는데, 그 대표적인 인물이 동진의 고개지顧愷之345~406이다. 그의 「여사잠도권女史箴圖卷」에서 보이는, 가늘게 연면히 이어진 선에 의해 묘사된 흘러내리는 듯한 옷을 걸친 유연한 여성상은, 세련된 우아함을 보여 주고 있다. 고개지의 작품이 그때까지의 회화와 전혀 다른 것으

고개지의 여사잠도권

동진의 고개지가 그렸다고 하는 대표적인 두루마리 그림. 349.5×25cm의 크기로 런던 대영박물관에 소장되어 있다. 서진 혜제 비妃인 가씨賈氏 일족의 지나친 세도를 염려하여 장화張華가 지은 『여사잠女史箴』을 그림으로 그린 것이다. 궁정 여관女官의 직책을 경계한 것으로 가씨 일족을 풍자한 내용이다.

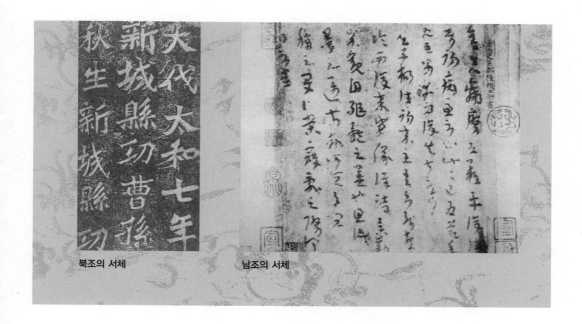

북조의 서체　　　　　남조의 서체

로 당시 사람들의 칭송을 받았던 것은, 단순히 형태가 비슷해서만이 아니라 인물의 감정과 장면의 정감이 긴밀한 공간 속에서 아주 사소한 표정과 몸짓으로 묘사되어 있는 점 때문이었다. 그것은 화가의 표현력과 더불어 안목 높은 감상자의 존재를 필요로 하는 예술의 본연의 자세이다. 남조의 귀족사회는 예술에 있어서 바로 그러한 사회였다.

서법도 동진 말년에 이르러 하나의 예술로 성장했다. 한대에는 전서篆書와 예서隸書가 주를 이루었지만 동진 이후에는 해서楷書, 행서行書, 초서草書 등이 쓰여지고, 특히 서성書聖이라 일컬어지던 왕희지王羲之와 그 아들 왕헌지王獻之는 대표적인 인물이었다. 왕희지의 대표작인 「난정서蘭亭序」●는 특히 유명하다. 일반적으로 북조의 서법은 질박하고 힘이 있으며, 남조의 서법은 우아하고 수려했다.

「난정서」
동진의 왕희지가 회계會稽 교외의 명승지 난정으로 당대의 명사 40여 명을 불러 시를 짓는 연회를 베풀었다. 왕희지 이하 27명이 시를 지어 만든 시집이 「난정집蘭亭集」인데, 왕희지가 서문을 썼다.

수·당 통일과 동아시아세계

위진남북조시기 동안의 장기간의 분열을 극복하고 중국을 재통일한 수왕조는 호·한의 융합적인 체제를 기본으로 하여 진·한제국의 집권적 지배체제와 남북조 이래 등장한 새로운 지배원리인 율령체제를 채택했다. 수왕조에서 실시된 관료선발제도인 과거제, 토지제도와 수취체제, 병농일치적인 부병제, 삼성육부三省六部를 정점으로 하는 중앙행정제도와 개편된 지방행정제도 등은 모두 당나라까지 이어지는 통일제국의 근간을 이루는 제도적 기반이었다. 고구려와의 대외관계와 대운하 건설 등으로 잘 알려진 수왕조는 농민 반란으로 멸망하고 관롱 집단 출신인 이연李淵이 건국한 당이 그 뒤를 이었다.

당조는 수왕조의 각종 정치체제를 이어받았고, 대외정책에서는 적극적인 책봉정책을 중심으로 한 동아시아문화권을 수립했다. 주변의 이민족들은 이 영향을 받아 한자, 유교, 불교, 율령을 받아들여 수준 높은 국가질서를 구축했고, 당조는 세계제국으로 불릴 정도로 전성기를 구가했다. 또한 당조가 호·한융합적 체제를 구축함으로써 가져온 개방성의 결과, 동서 문화의 교류가 활발하게 전개되었다. 당조는 측천무후則天武后가 주周라는 새로운 왕조를 건립한 기간 동안 잠시 정지되었지만, 현종玄宗의 개원開元년간에는 최고의 전성기를 맞이해 문학과 예술 방면 등에서 전성기를 이루었다.

수의 통일과 집권화 추진

북주 무제가 담당하지 못했던 중국의 통일은 북주의 외척 출신으로 수왕조를 건립했던 양견l541~604l에 의해 달성되었다. 양씨는 홍농弘農 화음華陰l섬서성 화음l 출신으로 서위의 우문태와 마찬가지로 무천진 무장 출신이었다. 12대장군 중 한 사람이었던 양충이 부친이었다. 양충이 수국공隨國公이 되면서 양견이 그 작위를 세습했는데, 수隨를 수隋로 고쳐 왕조의 명칭으로 삼았다.

양견의 장녀는 북주 무제의 황태자비가 되었고, 황태자가 즉위해 선제가 되자 황비가 되었다. 선제의 뒤를 이어 7세인 정제가 즉위하자 양견은 승상이 되어 실권을 장악하고 이어 상국·수왕이 되어 581년에 제위를 선양받았다. 이가 바로 수 문제이다. 이 과정은 중국 역사상 가장 손쉬운 역성혁명이었다고 평가된다.

문제는 587년 서위가 강릉에 세운 후량을 멸망시키고 다음 해 남조 진에 대한 공격에 나섰다. 황자인 양광楊廣l후의 양제l을 사령관으로 해 50여 만의 군대를 동원했다. 수군은 589년 정월 양자강을 건너 건강을 공략해 입성했다. 한제국이 멸망된 후 서진 무제에 의한 일시적 통일로부터 계산하면 약 370년, 황건의 난 후 군웅할거의 시대부터 계산하면 약 400년간의 분열시기에 종지부를 찍고 통일을 이룩한 것이다. 그 사이에 강남지역은 화북에 필적하는 정치·문화적 중심지가 되었고, 수왕조는 화북과 강남 두 세계를 합쳐 중국의 통일을 이루었다.

중국을 통일한 문제가 맞닥뜨린 첫 번째 문제는 통치 방식의 조직과 정비였다. 중앙행정의 개혁은 삼성육부三省六部의 원형을 만들어 황제의 집권화를 도모하면 되는 일이었지만, 황제권과 일반민을 직접 연결해 주는 고리인 지방관제가 문제였다. 위진남북조라는 혼란의 시기를 거치며 제 기능을 상실한 채 그 수만 늘었을 뿐 중앙의 의사를 효율적으로 수행하지 못하고 있었기 때문이다.

수 문제가 비가 내리기를 기원하는 모습

전한에서는 군·현의 장관이 민정을 담당했지만 한 무제 때에 전국을 13개 주로 나누어 자사刺史를 두었다. 자사는 민정을 담당하지 않고 관리의 통치를 감찰하는 것이 본래의 직무였지만 후한 무렵부터는 민정에도 간여하게 되었다. 그리하여 후한 말 이래 지방행정조직은 주·군·현의 3급이 되었다. 그에 따라 주의 수도 늘어나 남북조시기에는 300주 이상으로 늘었고 관리도 함께 증가했다. 게다가 자사는 장군직을 겸임해 병권을 장악하는 것이 일반적이었다. 그래서 문제는 즉위 후 곧|583| 군을 폐지하여 주·현의 2급제로 바꾸고, 진을 평정한 후에는 주의 병권도 중앙으로 회수했다.

한대 이후 지방의 정치를 장악하고 있던 것은 호족이었다. 앞에서 지적한 바와 같이 군·현의 장관과 차관만이 중앙에서 임명되고 그 이하의 관리는 그 지방 출신이 선발되었다. 이 제도는 위진남북조시대에도 이어졌지만 지방호족의 세력이 계속 강해진 탓에 그들이 지방 행정의 실권을 쥐게 되었고, 결국 중앙정부의 권위는 통하지 않게 되었다. 한에서는 중앙에서 파견하는 군·현의 장관은 출신지에는 임명하지 않는다는 원칙이 있었지만, 위진 이후는 주·군·현의 장관마저 그 지방의 호족이 임명되는 예가 많았다. 그래서 수는 595년 이것을 고쳐 주·현의 하급관료라 할지라도 정규의 관리는 모두 중앙에서 파견하고 이들에게도 출신지를 피하는 원칙이 적용되도록 했다. 이에 따라 수 이후 중국의 관료제의 중앙집권적 성격은 매우 철저해졌다.

관료제가 정비됨에 따라 다수의 관료 후보자가 필요하게 되었고, 그 후보자를 선발하기 위해 선거제도의 개혁이 필요해졌다. 그래서 등장한 것이 바로 과거제이다. 그때까지는 구품관인법이라는 것이 행해져 문벌사회를 유지하는 역할을 담당했지만, 문벌사회의 쇠락에 따라 한대의 수재秀才 · 효렴孝廉제도가 주목받게 되었다. 이것은 이미 양 무제 무렵부터의 일이었다.

수재 · 효렴의 제도는 지방에서 올려 보낸 관료 후보자를 중앙에서 시험을 통해 선발하는 제도인데, 과거제도와 비슷하다고 볼 수 있다. 그리하여 587년에는 여러 주에서 매년 3명의 후보자를 중앙으로 보내는 것을 정례화하게 되었다. 당시 과거라는 말이 정식으로 사용되고 있지는 않지만 과목별의 선거[科目選擧]라는 의미로, 수 문제 때에 특히 수재秀才, 명경明經, 진사進士 등의 과목이 성립됨으로써 과거의 실태는 이미 갖추어져 있었다. 이것이 1905년까지 지속된 과거제의 효시이다.

관제의 정비를 바탕으로 통치 방식의 정비를 추진해, 서위 · 북주의 부병제를 다시 병농일치적인 병제로 변화시켰다. 토지제도인 균전제 역시 권농적인 성격을 버리고 토지소유액만을 제한하는 의미의 균전제로 바뀌게 되었으며, 관료들에게도 관위에 따라 영업전을 지급해 그 지지를 획득했다. 조세제도도 조용조를 기반으로 해 다시 정비했다. 또한 법제 면에서는 개황율령開皇律令●을 반포해 지배구조를 더욱 치밀하게 만들어 이후 동아시아에 있어서 수 · 당제국의 특징이 된 율령지배의 기초를 이었다.

이러한 개혁과 집권화의 추진에 따라 그간 붕괴되었던 황제지배의 구조는 다시 기능하기 시작했다. 당시 지배의 근간을 이루었던 호적에 등재된 호구의 변동을 보면 수왕조 성립 때에 겨우 360만호였고, 남조 진의 호구 약 50만을 가산해도 약 410만 호 정도에 불과했다. 그러나 그후 18년간 2배가 넘는 900만 호까지 증가했고, 개간토지의 면적도 수왕조 일대에 약 2.8배나 확대되었다. 대민지배의 철저함과 그를 기반으로 한 경제적 활성화는 수왕조를 번영케 했으며, 여기에는 화북과 강남을 잇는 운하의 건설이 주요한 역할을 담당했다.

개황율령
수 문제 개황 3년(583)에 개정한 형벌법규와 행정법규. 형벌법규는 가혹한 법제를 많이 삭제하였다고 하는데, 자세한 내용은 전하지 않으나 당제국 당율과 큰 차이가 없다고 알려져 있다. 행정법규는 삼성육부를 위주로 한 정치제도를 완성하였다는 데에 의의가 있다.

수 양제의 통치와 국제관계

수는 화북과 강남을 잇는 대운하를 건설한 나라로 잘 알려져 있는데 이를 완성한 양제煬帝는 이로 인해 폭군의 이미지를 얻었다. 그러나 이 운하가 수나라에서 시작된 것은 아니다. 이미 한대에 황하와 회수, 회수와 양자강이 이어졌고, 이들 운하로부터 황하와 위수渭水를 거쳐 장안에 이르는 수로가 개통되어 있었다. 하지만 위진남북조의 분열에 의해 이들 수로는 대부분 막혀 있어 운하로서의 기능을 할 수 없었다. 수나라는 한대의 운하를 정비하고 새 운하를 건설했다.

문제는 북주의 수도 장안의 남동쪽에 대흥성大興城을 건축했는데, 위수에 모래가 많아 배가 다니기에 불편했다. 이런 문제를 해결하고자 584년에 대흥성에서 황하에 이르는 운하를 파고 이를 광통거廣通渠라 이름 지었다. 또 587년에는 회수와 양자강을 이어 오래된 산양독山陽瀆를 개수했는데, 이것은 곧 있을 남조 정벌을 위한 작전이 고려된 것이었다.

수의 수도 장안은 서쪽에 치우쳐 있어서 양제는 즉위한 그해(604)에 낙양을 동도東都로 건설하려 했다. 이를 위해 양제는 부호 수만 가구를 낙양으로 이주시키고 매월 200만 명의 백성을 동원해 건설에 나섰다. 또 낙양의 서쪽 교외에는 현인궁顯仁宮이라는 이궁離宮을 만들어 천하의 진귀한 나무와 기이한 짐승을 모았다. 그 때문에 강남에서 큰 나무를 운반하는 행렬이 1천 리에 미쳤다고 하며, 고역 때문에 쓰러지는 자가 속출했다고 한다.

양제는 즉위 다음 해 낙양의 서쪽 교외와 황하를 이었다. 또 황하에서 판저를 거쳐 회수에 이르는 통제거通濟渠를 개착하고 산양독의 폭을 넓혀 장안에서 양자강에 이르는 운하를 개통시켰다. 이어 608년에는 황하에

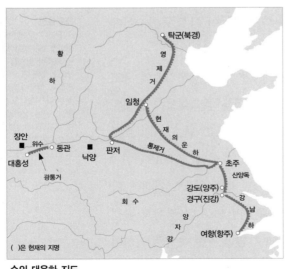

수의 대운하 지도

( )은 현재의 지명

서 동북변에 있는 탁군[지금의 북경北京]에 이르는 영제거永濟渠를 건설했다. 이것은 고구려와의 전쟁을 대비한 것이었다. 그리고 610년에는 경구京口에서 여항餘杭[지금의 항주杭州]에 이르는 강남하江南河를 개수했다. 이상에 의해 서쪽으로는 장안, 북쪽으로는 북경, 남쪽으로는 항주에 이르는 운하의 체제가 드디어 완성되었다.

양제는 통제거가 개통된 605년에 동도의 현인궁을 떠나 양자강가의 강도江都를 유람했다. 장안에서 강도 사이에는 40여 개에 달하는 이궁이 있었고, 이궁 사이에는 운하를 따라 버드나무를 심은 어도御道[황제 전용도로]가 연결되어 있었다. 양제는 이들 이궁들에 머물면서 호사한 유람을 즐겼다. 황제가 타는 용주龍舟는 4층으로 건조되었는데, 위층에는 정전과 내전, 동서조당이 있었고, 가운데 2층에는 금과 옥으로 장식된 방이 120개가 있었으며, 아래층에는 환관들이 있었다. 황후의 배는 이보다 약간 작았지만 마찬가지로 호화로웠고, 여기에 황족, 백관, 승니, 외국사신이 탄 배가 수천 척, 근위병과 병기를 실은 배가 수천 척이었다고 한다.

물론 양제가 자신의 사치만을 위해 운하를 만들었던 것은 아니었다. 강남과 화북, 변경과 수도를 잇고, 물자의 유통을 촉진해 국토의 통일을 강화하기 위한 목적이 있었으며, 비상시 군수품을 수송하기 위한 것이기도 했다. 이것은 요즘의 개념으로 보면 사회간접자본이기도 했고 또 통일비용이기도 했다. 수는 곧 멸망했지만 당대 이후 운하는 이상의 의미에서 중국의 대동맥으로서의 역할을 충실히 담당했다.

수왕조가 성립한 581년에 한반도의 백제와 고구려가 사신을 파견해 책봉을 받았다. 신라는 수가 진을 멸망시키고 중국을 통일한 후인 594년에 비로소 조공했다. 일본은 이보다 늦어 600년이 되어서야 왜왕이 사신을 파견했다. 백제와 고구려는 수의 책봉을 받으면서 한편으로 남조 진에도 조공하고 있었는데, 진이 멸망한 후 수 문제는 백제에게 험난한 바닷길을 매년 건너올 필요는 없다고 했다. 반면 고구려에 대해서는 조공을 중단하고 국경의 방비를 엄중히 한 것을 비난하며 신하로서의 태도를 지키지 않으면 군사행동을 취한다고 위협을 가했다. 같은 책봉체제에 속해 있으면서도 수의 관심은 오로지 고구려에 있었던 것이다. 그것은 고구려가 수와 국경을 접한 요동 방면을 점령하고 북방의 돌궐突厥과 통하는 위치에 있었기 때문이었을 것이다. 수와 고구려와의 관계가 긴장된 결과 마침내 598년에 전쟁이 일어났고, 문제는 대군을 보냈지만 결국 정벌에 실패했다.

당시 수나라가 가장 경계한 것은 돌궐이었다. 돌궐은 유연을 멸망시키고 몽골고원에서 서투르키스탄에 걸친 대제국을 건설했다. 그러나 국내에서는 소가한小可汗[가한은 유목 민족의 군장을 의미하는 말로 khan의 음역이다]이 분립되었기 때문에 문제는 이를 틈타 사발략沙鉢略가한을 무너뜨리고 복속시켰다[585]. 이를 계기로 돌궐은 동서로 분열되었고 돌리突利가한은 수에 귀부해 계민啓民가한이라는 이름을 받게 된다[599].

양제는 607년에 북변을 순행巡行하면서 계민가한의 막사를 방문했다. 계민가한은 양제를 환영했지만 이때 고구려의 사신이 머무르고 있었기 때문에 수의 군주와 수의 신하인 계민가한 사이에 양다리를 걸치고 있던 고구려 정벌의 논의가 일어나게 되었다. 그 무렵 고구려와 항쟁하고 있던 백제와 신라도 수에 출병을 요청했다. 그러나 수는 고구려에 대한 침략을 도모하기 이전에 서역의 여러 국가들의 입조入朝를 확보하려 했다. 수에게 있어 서역은 무역상으로도 중요했지만, 그들이 돌궐과 연계를 갖게 될까봐 그 점을 특히 경계했던 것이다.

마침내 준비가 끝난 611년, 양제는 운하를 따라 탁군으로 가서 고구려 침략의 조서를 발포했는데, 이로 인해 산동의 주민들은 큰 고통을 겪었다. 이미 이 해에 고구려의 영토와 인접한 산동과 하북의 각지에서 도적 떼가 일어난 데다 다음 해 612년 초 양제가 113만 대군을 동원해 진격을 시작했다. 그러나 이 대군은 요동성을 포위한 채 반년이 지나도 함락시키지 못했다. 그래서 30만의 육군과 4만의 수군이 특별히 파견되어 평양을 위협했지만 수군은 복병을 만나 패퇴하고 육군은 후퇴하는 과정에서 공격을 받아 2,700명만이 생환하는 괴멸적 패배를 당했다.

양제는 613년에 다시 침략을 명했으나 부담을 느낀 병사들의 도망은 계속되었고, 요동의 고구려군 역시 완강히 저항했다. 그때 국내의 보급기지였던 여양黎陽에서 침략을 위해 식량을 준비하던 예부상서 양현감楊玄感이 반란을 일으켰고, 이 반란 때문에 양제는 고구려 침략을 포기하고 말았다. 이 반란은 귀환군에 의해 2개월 만에 평정되었다.

하지만 이 난을 계기로 도적 떼의 봉기가 전국적으로 확산되었고, 수왕조의 정치적 권위는 심각하게 손상되었다. 그럼에도 양제는 다음 해인 614년에 제3차 고구려 침략을 계획했다. 그러나 이번에도 역시 병사의 도망과 고구려의 저항 때문에 다시 중지하지 않을 수 없었다. 게다가 국내의 반란은 이미 수습 불능의 상태에 도달해 있었다.

사실 수말의 반란은 고구려를 침략하기 전해인 611년 무렵부터 시작되었다. 수말에 각지에서 봉기한 반란집단은 2백 개에 달한다고 한다. 이들의 활동은 양현감의 반란 이후 중국 전역으로 확산되었는데, 점차 각 세력들이 통합되어 대규모의 전투집단으로 조직화되었다. 이들의 지휘권은 대부분 하급관리나 토호, 농민 출신들이 잡았다. 그중 세력이 강대했던 것은 이장里長 출신의 두건덕竇建德, 양현감의 참모로서 귀족 출신인 이밀李密, 무장 출신인 왕세충王世充 등인데, 이들은 낙양을 둘러싸고 사투를 벌였다. 한편 양제는 신하들의 반대를 물리치고 양자강 하류의 강도에서 순간의 쾌락에 빠져 있었다. 618

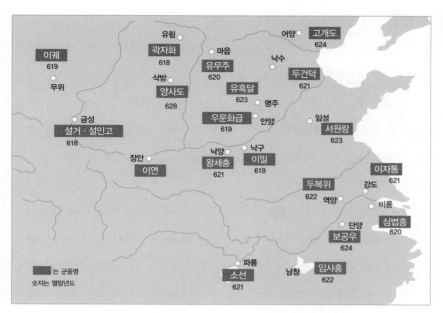

수말의 군웅할거도

년에 강도의 이궁을 경비하던 우문화급宇文化及이 양제를 살해하면서 결국 수왕조는 멸망의 길로 들어서게 된다.

당의 건국과 발전

당조의 창업

농민반란에서 시작된 수말의 쟁란은 군웅쟁패의 형태로 전개되었다. 그러던 중 617년 산서 태원太原의 지방관에서 자립해 거병한 이연의 군대는 수나라의 수도 장안을 점령했다. 이연은 먼저 양제의 손자로 13세 된 유侑를 공제恭帝로 옹립했지만 양제가 살해되었다는 소식을 듣자 618년 5월에 선양을 받아 당조를 세웠다.

당의 건국자 이연의 집안은 농서 이씨로서 이연의 조부 이호는 당시 8주국의 일원이었고, 그 아들 이병은 8주국의 일인자인 독고신의 딸을 아내로 맞았다. 이 여인이 이연의 모친이고, 수 문제 양견의 황후의 언니였다. 즉 이연과 양제는 이종사촌이었다. 또 이연의 처 두씨竇氏는 우문태의 외손녀였다. 따라서 당왕실도 수왕실처럼 북조계 문벌귀족인 관롱 집단●의 일원이었고, 호족이거나 아니면 호화胡化된 한인 출신이었다.

당시 사료를 보면 이연ㅣ고조, 565~635ㅣ이 일으킨 거병의 실제 주모자는 이연의 둘째 아들 이세민李世民ㅣ후의 태종ㅣ이었고, 이연은 마지못해 참여한 것으로 전하고 있다. 그러나 이세민은 후술하듯 형인 황태자 건성建成과 동생 원길元吉을 죽이고, 부친을 퇴위시킨 후 황제가 된 것으로 보아, 부친과 형제의 사적을 말살하고 자신이 공을 독점하려고 사료를 조작했을 가능성도 배제하기 어렵다.

당조가 장안에서 성립했을 무렵, 중국 각지에서는 아직 군웅이 할거하고 있었다. 특히 동도 낙양에서는 수의 장군 왕세충이 당시 하남을 장악하고 있던 이밀과, 양제를 살해하고 북상한 우문화급이 각축하고 있었다. 당시 이밀은 우문화급을 격파했지만 많은 병사를 잃었으며, 왕세충에게 패배를

관롱 집단
중국학자 진인각陳寅恪은 지역적으로 관(섬서성)·롱(감숙성) 일대의 선비족 및 그들과 결합한 한족지배층을 관롱 집단이라 불렀다. 이들은 호족적 색채가 강한 혼혈 출신으로 상호 통혼을 통해 강한 결속력을 유지했고, 서위·북주·수·당의 지배층을 이루었다.

당했다. 이로 인해 당에 항복했으나 당의 냉랭한 대우에 분노해 재차 반란을 일으켰다가 살해되었다.

620년, 당은 이세민을 장군으로 내세워 왕세충을 공격했다. 왕세충은 하북의 두건덕에게 원조를 요청했지만 고전 끝에 결국 이세민이 승리를 거둔다. 두건덕은 사로잡히고 왕세충은 투항했으나 두 사람 모두 살해되었다. 이 무렵부터 이세민과 형인 건성, 동생 원길의 관계는 악화되었는데, 그 원인은 잘 알려져 있지 않다. 왕세충, 두건덕과의 결전은 당의 운명을 결정 짓는 사건이었던 만큼 여기서 이긴 군공에 의해 이세민의 위광이 커졌기 때문일 것으로 보인다. 건성은 두건덕의 남은 무리를 이끌던 유흑달을 토벌하고 하북을 평정해 세민의 군공에 대항했다.

이세민

현무문의 변과 태종의 시대

이세민과 이건성은 주변에 인재를 모아들였고, 이렇게 모인 사람들은 강한 대결의식을 갖고 있었다. 갈등이 깊어가던 626년, 이세민은 기선을 제압해 궁성의 북문인 현무문에서 건성과 막내 동생 원길이 궁으로 들어가는 것을 기다려 살해했다. 이를 현무문玄武門의 변이라 하는데, 이후 이세민은 황태자가 되었다가 곧 양위받아 제위에 올랐다.

이세민의 치세626~649를 연호를 따라 '정관의 치세貞觀之治'라고 부른다. 한때 중국학계에서는 이세민의 주변 신하들을 서족지주庶族地主 집단이라고 보고, 이들이 세족지주世族地主를 대표로 하는 건성에게 승리해 정권을 장악한 결과 신시대에 대응하는 정치가 행해진 것이 바로 정관의 치세라는 견해가 있었다. 그러나 이연, 이건성, 이세민 등 집단의 구성원들은 큰 차이가 없었고 여전히 관롱 집단을 위주로 했다. 다만 이세민의 집단에 수말 군웅의 부하 출신이 많은 점이 특징이라면 특징이다. 이세민의 인재등용에 협력했던 인물은 방현령房玄齡과 두여회杜如晦인데, 모두 이세민의 즉위 후 재상이 되었다.

『정관정요』

당대 현종 말기에 오긍吳兢이 편찬한 책으로 당 태종 정관년간의 언행을 기록하였다. 군주의 도리, 인재 등용과 간언의 중요성, 도덕의 표준, 학술과 문화, 형벌과 부역, 조세 등 당초의 정치와 사회를 이해하는 데 중요한 자료이나 당 태종을 지나치게 미화시켰다는 비판도 있다.

『정관씨족지』

태종의 명으로 편찬되기 시작한 씨족지는 632년에 완성되었지만, 씨족의 서열에 불만을 품은 태종이 다시 편찬하라는 명을 내려 638년에 완성되었다. 293성姓 1651가家을 9등급으로 순서를 매겼다고 하지만, 지금은 완전하게 전하지 않는다.

이세민은 또 이밀의 옛 부하 출신으로 후에 건성 측 인물이었던 위징魏徵을 신임해 그의 간언을 잘 들었다고 한다. 이들 신하와의 문답은 『정관정요貞觀政要』로 묶여져 후세 제왕의 교과서로 읽혀졌다. 정관의 치세라는 이미지는 이 책에 의해 얻어진 것이며 다분히 이상화된 것이었다. 그러나 인재의 등용에 능력 위주의 현재賢才주의를 채택해 문무에 걸쳐 뛰어난 능력과 개성을 지닌 인물이 널리 등용되고 활동했음은 분명하다. 그는 『정관씨족지貞觀氏族志』의 편찬과정에서 드러나듯 문벌귀족을 억누르고 집권적인 황제권을 확립하려 했다. 그러나 사회경제적 안정이란 의문의 여지가 많다. 실제 정관 13년|639|의 통계에 따르면 국가가 장악하고 있는 호구는 304만 호 정도로 수대|609|의 3분의 1 수준에 불과했다.

정관지치의 실제 업적은 오히려 대외관계에서 잘 드러난다. 수왕조와 당초 대외적으로 최대의 적은 돌궐突厥이었다. 고조 이연도 태원에서 거병할 때 돌궐에게 신하를 칭하며 복속했음을 보면 잘 알 수 있다. 위세를 얻은 돌궐은 당초에 수차 중국 내지에 침입해 약탈을 자행했고, 이 때문에 당조는 한때 수도를 장안에서 다른 곳으로 옮기려는 계획까지 세웠다. 태종이 즉위하자 돌궐과의 결전은 피할 수 없는 일이 되었다. 그런데 때마침 돌궐에서 내부분열이 일어나 당조에 도움을 청한 것을 기회로 삼아 630년에 군대를 파견해 대승리를 거두게 된다. 당시까지 돌궐에 복속되었던 여러 부족이 계속 당조에 귀부했고, 여러 부족의 추장들은 태종에게 탱그리카간天下汗|천하를 지배하는 칸|이라는 칭호를 헌상했다.

이것은 당조가 호·한의 두 세계를 포함하게 되었음을 의미함과 동시에 북방의 여러 유목민 부족이 당조와 직접 관계를 맺게 되었음을 뜻한다. 돌궐 이후에는 설연타薛延陀가 강성해졌지만 태종은 여러 차례 토벌군을 파견해 646년에 이들도 평정했다. 이들을 통치하기 위해 중앙에서 도호都護를 파견해 감독시켰는데, 이것이 기미정책羈縻政策이었다. 기미란 소나 말 등을 재갈로 묶는다는 의미인데, 당조는 도호 밑에 정복지의 왕과 추장을 지방관으로 임명해 어느 정도 자치를 인정했다. 이로써 서쪽으로는 중앙아시아까지 북쪽으로는 시베리아 남부까지, 남쪽으로는 인도차이나반도까지, 동쪽으로는 한반도 북부에까지 이르는 대제국이 건설되었다.

태종의 뒤를 이어 황제의 위에 오른 것은 셋째 아들 이치李治이다. 태종은 황후 장손長孫씨와의 사이에 자식을 3명 두었는데, 장남이 승건承乾이었다. 승건은 황태자로 책봉되었지만, 다리가 불편한 데다 돌궐옷을 입고 돌궐어를 사용하며 궁전 내에 유목민 천막을 치고 거주해 스스로 카간可汗인 것처럼 행동하는 등 기행을 벌였다. 황족 중에는 태자에게 모반을 권유하는 자도 있었기에 결국 태종도 폐위를 결정하게 된다. 새 황태자 책봉과정에서 황후의 오빠 장손무기長孫無忌는 평범한 이치의 편을 들었고 649년에 이치가 즉위해 고종이 되었다.

무주혁명과 현종의 치세

측천무후則天武后의 본명은 무조武照이고 부친 무사확武士彠은 고조 이연이 태원에 있을 때 그의 부하로서 원래는 목재상이었다고 한다. 고관의 딸인 데다 미녀였기 때문에 14세의 나이로 태종의 후궁이 된다. 태종이 죽자 장안의 감업사感業寺에 머물렀는데, 이 무씨를 다시 후궁으로 들인 것은 고종의 첫 황후 왕씨였다. 고종과 황후 왕씨 사이에는 자식이 없었는데, 고종이 소숙비蕭淑妃를 총애하자 이를 견제하기 위해 무씨를 환속시켜 궁중으로 데려오게 된 것이다. 이 같은 행위가 중국의 유교적 전통에서는 있을 수 없는 일이었지만, 당황실에 흐르는 호족적인 혈통은 이를 가능하게 했다. 그러나 왕씨는 무씨가 자신의 지위마저 위태롭게 하리라고는 미처 생각하지 못했다.

측천무후

무씨는 냉혹할 정도로 계산이 뛰어나 권력의 길을 착착 밟아 나아갔다. 황후 폐립의 원인은 고종과 자신 사이에 낳은 자식을 살해한 다음 그 죄를 황후에게 뒤집어씌운 것이라고 한다. 그러나 무씨의 권력장악은 단순히 그의 강한 권력욕 때문에 가능했던 것은 아니다. 당시 황후의 폐위와 무씨의 옹립을 둘러싸고 조정은 두 파로 나뉘어져 있었는데 이런 당파 싸움을 이용

측천무후의 무자비無字碑

측천무후는 서안에서 60km 떨어진 건릉乾陵에 고종과 합장되었다. 현재 내부는 도굴되어 버렸지만, 500m나 되는 참도參道에는 고종의 장례에 참배했다는 외국사절과 헌상된 동물을 본뜬 120개의 석상이 줄지어 서 있다. 이 참도 제일 안쪽에 무자비無字碑가 있는데, 측천무후 스스로 이룬 업적이 많아 좁은 비에는 다 적을 수 없으므로 그냥 비워 두라고 유언했다고 한다.

해 무씨가 권력을 쥘 수 있었던 것이다. 당시 황후의 폐위와 무후의 옹립을 둘러싸고 이를 반대하던 파는 원로인 장손무기長孫無忌와 저수량褚遂良, 우지녕宇志寧 등이었고, 옹립하던 파는 허경종許敬宗과 이의부李義府 등 그때까지 권력의 중추에 있지 않았던 인물이었다. 허경종은 수말 과거 수재과 출신으로 이밀에게서 태종의 밑으로 귀부한 인물이었고, 이의부는 고종이 황태자 시절부터 거느리고 있던 신하로서 가문보다는 고종과의 개인적인 관계가 깊은 인물이었다. 이 문제는 관롱 집단 대 반관롱 집단, 문벌 대 비문벌이라는 양태를 띠게 되었다. 결국 이 대립은 군대를 장악하고 있던 이적李勣이 황후의 폐립을 고종 개인의 문제로 돌림으로써 무후 측의 승리로 결말지어졌다. 무후가 정권을 잡게 되자 인재의 등용에 뛰어났다는 후대의 정평대로 과거출신 관료가 대거 등용되었는데, 이들 과거출신자들은 대개 서족지주였다고 한다.

655년 무후가 황후가 되자 반대파는 모두 좌천되고 당초 이래의 원로는 권력을 상실하게 되었다. 무후는 고종의 배후에서 고종의 정무에 간여하기 시작했다. 674년에는 고종을 천황天皇, 무후를 천후天后라 부르게 했으며, 바로 이 무렵부터 고종은 병이 들어 정무는 무후가 독단적으로 처리하게 되었다. 683년 고종이 죽고 무후가 낳은 중종中宗이 뒤를 이었지만 무후의 노여움을 사 제위에 올라 있던 날은 불과 54일에 불과했고 동생 예종睿宗이 황제가 되었다. 그러나 실제 정치는 여전히 무후의 손에 의해 좌지우지되었다. 684년 이경업李敬業의 반란을 계기로 이른바 밀고의 문을 열어 밀고를 장려하였는데, 밀고자 중 관리로 발탁된 자가 색원례索元禮와 내준신來俊臣 등의 혹리酷吏였다. 그들이 행한 공포정치에 의해 당의 황족 및 그들과 관련 있는 귀족세력은 대타격을 입었다. 690년이 되자 왕망 때와 마찬가지로 국호를 주周로 바꾸자는 수만 명의 청원이 있었고, 또 봉황과 적작赤雀 등의 상서로운 조짐들이 보고되었다. 이것이 이른바 여론공작이었다. 이에 따라 무후는 마침내 당을 주로 고치고 스스로 성신황제聖神皇帝를 칭했는데, 당시 나이 60세를 넘긴 때였다. 이 사건을 무주혁명武周革命이라고 한다.

705년까지의 정치를 이끈 인물들은 무승사武承嗣와 무삼사武三思 등 무씨 일족과 장역지張易之, 장창종張昌宗 등의 총신, 적인걸狄仁傑 등의 과거 관료가 더해져 비교적 평온했다. 무후의 말년에는 여타 남성 황제처럼 부의 낭비가 심했고, 사회의 저변에서는 농민층의 분해와 균전제의 동요 및 부병역의 기피현상이 두드러지게 나타났다. 결국 무후는 그녀의 와병을 틈탄 재상 장간지張柬之 등의 핍박을 받아 퇴위하고, 중종이 복위해 당조는 재건되었다[705]. 그러나 중종도 제2의 무후가 되려고 한 위후韋后에 의해 독살되고 만다. 그 후 예종의 셋째 아들인 이륭기李隆基가 거병해 위후 일파를 제거함으로써 이 혼란은 종결되었다[710]. 이 과정에서 무후의 막내딸 태평太平공주도 참여해 일시 세력을 폈지만 712년 예종의 양위를 받은 이륭기, 즉 현종에 의해 일소되고, 성당盛唐이라 불리는 현종의 개원의 치세가 개막되었다.

무후와 위후의 정권장악을 후대의 역사가들은 '무위의 화禍' 혹은 '여화女禍'라 불렀는데, 이것은 남존여비사상을 농후하게 보여 주는 것이었다. 무주혁명의 의의는 문벌귀족을 대신해 신흥계층이 정계에 등장했다는 데 있다. 무후에서 현종시기에 걸쳐 과거출신 관료들이 대거 등용되었다. 현종은 초년에 기강을 엄정히 바로잡아 농민생활에 안정을 주었고, 호구 수가 당대의 최절정인 약 900만 호에 이르러 경제적으로도 안정되었다. 이를 개원의 치세開元之治라 부른다. 이를 이룩한 것은 명재상으로 평판 높은 요숭姚崇과 송경宋璟이었는데 이들은 모두 무후시대에 과거에 합격한 인물들이다. 따라서 무주혁명의 성과는 현종시대에도 계속 이어졌다. 그러나 현종은 치세의 후반기인 천보天寶년간이 되면서 정치에 싫증을 냈고 도교에 몰두해 부를 낭비했다. 정치도 총신 이림보李林甫, 환관 고력사高力士 등에게 맡겼다. 또 장안의 동쪽 교외에 있는 화청지華淸池에서 애첩 양귀비楊貴妃와 사랑에 빠진 것도 이때의 일이다.

화청지華清池

섬서성 서안시 동쪽 교외인 임동현臨潼縣 남쪽에 현종이 조성한 온천 별궁. 양귀비가 목욕한 곳으로 알려져 있으며, 그 모습을 백거이白居易가 「장한가長恨歌」로 읊기도 하였다. 1936년에 장개석蔣介石이 장학량張學良에게 붙잡혀 연금당했던 서안西安사변도 이곳에서 발생하였다.

수 · 당 율령제와 국가체제

율령의 연혁과 특색

수 · 당제국의 시대는 진 · 한 이래로 발달해 온 관료지배의 국가체제가 완성을 이룬 시기이다. 수 · 당은 율律, 령슈, 격格, 식式이라는 법전에 의해 운영되었는데, 율은 형법, 령은 행정법규, 격은 보완개정규정, 식은 시행세칙이다. 따라서 율령이 기본법전이고 격과 식은 이를 보완하는 성격의 법이지만, 실제 적용되는 것은 격과 식이었다. 이 가운데 율의 기원은 전국시대 이회의 『법경法經』 6편으로 소급된다.

중국에서 형법의 발달은 군주가 신하를 조정하고 지배하기 위한 상벌에 관심이 있었기 때문에 시민사회의 법으로 발달한 로마법과는 근본적으로 달랐다. 그후 관료제의 발달에 따라 형법의 법규를 운영하는 법규가 황제의 조칙이라는 형태로 등장했다. 이것을 모아놓은 것이 한대에 령이라 불리던 것이다. 그러나 이것은 조칙을 모아놓은 것에 불과했고, 체계적인 행정법규를 편성하는 작업이 이루어져 율과 령이 기본법전으로 병립된 것은 서진의 태시율령泰始律슈이었다.

서진은 호족 · 귀족의 세력이 강해진 반면 황제권은 약화된 시기였다. 귀족들은 황제를 정점으로 하는 관료제 내에 각각의 위치를 차지했기 때문에 관료제를 부정하지 않고 오히려 귀족사회에서의 신분질서에 따라 관료제에서의 상하 신분체계를 정비할 필요가 있었다. 이렇게 만들어진 것이 앞서 설명한 구품관인법이고, 이에 의해 관료제는 전대보다 체계화되었다.

남북조시대에는 호족·귀족세력이 발전한 결과, 한대의 향촌질서가 무너져 국가가 직접 소농민의 생산과 생활을 보호할 필요가 있었다. 그 결과 점전·과전제와 균전제가 등장하게 되었다. 이 같은 제도의 운영을 위해서 관료제와 법규의 정비가 진행되었던 것이다. 그러나 당시에는 전제적 황제 지배하에서 관료제를 운영하였고, 이를 위해 형벌을 주요 수단으로 사용했기 때문에 령보다는 율이 더 중요한 지위를 점했다.

서진에서 성립된 율령은 북조의 이민족 지배하에서 그 내용에 상당한 수정이 가해졌다. 격과 식이라 불리는 보완법규가 이 시대에 등장했는데, 이후 수·당에 전해져 율령격식의 법체계가 완성되었다. 율령의 성립과 그 특색은 이렇게 역사적 변화과정을 반영하고 있다. 때문에 직접적으로는 관료제의 운영을 규정하는 것이면서도 국가의 관료제 지배를 위해 위로는 관료에서 아래로는 서민에 이르기까지 신분질서의 유지를 중시하게 된 것이다.

그리고 율령제에 의해 운영되는 관료제의 기초는 당연히 국가에 의한 직접적인 소농민 지배 체제였다. 현재 당율은 『당율소의唐律疏議』에 남아 전하는데, 이 율이 역대 개원율開元律이라고 주장되었지만 최근 고종 때의 영휘율永徽律일 가능성이 제기되었다. 당령은, 이를 베낀 일본의 령이 남아 있어 대체적인 모습을 알 수 있다. 또 격과 식은 전혀 남아 있지 않으며 출토된 돈황문서敦煌文書와 투루판吐魯番문서에 일부가 남아 있는 정도이다.

『당율소의唐律疏議』

당대의 형법인 『당율』의 주석서. 12편 30권으로 구성되었으며, 당 현종 737년에 편찬된 개원율開元律에 대한 주석서로 알려져 있다.

율령관제와 신분제

당대 관제의 중심은 삼성육부三省六部이다. 삼성은 중서성中書省, 문하성門下省, 상서성尙書省을 말하는데, 중서성에서 조칙 및 법안을 기초하면 문하성에서 그것을 심의한 후에 상서성에서 실시했다. 그리고 상서성에는 이부吏部, 호부戶部, 예부禮部, 병부兵部, 형부刑部, 공부工部의 6부가 소속되어 업무를 나누어 담당했다.

중서성에서 기초된 조칙은 황제의 의사를 반영하는 것이었지만 문하성은 그 조칙을 심의해 이의가 있을 때 수정해 반환하는 권한, 즉 봉박권封駁權을 갖고 있었는데, 여기서는 황제의 전제를 견제하는 귀족정치의 특색이 엿보인다. 상서성은 집행기구로서, 당 초기를 제외하면 장관인 상서령令이 임명되지 않았기 때문에 중서성의 장인 중서령과 문하성의 장인 문하시중이 재상이 되었다. 이것은 황제권의 강화에 따라 측근인 중서성을 중시하게 된 것을 보여 준다.

수대와 마찬가지로 당대에도 관리를 선발하기 위해서 과거가 시행되었다. 귀족의 세력이 컸던 당대에는 관음官蔭을 통해 관리가 되거나 입류入流라 하여 하급관리인 유외관流外官에서 승진하는 경우, 또 시험에 의해 관리가 되는 경우 등 세 가지 경로가 있었다. 지방의 인재를 중앙의 예부에서 시험하는 향공鄕貢과 관학의 졸업생을 시험해 임용하는 생도生徒, 그리고 황제의 특명에 따라 숨은 인재를 선발하는 제과制科가 그것이다. 그리고 여기서 말하는 과거란 일반적으로 향공을 가리킨다.

시험은 1차로 예부에서 학과별 시험을 치르고, 2차는 이부에서 면접을 본다. 이부에서의 면접은 신언서판身言書判*을 기준으로 했다. 그러나 주관이 많이 개입해 가문에 따라 당락이 결정되는 경우가 많았다. 과거의 과목은 수재과秀才科와 명경과明經科 및 진사과進士科가 있었고, 이외에 기술직으로 명법明法, 명산明算, 명서明書 등이 있었다. 이중 수재과는 지원자가 없어 곧 폐지되었으며, 시문으로 시험을 보는 진사과와 경전을 시험 보는 명경과가 주류를 이루었다. 특히 진사과는 명경과에 비해 지식인들이 선호하는 과목이었는데, 그만큼 합격이 어려웠다. 그러나 진사과에 합격하면 그만큼 사회적으로 대우를 받았고 따라서 진사과 지망자는 계속 늘어났다.

지방행정을 위해 수도와 변경 등 특수한 지역에 부府가 설치되었고, 일반적으로는 주州와 그 아래에 현縣을 두었다. 주는 전국에 300여 개가 있었고

신언서판
당대 이부吏部에서 관리를 임용할 때 전형의 기준으로 적용했던 4가지, 즉 몸가짐과 품위, 언변과 논리성, 글씨체의 수준, 문리文理와 판단력이 그것이다.

현은 1,500여 개 이상이 있었으며, 중앙에 직속해 중앙집권체제가 유지되었다. 태종 때에 전국을 10도道로 나누었는데, 도는 행정적인 단위가 아니라 순찰을 위한 지리적인 구획일 뿐이었다. 그러다 현종 때에 채방처치사採訪處置使가 생기고 15도가 되면서 행정업무를 맡게 되었다.

관인官人은 서민과 구별되는 각종 특권을 지닌 신분으로서, 신분의 상하를 나타내는 관품이 있었다. 관품의 기원은 삼국시대 위나라의 구품에 있지만, 당대에는 1품부터 3품까지가 정正과 종從으로 나뉘고, 4품부터 9품까지는 정과 종 외에 다시 상·하로 나뉜다. 이리해 모두 30단계의 관품이 있었다. 이상을 유내관流內官이라 하며 그 아래에 유외관이 있었다. 이것도 9단계로 나뉘며, 그 아래에는 또 잡임雜任이라 불리는 하급리원下級吏員이 있었다. 잡임은 서민으로부터 요역을 징발해 충원되었다. 서민도 군공이 있을 경우 훈관勳官이라는 관품이 부여되었는데, 측천무후 무렵부터 상층 서민에게 남발되었다. 이를 보면 당대에는 관품에 의한 신분제에 서민까지도 포함되어 있었음을 알 수 있다.

관인과 일반 서민 사이에는 지배와 피지배의 관계가 있기는 하지만 이들은 모두 양민良民이었다. 이 두 신분은 그 아래에 천민賤民을 두고 신분제의 축을 이루었다. 천민은 관천민과 사천민이 있었는데, 둘 모두 상급천민과 하급천민으로 나뉘어졌다. 하급천민은 노비를 말하며, 관노비와 사노비가 여기에 속했다. 상급 사천민으로는 부곡部曲과 객녀客女가 있었고, 상급 관천민으로는 잡호雜戶·관호官戶가 있었다. 이들은 노비가 재물처럼 취급되는 것과 달리 인격을 인정받았지만 양민보다는 차별받았다. 그리고 천민은 비천민과 결혼할 수 없었고 관리가 될 자격에서 제한받았다.

균전제와 조용조제

당시 피지배층 중 천민은 비교적 소수였고 대다수는 양민인 농민이었다. 이들 소농민을 대상으로 북위 이래 당대까지 균전제가 실시되었으나 북조에서의 균전제와 수·당의 균전제는 몇 가지 점에서 차이가 있었다. 우선 북위 균전제하에서의 전토의 종류는 상전桑田, 마전麻田, 노전露田이었지만 수·당에서는 상전과 마전은 영업전永業田으로, 노전은 구분전口分田으로 명칭이 바뀌었다. 영업전은 세습이 가능한 토지였으며 구분전은 국가의 환수의 대상이 되는 토지였다. 북위에서는 전란으로 황폐해진 토지를 권농의 목적으로 분배하기 위해 15세 이상의 남자·부인·노비 모두에게 전토를 지급했으나 북제에서는 토지의 지급대상에 제한을 가하고 급전대상인 노비의 수도 제한했다. 한편 황무지를 개간한 자가 그 토지를 영업전으로 하는 것을 허락했는데 이것이 수·당시대 관인에게 세습을 허용하던 토지인 관인영업전官人永業田의 기원을 이루었다. 수·당에서는 관품에 따라 광대한 황무지를 분배했다. 이 같은 변화는 균전제 초기의 국가적 개간정책이 관인귀족에 의한 개간정책으로 전환되었음을 의미한다.

수대에는 다시 부인과 노비에 대한 토지지급이 폐지되었다. 이것은 국가가 장악한 토지가 증가한 인구를 따라가지 못했기 때문일 것이다. 따라서 초기의 균전제가 생산력에 따른 토지 분배로 농업생산력의 제고를 목적으로 했다면, 수·당에서는 관인신분에 따른 토지소유제의 유지와 과역의 부담자인 성인남성의 파악에 중점을 두었다.

당대 균전제의 내용은 다음과 같다. 남자는 18세가 되면 구분전 80무와 영업전 20무를 지급받는다. 60세가 되면 구분전의 반을 반납하고 사망시 나머지를 반납한다. 여자는 원칙적으로 수전의 대상이 아니지만 과처첩寡妻妾은 구분전 30무를 받는다. 불구자와 병든 자는 구분전 40무를 받으며, 과처첩이나 불구자로서 호주인 경우 구분전 20무를 더 받는다. 이외 17세 미만이지만 호주인 경우 성인 남자의 반을 받는다. 양민인 경우는 가족 3인당 원택지園宅地 1무를 받으며 천민인 경우 5인당 1무를 받는다. 또 토지는 넓고 인구는 적은 지역인 관향寬鄕과 그 반대로 토지는 적고 인구는 많은 협향狹鄕은 급전이 가감된다.

급전의 대가로 농민은 기본적으로 조용조租庸調와 잡요雜徭를 부담해야 했다. 조용조는 정남을 기준으로 조租는 속粟 2석을, 용은 20일간의 역역力役 대신 하루에 견 3척이나 포 3.75척으로 환산해 납부했다. 조調는 견 2장과

면 3냥을 납부했다. 잡요는 중앙정부에 납부하는 조용조와는 달리 지방관청의 각종 사역에 동원되는 지방세에 속하는 것이었다.

이러한 조용조와 잡요는 노동력을 갖춘 성인남자를 징세 기준으로 했기 때문에, 그 세액은 집안 내 성인남자의 수에 따라 달라졌다. 이것은 자산의 다

투루판에서 출토한 호적

과와는 무관한, 인두세적인 성격이 강한 세역제도라 할 수 있다. 국가가 전토를 지급해 소농민의 생산과 생활을 보장한다는 이념에서 볼 때 재산의 차등을 고려할 여지는 없었던 것으로 보인다.

그러나 당초부터 이상의 원리에서 벗어나, 자산을 기준으로 한 세금이 등장했다. 호세戶稅와 지세地稅가 그것인데 호세는 호에 부과하는 일종의 재산세로서 전국의 호를 9등급으로 나누어 징수했고, 그 주된 용도는 관료의 봉록이었다. 지세는 흉년에 대비해 구황을 목적으로 경지의 면적에 따라 부과했으며, 1무당 2승升을 징수했다. 이 세금들은 율령에 규정되지 않은 세목이었다.

그렇다면 과연 당대에 균전제는 시행되었는가? 시행되었다면 어느 정도 규정에 따랐는가? 이 문제는 오랜 과제지만 아직까지 명확하게 밝혀지지 않고 있다. 이에 해답을 어느 정도 제공해 주는 자료가 돈황과 투루판에서 발견된 호적과 토지대장류의 문서이다. 돈황은 고대 비단길의 시점이고 석굴사원으로 잘 알려져 있으며, 투루판은 오아시스 도시국가로서 오호시대 이래 고창국高昌國이 성립되었다가 당 태종 때 정복되어 서주西州가 되었다.

20세기 초에 이 지역을 영국의 스타인Stein과 프랑스의 펠리오Pelliot, 일본의 오오타니大谷光瑞가 탐험하면서 많은 문서들을 수집해, 신중국 성립 이후 새롭게 출토된 문서와 함께 균전제의 해명이 활발히 진행되고 있다. 돈

황의 호적을 보면 각 호의 보유지가 적혀 있고, 영업전과 구분전이 따로 기록되어 있다. 그리고 응수전應受田[규정에 따라 지급받아야 할 토지], 이수전已受田[이미 지급받은 토지], 미수전未受田[아직 지급받지 못한 토지]의 총계가 기재되어 있다. 이를 보면 일률적으로 토지를 지급한 것이 아니라 종래 보유한 토지를 신고하게 해 호적에 등재시키고 그것을 영업전과 구분전으로 나누었음을 알 수 있다. 따라서 균전제 환수가 시행되지 않았다는 견해가 대두되었다.

그러나 투루판문서에서는 지급받은 토지를 국가에 반환하는 퇴전문서退田文書가 나와, 확실히 토지가 국가에 의해 환수되고 있는 증거가 되었다. 다만 투루판문서에서는 지급받은 토지가 매우 영세해 1인당 10무 남짓에 지나지 않았다. 또한 영업전까지 환수되고 있는 것을 볼 때 율령의 일반적 규정과도 상당히 다르다. 중국의 변방지역에서 출토된 자료를 가지고 중국 내지의 균전제 실시상황을 추정하기는 어렵지만 균전제가 지역의 사정에 따라 실시되고 있었고, 균전제의 진정한 목적이 과역의 징수에 있었던 것만은 분명히 알 수 있다. 또 국가가 토지와 인민을 호적에 의해 파악하고, 균전법규의 적용에 의해 토지의 이동과 농민의 몰락을 방지해 과역을 징수하려 했던 수·당 균전제의 이념만은 확인할 수 있다.

부병제의 실시와 율령제의 파급

수·당제국에서는 균전제·조용조제와 함께 부병제를 시행해 주현의 농민으로부터 병사를 징집했다. 이를 위해 당조에서는 지방에 절충부折衝府를 두고, 여기에 병역 해당 농민을 등록시켜 평상시에는 농민으로 생업에 종사하다가 농한기를 이용해 훈련을 받도록 했다. 절충부의 수는 전성기 때 전국에 630여 개가 존재했고 부병의 수는 약 60만이었다.

이들 절충부는 각각 수도의 궁전과 도성을 경비하는 12위衛·6솔부率府 어느 한쪽에 소속되어 병사들은 매년 일정기간 순번을 정해 이들의 지휘를 받으며 위사衛士가 되어 근무했다. 이것은 농민에게 과도한 부담이 되었고 결국 지방에서는 병사가 타 지방으로 도망가는 현상마저 생겨났다. 또 부병은 재역기간 중 한 번 진鎭・수戍 등으로 불리는 변경 방위기구에 가서 3년간 방인防人으로 근무해야 했다. 부병은 복역기간 동안 양식과 생활비용 및 무기까지 개인의 비용으로 충당해야 했으므로 국가의 군사비는 크게 줄어든 반면 부병의 부담은 과중하게 되었다.

게다가 부병이 속한 절충부가 심하게 편재되어 있었다. 수도인 경조부 주위에 전체 절충부의 약 44% 정도가 밀집되어 있었고, 태원太原을 중심으로 한 지역에 25%, 하남을 중심으로 한 지역에 11%가 배치되어 전체의 80%가 수도와 그 주변지역에 존재했다. 이에 반해 강남은 2%가 채 되지 않았다. 이것은 부병역의 부담이 모든 농민에게 공평히 부과된 것이 아니라, 호적에 등록된 본관의 지리적 위치에 따라 차이가 있었음을 의미한다. 따라서 본관의 이동을 허용하면 부병제를 유지할 수 없었기 때문에 이주의 자유가 제한되었고, 본적지주의가 철저하게 지켜졌던 것이다. 이외에 당초에는 대외전쟁이 빈번해 대규모 병력을 동원할 필요가 있었기 때문에 이들 부병 외에 여러 주州에서 모집한 병모兵募라 불리는 모병이 존재했지만 항상적인 군제는 아니었다.

중국에서 발달한 율령제는 중국 주변의 한반도와 일본 및 베트남에 전파되었다. 당의 영토가 확대되면서 동아시아 각국이 당과 정치・군사 면에서 긴밀한 관계를 유지하게 되었고, 기미정책羈縻政策에 의한 책봉체제册封體制를 통해 긴밀한 문화관계도 맺게 되었다. 특히 당조는 개방주의 정책을 펴 주변국과의 교류가 활발했는데, 동아시아 문화권의 4대 기본 요소가 되는 유교와 불교 및 율령제와 한자가 당대에 이르러 거의 완성단계에 도달했다. 특히 한자는 동아시아 문화권의 기본 전달 수단이 되어 국제적인 문자로서의 위치를 확보하게 되었다.

한반도에서는 이미 373년에 고구려에서, 520년에는 신라에서 율령이 반포되었다고 하는데, 이후 신라와 당조와의 관계가 긴밀해지자 654년 무렵부터 새로이 율령격식을 정비했다. 일본에서도 686년에 오우미近江 율령이, 689년에 아스카쿄미하라飛鳥淨御原 율령이, 701년에는 다이호大寶 율령이, 757년에는 요오로養老 율령이 반포되었다. 그러나 앞의 두 율령에 대해서는 최근 그 존재를 부정하는 견해가 유력하다. 베트남에서는 당의 멸망 후에 독립했기 때문에 법전이 11세기 이후에 형성되었다.

　중국 율령의 영향을 강하게 받은 이 국가들은 왕권강화에 수반해 중앙집 권적인 관료제가 정비되고, 이를 운영할 필요에서 율령을 받아들였다. 그리 하여 초기에는 관인 사이의 질서를 정하는 것이 선결 과제였기 때문에 관인 신분제와 관련된 부분이 받아들여졌고, 후에 농민에 대한 직접적이고도 개 별적인 파악으로 나아갔다. 신라에서는 이 같은 농민의 파악에 기초해 요역 이 징수되고 관인에 대한 전토의 지급이 행해졌다. 그러나 균전제와 같은 토지의 환수는 일어나지 않았다. 일본에서는 646년의 다이카(大化)개신의 조 서에 따라 반전제班田制가 시행되었다. 이 때문에 다이호율령과 요오로율령 에는 당 율령의 포괄적인 계승이 행해졌다. 반면 신라의 율령에는 고유법이 비교적 농후하게 보존되고 있다고 한다. 발해에서는 도성제와 관제 등에 율 령제의 영향이 상당했다.

당·송 변혁의 추이

당조의 전성기였던 현종의 치세 말년 안록산安祿山과 사사명史思明이 일으킨 안사의 난으로 중국은 다시 난세와 분열의 시대로 접어들었다. 그러나 분열 기간은 이전 시대에 비해 짧았고, 동시에 이 분열 시기는 새로운 사회로의 진입을 위한 진통의 시간이기도 했다. 안사의 난을 계기로 당조의 율령제는 확연히 변모했다. 토지제도인 균전제均田制와 수취제도인 조용조租庸調는 양세법兩稅法으로 통합되었다. 양세법은 토지 소유에 대한 국가의 제한을 없앤 제도로서 이후 국가 재정의 제도적 기반이 되었다.

8세기에서 10세기에 이르는 당·송 변혁의 시기는 단순히 제도적인 변화만 이루어졌던 것이 아니라, 사회·경제상으로도 수많은 변화를 낳았다. 새로운 품종과 농기구의 도입, 새로운 농법의 발전, 적극적인 개간과 간척으로 농업생산력이 대대적으로 발전했다. 특히 강남지방의 발전은 눈부실 정도여서 경제의 중심지가 화북에서 강남으로 이동하게 되었다. 이와 함께 상공업에 대한 국가의 규제와 간섭이 완화되어 상업이 발달하고, 운하망을 중심으로 교통의 요지에 대도시가 발전했으며 농촌에서도 시장이 등장했다. 그러나 당조는 이러한 거대한 변화의 흐름에 적응하지 못하고 환관의 정치적 전횡과 관료들 사이의 당쟁으로 시일을 보냈다. 마침내 당조는 재정적 기반이었던 강남을 강타한 황소黃巢의 난으로 붕괴의 길로 접어들기에 이르렀다.

당 중기부터 오대를 거쳐 송 초기에 이르는 8세기 후반부터 10세기까지의 시기가 중국사에서 하나의 전환기라는 사실은, 1922년에 일본학자 나이토 코난內藤湖南이 지적한 이래 폭넓게 받아들여져 왔다. 특히 이 시기에는 귀족정치에서 사대부사회로 변화했으며, 군주독재체제가 등장했고, 과거제라는 관리등용법상의 변화가 있었다. 또 서민의 지위 강화와 서민문화의 출현, 실물경제에서 화폐경제로의 변화, 장원제와 지주·전호관계의 발전이 있었다.

이러한 변화는 율령을 기반으로 한 당 전반기까지의 통치체제가 붕괴되고, 송이라는 새로운 사회로 옮겨가는 과정에서 나타난 것이었다. 그러나 7세기 후반이 되면 이러한 율령통치가 동요하는 조짐이 나타나기 시작하는데, 그 단적인 표현이 바로 도호逃戶였다. 도호란 일반 민호가 국가의 지배로부터 벗어나 자유로이 타지역으로 이주하는 현상을 의미한다. 무후대부터 현종대에 걸쳐 나타난 이러한 현상은 자연재해나 관리들의 폭정에도 원인이 있었지만, 보다 근본적으로는 토지의 겸병에 의한 소농민의 몰락과 유랑 혹은 과도한 부·병역의 편중 부담이 그 원인이었다.

이에 대해 국가에서 기존의 정책을 답습하는 것은 별 효과가 없었다. 따라서 객호客戶를 본적지로 송환시켜 호적에 재등재시키는 기존의 방식에서 객호의 존재를 인정하고 거주지의 호적에 등재토록 하는 등 정책을 변경할 수밖에 없었다. 이는 병농일치를 기반으로 한 부병제의 운용에 막대한 지장을 초래하는 것이었다. 결국 천보원년I742I에 변경에 10개의 번진이란 군사통치기구를 두었고, 이를 통제하기 위해 절도사를 두면서 점차 직업적인 모병제도가 일부 도입되었다. 이는 병제 전반이 부병제에서 모병제로 이행하고 있음을 말해 준다.

모병제로의 전환은 당조에 재정의 부담이라는 또 다른 문제를 안겨 주었다. 부병제는 자비부담이 원칙이었기 때문에 당조가 군대를 유지하는 데에 별다른 재정부담이 없었지만, 모병제로 바뀌면서 병사의 의료와 식량 및 생활비까지 지급해야 하는 등 부담이 늘어났다. 여기에 이들을 거느리고 있던 절도사의 세력은 계속 강화되었고, 병사와 절도사 사이에는 수양아버지와 아들 관계를 맺는 가부자관계라는 사적인 관계가 성행해 군대 내에 사조직이 만들어졌다. 절도사는 일반적으로 장성 밖에서는 무장이, 장성 안에서는 문관이 겸임토록 했지만 점차 중앙정계에 영향력이 없는 무관이나 이민족 출신을 장성 내의 절도사로 임명하게 되었다. 이 상황은 안록산이 등장할 수 있는 직접적 계기가 되었다.

안록산은 소구드 계통의 혼혈인으로 평로平盧절도사의 양아들이었다가 그의 사후에 평로절도사로 임명되었다. 이후 범양范陽절도사와 하동河東절도사를 겸임해 세 번진을 장악했는데, 휘하의 병력이 당조 전체 병력의 37%에 달했다. 이후 755년에 당시 재상이었던 양국충楊國忠과의 권력다툼 끝에 반란을 일으켰다. 그는 한달 만에 낙양을 점령하고 반년 만에 장안을 점령해 대연大燕을 건립했다. 이것이 바로 '안사의 난'이다. 그러나 각 지방에서의 강력한 저항과 위구르족의 반격을 받았다. 이후 반란군의 내분이 발생해 둘째 아들 안경서安慶緒에게 살해되었다. 또 안경서는 부장인 사사명史思明에게, 사사명은 아들 사조의史朝義에게 살해되었다. 이후 장군들 사이에 분열

명황행촉도明皇幸蜀圖

안사의 난이 일어나자 수도인 장안을 버리고 섬서를 거쳐 사천으로 통하는 험한 길을 따라 피난가던 현종 일행의 모습을 그린 작자 미상의 그림이다. 현재 대만의 고궁박물관에 소장되어 있다. 우뚝 솟은 암석과 웅장하고 화려한 산천 및 궁정 여인들의 자유분방함을 엿볼 수 있다.

이 일어나 이회선李懷仙이 사조의를 죽임으로써 반란은 실패로 끝이 났다. 그러나 9년 동안 화북지역을 전란으로 몰아넣은 이 반란의 영향은 매우 지대했다.

우선 호구 수가 반란 전 890만 호에서 반란 직후에 290만 호로 격감하고 있는 데서도 알 수 있듯이 반란 전부터 궁핍하던 재정이 한층 더해졌다. 또 반란에 가담했던 절도사들이 거의 그대로 지역을 장악한 채 분권적인 행동을 취했다. 게다가 부병제는 완전히 무너져 모병제로 전환되었고, 균전제와 조용조제도 완전히 붕괴되었으므로 율령제 지배는 여기서 완전히 종언을 고하게 되었다. 당조의 중앙집권적 통치체제는 이제 새로운 지배방식으로의 전환 없이는 더 이상 존속이 불가능하게 되었다.

당조 지배구조의 변화

번진의 성립과 구조

안사의 난 중에 반란군의 세력 확대를 방지하기 위해 당조는 중국 내의 경조부와 하남부를 제외한 각지에 절도사를 두고 다수의 병력을 지휘토록 했다. 이리하여 내지에만 40개 정도의 번진이 생겼는데 변경의 번진과 합쳐 총 50개 정도의 번진이 설치되었다. 번진을 관장하는 절도사는 반란 이전 군정권만을 장악했던 것과 달리 보통 관찰사觀察使와 주의 자사를 겸임했으므로 민정권과 재정권까지 장악한 거대한 지방세력이 되었다. 번진은 중앙정부와 주 사이에 설치되었고, 한 개의 번진이 2~3개의 주 혹은 10여 개의 주를 관장했기 때문에 실질적으로 최고의 지방행정 단위가 되었다. 강회지역|양자강과 회수 유역|처럼 중앙에서 문관이 절도사로 파견된 번진의 경우 조정의 명령이 시행되었지만, 무인절도사가 지배하는 하북과 하남의 번진은 중앙의 명령에 따르지 않는 경우가 많았다. 이제 번진은 거의 독립왕국화되어 갔다.

그중 특히 중앙정부의 통제에서 벗어나 분권적이고 반독립적인 성향을

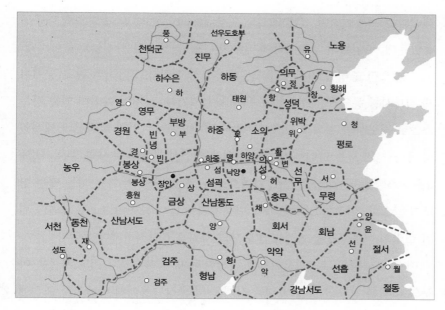

번진할거도

보인 번진은 안사의 난에 가담했던 장수들이 절도사로 있었던 하북의 삼진이다. 하북삼진은 위박魏博, 성덕成德, 노용盧龍을 말하는데, 안록산과 사사명을 높이 받들면서 당조의 개입을 저지했다. 이들은 절도사직을 세습하면서 조세를 중앙에 보내지 않고 독점했으며, 관내 관리의 임명과 파면도 자의적으로 행사하는 등 독립 상태를 당 말기까지 유지했다. 이외에도 화북의 평로, 회서, 산남동도 등의 번진도 당조의 명을 받지 않고 반독립적인 경향을 보였다. 이렇게 당조로부터 독립적이거나 원심적인 경향을 보이는 번진을 반측지지反側之地라고 하는데, 화북의 동부에 주로 밀집되어 있었다. 반면 당조의 권위를 인정하고 그 지배를 받는 번진을 순지順地라고 하는데, 안사의 난 이후 경제적 중심지로 부상한 강회지역을 포함해 화중·강남지역이 여기에 속했고, 주로 환관과 문신관료가 절도사로 임명되었다.

이러한 번진체제는 안사의 난 이후 당의 멸망까지 약 140년을 존속했는데, 강력한 무력을 지니고 있었던 절도사의 권력이 반드시 안정적인 것은 아니었다. 위박과 같은 경우 부자 혹은 일족 사이에 상속된 예이지만 대부분은 끊임없이 부하 장병들에 의해 폐립되는 경우가 많았다.

군대는 번진 병력의 중추를 담당했는데, 절도사로부터 모든 생활기반을 제공받는 모병이었다. 그중에서도 아중군牙中軍은 우수한 병력으로 대우도 좋았는데, 자신들의 생활기반에 매우 민감했다. 이들은 자신들의 뜻에 부합되지 않으면 출정을 거부하거나 절도사까지 폐립하고 아군의 장교 중에서 새 절도사를 옹립해 자신들의 요구를 관철시켰다. 심지어 야심이 있는 자는 스스로 절도사의 지위를 강탈하는 등 번진 내부는 완전히 하극상의 세계였다. 물론 절도사들도 이에 대처하기 위해 개인이 부양하는 사병 혹은 가병家兵을 조직했는데, 이들은 주로 가병으로서 절도사와 가부자 관계를 맺는 경우가 많았다. 이러한 경향은 특히 반측지지에 많이 보이며, 이 두 세력이 번진 병력의 이중구조를 형성해 절도사의 지위를 불안정하게 만들었다.

이제 병사들은 부병제시대처럼 비참한 존재가 아니었다. 절도사들은 아군의 비위를 건드리지 않기 위해 사재를 털어 장병들에게 베풀거나 조정에 추천해 중앙의 관직을 얻어 주는 등 군대의 환심을 얻기 위해 힘썼다. 번진이 이렇게 많은 수의 군대를 유지할 수 있었던 것은 율령제의 붕괴와 안사의 난으로 인해 수많은 몰락농민이 등장했고, 이들이 번진의 예비병력을 형성하는 기초가 되었기 때문이다. 또한 강남의 경제력이 증대되어 수많은 모병을 부양할 수 있는 생산력의 기초가 갖추어져 있었고, 성장하고 있던 지역의 토호들 역시 자신들의 입지를 고려해 번진의 존속을 적극적으로 이용했던 것이다. 그러나 번진체제는 당조를 부정하는 단계로까지 나아가지는 않았다. 5만에서 10만에 이르는 번진의 병사는 모병이었고, 이들은 결국 양세법이라는 수취체제에 의존하는 존재였기 때문이다. 또한 번진 사이의 대립과 세력균형 및 번진 내부의 권력구조의 불안정 역시 당조의 유지에 도움을 주었다.

반독립적으로 각지에서 할거하고 있던 번진들을 다시 당의 통치제제 내로 끌어들이려는 노력, 즉 순지화順地化가 2차에 걸쳐 전개되었다. 1차는 덕종시기에 행해졌는데, 반측지지의 연합에 의해 실패로 끝났다. 2차는 헌종憲宗 때 두 차례에 걸친 위협과 토벌을 통해 어느 정도 달성되었다[809]. 이를 당시의 연호를 따서 원화중흥元和中興이라 부르는데, 당조가 번진보다 압도적으로 우월한 재정적인 기반을 갖고, 중앙의 금군禁軍인 신책군神策軍을 적극적으로 강화, 육성한 결과였다. 신책군은 황제 개인의 군대라는 성격을 띠며 주로 환관이 통솔했다. 그 결과 절도사의 번진 병력 통제권을 부분적으로 중앙으로 회수했고, 재정권도 회수했다. 이로써 절도사의 기반은 약화되었으며, 환관이 절도사 휘하의 군대를 감찰하기 위해 설치된 감군監軍으로 파견되어 절도사를 감독하게 되었다. 그러나 순지화의 과정은 어디까지나 무력에 기반한 것이었고 그 무력의 원천은 강회·강남지역의 경제력이었다. 따라서 이 지역의 풍부한 생산력과 이를 수도로 운반할 수 있는 운하는 이 지역에 대한 경제적 의존도가 높아진 당조의 생명선이었다.

양세법의 실시

농민에게 균등하게 토지를 분배하고 그에 기초해 조용조를 징수한다는 당조의 재정원칙은 안사의 난 이후 가속화된 토지소유의 겸병 때문에 점차 사회변화에 맞지 않게 되었다. 이미 개원년간부터 타지로 도망간 도호가 급증해 본적지를 떠난 농민들이 많았기 때문이었다. 게다가 안사의 난 이후 3분의 1 수준으로 격감한 호구 수로는 금군과 번진의 병력을 유지해야 하는 엄청난 군사비를 도저히 감당할 수 없었다. 이에 780년 재상 양염楊炎의 건의에 따라 조용조를 폐지하고 양세법兩稅法이라는 새로운 세법을 실시했다. 양염의 양세법은 사회정세에 맞게 잡다한 여러 가지 세목을 통합해 조용조 대신 여름과 가을 두 차례에 걸쳐 징수토록 한 것이었다.

양세법은 이하 여섯 가지 원칙하에서 실시되었다.

① 단세의 원칙이다.
② 2회 징수의 원칙이다[하세夏稅는 6월, 추세秋稅는 11월을 기한으로 했다].
③ 호를 대상으로 하고 액수는 자산에 대응하는 원칙이다.
④ 양출제입量出制入의 원칙이다.
⑤ 전액전납錢額錢納의 원칙이다.
⑥ 거주지 등록의 원칙이다.

이상의 원칙으로 보면 당시의 사회변화의 흐름에 맞는 제도의 개선이었지만 실시과정에서 일반 농민들에게는 증세重稅의 형태로 나타났다. 우선 양세의 상공을 전국에 일률적으로 강제할 만큼 당조의 지방에 대한 통제가 현실적으로 이루어지기 어려웠다. 여하튼 호 단위로 자산을 평가해 징세한다는 양세법의 원칙은 이후 호등적인 수취체제로서 역대 왕조 세제의 기본이 되었다.

당조는 양세의 수입만으로 날로 증대되는 지출을 감당할 수 없었다. 그리하여 소금의 전매가 시행되었다. 안사의 난이 아직 끝나지 않은 756~757년에 재무관료 제오기第五琦가 강회지역에서 실시한 것이 그 시초로, 소금은 1두斗당 10문文의 생산원가에 100문의 소비세를 붙여 110문으로 팔았다. 이후 유안劉晏에 의해 전매법이 정비되어 그 수익이 세입의 절반에 이르게 되었다. 유안의 염법은 소금의 출하와 생산만 국가가 감독하고 이후의 운반과 판매는 상인에게 맡기는 방식이었다. 이를 위해서는 운하를 이용한 조운漕運의 정비가 필수적이어서 조운도 정비했다. 이후 조정에서는 재정이 악화될 때마다 소금가격을 인상시켜 마침내 1두당 300문에 이르렀고, 어떤 때는 370문까지 올랐다.

소금 전매제는 이후 중국의 역대 왕조에 계속 답습되었다. 소금은 생활

필수품인 데다 산지가 제한되어 있었기 때문에 국가권력으로서는 이보다 확실한 재원이 없었다. 또한 전매제라고는 해도 관청에서 생산과 운반 및 판매를 모두 담당할 수 없기 때문에 염상을 필요로 했다. 소금 판매의 이익이 막대했으므로 강회지역의 대상인과 대지주는 염상으로 변신해 부를 축적했다. 이들은 조정만이 아니라 번진의 재정을 원조함으로써 번진과의 관계도 매우 밀접했다. 그러나 소금가격이 생산원가의 30배까지 치솟자 밀매염이 등장했다. 이를 사염私鹽이라 하는데, 전매소금의 반액만 받더라도 엄청난 이익을 누릴 수 있었다. 여기에 염상의 일부도 가담했다. 정부는 사염이 나돌면 재정의 확보가 곤란하기 때문에 이들 사염 밀매업자들을 염적鹽賊이라 부르며 엄격히 금지하고 처벌했다. 이에 대항해 밀매업자 측에서도 전국적인 조직망을 갖추고 무장했다. 또한 차茶에 대해서도 전매를 실시했기 때문에 불법차가 성행했고, 이를 밀매하는 차적茶賊도 등장했다. 당조를 붕괴로 몰고간 황소 역시 염적으로서 그 조직망을 이용해 대규모의 반란을 일으켰다.

당제국의 붕괴

환관의 전횡과 당쟁

양세법의 시대가 되면서 농민층의 분해가 진전되었고 신흥지주층의 일부가 과거에 의해 재차 중앙정계에 진출하고자 했다. 그러나 과거에 합격할 수 있는 인원 수는 제한되어 있었고, 합격해도 관직을 얻기가 어려웠기 때문에 당 후반기에는 많은 지식인이 절도사의 막부幕府에 취직했다. 절도사, 관찰사, 염철사 등 사직使職은 영외의 관직이었으므로 속관에 대한 선발권을 갖고 있었다. 당연히 절도사와의 개인적인 유대관계가 발생했다. 원화중흥 이후 중앙의 문관이 절도사가 되어 절도사가 다시 중앙으로 복귀하면 속관 중에서도 중앙의 관리가 되는 자가 생겼다. 이리하여 관료 사이에 사적인 당파가 생기고 이들이 붕당을 결성해 다투는 사태가 벌어졌다. 이것이

우이당쟁牛李黨爭이다.

우당은 우승유牛僧孺와 이종민李宗閔이, 이당은 이덕유李德裕가 영수였다. 우승유와 이종민은 진사과 출신이고 이덕유는 헌종 때의 재상의 자식으로 고관의 자식이라는 특권을 이용해 관계에 들어왔다. 따라서 이 당쟁은 일반적으로 과거 출신 관료와 귀족관료 사이의 당쟁이라고 볼 수 있다. 그러나 문벌귀족 출신이라고 하는 이덕유는 명확히 당파를 형성하지는 않았다. 가문과 가격을 중시하고 자존심이 강한 문벌귀족에게는 본래 맞지 않는 것이기 때문이었다. 아무튼 이 당쟁은 820년경부터 40년간 계속되었고 관료의 3분의 1이 휩싸인 격렬한 정쟁이 벌어졌다.

여기에 환관이 정권의 중추에 가담했다. 당조의 환관은 측천무후 무렵부터 점차 증가해 현종 때에는 3천 명을 넘어섰다. 이 무렵에도 고력사高力士처럼 정무에 간여한 환관도 있었지만 잘 드러나지는 않았다. 그러나 안사의 난 이후 기존의 관료제가 기능을 상실하자 황제는 측근인 환관을 중용하게 되었고 환관은 정치의 실권을 장악하게 되었다. 특히 환관은 중앙군사력의 핵심이었던 신책금군의 지휘를 담당했으며, 감군監軍으로 각 번진에 파견되어 황제의 조칙을 전달하게 되는 역할을 맡자 관료의 인선까지 깊이 간여하게 되었다. 우이당쟁 때도 양파 모두 유력한 환관과 결탁해 정쟁에서 승리했을 정도였다.

835년 감로甘露의 변 이후는 환관의 정치 개입이 더욱 강화되어 황제의 폐립과 살해마저 행해졌다. 12대 목종부터 19대 소종까지 8명의 황제 중 13대 경종敬宗을 제외하면 모두 환관에 의해 옹립된 황제였고, 11대 헌종과 13대 경종은 환관에게 살해되었다. 결국 황제권은 실추되었고 중앙의 극심한 정치적 문란은 민심의 이반과 불만을 초래했다. 다만 순지였던 강회지역의 경제력이 그나마 당조의 붕괴를 저지하고 있을 뿐이었다.

황소의 난과 당조 재정기반의 붕괴

9세기 후반으로 넘어가자 당조의 재정기반이었던 남방의 여러 번진에서

병사들의 반란이 일어났다. 원화중흥에 의해 반측지지의 순지화에 어느 정도 성공한 헌종은 중앙의 고관을 순지의 절도사로 파견했다. 그런데 임기가 짧은 절도사들은 절도사 취임을 승진을 위한 하나의 단계로 여겨 부임지에서의 통치에 관심을 두지 않았다. 오로지 감군으로 파견된 환관의 요구에 따라 막대한 재물을 진봉이라 해 중앙으로 보냈는데 이는 자신의 안위만을 생각하는 태도였다. 진봉進奉이란 원래 임지의 번진에서 경비절약 등에 의해 남은 잉여재원을 중앙에 반환한다는 명목인데, 실제로는 병사에 대한 급여를 유용하고 영내의 세수를 증징하는 등의 방법으로 획득했다. 진봉은 강회의 순지에서 특히 두드러졌으며, 이에 따라 이 지역에서는 일반 농민의 부담이 증가하고 병사의 대우가 악화되어 지역의 불만이 높아졌다. 이 시기 병사들의 반란은 절도사와 병사들의 대립 때문이 아니라 중앙정부와 병사·농민의 대립으로 인해 일어난 것이었다.

　병사들의 반란은 855년 절동지역에서 시작되었지만, 858년에는 영남과 호남, 강서, 선주宣州 등지에서 하급장교들이 주동자가 되어 처우의 개선을 요구하면서 절도사를 구금하고 추방하기도 했다. 특히 강전태康全泰를 지도자로 하는 병란에는 일반 병사만이 아니라 그 지역의 부상富商과 토호가 참여했는데, 이는 그들도 수탈의 강화에 반발하고 있었음을 보여 주었다. 다음 해인 859년에는 절동지역에서 농민 출신 구보裘甫의 난이 일어났다. 봉

황소의 난
당말 통치계층의 부패상과 토지
소유 불균형의 모순에 불만을
품고 황소가 일으킨 반란. 황소
는 소금 밀매업자 출신으로 먼
저 봉기한 왕선지와 합류해 10
년간 전국을 떠돌면서 반란을
지속하였다. 한때는 장안을 점
령했고 대제大齊라는 국호로 정
권을 수립하기도 했다.

기시에 불과 100명 전후였던 반란 집단은 몰락농민과 부랑인과 군도群盜가 가담해 3만 명으로 늘어났으며 후에는 토호와 부상도 참여했다. 당조에 대해 극심한 적의를 품은 반란군에 대해 당조는 주변의 번진 병력을 동원함과 동시에 기마병을 동원해 진압에 나서 7개월 만에 진압에 성공했다. 이 난은 이후 황소의 난●의 선구를 이룬다. 또한 864년에서 869년까지는 무령武寧 번진에서 병란이 일어났다. 초기에는 번진 병사의 반란이었지만 868년 이후에 서주徐州에서 양자가 합류해 방훈龐勛의 난이 일어났다. 당조는 번진의 병력 7만 이상을 동원해 진압했지만, 반란 참가자의 대다수는 다시 군도가 되어 각지로 분산되었다. 이 지역에서 6년 후에 황소의 난이 발생하는 요인이 되었던 것이다.

874년에 시작되어 약 10년간 사천을 제외한 전 중국을 휩쓴 황소와 왕선지王仙芝의 반란은 당조를 회생불능의 상태에 빠뜨렸다. 황소는 과거에 낙제한 사인 출신으로 전매품이었던 소금의 밀매업으로 부를 축적했고, 왕선지와는 친한 사이였다. 탐관오리의 수탈에 견디다 못해 왕선지가 먼저 하남에서 반란을 일으켰고, 황소는 산동에서 이에 호응했다. 그러나 왕선지는 중도에 관직을 내건 당조의 회유에 빠져 반란의 대열에서 이탈했다가 후일 살해되었다. 황소는 동도 낙양을 함락시키고880l, 이듬해 수도 장안으로 진격해 대제大齊라는 국가를 건립했다. 희종은 성도로 도피했다가 절도사 세력을 규합하고 사타족 이극용李克用의 도움을 받아 반격에 나섰다. 부장이었던 주온朱溫의 배신으로 황소는 장안을 버리고 후퇴하다가 자살했다.

황소의 난은 실패했지만 문벌귀족과 절도사세력에 타격을 주었다. 또한 반란의 무대였던 강회지역의 경제력이 완전히 파괴되어 당조의 재정기반을 무너뜨렸다. 반란 이후 관료와 환관의 다툼은 더욱 극심해져 주전충朱全忠 즉 주온이 마침내 당조를 무너뜨리고 후량後梁을 건국함으로써 당조는 멸망했다907l.

농업생산력의 발전과 강남으로의 이동

양세법의 실시로 인해 조용조만 폐지된 것이 아니라 균전제도
그 의의를 잃게 되었다. 이미 이전 시기부터 대토지소유제가 진행
되어 왔지만 안사의 난과 양세법의 실시를 계기로 인정을 받게 된
것이다. 토지는 사유화가 진행되었고, 토지를 모아서 대토지를
소유하게 된 계층은 형세호形勢戶|당시 호민豪民, 부호富豪, 유력호有力
戶라 불렸대였다. 이들은 지주로서 몰락한 균전농민을 전호佃
戶로 고용해 자신의 토지를 소작시켰다. 이것이 당 후반기
부터 등장한 지주와 전호의 관계이다. 이를 다른 한편으로
는 장원제라고도 하는데, 장원제라는 토지소유의 형태와, 생산
관계인 지주 · 전호관계의 성격 규명은 당 · 송 간 사회변혁을
성격 지우는 관건이 된다. 물론 균전제시대에도 장원은 존재
했지만 균전제적인 원리를 부정하는 것은 아니었다.

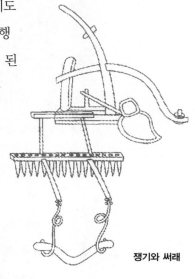

쟁기와 써래

당 후기부터 등장한 신흥지주층에 의한 새로운 형태의 장원은 균전제의
존재 자체에 위협을 주는 것이었다. 이를 둘러싸고 일부에서는 장원의 소유
형태가 서양 중세의 그것과 유사하다고 본다. 또 직접생산자인 전호의 신분
도 토지에 얽매여 거주 이전의 자유도 없이 지주에게 예속되어 있어 농노와
다를 바 없다고 보기도 한다. 반면 일부 학자들은 장원이라고 해도 작은 토
지를 합쳐 대토지소유가 가능했던 것이어서, 토지소유는 영세화, 분산화되
었다고 본다. 따라서 지주는 이런 영세한 토지를 분산 · 소작하는 전호와 대
차관계를 통해 소작시키고 있었다고 볼 수 있다. 이를 근거로 이러한 형태
가 바로 자본주의적 계약관계이며, 전호는 신분적으로 해방된 자유민이었
다고 보는 견해도 있음을 알아두자. 이는 시대구분과도 관련된 문제이기 때
문에 다분히 논란의 여지가 있다. 다만 계약이라고는 해도 당 · 송대에는 아
직 지주의 자의성이 많이 남아 있었다.

당 · 송을 거치면서 나타난 변화 중 농업생산력의 증대는 특히 두드러진

왼쪽부터 물을 끌어 올리는 데 쓰인 통차와 번차, 모 심는 데 쓰인 앙마

다. 이는 당 후반기부터 시작된 적극적인 개간지와 수리시설의 신축과 정비를 통한 경작 가능한 토지의 확대, 품종의 다양화 및 신품종의 도입과 보급을 통해 가능했다. 가경지는 화북의 육전도에서 일부 확대되었지만 대부분은 논농사지대인 강남지역을 중심으로 확대되었으며, 저지대를 둑으로 막아 개간하는 형식의 우전圩田과 위전圍田의 개발이 주류를 이루었다.

또한 당 후기에는 농기구의 발달이 현저했다. 당말 소주蘇州 출신의 육구몽陸龜蒙의 『뇌사경耒耜經』[●]에 의하면 소 한 마리가 끄는 쟁기가 등장했는데, 흙을 뒤집는 발토판이 부착된 고성능 쟁기라고 씌여 있다. 이 쟁기는 송대 이후 전근대 중국사회의 기본형이 되어 강남지방에서 광범위하게 사용되었다. 이와 함께 써래라는 정지整地 도구도 출현해 효율성을 높였고 오늘날 가래와 유사한 농기구도 보급되었다. 관개농기구 분야에서는 용골차龍骨車가 선보여 수리水利가 필수적인 쌀농사의 효율을 제고시켰다. 다만 이러한 진보된 농기구를 소유한 것은 남송대까지 장원경영자에게 집중되어 있었다.

토지의 생산성을 높이기 위해 한편으로는 윤작이 발달했다. 밭농사에서는 속粟·맥麥·두豆의 결합에 의해 이년삼모작이 이루어졌고, 논농사에서는 도稻·맥麥의 결합에 의해 이모작이 시행되었다. 화북지역에서 이년삼모작이 시행된 것은 양세법의 징세 품목에 두가 포함되어 있는 것에서 잘 드러난다. 윤작을 가능하게 하기 위해서는 품종의 다양화와 지력을 유지시키

『뇌사경』
당말 시인이었던 육구몽이 지은 농업서로서 강남지방의 농사법을 서술한 최초의 서적. 육구몽은 진사과에 합격하지 못하고 송강松江의 보리甫里에 은거하며 농경을 장려하고 개간 및 농업의 개량사업에 힘쓰는 한편, 전원생활을 노래하며 유유자적한 삶을 보냈다.

기 위한 시비법의 발전이 전제되어야 했다. 강남 수도작의 경우 품종이 다양화되면서 조도早稻와 만도晚稻의 구분이 명확해졌다. 인도형이라고 생각되는 적미赤米가 당대에 보급되었는데 다수확 품종인 데다 열악한 환경과 저습지에 적합한 특성이 있었다.

특히 송대에는 지금의 남부 베트남지역에서 수입한 점성도占城稻가 내한성이 뛰어난 다수확 품종으로 급속히 재배 면적을 확대시켰다. 성숙기간이 짧은 조도가 개량되면서 이기작까지 가능하게 되었고, 화북지역에서도 종래의 속 대신 소맥이라 불리는 밀이 널리 경작되었다. 당대부터 맷돌을 경영한 것으로 보아 분식이 성행했음을 알 수 있으며, 당대에 정착된 분식풍조는 송대에 화북만이 아니라 강남에까지 확대되었다.

중국의 인구가 남쪽으로 이주하면서 분식이 보급되었는데, 강남의 도시에서 술을 빚을 때나, 기근이 들어 농민을 구제할 때 유용하였다. 여기에 이모작과는 달리 밀의 수확분은 전호가 소유했으므로 전호가 다투어 밀을 경작하게 되었다. 한편 지력을 유지하고 증강시키기 위해 벼에 인분 및 진흙과 석회 등을 사용하는 시비기술이 발전했고, 파종기술 면에서도 모판에서 키워 논으로 옮겨 심는 전식법田植法은 물론, 파종할 때 말을 타는 형태로 모를 심게 해주는 앙마秧馬를 이용하는 방법 등이 도입되어 눈부신 진보를 보였다.

당대를 거치면서 농업생산력은 비약적으로 발전해 송대가 되면 양자강 하류의 델타지역은 미곡 생산의 중심지로 떠오르게 된다. "소주와 호주가 풍년이 들면 천하가 풍족하다蘇湖熟 天下足."라는 말이 결코 헛 말이 아니었다. 이에 따라 당·송기에는 경제적 중심이 황하 유역의 화북에서 양자강 유역의 강남으로 이동한다. 양세법을 실시하던 단계부터 이미 강남의 경제력은 화북을 압도했으며, 이 지역이 순지였기 때문에 당조의 재정의존도도 훨씬 높아졌다. 그 경제력의 중심지는 양주揚州로서 대번영을 구가했다.

인구도 안사의 난 이전까지는 화북과 강남이 거의 비슷했지만 원화년간 |806~820|을 경계로 이 비율은 역전되었다. 이는 삼국시대 이래 강남이 적극적으로 개발되어 가는 추세가 반영된 것이며, 당·송 간의 적극적인 농업생

산력의 증대에 의한 것이기도 했다. 여기에 오대십국시대에 십국에서의 적극적인 개발도 한 몫을 했다. 인구비는 후대로 갈수록 더욱 격차가 벌어져 남송대가 되면 거의 7 : 3 정도로 벌어진다.

상업과 도시의 발달

이렇게 증대된 농업생산은 점차 상품작물로서의 성격을 가지게 되었고, 작물의 지방적 특산화도 진행되었다. 따라서 육로와 운하를 통해 이 상품이 전국적인 유통망을 따라 퍼졌으며, 아울러 상업이 발달하게 되었다. 상업의 발달에 따라 중심지가 되는 도시가 발전하게 되었고, 운송수단으로서의 조운도 정비되었다. 또 도시 및 그 주변지역은 이전 시대와는 다른 새로운 사회로 변모된 모습을 보여 주었다. 당대까지 상업이 발달하기는 했지만 상업에 대한 정부의 통제가 심했고, 도시화가 이루어지지는 않았다. 또 교통과 상업 유통망이 갖추어지지 않았으며, 대량거래에 적합한 화폐가 등장하지 않은 약점이 있었다.

그러나 양세법이 실시되면서부터 농민도 강제로 유통경제에 편입되었고, 역전제도의 정비와 새로운 동전인 개원통보開元通寶의 주조와 같은 화폐정책에 따라 전국적인 시장망이 형성되었다. 상품화된 농업생산물은 전문화된 수공업제품과 함께 대량으로 거래되어 전국적인 시장망을 통해 각지로 팔려 나갔다. 이러한 상업의 발달에 따라 어음, 신용관행, 상인의 연합조직, 중매상, 출하조직, 상업부기, 주산 등 경영조직의 대강이 성립되었다.

전국적인 시장망의 성립은 상인의 활동영역을 넓혀 주어 상인의 종류가 다양해졌다. 이전까지는 상인을 구분할 때 행상을 의미하는 객상客商과 소매상인 좌고坐賈로 나누었지만, 당 후반기부터 생산자와 소매상 혹은 소비자 사이에 중매인 또는 판매대리인의 기능을 가진 아행牙行이나 아쾌牙儈가 등장했다. 이외에 도매상과 창고업의 기능을 가진 점호店戶, 저점邸店이 발달했으며, 원격지 상인이랄 수 있는 객상이나 경상經商, 외국무역에 종사하는 박상舶商, 점포를 소유한 포호鋪戶, 보부상이랄 수 있는 소경기小經紀 · 보담步

擔·판부販夫 등 상인의 종류가 다양해졌다. 또 당대까지 숙박업과 음식업, 창고업이 분화되지 않았는데 송대에 들어와서 운수업, 소매업, 창고업, 아행牙行 등으로 직능에 따라 분화되었다. 이와 함께 아행도 관에서 인정을 받는 관아官牙와 사아私牙로 구분되고 아첩牙帖발급제도 정비되었다. 상인들은 이윤을 높이기 위해 자본의 대소에 따라 전문화된 유통기구의 역할을 전제로 자본을 연합하는 형태를 띠기도 했다.

이 같은 상업의 발달은 전국적인 규모의 도시화 현상을 가져왔다. 당·송을 경계로 도시의 기능이 이전까지의 행정적, 정치적인 도시에서 상업적인 도시로 변모했다. 당 말이 되면 거주지와 상업구역에 대한 제한이 없어져 상점의 설치가 자유로워졌으며, 시간과 장소에 구애받지 않고 자유로운 상업이 가능해졌다. 상점과 수공업자의 작업장은 교통이 편리한 곳에 자리하게 되었고, 곳곳에 시장이 형성되었다. 자유로운 상공업의 보장을 위해 당·송대에는 상공업자들의 동업단체가 등장하기도 했다. 상인단체를 송대에는 행行, 단團이라 불렀고, 수공업단체는 작作이라 불렀다. 한편 방제坊制가 붕괴되어 자유로운 거주가 가능하게 되자 치안의 유지를 목적으로 상廂을 관할구역으로 설치하게 된다. 송대 대도시의 번화함과 자유로운 발전상은 다음에 설명할 『동경몽화록東京夢華錄』에 잘 묘사되어 있다.

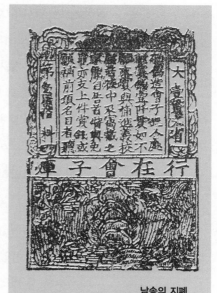

남송의 지폐

남송 때 사용되던 지폐인 회자會子. 길이 18.4cm, 폭 12.4cm인데, 나무로 만든 인쇄판을 사용해 찍어서 지폐를 발행하였다.

도시만이 아니라 농촌에서도 교역장으로서 초시草市와 허시虛市가 발달했다. 초시는 관에서 설치한 시와 다른 시골의 시라는 의미인데, 당대에 들어 급격한 증가를 보인다. 여기서는 주로 곡물과 간단한 일용품이 거래되었으며, 대개 정기시장이기 때문에 일정한 날짜를 정해 장이 열렸지만 매일 거래를 하는 경우도 있었다. 이러한 초시들과 현성에 성립된 시와의 중간단계의 시장으로서 진시鎭市가 발달했다. 진시는 당 말과 오대에 절도사 휘하의 진장鎭將이 병사와 함께 주둔한 요지에서 그 명칭이 비롯되었으나, 송대에는 상업취락으로서의 성격이 보다 강해졌다.

송대 상업과 도시의 발달은 거래에 소요되는 막대한 화폐를 필요로 했다. 양세법의 실시 이후 증대되기 시작한 동전의 주조는 송대 들어 엄청나게 증가했지만, 동전의 해외유출과 이민족에 대한 세폐 등으로 인해 동전은 여전히 부족했다. 이를 타개하기 위해 금과 은이 유통되었고 한편으로는 지폐와 어음이 발달하게 되었다. 지폐는 민간상인 주도의 교자交子와 정부가 발행한 회자會子가 유통되었지만 지나친 남발로 신용도가 떨어졌다. 그리고 일종의 어음인 염인鹽引과 차인茶引은 전매품인 차와 소금에 대한 물품대금으로 발행한 것이었다.

대운하를 중심으로 활발히 전개된 국내 상업 못지않게 대외무역도 획기적인 발달을 했다. 특히 해양을 통한 무역이 크게 발달해, 대선을 이용해 고려와 일본 및 아라비아와 동남아 각국과 활발한 교역을 전개했다. 동, 철, 곡물, 직기, 자기, 서적 등이 주요 수출품이었다. 주요 무역항이었던 광주廣州와 천주泉州 등에 일종의 세관인 시박사市舶司를 두어 이를 총괄하게 했다.

수·당의 학술과 문화

당 태종의 적극적인 대외정복을 기반으로 방대한 제국이 건설되자, 동서교통로의 장애가 해소되고 비단길이 다시 개통되었다. 이에 따라 동아시아세계 내부에서만이 아니라 동아시아세계와 서방세계와의 교류도 활발해졌다. 또한 당의 개방정책은 외국인의 자유로운 내왕을 가능하게 했으며, 각국의 사절을 비롯한 학자와 승려 및 예술가와 상인 등이 대거 당조로 몰려오게 했다. 그리고 당의 학자와 승려, 군인들도 다투어 서역으로 나아갔다. 서방과의 교류에서 특히 중요한 역할을 담당한 것은 당시 소구디니아라 불리는 서투르키스탄[투르크인의 거주지라는 뜻]에서 대상隊商으로 주로 활동하던 소구드의 상인이며, 또 하나는 불법佛法을 구해 인도까지 여행한 중국과 한국

의 승려들이었다. 따라서 당대의 문화는 국제성과 개방성을 띠게 되었고,
이에 따라 당삼채唐三彩로 널리 알려진 당의 도자기가 서방으로 전파되었다.

소구드상인들은 멀고 험한 길을 넘어 물자를 운
송해 막대한 이익을 남겼고 동시에 서방 미지의 문화
를 가져온 공로 또한 무시할 수 없는 일이다. 현종의
궁정에서는 서역의 음악이 연주되었으며, 수·당의
악제樂制에도 중국 음악 이외에 주변 여러 민족의 음
악을 흡수해 7부악이라든가 10부악이라는 체계를 제
정했다. 호악 중에서 강한 영향을 주었던 것은 투루판과
쿠차, 소구드, 사마르칸드 등 서역의 음악이었다. 이것들은
이른바 이란계 음악으로서 위진남북조와 비슷한 시기에 존재
했던 사산조 페르시아의 영향을 강하게 받은 것들이
었다. 음악만이 아니라 백희百戲나 산악散樂과 같은 기
마술과 곡예가 성행했고, 파라波羅라 해서 오늘날의
폴로와 비슷한 오락경기 등이 수입되어 수·당의 문
화를 더 국제화시켰다.

진리를 위해 멀고 험난한 길을 떠나는 위험을 감
수한 구법승 중 가장 유명한 인물은 현장玄奘|602~664|
이다. 현장은 태종 초에 국가의 법을 어기고 몰래 출
국했다. 총 110개국을 거쳐 마가다국의 나란다 사원에서 5년간 수업을 한
후 인도 전역을 돌아보고 18년 만에 귀국해 『대당서역기大唐西域記』를 지었
다. 그는 귀국 후 역경譯經 작업에 착수해 불경의 번역과 보급에 진력했다.
그의 제자 중 신라인 원측圓測은 서안 근교의 흥교사興教寺에서 역경을 도왔
다. 의정義淨도 바닷길을 따라 인도에 가 25년 동안 불교를 연구하고 귀국해
역경사업을 폈으며, 그가 쓴 『남해기귀내법전南海寄歸內法傳』은 당시 인도의
사정을 전하는 소중한 문헌이다. 불법을 구하기 위해 여행을 떠난 이들 중
현장이나 의정처럼 성공한 사람은 많지 않았다. 약 60여 명의 승려가 귀국
하지 못했다.

당삼채唐三彩
1957년 섬서성 서안시 선우정묘鮮于庭誨묘에서 출토된
당삼채. 723년에 제작되었으며 높이 58.4cm, 길이
43.4cm이다. 낙타를 타고 있는 서역 출신 악사들의
모습인데, 당제국의 세계성과 당삼채의 우아한 색상을
잘 보여 준다.

『대당서역기』
당나라 승려 현장이 627년부터
645년까지 18년간 인도에 다녀
오면서 지나온 국가들 및 전해
들은 사정을 기록한 서적. 이란,
지중해 동안, 중앙아시아, 인도
네시아 방면의 역사에 관한 자
료적 가치가 높다.

당조의 수도였던 장안은 인구 100만을 헤아리는 거대한 국제도시로서 동서문물의 교류에 중대한 역할을 했고, 각국에서 몰려든 사람들은 각기 고유한 풍속과 습관을 유지하면서 거주했다. 장안에 체재하던 외국인은 소구드인 외에 동아시아 각국에서 온 조공사절과 질자質子|인질로 당조에 보내진 왕자들|, 유학생, 유학승들이 있었는데, 유학승과 유학생은 신라와 일본 출신들이 많았다.

당제국의 세계성과 개방성을 잘 보여 주는 것으로, 바로 당대에 유행한 종교를 들 수 있다. 중국 전래의 유교나 불교, 도교 이외에도 조로아스터교|배화교拜火敎|와 마니교摩尼敎, 기독교의 일파인 경교景敎, 그리고 이슬람교 등이 전파되었다. 조로아스터교는 불을 숭상하는 종교였기 때문에 배화교라고도 하며 이란계 소구드인인 조로아스터가 창시해 페르시아와 중앙아시아에서 성행했다. 광명의 신과 암흑의 신의 대립을 원리로 하는 이 종교는 오호십육국시대에 전래되었고 당대에는 장안과 낙양에 사원이 건립되었다. 경교는 네스토리우스가 세운 기독교의 이단종파이다. 당 태종 때에 전래되어 많은 신도를 확보했다. 또 마니교는 페르시아인 마니가 창시한 종교로 우주를 명明과 암暗의 대립현상으로 이해하는 종교인데, 측천무후 때 전래되어 후대에까지 강남지역에서 크게 유행했다. 이슬람교는 바닷길과 육로를 통해 당조에 전파되었는데, 당시에는 이슬람교를 청진교淸眞敎라 불렀다. 지금도 서안이나 북경 등의 대도시에 청진사淸眞寺가 남아 있을 정도로 당시 성행했다.

페르시아문화권이나 인도문화권과 같은 서방세계와의 접촉이 심화되어 이들의 세련되고 보편적인 여러 영역의 문화가 수입되었다. 특히 7세기에 아라비아가 사산조 페르시아에 의해 대체되자 이란문화권과 오리엔트문화권은 이슬람문화권으로 통합되어 그 문화의 파동은 당조에까지 미쳤다. 유구한 역사에서 비롯된 이들 문화의 생동감이 중국문화에 새로운 요소를 첨가한 것이다. 반대로 중국문물이 서방에 전파되어 영향을 미친 것으로 제지술을 들 수 있는데, 제지술은 이슬람세력과의 탈라스전투 때|751| 사로잡힌 포로에 의해 전달된 것이었다.

불교의 경우 수왕조가 건국되면서 불교를 보호, 장려했기 때문에 남북조의 불교를 통합한 불교의 교단이 형성되었다. 유명한 교단으로는 남방의 천태종天台宗, 북방의 화엄종華嚴宗, 법상종法相宗을 들 수 있다. 당시 이 세 종파는 철학적이고 형이상학적인 이론체계를 갖추고 있었다. 반면 가장 중국적인 불교로서 후세까지 큰 영향을 준 선종禪宗은 원래 조용히 앉아서 선의 경지에 도달한다는 불교의 내재적 교리에 따른 것인데, 이것이 종파로서 모습을 나타내게 된 것은 달마에서부터 당 초기 혜능慧能에 이르러서였다. 선종은 안사의 난 이후 지방정권에 의해 크게 환영받아 번성했다.

도교는 수왕조가 건립될 때 도교를 이용한 것을 계기로 성행하기 시작했다. 당대에는 노자의 성씨가 이씨였다는 이유로 도교가 숭배되었다. 각 주마다 도관道觀이 설치되었고 현종 때에는 각 집에 『노자 도덕경』을 갖추어 놓도록 할 정도였다. 당 말 무종武宗은 도교를 신봉해 회창會昌 5년[845]에 전국의 사찰을 철거하고 승려와 비구니를 환속시키는 일대 폐불정책을 강행했는데, 이를 회창폐불이라 한다. 이 사건은 도사의 건의에 의한 것이었다. 하지만 국가권력의 보호는 도리어 교리상에서의 위축을 초래해 사상 면에서는 발전을 이루지 못했다. 이후 도교는 다양한 민간의 신앙과 접촉하면서 현세이익적인 주술법으로 교리의 중심을 옮기게 되었다.

남북조시대 불교의 발전으로 침체되었던 유학은 통일제국의 출현을 통해 국가의 통치이념으로 발전할 수 있는 기반을 마련했다. 태종 때 종래 학설이 분분한 한대 이래의 경학을 통일하기 위해 공영달孔穎達이 『오경정의五經正義』*를 펴냈다. 『오경정의』는 당대 학교에서 정규과목으로 채택했을 뿐 아니라, 과거 명경과에서도 이를 기준으로 시험을 보았다. 때문에 문구의 주석과 해석을 위주로 한 학문이 더 이상 발전하지 못하고, 유학을 고정시키는 경향을 낳았다.

당시唐詩는 중국인의 정신문화의 정수라고 할 정도로 아직까지도 그 문화적 가치가 높다. 당대에 시가 성행한 이유는 육조시대 변려문騈儷文의 성행과 과거 진사과에서의 시험에 시가 포함된 점을 들 수 있다. 당시의 발전과정은 초당, 성당, 만당의 3기로 나눌 수 있는데, 그중 성당 50년간은 시의

『오경정의』
유가의 5경에 대해 본문 교정과 다양한 해석판의 통일을 기하기 위해 당 태종 때 편찬된 책 오경에 대한 관찬의 주석서라 편리하기는 하였지만 다양한 해석의 여지를 없앰으로써 학문의 발전을 저해하기도 하였다.

황금시대로서 이백李白, 두보杜甫, 왕유王維, 백거이白居易, 한유韓愈 등을 배출했다. 이백은 술을 즐기고 이상적인 선경을 동경한 방랑시인으로서, 그의 시는 대자연의 웅장함과 신비, 인간성과 생명력을 강조했다. 반면 두보의 시는 안사의 난 이후 비극적인 생활 중에 국가의 쇠퇴와 인간적인 비극상의 관조가 잘 표현되고 있다. 왕유는 유명한 시인이자 화가로서, 시 속에 그림이 있고 그림 가운데 시가 있다고 할 만큼 시화詩畵에 뛰어났으며, 특히 불교의 영향을 받아 뛰어난 산수를 시로 표현했다. 후대 이백을 시선詩仙, 두보를 시성詩聖, 왕유를 시불詩佛이라 불렀다. 백거이는 일상생활에서 시의 소재를 찾고 그 내용도 평이하여 서민들도 애송했다고 한다. 그의 대표작으로 「장한가長恨歌」가 있다. 한유는 시인이자 문장가로서 유종원과 함께 당·송팔대가로 잘 알려져 있다.

한편 서민사회에서는 소설과 변문變文이 환영을 받았다. 소설은 육조시대의 괴기소설의 영향을 받고, 거기에 외래문화의 자극도 더해져 다분히 공상적인 단편인 전기傳奇소설로 발전했는데, 후일 원·명시대에 등장한 잡극의 원류가 되었다. 최근 돈황의 천불동에서 발견된 변문은 불교 설화의 내용을 이야기로 알기 쉽게 꾸민 것으로서, 당 중기 이후 서민문학으로 성행했다. 형식은 산문과 운문의 중간형태인 통속적인 것으로서, 후일 백화白話문학의 원류가 되었다.

당대는 역사의 편찬에 있어서도 변화가 있었다. 남북조시기에는 주로 개인의 사찬이 많았지만, 당대에는 국가권력이 역사서의 편찬에 간여해 정사가 편찬되었다. 사학에 대한 지식이 없는 관료가 사서의 편찬을 담당하게 됨으로써 많은 폐단을 낳았지만 이후의 왕조에서 계속 답습되

서안西安 비림박물관碑林博物館에 소장되어 있는 안진경의 서예 「안씨가묘비」
70세가 넘은 780년에 썼고, 안진경체의 가장 대표적인 작품이다.

었다. 당대에는 관심 영역이 대폭 확대됨에 따라 지리에 대한 관심도 높아져 이태李泰의 『괄지지括地志』, 이길보李吉甫의 『원화군현도지元和郡縣圖志』 등의 지리연혁서가 저술되었다.

미술과 공예는 당대 귀족생활과 밀접한 관련을 맺고 크게 발달했는데, 초기의 염립본閻立本은 고개지의 화풍을 발전시켜 인물화에서 뛰어난 경지를 보였다. 당 중기의 오도자吳道子는 천재적인 화가로서 형식과 사실에 구애받지 않는 자유로운 필법으로 뛰어난 작품을 남겼고, 같은 시대의 이사훈李思訓은 산수화를 화려하게 그려 북종화北宗畵의 시조가 되었다. 시인 왕유王維도 산수화에 능해 남종 문인화의 시조가 되었으며, 그가 남긴 『화학비결畵學秘訣』은 후세 화가들에게 미친 영향이 크다. 인물화, 산수화 외에도 화조도도 유명했다. 말기의 장언원張彦遠은 『역대명화기歷代名畵記』●를 지어 현재 전하지 않는 명화의 대략과 작품의 품평을 전하고 있다. 서법에서는 왕희지의 서체를 기본으로 하면서도 새로운 경지를 연 구양순歐陽詢, 우세남虞世南, 저수량褚遂良 등이 해서에 뛰어난 작품을 남겼다. 당 중기의 안진경顔眞卿 역시 안진경체顔眞卿體라는 독특한 필법을 만들어 뛰어난 작품을 남기고 있다.

『역대명화기』
당대 장언원이 847년에 지은 회화 이론서. 10권 중 3권은 회화의 원류, 기법, 감상법 등 이론에 관한 내용이고, 7권은 상고시대 이후 당대까지의 유명한 화가 372명에 대한 간략한 소개이다.

송의 사회발전과 사대부사회의 성립

당·송 변혁기를 거치면서 문벌귀족은 몰락했고 반대로 무인 절도사와 신흥지주층이 부상하기 시작했다. 오대십국五代十國의 분열시기는 이전의 춘추·전국시대나 위진남북조시기 같은 분열시기에 비해 기간은 짧았지만, 무인 절도사들이 정치 무대의 전면에 나선 시기였다. 분열시기를 극복하고 등장한 송왕조는 이러한 현상을 타산지석으로 삼아 과거제를 매개로 한 문치주의정책을 강력히 실시함으로써 황제권을 안정시키고 사대부사회를 형성했다. 그러나 이러한 성공적인 대내정책과는 달리 대외정책에서는 북방 이민족인 거란이 건국한 요遼, 탕구트족이 건립한 서하西夏, 요를 대신한 여진女眞족의 금金에게 시종 열세를 면치 못했으며, 오히려 이들과의 화평에 대한 대가와 대내의 모순으로 인해 재정적인 위기에 봉착하게 되었다.

이를 타개하고자 범중엄范仲淹이 신정新政을 주창하고 왕안석王安石이 중심이 되어 변법變法을 추진하였지만, 송왕조에 재정적인 도움을 주는 데 그쳤을 뿐 근본적인 개혁을 이루지는 못했다. 그 결과 북송과 남송은 각각 금나라와 몽골족에게 멸망당했다. 그러나 경제적으로는 당·송 변혁의 결과 눈부신 발전을 거듭해 전근대 사회에서 생산력이나 과학기술 면에서 최고의 수준에 도달했다. 또한 화폐경제의 발달과 함께 국내외 교역 및 상업이 비약적으로 발달해, 상인세력의 성장이 간과할 수 없는 수준에 달했다.

　당의 멸망부터 송의 건국까지 약 60년간을 오대라 부르는 것은 화북의 중하 유역 중원에서 후량後梁, 후당後唐, 후진後晉, 후한後漢, 후주後周의 다섯 왕조가 흥망하다가, 정통왕조인 당의 뒤를 이은 송으로 이어졌기 때문이다. 그리고 전국적으로 보면 양자강 중하 유역을 중심으로 많은 지방정권이 존재했는데 대표적인 것이 10개였기 때문에 오대십국이라 불렸다. 이 시기는 당과 송의 과도기이지만 단순히 여기에 그치지는 않는다.

　875년에 시작된 황소의 난이 종결된 884년, 당조에는 각지에서 할거하고 있던 번진만이 아니라 난 중에 각지에서 흥기한 새로운 세력이 출현했다. 이 새로운 세력을 대표하는 것이 황소의 부장 출신인 주전충朱全忠과 사타족沙陀族 출신인 이극용李克用이었다. 반란 후 양인의 세력 다툼에서 주전충이 승리한 후 이극용은 근거지였던 산서지역으로 물러가고, 당의 정치는 주전충에 의해 좌우되었다. 907년 주전충은 소선제로부터 양위의 형식을

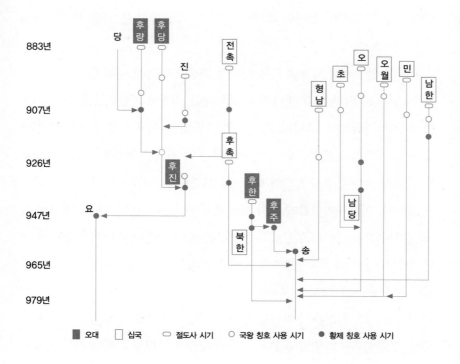

오대십국 흥망표

받아 당조를 멸망시키고 후량을 건국했다.

주전충은 찬탈자인데다 황소 봉기의 배반자여서 평판이 좋지 않았지만, 부패한 귀족관료와 환관에 대해 철저한 탄압을 가한 혁신정치의 주인공이기도 했다. 주전충의 업적 중 중요한 것은 수도를 변주汴州로 옮긴 것이다. 이곳은 자신의 근거지이기도 했지만, 경제 중심이 남쪽으로 이동함에 따라 대운하로 운반된 물자가 수송되어 집하되는 지역이었다. 당대까지의 수도였던 장안은 사방이 산으로 둘러싸여 방어에 편리하다는 군사적 이점이 있던 데 반해, 평원에 위치해 경제적 이점이 많은 변주로 수도를 옮긴 것은 단순한 수도의 이동이 아니라 국가정책이 이제 경제에 주안점을 두기 시작했음을 의미했다. 그러나 주전충의 후량은 이후 이극용의 뒤를 이은 이존욱에게 923년 멸망당했다.

후당왕조를 건립한 이씨는 투르크 계통의 사타족 출신이었는데, 오대의 각 왕조는 하남군벌 출신인 후량과 산서군벌 계통인 나머지 4왕조로 구분된다. 후당의 이씨는 당조로부터 성을 하사받았기 때문에 철저히 당의 후계자를 자임해 수도도 낙양으로 정하고, 당조 귀족의 자손을 수소문해 정권을 맡기는 등 복고적인 성격이 강했다. 후당은 거란과 손을 잡은 석경당石敬瑭에 의해 멸망한다.

후당을 멸망시킨 석경당 또한 사타족 출신으로 장성 내에 위치한 연운십육주燕雲十六州*의 할양과 매년의 공납 약속을 대가로 거란의 군사원조를 받아 후진을 건립했다. 그런데 이 원조와 관련해 한 왕조의 흥망 이상의 의미를 갖는 사건이 연운십육주의 할양이었다. 이 지역은 현재의 행정구역으로는 하북과 산서에 걸쳐 있으며 대동大同, 북경北京, 천진天津 등의 시를 포함하고 있었다. 이후 400년간에 걸쳐 화북의 한족에 대한 이민족의 지배가 여기서 비롯되었다. 거란의 연운십육주 영유는 이미 비한족 지역에서 성립해 있던 정권이 한인 거주지역에까지 지배를 확대했다고 하는 점에서 전례 없는 일이었다.

석경당 이후 거란과의 약속을 충실히 이행하지 않았기 때문에 거란은 화북에 침입해 후진을 멸망시켰다. 거란의 태종은 그대로 화북에 머물러 국호도 요라고 고쳐 직접 지배하려 했다. 그러나 한족의 저항이 강해 만주로 물러났고 사타족 출신의 유지원劉知遠이 후한을 건국했다. 후한은 불과 4년을 유지한 중국 역사상 최단명 왕조로서, 그 영역도 오대 가운데 가장 협소했다.

951년 곽위郭威는 쿠데타를 통해 후주를 건립했다. 곽위는 하북의 군벌이었지만 한족이었다. 이에 대항해 유지원의 동생 유숭劉崇은 진양晉陽|현재의 태원太原|에서 후한의 후계자를 칭하며 산서성의 중부를 장악하고 북한北漢을 건립했다. 북한은 십국의 하나로서 거란의 원조를 받아 후주와 그 뒤를 이은 송에 저항했고, 979년 십국 중에서 최후로 송조에 의해 멸망되기까지 송의 두통거리였다.

곽위의 뒤를 이은 것은 양자인 시영柴榮인데, 그는 오대의 영주英主라 칭해지며 실제 통일의 기반을 다진 군주|세종世宗|이다. 세종은 통일전쟁을 시작했으며, 그 과정에서 중앙의 금군을 재편·강화했다. 세종은 또 불교와 사원에 대한 탄압|폐불廢佛|으로도 유명하다. 그는 사원 소유의 전토를 국가로 회수하고 비과세 대상이었던 승니를 환속시켰으며, 불상 등 사원에 있던 동제품을 회수해 군사비용을 충당하기 위한 동전의 주조에 사용했다. 이에 따라 전국 사원의 9할이 폐훼되었다. 이어 남방의 강국 남당南唐에 승리를 거두어 중요한 소금 산지였던 양자강 하류지역을 장악했으며, 거란에 대한 공격을 개시해 연운십육주 중 2개 주를 회복하는 성과를 거두었다. 그러나 959년 세종이 급사한 후 친위대장이었던 조광윤趙匡胤이 옹립되었는데, 이가 바로 송의 태조이다.

오대는 번진의 통치구조를 확대시켜 그대로 이어받은 군벌정권이었고, 후량을 제외하면 산서군벌 내부의 정권 교대적 성격이 짙었다. 그러나 정권의 세력범위는 한정되어 있었고 지방에 할거하던 절도사의 세력이 강했다. 따라서 당연히 이 시대는 무인적인 기풍이 강했지만, 말단의 지배에는 문관을 등용하지 않을 수 없었고 신흥세력이 관계에 진출하게 되었다. 이들이 송대 이래의 사대부와 연결되는 존재이다.

십국은 북한을 제외하면 모두 양자강 중하류에 위치한다. 이것은 당 중

사생진금도寫生珍禽圖
오대 후촉後蜀의 화가인 황전黃筌이 궁정 내의 각종 진귀한 동물들을 그린 두루마리 그림. 새와 거북, 곤충 등 20여 종의 동물이 묘사되어 있으며 세밀한 필치와 붓자국을 남기지 않고 얇게 채색하는 기법으로 그려졌다.

기 이후 이 지역의 경제적 발전이 독립정권의 존재를 가능케 했음을 보여주며, 현재의 성 경계와도 상당부분 일치함을 알 수 있다. 십국정권의 의의는 무엇보다도 지역의 개발에 있다. 부국강병이 정책목표였기 때문에 농경지의 개간과 관개·수리시설의 보강과 확충에 진력했다. 오월의 경우 수천 명의 군대를 동원해 태호太湖 주변의 수리전을 개간했고, 방조사업과 배수사업을 각지에서 행해 농업생산력의 확충을 꾀했다.

또한 전란이 계속된 오대정권에 비해 비교적 평화롭고 안정적인 상태가 유지되었기 때문에 십국의 지배영역 내에서는 뛰어난 당대의 문화가 계승되었다. 남당과 촉의 경우 전란을 피해 도망온 당조의 귀족과 문인이 많이 유입되었다. 특히 회화 분야가 그러했는데 남당에서는 산수화와 화조도가 유명하며, 이 강남화단江南畵壇의 화풍은 송대의 회화로 이어졌으며 촉에서는 수묵화가 유명했다. 한편 문학에서도 당대 후반부터 유행하기 시작한 운문체의 사詞가 남당과 촉에서 발달했다. 송대에 『태평어람太平御覽』을 필두로 국가적 편찬사업이 행해질 때 강남 출신자가 많이 참여했다. 물론 이것은 피정복지역에 대한 대책이라는 정치적 측면도 있지만 문화적 전통이 중원지역보다 뛰어났다고 하는 객관적 현실도 작용했다.

「태평어람」
송 태종의 명에 따라 편찬되기 시작하여 938년에 완성된 유서類書. 한나라 이후 송대까지의 소설, 필기, 기이한 소문 등을 방대하게 모았다. 인용한 책이 1,600여 종이나 되고 그중 8할은 지금 남아 있지 않아 자료적 가치가 높다.

송의 건국과 문치주의의 채용

부하에게 옹립된 송의 태조 조광윤은 무혈쿠데타를 통해 송조를 건립했다. 오대국가의 흥망을 체험한 그는 황제권의 강화를 추진하는 한편, 후주의 세종에 의해 시작된 통일을 완성했다. 그는 가장 먼저 당 말 절도사의 할거 이래 황제의 손에서 떠난 병권과 재정권, 민정권에 대한 회수에 나섰는데, 특히 병권의 회수는 필수적이었다. 그는 자신의 경험을 바탕으로 중앙군인 금군禁軍의 통수권을 황제에게 집중토록 하였다. 이후 군대와 각 지방의 실권자는 모두 무관이 아닌 문관이 임명되었고, 이에 따라 중앙에서의 황제의 지위가 점차 공고해졌다.

이어 송은 최대의 과제였던 중국의 통일에 나서 978년 오월의 항복을 마지막으로 남방의 국가들을 병합하고 979년에는 북한을 멸망시켜 통일을 완수했다. 태조와 그 뒤를 이은 동생 태종의 시대는 송조의 제도확립기로서 당대와는 다른 새로운 국가체제를 만들어냈다. 귀족계층의 소멸과 사대부관료의 진출, 모병제를 중심으로 한 직업군인제의 정착, 중앙집권적 문신관료제의 채택, 전시殿試제도의 시행 등을 통한 황제의 관료에 대한 인사권 강화, 강남지방의 개발과 산업의 발달로 인한 재정국가로의 변화 등이 그것이다.

이러한 중앙집권적인 체제를 보여 주는 송의 행정을 살펴보면, 우선 중앙관제는 당조의 삼성육부제도와는 상당한 차이가 있었다. 행정면에서 재상이란 존재는 사라졌고, 총 5~6명이 재상부宰相府를 구성해 재상의 임무를 담당했는데, 업무는 이들의 합의와 황제의 최종적인 결재의 형태로 이루어졌다.

송 태조 조광윤

또 재무관청인 삼사三司의 책임자인 삼사사三司使가 국가에서 한층 비중이 강화된 재정을 담당했고, 군사의 최고책임자였던 추밀사樞密使도 황제에게 직결되어 있었다.

군정은 지방병권을 회수해 중앙의 금군으로 단일화했고, 금군은 다시 전전군殿前軍, 시위마군侍衛馬軍, 시위보군侍衛步軍으로 분할해 각각 황제에 직속시켜 황제가 그 작전권과 이동권을 행사했다. 군정 일반은 추밀사가 통괄했으며, 병사는 모병으로서 변방의 긴장 때문에 그 인원이 크게 증가해 재정에 큰 부담이 되었다.

지방행정은 기본적으로 당대의 주현제州縣制를 계승해 주에는 지주知州가 현에는 지현知縣이 생겼다. 또한 주 외에 광산 등의 소재지에는 감監이, 군사적 요충지에는 군軍이, 신흥상업도시에는 진鎭 등의 행정구역이 설치되었다.

조세체계를 보면 당 후기의 양세법을 이어받아 하세와 추세를 징수했다. 조세와 요역은 모두 호등에 따라 징수되었고, 송대에는 주호主戶와 객호客戶가 모두 호적에 등록되어 주호는 그 자산액에 따라 5등급의 호등으로 나뉘어졌다. 객호는 이 호등에서 벗어난 호구로서 대체로 평가할 자산이 없는 자를 말하며 실제 전호가 대부분이었다고 판단된다. 송대의 호적에 따르면 주호는 전체 호구의 3분의 2를 차지했고, 객호가 3분의 1을 점했다. 송대의 농민지배는 이러한 주호 · 객호제를 축으로 이루어졌다.

이상과 같은 황제 중심의 집권적 체제를 일반적으로 '황제독재체제'라고 하는데, 이 경우 '독재체제'의 의미는 국가의 모든 최종결정권이 황제의 재가를 통해 이루어지는 체제를 말한다. 결국 전국적인 행정은 중앙에서 파견된 문신관료에 의해 통일적으로 운용되었음을 알 수 있다. 쿠데타의 가능성을 우려해 병권 역시 예외는 아니었다. 이를 위해서는 방대한 관료군群이 필요하게 되었고, 이 관료를 공급하는 제도가 바로 과거였다.

집권적 문신관료제와 과거제

과거는 수왕조에서 시작된 국가시험에 의한 관료임용제도로서 당대에도 시행되었다. 그러나 당대에는 귀족의 자제일 경우 과거에서도 일반 서민의 자제보다 여러 면에서 유리했고, 과거를 거치지 않고 조부의 은음恩蔭l고위관직 경력에 따른 자손 임용방식l 및 기타의 경로로 직접 임관되는 경우가 많았다. 그리고 과거도 관리후보 자격시험에 지나지 않아, 같은 과거라 해도 그 내용이나 성격에서 차이가 있었다.

송대가 되면 문벌귀족의 몰락과 함께 과거의 운용이 훨씬 기능적이 되었다. 태조 때에는 1회에 십수 명에 지나지 않았던 합격자가 수백 명으로 확대되었고, 특히 진사과 출신자가 관계의 주류를 점하게 되었다. 또 973년 태조가 스스로 과거의 최종시험을 행한 이래 전시殿試로 정착되면서, 과거 합격자는 황제의 문하생이라는 형태를 띠게 되었다. 이것은 과거합격자와 시험관 사이에 사제관계가 형성되도록 만들어 정계에서 파벌을 형성하는 것을 방지하고 황제에 대한 충성을 보장하기 위한 방법이었다. 또한 그때까지 부정기적이었던 시험이 영종 때에 3년마다 치르는 시험으로 정례화한 이후로 성공적인 관료임용체제를 성립시킬 수 있었다.

이와 함께 시험의 객관성과 공정성을 보장하기 위해 답안의 이름난을 봉하는 호명법糊名法, 필적에 의한 부정방지를 위해 제출된 답안을 모두 옮겨 적어 채점하는 등록법謄錄法 등의 제도를 실시해 시험의 권위를 높였다. 이 때문에 송조의 고위관료는 거의 과거출신자에 의해 충원되었다. 과거에 합격하면 관인으로서 여러 특권을 누릴 수 있었으며, 이들은 천하를 책임진다는 사대부로서의 치자治者의식을 갖게 되었다. 이후 형이상학적인 성리학이 발

송대 과거의 최종 시험인 전시殿試를 치르는 광경

전해 황제독재체제와 문신관료체제를 옹호하는 새로운 유교적 정치이념으로 자리 잡게 되었다.

과거는 그 평등성 때문에 오랫동안 긍정적인 평가를 받아왔지만, 부정적인 측면 역시 적지 않았다. 우선 새로운 국가제도의 확립을 위한 대량의 관료임용은 관료기구가 비대화하여 군사비와 더불어 국가재정에 막대한 부담이 되었다. 또 모든 교육이 과거시험에 예속됨으로 인해 학문의 균형 있는 발전은 저해받을 수밖에 없었으며, 일반 학교교육이나 실용적인 학문은 부진을 면치 못했다. 과거제도와 직접 관계는 없지만 과거와 관련해 주목할 점은 과거의 시행 결과, 정계에서 강남 출신 관료의 비율이 높아지게 되었다는 점이다. 이것은 오대시기 강남에서의 문화발달을 고려하면 당연한 일이지만, 송조 초기에는 화북 출신의 관료가 주류를 점해 강남 출신을 배제하는 경향을 보임으로써 남북대립이 생기게 되었고, 이 문제는 왕안석王安石의 시대까지 이어진다.

예전에는 송대의 과거제가 실력 있는 새로운 인물들에게 재능만 있으면 출세할 수 있는 기회를 제공했다고 결론지었지만, 실제로는 형세호形勢戶들이 우월한 가정교육과 추천과 인맥에 힘입어 형평에 어긋날 정도로 많은 후보자들을 관료로 배출했다. 송대 300년 동안 과거제는 관직을 얻기 위한 방법으로서의 중요성이 점차 줄어들었으며, 역설적으로 시험에 합격하고자 하는 후보자는 더욱 늘어나게 되었다.

결과적으로 정규과거 출신자가 1046년에는 관료의 57%를 점유하고 있었지만, 1119년에는 45%, 1191년에는 31%, 그리고 1213년에는 27%로 점차 줄어든다. 합격자의 비율이 줄어드는 것은 경쟁률에서도 잘 드러난다. 1023년에는 2 대 1, 1045년에는 5 대 1, 1093년에는 10 대 1, 1156

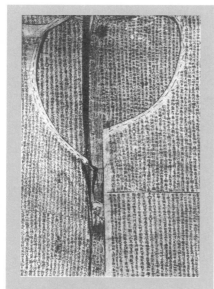

커닝용 속옷

과거시험은 독방에서 답안을 작성하기 때문에 입구에서 커닝도구를 들키지만 않는다면 효과를 볼 수 있었다. 이 사진은 과거수험생이 사서와 오경 및 주석을 붓으로 빽빽이 쓴 커닝 속옷이다. 당시 수험생들이 받은 압박의 강도와 갖가지 부정행위 유형을 떠올릴 수 있다.

년에는 100 대 1, 1275년에는 200 대 1이었다. 경쟁이 치열해짐에 따라 합격률은 더욱 낮아지게 되었다. 따라서 대부분의 합격자에게 관직으로 나가는 길은 막혀 있었다. 이러한 상황 아래서 지역의 지도자를 필요로 하는 농촌의 시장공동체가 성장하게 되자 사대부들은 자신의 고향으로 관심을 돌리게 되었다. 그리하여 남송대의 사대부들은 가족성원의 관직 취임보다는 지방에서의 부와 권력, 명성에 점점 더 의존하게 되었다.

송의 대외관계와 왕안석의 신법

송·요의 대립과 전연의 맹약

당이 멸망하고 송이 건국된 10세기 초·중기는 당제국의 붕괴로 인해 동아시아에 새로운 국제관계가 형성되었다. 수·당시대의 적극적인 대외정책과는 달리 소극적인 문치주의정책을 펼친 송은 북방의 유목민족에게 군사적으로 열세의 상황에 놓이게 되었고, 이는 청대까지 계속 이어진다. 한편 한반도에서도 당과 밀접했던 신라가 무너지고 고려가 성립되었다. 이 시기에 특히 두각을 나타낸 것은 거란족이 건립한 요나라였는데, 이후 송과 대립하면서 남북이 대치하는 국제관계의 새로운 주역이 되었다.

거란[키타이]족은 동몽골의 시라무렌강 유역에 거주하던 유목민으로 4세기 이후 역사상에 모습을 보이다가 당의 세력이 쇠퇴한 9세기 말이 되자 이지역을 장악했던 위구르제국의 뒤를 이어 자립하기 시작했는데, 특히 10세기 초에 등장한 야율아보기耶律阿保機●라는 인물은 8대 부족으로 나뉘어 있던 부족을 통합하고 종래 군장의 선출제도를 타파해 전제적인 권력을 확립했다. 거란족은 당이 멸망한 후 916년에 유목국가인 대요大遼를 건국함과 동시에 사방으로 세력을 확장시켜 926년에는 발해를 멸망시킨 후 다시 남하해 후당의 하동절도사였던 석경당과 연합해 연운십육주를 획득하기도 했다.

중국의 통일을 달성한 송 태종시기에 요와 송은 거의 매년 교전 상태에

야율아보기
907년에 요나라를 건국한 창업자. 거란 8부部를 통일하고 한족 출신인 한연휘韓延徽를 등용하여 풍속과 제도를 개혁하고 문자를 제정하였다. 916년에 정식으로 황제가 되었고, 926년에 발해를 멸망시켰다.

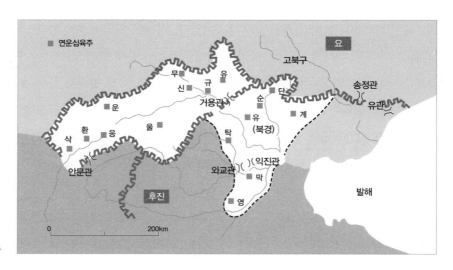

연운십육주

연운십육주

있었다. 요의 성종聖宗은 994년 고려를 굴복시켜 배후를 다진 후 1004년 대
거 남진했다. 송 역시 당시 국정의 최고과제가 장성 이남의 연운십육주의
회복이었던 만큼 병사를 동원해 황하의 북안北岸 전주澶州|옛 이름은 전연|지방에
서 대치했지만, 승패를 가리지 못하고 '전연澶淵의 맹약'이라는 평화조약이
성립되었다.

그 내용은 요의 화북 영유지|연운십육주|를 인정하고 양국이 형제관계를 맺
으며, 송은 요에게 매년 비단 20만 필과 은 10만 냥을 준다|세폐歲幣|는 것이었
다. 지급액수는 막대했지만 송의 입장에서 볼 때 매년 거란과 관련해 지출하
는 군사비에 비하면 적은 부담이었다. 조약에 의해 국경선에는 무역장이 설
치되어 무역관계도 발전했다. 송은 차·비단·도자기·철기·칠기·유
황·서적 등을 수출했으며, 요는 양·말·낙타·짐승의 가죽 등을 수출했
다. 거란에 지급한 은 중 일부는 교역을 통해 중국으로 돌아왔지만 일부는
동서교역로를 통해 교역물자와 함께 서방세계로 흘러들어가기도 했다. 이
후 시대에 따라 매년 액수는 약간씩 변화가 있었지만 송과 요는 평화관계를
유지했다. 이로써 요는 몽골로부터 만주와 화북의 일부를 차지하고 고려까
지 영향력에 포함시킨 대세력을 지닌 정복왕조의 틀을 만들어냈다. 또한 거
란을 의미하는 키타이라는 말이 중국의 호칭으로서 서방세계에 전해졌다.

동북방의 요와 함께 송을 위협한 것은 서북방의 오르도스지역과 감숙성을 장악한 탕구트족이 건립한 서하西夏였다. 탕구트는 티베트계통의 부족으로서 원래는 사천성의 서북부에 거주했으나, 돌궐과 토번吐蕃에 복속하면서 탁발씨를 중심으로 동북방으로 이동해 영하·감숙지역에 정착했다. 황소의 난 때 당나라를 도와 절도사가 되고 이씨 성을 하사받았다. 이후 오대와 송초에는 사실상 독립된 세력이 되었는데, 부족의 내분 때문에 송과 불화가 생겼다. 이원호李元昊 때 탕구트 여러 부족을 통합하고 주변의 민족을 평정해 내몽골부터 돈황에 이르는 광대한 지역을 지배하게 된 후, 1039년 대하大夏라는 독립국을 세웠다. 이를 송조에서는 서하西夏라고 불렀는데, 서하는 비단길의 요지를 점령해 동서무역의 이익을 차지했고, 송의 관제를 받아들이는 한편 탕구트족의 풍속을 보존하는 데도 힘썼다. 또한 서하문자를 제정했으며, 이를 이용해 중국의 경전과 티베트의 불교 경전을 서하어로 번역하기도 했다.

독립을 선언한 이원호는 송조와의 국교를 단절하고 대거 서북지방을 침략해 양국은 교전 상태에 들어갔다. 송은 100만에 가까운 군대를 투입하고 명신으로 유명한 범중엄范仲淹과 한기韓琦를 전선에 파견해 방어에 나섰지만 열세를 면치 못했다. 7년 동안의 교착 상태에서 장기적인 소모전이 계속되자, 송 측은 막대한 군사비와 이 틈을 노린 요의 침입에 대한 우려가 생겼고, 또 서하 측도 전비 부담과 송조의 경제봉쇄에 따른 물자결핍이라는 문제가 대두되어 1044년 평화조약이 성립한다. 서하가 송에 신하의 예를 취

서하왕릉

영하회족자치구 은천시 서쪽에 위치한 하란산 동쪽 기슭에 있는 서하(1031~1226)의 역대 제왕의 능묘이다. 구역의 범위는 남북 10km, 동서4km로 9개의 왕릉과 20여 개의 부장묘가 분포되어 있다. 칭기즈칸의 죽음이 서하 정벌과 관련이 있었기 때문에 몽골족은 서하를 정복한 후 왕릉을 철저히 파괴했다.

하는 대신 송은 매년 세폐로서 은 5만 냥과 비단 13만 필, 차 2만 근을 지급하고 국경에 무역장을 개설해 교역토록 한다는 내용이었다.

이 평화조약에 의해 서하문제는 수습되었지만 장기간에 걸친 전쟁으로 인해 재정이 극도로 고갈되었으며, 소국인 서하를 제압할 수 없을 정도로 취약했던 송의 군사력이 여지없이 노출되었다. 뿐만 아니라 송과 서하와의 관계는 송과 요의 관계와는 달리 불안정해 기회 있을 때마다 서하의 침입을 받았다. 이러한 긴장관계는 이후에도 지속되어 송조로서는 재정과 군사상의 부담이 여전했다. 서하는 1227년 칭기즈칸에게 멸망될 때까지 190년간 존속했다.

금의 화북 진출과 송과의 대립

거란족의 요는 10세기 후반부터 11세기 중반까지가 전성기였지만, 그후 지배층은 유목생활에서 벗어나 도성의 부유한 생활에 빠져 북방민족 특유의 검소하고 강인한 기풍을 상실해 갔다. 이때에 요의 배후지역인 만주에서 일어난 것이 퉁구스계인 여진女眞족이었다. 여진족의 본명은 흑수말갈黑水靺鞨인데, 5세기 이후부터 만주 동북지역과 송화강松花江 유역에서 유목생활을 영위했다. 이들은 일찍이 발해의 지배를 받았으며 후에 발해가 멸망하자 요의 지배를 받게 되었다.

여진족은 크게 생여진生女眞과 숙여진熟女眞으로 나뉜다. 숙여진이란 요의 직접 지배를 받고 있던 여진을 말하며 송화강을 경계로 해 서남방에 거주하면서 문화적으로는 비교적 세련되었고 수렵과 농경을 영위했다. 반면 생여진은 요의 부족통제정책에 저항하던 여진을 말하며 송화강 동부에 산재했다. 여진족을 통일해 금조를 건립하는 데 중심이 된 것은 생여진의 완안부完顔部로서 원래 송화강의 지류인 알츄카강 유역에 거주하고 있었다. 완안부는 주변의 부족을 복속시켜 나가면서, 11세기 후반부터 12세기 초에 걸쳐 만주의 동부로부터 한반도 동북부의 함흥평야까지 그 세력이 미쳤다. 1114년 완안부의 추장 아쿠타阿骨打는 요에 반기를 들었다. 다음 해 그가 대금大金을 건국하자 요는 대군을 보내 그를 공격했지만, 아쿠타는 송화강변에서 요에 대승을 거두었다. 이어 남하해 요동을 공략하고 요의 본거지인 요서로 진격했다.

금이 이렇게 급속히 발전하게 된 것은 맹안猛安·모극謀克이라는 특유의 제도 덕분이었다. 맹안은 원래 1천을 의미하는 밍간, 모극은 부족장을 뜻하는 무케라는 여진어의 음역音譯이다. 아쿠타는 300호를 1모극으로, 10모극을 1맹안으로 조직하고, 1모극 중에서 약 100명을 선발해 1

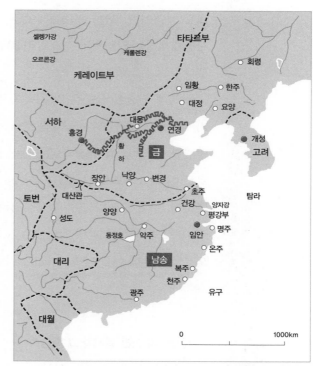

남송과 금의 영역도

모극군으로 하고, 10모극군으로 1맹안군을 편성했다. 이것은 부락조직임과 동시에 행정, 경제, 사회조직이자 군사조직이기도 했다. 지배영역이 확대됨에 따라 휘하의 숙여진과 거란족도 맹안·모극에 편성되었다. 금나라 초기 체제는 여진족 고유의 부족제를 잘 보여 준다.

금의 세력이 요동에 미치자 연운십육주의 회복을 노리던 송조는 금에 사신을 보내 요에 주던 물자를 금에 지급하는 대신 연운십육주를 송이 탈환하는 조건으로 요에 대한 협공을 제안했다. 이에 따라 금군은 일시에 요의 본거지를 장악했지만 송군은 연경에서 요군에 대패를 당했다. 다급한 송은 금에 동전 100만 관과 군량 20만 석을 지불하기로 하고 원조를 요청해, 1122년 결국 연경도 금군에 의해 함락되고 만다.

요의 천조제天祚帝는 내몽골로 도망가 재기를 꾀했지만 결국 1125년 금에 체포되어 요는 완전히 멸망했다. 다만 일족인 야율대석耶律大石이 중앙아시아로 도주해 셀주크 투르크의 제후들을 격파한 후, 오늘날 신강성에서 아무

르강 일대에 이르는 서요西遼제국을 건국했다. 이를 흑요黑遼라고도 하는데 서방세계에는 카라키타이로 알려졌다. 서요는 이후 80년간|1132~1211| 존속했다.

화북에 진출한 금군은 일단 북쪽으로 돌아갔지만, 송 측이 약속을 어겼기 때문에 1126년 다시 남하해 송의 수도 변경|개봉|을 점령한다. 이후 이미 양위한 상황上皇 휘종徽宗과 흠종欽宗, 종실 및 관료와 기술자 3천여 명을 포로로 삼아 북방으로 압송했다. 이를 정강靖康의 변이라고 하며 이에 송은 멸망하게 된다. 그러나 흠종의 아우 강왕康王이 옹립되어 황제|고종高宗|에 오른 뒤, 금군의 추격을 피해 강남으로 도피해 항주를 임안부臨安府로 고쳐서 수도로 삼았는데 이를 남송이라고 한다.

왕안석의 신법 실시와 그 배경

왕안석王安石의 신법이 실시된 것은 11세기 후반이었다. 이 개혁의 목적은 직접적으로는 재정을 회복하는 것이었지만 단순히 세수를 증대하기 위한 정책은 아니었다. 이는 광범위한 재정·행정개혁임과 동시에 사회개혁이기도 했다. 개혁 주장이 일어나게 된 배경은 바로 만성적인 재정적자, 막대한 군사비와 관료제 유지비용 때문이었다. 송의 건국 후 100년 정도가 지나자 여러 사회적·경제적 폐해가 노출되기 시작했다. 그중 가장 심각한 것은 재정의 적자였다. 송 초 이래 흑자를 기록하던 국가수지는 11세기 중반에 균형을 이루더니 곧 적자로 돌아서 회복의 기미가 보이지 않았다. 과거제를 통해 등용된 수많은 관료를 유지하기 위해 쓰인 비용, 그리고 서하와의 7년 전쟁 후 증대되기 시작한 군사비가 주요 원인이었다. 당시 지출의 70~80% 정도는 직업군대를 유지하고 전쟁을 수행하는 데 필요한 군사비였다.

군사의 수는 초기에 금군과 상군을 합쳐 40만 미만이었던 것이 인종시기에는 금군 80만 이상, 상군을 포함하면 126만으로 증가했다. 그래도 대외관계는 여전히 열세였고 군대의 전투력도 형편 없었다. 과거 합격자가 계속 늘어남에 따라 관료의 수도 11세기 초에 1만 명이었던 것이 11세기 중반에 2만을 넘어 영종대에는 2만 4천으로 증가했다. 게다가 문신 우위의 정책 때문에 봉록이 여타 중국왕조보다 많았을 뿐 아니라 기타 경제적 지원도 컸는데 이것이 모두 문제의 원인이었던 것이다. 그리고 관리의 기강도 황제독재체제가 성립된 후 오히려 무사안일적인 태도가 나타났다.

왕안석

반면 일반 농민은 대토지소유제의 확대로 토지소유의 불균형이 진행된 데다 재정적자를 메우기 위한 수입 증대책으로 인해 중과세를 견디기 힘들게 되었다. 특히 농민이 부담스러워 했던 것은 직역職役이었다. 직역은 지방행정의 실무를 강제로 부유한 백성에게 할당하는 것이었는데 차역差役이라고도 했다. 도시에서는 국가의 전매정책과 대상인의 과점 상태의 강화로 인해 중소상인은 심각한 타격을 받았다.

1068년 21세의 나이로 즉위한 청년황제 신종神宗은 왕안석을 중용해 개혁을 단행했다. 왕안석은 강서의 관료집안 출신으로, 과거 합격 후 지방관으로 전전하면서 근무지에서 수리사업과 빈농 구제사업을 펴 큰 성과를 올린 바 있었다. 인종 말기에 그는 '만언서萬言書'라는 장문의 보고서를 올렸는데 이는 개혁의 필요성과 포부를 밝힌 것이었다. 여기서 그는 생산력을 자극해 재정을 증대시킬 수 있으며, 그 방법은 선왕의 도 특히 『주례』●에서 찾을 수 있다고 해 『주례』를 모델로 한 개혁의 추진의사를 밝히고 있다.

신법의 구체적인 내용은 농민생활의 안정과 생산의 증가, 조세원의 개발을 목표로 한 부국책, 부병제의 회복을 통한 강병책, 과거제와 관료임용제도의 개혁을 통한 교육제·관료제 개혁책 등이다다음 페이지의 표 참조.

신법의 성과는 재정과 관련해서는 상당한 효과가 있어, 재정수지가 만성적인 적자에서 흑자로 돌아섰을 뿐 아니라 오히려 막대한 잉여를 남기게 되었고, 지방 재정도 극히 충실해졌다. 그러나 농민 부담의 경감이란 면에서는 그 실효성이 나타나지 않았다. 실적을 올리기 위해 관료들이 상당한 무

『주례』
13경의 하나로 주공周公이 지었다고 하는 서주시대의 전장典章 제도를 기록한 책. 일명 『주관周官』이라고도 하며, 육관六官제도를 기반으로 한 관직, 예제, 학제, 종법제 등을 기록하였다. 책을 펴낸 연대는 전국 말기로 추정된다. 후대에 상고尙古적인 경향으로 자주 개혁의 전범典範으로 등장하였다.

목 적	법 령	주 요 내 용
부국책	균수법均輸法	재정 수요와 산지의 실정을 일치시킴으로써, 물자의 유통을 합리적으로 개선하고 대상인의 폭리를 방지함.
	청묘법青苗法	춘궁기에 빈민에게 전곡을 대여하고 추수 후 2할의 이자와 더불어 상환토록 함. 농민 구제와 군량 확보를 위한 조치였다. 당시 고리대업자들은 같은 기간 평균 6~7할의 이익을 얻음. 이에 대지주인 관료의 반대가 극심함.
	시역법市易法	중소상인에 연 2할로 자금 대여, 대상인 주도의 유통구조 조정. 대상인의 격렬한 반대.
	모역법募役法 면역법免役法	북송 전반기 농민에게 막대한 부담이었던 직역을 응모제로 전환, 대신 종래의 부담자들로부터 면역전을 징수. 차역 면제되었던 관호와 사관寺觀, 상인에게도 농민 액수의 절반에 상당하는 조역전助役錢 징수.
농촌진흥책	어전법淤田法	어전사라는 관청을 두고 증수기의 하천진흙을 이용해 토질을 개선시키는 방법.
	농전수리법農田水利法	황폐한 전토의 부흥과 수리시설의 신설을 통해 농경지를 확대.
	방전균세법方田均稅法	전토를 정확히 측량해 조세 부담의 균평화 추구.
강병책	보갑법保甲法	주호와 객호 불문하고 10호를 1보로 하고, 50호를 1대보, 500호를 1도보로 하고 각기 장을 설치. 전통적 인보조직을 이용, 경찰 업무와 민병조직으로 활용하려는 것. 결국 민병화에는 실패하고 남송대 이후 향촌조직화.
	보마법保馬法	재산에 따라 민간에서 각각 1~2두의 군마 사육. 개봉과 화북에서 실시.
	장병법將兵法	변방 방비의 강화, 군대 편성 및 훈련의 조직화를 도모한 개편.
관료개혁책	창법倉法	서리에게 수수료 대신 봉록을 지불하고 대우를 개편한 후 뇌물 수수시 엄벌, 또한 서리가 관리가 될 수 있는 길을 개방하고 관리와 서리의 일체화를 도모.
	삼사법三舍法	문학, 유교 경전의 지식으로써 관료를 선발하는 과거제의 폐단을 시정하려는 목적. 상사 · 내사 · 외사라는 3단계의 학교제(삼사)를 통해 관료를 양성하고자 한 것.

〈왕안석 신법의 구체적 내용〉

리를 했던 데다, 농민 실정을 무시한 강제적 실시 등으로 신법 실시 중기에 이르면 대다수 농민들도 신법을 반대하는 입장을 취하게 된다.

그러나 농업생산력의 증대(특히 농전수리법)나 상공업의 진작 등의 면에서는 적지 않은 효과가 있었다. 당시 관료들의 압도적 다수가 신법을 반대했는데, 그 이유는 신법의 개혁 자체가 사회 전반에 대한 전면적 개편의 성격을 띠고 있었기 때문이었다. 여기에 덧붙여 이와 같은 광범위한 개혁을 시행하며 관료 내부의 의견 수렴, 충분한 동의 도출 작업을 소홀히 했기 때문이었다. 게다가 보수적인 사대부들은 급격한 변화에 부정적인 태도를 보였고 지주와 대상인 출신이 대부분이었던 관료들의 이해에도 배치되었다. 여기에 왕안석 개인의 비타협적, 독단적 성향과 신법당의 인물 구성이 취약했던 것도 반대파가 많았던 이유 중 하나였다.

왕안석 신법에 대한 평가는 백성과 더불어 이익을 다툰 소인이라거나, 전통을 파괴하고 나라를 멸망으로 이끌었다는 전통적인 부정적 평가가 있다. 이것은 지주로서의 성격을 갖는 사대부층이 남송 이후 구법당의 입장에서 자신들의 주장을 적극적으로 표명함에 따라 내려진 평가였다. 반면 대체로 소상인과 소농민의 입장에서, 당시 사회 위기에 대처하려 했던 진보적인 개혁이라고 평가하는 이도 있다. 그러나 왕안석의 신법에서 주된 목적은 무엇보다 국가의 재정적, 군사적 위기를 극복하는 데 있었으며 소농민을 보호하는 등의 문제는 관심 밖의 일이었다. 지금까지 살펴본 것처럼 왕안석의 신법은 당시 사회에서 볼 때 혁신성과 한계성을 동시에 갖고 있었다고 하겠다.

당쟁의 성격과 북송의 멸망

송대에는 일반적으로 관료가 당파를 만들어 다투는 정쟁이 많은 시대였지만 신법을 둘러싼 당쟁만큼 격렬한 것은 없었다. 왕안석에 대한 반대는 최초 균수법의 실시부터 격렬해져 점차 신법의 제정에까지 미쳤다. 반대자는 구양수歐陽修, 부필富弼, 한기韓琦, 문언박文彦博, 사마광司馬光 등 당시를 대표하는 사대부 관료들이었다. 이후 신법의 구상에 참여했던 소철蘇轍과 정호程顥도 반대파에 가담해 왕안석과 논쟁을 벌였다. 그러나 왕안석에 대한 신종의 신임이 두터워 신종이 죽을 때 |1085|까지 신법은 유지되었다.

사마광

신종의 죽음은 신구 양당의 정치적 위치를 역전시켰다. 철종哲宗의 후견인이 된 선인태후宣仁太后가 구법당 인물들을 중앙의 요직에 배치했고 사마광은 재상이 되자 신법을 폐지하고 구법을 부활시켰다. 그래서 『자치통감自治通鑑』을 지은 사마광을 필두로 신법에 반대하는 당파를 구법당이라 부른다. 9년에 걸친 선인태후의 섭정이 끝나고 철종이 친정하게 되면서 신법당인 장돈章惇과 증포曾布를 기

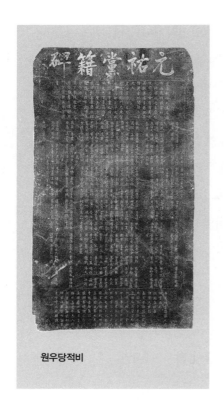

원우당적비

용하고 구법당을 배척했는데 이를 계기로 양당의 대립은 한층 격화되었다.

철종이 죽고 실질적으로 북송 최후의 황제인 휘종徽宗이 즉위하자[1100], 섭정이 된 상태후尚太后는 양당의 화해를 시도해 중도정치를 지향했지만 양당의 투쟁은 점점 더 격렬해졌다. 휘종이 친정하게 되자 재상이 된 채경蔡京은 구법당을 철저히 탄압했다. 채경은 구법당이 정권을 잡았을 때 구법을 추진하다가 신법당의 천하가 되자 이에 가담한 기회주의자였다. 그는 전후 16년간 재상을 지냈는데, 사마광 등 309명의 구법당 인사들을 간당姦黨이라 하여 그 이름을 돌에 새겨 전국에 세웠다. 이를 '원우당적비元祐黨籍碑'라 한다. 신법당의 정권은 이후 북송 말까지 이어진다.

그러나 북송 말의 신법은 이미 왕안석의 신법 실시의 정신을 잃고 오히려 백성을 수탈하는 도구로 변해 버렸다. 당쟁에 따른 지방행정의 혼란과 휘종 개인의 사치 때문에 그 도는 점점 더 심해졌다. 휘종시대는 신법 때문에 재정이 풍요해져 저명한 화가를 초빙할 정도로 여유가 있었다. 따라서 이 시기는 송대뿐만 아니라 중국 전근대사를 통해 최고의 미술 전성기를 이룬 시기였다. 휘종의 사치는 한층 심해졌는데 그로 인해 유흥비용이 엄청나게 소모되었다.

신법에 의해 국가재정은 나아진 반면 농촌사회에서는 불만이 쌓여 갔다. 예술의 황금시대였던 당시, 화북에서는 여진족이 발흥하기 시작하면서 2개의 대반란이 일어났다. 화북에서 발생한 송강宋江의 난과 강남에서 발생한 방랍方臘의 난●이 그것이다. 특히 방랍의 난은 경제의 요지였던 강남지방에서 발생한 것인 데다 항주도 공략된 상태여서 정부는 황급히 금과 연합했고, 요를 공략하던 정예군과 화북의 군대 15만을 동원해 진압에 나섰다. 송강을 필두로 36인의 지도자에 의해 영도되는 집단이 산동의 양산박을 근거

방랍의 난
1120년 북송 말 채경이 추진하던 궁정과 정원 장식을 위한 수탈에 저항해 강소성에서 방랍을 중심으로 일어난 반란. 반란에는 마니교 신도들이 많이 참가하였으며, 독자적인 국가를 건립하려 했지만 실패했다.

로 일대를 횡행했지만 후일 정부에 투항했다. 이 반란을 소재로 한 것이 저 유명한 『수호전水滸傳』이다.

북송은 반란을 진압하고 일시 금조의 도움을 받아 숙원이었던 연경|지금의 북경|도 수복했지만, 국내에서는 이미 인심을 잃은 상태였으며 금과의 약조 도 저버렸기 때문에 결국 금의 공격을 받아 멸망하기에 이르렀다. 북송이 멸망하면서 보갑법 등 일부를 제외하고는 신법에 종언을 고하였다. 구법당 계의 관료가 남송정권을 장악했고, 북송을 파국으로 이끈 것이 신법당의 통 치시기였다는 점이 그 이유가 되었다.

남송의 건국과 정국

여진족이 건국한 금에 의해 북송이 멸망하자 고종은 강남으로 도피해 남 송을 건국했다. 이후 남송과 금은 공방전을 계속했지만 모두 결정적인 계기 를 얻지 못했다. 금 측은 인구가 많은 농경지대인 화북을 일거에 지배할 수 없어 한인관료를 이용한 괴뢰정권인 초楚와 제齊를 세웠지만 화북을 장악할 수 없었다. 그리고 남송 측도 악비岳飛[*] 등의 의병이 항쟁을 계속했지만 금 군의 남진을 저지하는 데 머무를 뿐 완전히 격퇴할 수는 없었다.

이에 따라 양국 사이에는 평화의 분위기가 무르익어 갔다. 때마침 정강 의 변 당시 포로가 되어 잡혀 갔던 진회秦檜가 귀국해 재상이 되었고, 그는 적극적으로 화의를 주창했다. 진회는, 중앙의 통제를 벗어나 금나라와 전쟁 을 수행함으로써 화의에 방해가 된 악비에게 무고한 죄를 씌워 옥에 가둔 다음 살해해 버렸다.

이러한 정치상황을 배경으로 교섭이 진행된 결과, 1142년에 회수淮水와 섬서성 대산관大散關에 이르는 선을 국경으로 하여 화약이 맺어졌다. 그리고 이에 따라 송은 금의 책봉을 받아 신하의 예를 취했다. 또한 매년 은 25만 냥과 비단 25만 필을 세폐로 지불하는 조건으로 화의가 성립되었는데, 이 는 남송에게는 치욕적인 화의였다. 정강의 변으로부터 17년 만에 굴욕적이

악비
북송 말, 남송 초에 빈농 출신으 로 금나라와 전쟁을 치른 장수. 호북성 일대를 무대로 한 그의 군대는 악가군岳家軍이라는 정 예병이었다. 한세충韓世忠·장준 張俊 등과 협력하여 금군金軍의 남침을 저지하는 전공을 올렸 다. 우리나라의 충무공 이순신 처럼 추앙받는 중국민족의 영웅 이다.

악비의 묘

긴 하지만 평화가 달성된 것이었다. 중국왕조가 주변의 이민족에게 신하의 예를 취한 것은 이례적이며, 여기서 당시 동아시아 국제관계의 변동을 엿볼 수 있다.

남송은 영토와 인구에 있어 비록 북송의 5분의 3 정도로 축소되었지만, 대신 비옥한 강남지역의 개발에 주력해 생산력은 오히려 북송시기를 능가했다. 또한 주희朱熹나 육구연陸九淵과 같은 뛰어난 사상가가 나타났고, 주자학의 성립과 보급으로 인해 유교이념이 폭넓게 정착되었다. 군사적으로 열세임에도 불구하고 북송의 문화적 전통과 경제적 풍요를 이어받을 수 있어, 북송과 거의 비슷하게 150년을 유지했다.

남송의 경제적 번영은 상업과 도시의 발달에서 특히 잘 드러난다. 도자기와 비단, 종이 등 각 지방의 특산품이 지역의 유통망을 통해 각지로 운송되었고, 특히 외국무역도 활발해졌다. 이에 따라 수도 임안臨安은 150만이 거주하는 대도시로 발돋움했으며, 대도시의 번영은 그곳에 거주하는 시민들의 생활을 향상시켰다. 그리고 이들에 의해 남송대의 새로운 서민문화가 활짝 꽃피우게 되었다.

그러나 남송에게는 북송에서 물려받은 두 가지 문제가 여전히 존재했다. 하나는 대토지소유의 진행으로 인한 토지소유의 불균형이 여전해 재정 수입에 막대한 지장을 초래하고 있었다. 또 하나는 북방의 이민족, 즉 금조의 위협이었다. 중원 회복의 열망에도 불구하고 군사력의 열세는 여전했으며, 금군의 위협 때문에 군사비의 지출은 해마다 늘어나 재정을 압박했다. 특히 13세기 초 권신이던 한탁주가 정권을 잡고 북벌을 감행했다. 실패한 뒤에는 그 압박이 한층 심해졌다. 이것은 또 다른 형태의 통치를 낳는 원인이 되었다. 즉 불안정한 대외관계와 황제권의 약화로 인해 권신權臣들의 정치전횡이 계속되었던 것이다. 이미 고종시대에 진회가 그러했고, 영종시대의 한탁주가 이를 이었다. 이후에도 이종理宗시대에 사미원史彌遠과 남송 말 도종度宗시대의 가사도賈似道 역시 마찬가지였다.

그러나 명분론과 공명심에 사로잡힌 위정자들은 새로이 등장한 몽골과 연합해 금조를 공략한다는 군사적 모험을 감행했다. 북송 말에 금이 대두하면서 금과 연합해 요를 공격하다가 오히려 북송이 멸망한 외교의 실패를 그대로 답습한 것이다. 이후 금이라는 완충역을 상실한 남송은 몽골의 직접적인 군사적 위협에 직면하게 되었고, 결국 재정난을 해결하려 했던 가사도가 공전법公田法을 추진했음에도 불구하고 남송은 1279년 몽골에게 정복되고 만다. 역사상 처음으로 중국의 전 영토를 이민족 정복왕조가 지배하는 상황이 일어난 것이다.

결국 송대는 경제·문화 면에서 이전 시대에 뒤지지 않는 역대 최고의 수준에 이르렀지만 내륙아시아의 거란족, 여진족, 몽골족 및 티베트족 부족민들의 중국 내부로의 침입과 정복 역시 최고조에 이르렀다. 그렇다면 왜 송조는 이들과의 무력대결에서 계속 취약점을 보였는가? 그 원인 중 하나는 무거운 국방비의 부담을 진 관료제도와 군사제도가 성립된 데 있었다. 게다가 문치주의적 문신관료제가 성립되면서 쿠데타의 가능성을 가진 무인 세력을 철저히 견제했고 과거제의 기능이 강화되면서 이러한 경향은 더욱 강해졌다. 문치 우위의 사회는 중국 유교국가의 이상 중 하나였지만, 송만큼 철저히 이 원칙을 고수한 국가는 없었다. 이러한 정책과 분위기는 송조를 군사적으로 허약한 상태로 만들어 놓았고 결국 멸망의 원인이 되었다.

또 한 가지는 자신의 적에 대한 정보에 어두웠다는 점을 들 수 있다. 진·한과 수·당 왕조는 교역과 사절을 통해 끊임없이 내륙아시아의 권력구조에 개입하고 있었다. 그들은 분열된 부족 내에서 자신의 동맹자를 구하고, 강한 부족들끼리 서로 싸우도록 만드는 수법, 즉 이이제이以夷制夷에 매우 익숙했다. 따라서 북송과 남송이 보인 외교적인 어리석음은 내륙아시아의 민족들과 직접 접촉을 갖지 못한 채, 정복왕조의 등장이라는 내륙아시아의 변화에 능동적으로 대처하지 못했던 데에서 기인한다고 볼 수 있다.

송대의 경제발전은 이미 설명한 바 있다. 따라서 여기서는 송대에 이루어진 기술의 혁신에 대해서만 살펴보겠다. 우선 인쇄술을 들 수 있는데, 인쇄술은 송대의 문화 및 사회생활에 심대한 영향을 주었다. 목판인쇄술은 수·당시대에 시작되었지만 그 광범한 보급은 송대에 이루어졌다. 특히 국자감이나 전운사와 같은 중앙과 지방의 국가기관이 각종 서적을 대량으로 출판했으며, 이것을 이용해 효율적인 지식의 전달이 이루어졌다. 이에 따라 서적의 휴대와 보관이 용이하게 되었고, 이를 뒷받침하는 제지술과 인쇄술의 발전이 이루어졌다. 여기에는 과거제의 발전이 상당한 공헌을 했다고 생각된다.

아울러 나침반이 발명되어 북송 중엽에 널리 보급되었다. 화약의 제조 역시 송대에 이루어졌는데, 화기의 제작을 전담하는 관아를 두고 병기의 제조와 기술의 발전에 진력했다. 과학기술의 수준도 이전 시대와는 비교할 수 없을 만큼 향상되어 의학과 천문학, 수학 분야에서 뛰어난 업적을 낳았다.

농업과 수공업 및 상업에서의 발전은 송대 사회에 활력을 불어넣었다. 수·당의 문벌귀족은 소멸되고 이 활력에 편승한 새로운 지주층이 등장했는데, 송대에는 이들을 형세호形勢戶라 불렀다. 이들은 대토지소유자로서 우세한 경제력을 기반으로 송대 사회의 유력한 지배층으로 성장했다. 당시 이

필승畢昇의 진흙활자판
필승은 1041~1048년에 진흙을 이용해 활판인쇄술을 발명하였다. 진흙으로 글자를 뜬 후 불에 구워 제작하였고 다시 쓸 수 있도록 고안하였다. 이 사진은 『몽계필담夢溪筆談』의 기록을 근거로 복원한 모형이다.

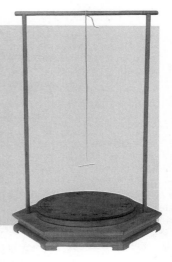

나침반

북송 시기에 제작되었던 4종류의 나침반 중 2개. 도
자기에 물을 담은 후 바늘이 뜨도록 등초燈草에 꿰어 제
작하였다. 또 한 종류는 비단에 바늘을 매달아 남북을 가리키도록 제작하였다. 모두 『몽계필담
夢溪筆談』의 기록을 근거로 복원한 모형이다.

들의 장원은 저택과 창고, 정원 등이 있었고 토벽으로 둘러싸여 있었다. 또
집의 안팎에는 장택莊宅이 주어진 경작자가 거주했다. 이들은 가족을 거느
리고 일단 독립된 가계를 구성하지만, 복僕 등으로 불리면서 형세호 즉 지
주와 매우 강한 신분적 예속관계를 맺고 있었다. 이들은 거주이전의 자유와
가족의 혼인을 지주에게 규제당했으며, 심지어 일부 지역에서는 매매의 대
상이 되는 경우까지 있었다.

이보다는 신분적 예속도가 덜한 전호나 인근의 일반 소농민도 형세호와
의 사이에 소작관계가 넓게 형성되어 있었다. 또한 형세호는 동족적 결합하
에서 일족이 집주하는 경우가 많았으며, 용골차 등의 관개농구나 농업용
소, 종자, 가축, 수리시설 등을 보유하거나 장악하는 경우가 많아 직접적인
소작관계가 없는 농민에게도 영향력을 미칠 수 있었다. 특히 강남의 우전圩
田이나 위전圍田은 국가에 의해 개발된 것도 있었지만 주된 개발의 주체는
이 형세호층이었다. 이들은 향촌에서의 이러한 기반을 근거로 과거를 통해
적극적으로 관료로 진출해 관호가 되기도 하고, 독서인으로서 사대부층을
형성해 지역사회에 지속적인 영향력을 미치기도 했다.

문화 면에서도 새로운 서민문화의 기운이 일어났다. 특히 송대가 되어
도시에서의 규제와 야간통행금지가 해제되었기 때문에 도시를 중심으로 한
서민문화가 성장했고, 북송의 수도 변경과 남송의 임안 등은 그 상황을 잘
보여 주고 있다. 성 내의 각처에는 종합연예시설인 와자瓦子 혹은 와사瓦舍가

생겨났고, 구란句欄이라는 연예공연장이 모여 있었다. 그중에는 수천 명을 수용하는 것도 있었는데, 구란에서는 가창에 대사를 섞은 잡극雜劇과 각종 설화와 잡기가 연출되었다. 이것들은 후대까지 이어져 한층 세련된 고전연극으로 발전한다.

이런 도시생활의 일면을 잘 보여 주는 것이 『동경몽화록』[•]과 장택단張擇端이 그린 「청명상하도清明上河圖」란 그림이다. 또 향촌에서도 지방의 소시장과 정기시가 발달하면서 배우에 의한 연극이 상연되었다. 이 배우들은 시장이 서는 날짜를 따라 이동하면서 촌사村社나 사묘寺廟 등 사람이 모이는 곳이면 어디서나 공연했다. 이것은 농민들에게 최대의 오락이었고 동시에 지역성을 뛰어넘는 공통의 사회·문화의식을 육성하는 데 중요한 역할을 담당했다.

사상 면에서 주목되는 것은 송학宋學 혹은 주자학朱子學이라 불리는 성리학性理學의 등장이다. 한대부터 당대까지의 유학은 경전의 자구에 대한 주석을 중심으로 한 훈고학이었지만 이미 사상으로서의 생명력을 잃은 상태였다. 대신 남북조와 수·당에 걸쳐 불교가 사상계의 주류를 이루었다. 성리학은 불교, 특히 선종禪宗의 영향을 강하게 받았음에도 오히려 불교를 비판

「동경몽화록」
1147년 남송 맹원로孟元老가 북송 말 수도였던 변경汴京(지금의 하남성 개봉)의 상업과 민간의 풍속에 관해 기술한 책. 당시 인구 1백만이 넘던 변경의 건축물, 수로망, 거리, 상점, 주루, 화물 운송, 야시, 음식, 풍속 등에 관한 자세한 서술이 들어 있어 사료적 가치가 매우 높다.

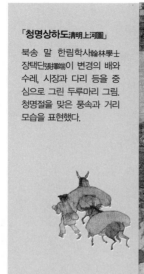

「청명상하도清明上河圖」
북송 말 한림학사翰林學士 장택단張擇端이 변경의 배와 수레, 시장과 다리 등을 중심으로 그린 두루마리 그림. 청명절을 맞은 풍속과 거리 모습을 표현했다.

함으로써 유학의 사상성을 회복하려 했다. 그래서 이를 신유학이라고 부르기도 한다. 북송의 오자五子, 즉 소옹邵雍·주돈이周敦頤·장재張載·정호程顥·정이程頤의 학문과 사상을 거쳐 성리학을 대성시킨 인물이 남송의 주희朱熹●였다.

성리학은 자연과 인간세계를 일관하는 철학적 기초를 갖는 유학 중에서도 가장 체계적인 이론이며, 그 핵심은 형이상학적인 이기론理氣論에 있었다. 성리학에서 자연계와 인간계의 여러 존재의 근원이 되는 것은 절대불변의 초월적인 이理 즉 천리天理이고, 이 천리가 개별적인 존재에게 내재화한 것이 성性, 즉 천연지성天然之性이다. 이러한 성과 이에 기초한 인간은 본래 긍정적인 존재이지만 개인은 인욕人欲과 기氣, 즉 기질지성氣質之性에 의해 혼탁해진 상태이다. 이 기를 없애고 천연지성으로 돌아가는 것이 바로 인간의 길이라는 것이 이들의 논리이다.

이를 위해서 사물에 대한 탐구 즉 격물치지格物致知가 필요하다. 천연지성이란 도덕적으로 공자 이래의 유학에 의해 전해진 도통道統이었는데, 현실적으로는 군신·부자·부부·형제·붕우의 오상五常과 상하적 신분질서가 천리에 기초한 절대 규범이 되어 결국 개인의 지위에 따라 이 규범의 엄격한 준수가 요구되었다.

성리학은 당시 송대의 새로운 지배층으로 등장한 사대부층의 통치이념이기도 했으며, 송조에서 건립된 전제적 황제권의 지배질서를 지탱해 주는 체제교학이기도 했다. 송조의 적극적인 문화정책으로 인해 유교적 소양을 지닌 독서인층이 등장했는데, 이들 사대부는 관료의 예비군 역할을 담당하면서 한편으로는 개인의 자각을 통해 천하에 대한 책임의식을 갖게 되었다.

도덕과 정치를 동일한 것으로 보기 때문에 현실정치에 실현하기 어려운 이상주의적인 측면과 엄격한 도학적 윤리성으로 인해, 남송대 정쟁의 와중에서는 위학僞學으로 탄압받기도 했다. 그러나 명·청시대에 이르기까지 체제교학으로 자리 잡으면서 동아시아 여러 국가에도 전파되어 공인된 교학으로서의 역할을 담당했다.

주희(1130~1200)
남송의 사상가. 강서성 휘주徽州 출신으로 1148년 진사가 되었고, 정호와 정이, 주돈이와 장재의 학설을 채택하여 북송 이래의 성리학을 집대성하였다. 유교 경전에 주를 달았고, 『예기』의 편명이던 『중용』과 『대학』을 사서四書에 편입시켜 중시하였다.

정복왕조의 등장과 원의 중국지배

북송과 남송시기에 서북방의 서하와 북방의 요遼·금金·원元은 이민족이 건립해 중국의 일부 혹은 전부를 지배했는데, 중국을 지배·정복한 왕조라 하여 이들을 정복왕조라 부른다. 이들은 강렬한 문화적 자의식을 바탕으로 정치와 경제, 사회와 문화 면에서 기존 한족이 건립한 왕조와는 다른 고유한 지배체제를 채택하고 한족을 지배하는 체제와 분리하는 이중지배체제를 실시했다. 특히 몽골족이 건립한 원왕조는 종족을 구분하는 차별적인 민족정책을 통해 전형적인 정복왕조의 모습을 보여 주었다.

몽골 초원에서 흥기한 몽골족은 칭기즈칸의 통솔력과 친위집단의 무력을 바탕으로 금나라와 서하를 정복하고, 서아시아 지역을 넘어 인도의 인더스강 유역까지 세력을 확장했다. 이후의 정복사업을 통해 동유럽과 남부 러시아까지 그 영역을 확대했으며, 유라시아 대륙에 걸친 대유목제국을 건설했다. 쿠빌라이는 유목적인 정치이념에서 벗어나 농경지대인 남송을 정복해 아우름으로써 새로운 유형의 통치체제를 만들어냈다. 이 기간 동안 마르코 폴로를 비롯한 서양의 상인과 선교사가 대거 중국으로 몰려와 중국의 사정이 유럽에 알려졌는데, 이것이 훗날 유럽에서 대항해시대의 싹을 틔우는 중요한 계기가 되었다.

유목국가와 정복왕조론

정복왕조Conquest Dynasties라는 용어는 미국에서 활동하던 독일 출신의 동양학자인 비트포겔K. Wittfogel이 사용함으로써 알려졌다. 그에 의하면 정복왕조란 중화제국 역사상 전형적인 중국왕조 외에, 이들과 항쟁하면서 때로 이들을 정복하고 지배한 요遼를 비롯해 금金, 원元, 청淸 등, 유목민족이 건립한 여러 왕조들을 가리킨다.

그는 남북조시기에 중국 내지로 이주해서 중국의 일부를 점령해 지배했던 북위 등을 침투왕조Infiltration Dynasties 혹은 잠입왕조라 하여 정복왕조와 구분했다. 침투왕조가 장기간에 걸쳐 서서히 화북지역으로 내려와 거주하다가 반평화적인 방법으로 국가를 건립하고, 이후 수 세대가 지나면서 국가가 멸망하자 중국의 문화에 흡수·동화되어 버린 것과는 달리, 정복왕조는 장성 이북에서 갑작스럽게 등장해 중국을 일시적으로 정복했다.

따라서 10세기 이후에 등장하는 정복왕조는 중국의 농경문화에 대항하는 유목민족으로서의 강렬한 문화적 자의식과 서방의 영향을 받은 독자적인 고도의 유목도성문화를 기반으로 해, 중국인과 중국의 문화에 대한 정복자로서의 의식이 강했다. 따라서 이들 정복왕조에서는 한민족 혹은 한문화에 동화되지 않기 위한 여러 제도적 장치들을 시행함으로써, 당연 통치구조에서도 이중성 혹은 이원성의 경향이 나타나게 되었다.

요는 본래 유목민 부족에 대해서는 부락체제에 의해 통치하고, 한족과 발해인 등 정주민은 중국식 주현제로 통치하는 이중체제를 만들었다. 중앙통치기구도 유목민족을 통치하기 위한 북면관北面官과 농경민족을 통치하기 위한 남면관南面官을 별도로 설치했다. 이어 금은 화북을 점령하자 지배를 확실히 하기 위해 여진족을 이주시켜 한족과는 별도로 맹안猛安·모극謀克●이라는 고유의 부락체제로 통치했다. 원나라는 더 나아가 몽골지상주의로 중국통치를 행하기까지 했다. 여기에 각자 거란문자, 여진문자, 파스파문자라는 독자적인 문자를 제작해, 민족적 자의식을 고양시키는 데 주력했다.

정복왕조라는 용어가 제창되자 당시까지 중국인 중심의 역사전개를 당

맹안·모극
금대의 군사조직이자 행정조직을 이루던 여진 고유의 부락체제. 300호를 1모극으로, 10모극을 1맹안으로 편성하고 그 우두머리도 맹안·모극이라 불렀다. 평상시에는 생산과 사회활동의 단위였고, 전시에는 군사조직으로 신속히 전환되었다.

서하문자

거란문자

연시해, 유목민족이 세운 왕조를 중국의 변방민족왕조라든가 또는 이민족
왕조 등 애매한 개념으로 처리해온 데서 벗어나 북방유목민족의 정치적 성
격을 나타내는 데 매우 적합한 개념으로 널리 받아들여졌다.

또한 중국을 지배한 이민족들이 한화漢化되거나 흡수되어 버렸다는 문화
흡수이론적 관점에서 유목민족을 바라보던 시각도 바뀌었다. 정복왕조의
시대에는 중국의 문화와 이민족의 문화가 서로 만나 문화변용 혹은 문화접
변을 이루었다는 시각이 생겼고, 그리하여 제3의 문화가 탄생되었다고 보
기에 이르렀다. 그러나 간과할 수 없는 사실은 이민족지배하의 한족사회에
서도 당 혹은 북송 이래의 전통문화는 여전히 유지·계승되었다는 점이다.

요의 이중통치체제

요는 최초의 정복왕조로서 후대의 정복왕조에 많은 영향을 주었다. 요는
여타 정복왕조와는 달리 본거지를 중국본토로 옮기지 않고 수도를 그대로
북방에 둔 채 정복지인 화북지역을 통치했다. 요는 초기에 최초의 유목도성
국가인 위구르제국의 형태를 계승했는데, 위구르는 실크로드 주변의 오아
시스 정착민을 지배했을 뿐 아니라 주변의 농경지대로부터 농민과 수공업
자를 약탈해 영내로 강제 이주시키고 그들을 도시에 집주시켜 경제와 문화
의 거점으로 삼은 바 있었다.

야율아보기 이래 요는 화북을 반복해서 침략했는데, 그 목적은 단순한 물자의 약탈에 있었던 것이 아니라 농민과 수공업자의 획득에 있었다. 강제 이주는 요가 지배하게 된 연운십육주에서도 행해졌으며, 또 멸망시킨 발해의 유민에 대해서도 시행되었다. 그리하여 이주자에 의해 만리장성 이북의 유목지대에 많은 유목도성이 건립되었고, 요의 황제를 비롯해 왕후와 유목 귀족들은 이를 중심으로 직할령을 설정했다. 이를 두하주頭下州라고 하는데, 이곳으로 강제 이주된 한족과 발해인은 대개 농경에 종사했으며, 기술자는 수공업을 담당했다. 두하주에 포함되는 호구는 인구밀도가 높은 연운십육주의 호수에 필적했을 정도로 많았고 유목귀족의 권력기반이 되었지만, 10세기 이후 요의 중앙집권화가 추진되면서 점차로 중앙에 귀속되었다.

그러나 초기부터 장성 이북의 유목지대와 연운십육주라는 화북의 농경지대의 이질적인 성격의 영역을 보유하게 된 요는 이에 맞추어 국가체제도 이중체제를 취했다. 서로 다른 성격의 영역을 지배하기 위해 중국의 장성 이남의 농경지대에 거주하던 한족과 발해인은 주현제로 통치하고, 거란족을 비롯한 유목민은 거란 고유의 관습법으로 통치했다. 요의 이중체제는 중앙관제상 설치된 유목민통치를 위한 북면관제北面官制와 농경민을 지배하기 위한 남면관제南面官制에서도 드러난다. 북면관은 북추밀원北樞密院을 최고관청으로 해 부락을 통제했고, 남면관은 남추밀원南樞密院을 최고관청으로 해 삼성육부제와 주현제를 통해 농경민을 통치했다. 이 이중체제는 거란의 독자성을 살리면서 중국체제를 흡수한 형태였다.

북면관과 남면관은 황제에 직속되어 있었지만 대등한 관계는 아니었다. 국가의 중대사는 북면관에서 장악했고 남면관은 간여하지 못했다. 반면 남면관에는 거란인이 파견되었지만 하급의 주와 현에는 한족 관료에 의한 재래식 통치방식이 시행되었고, 북면관도 실제로는 요의 지배하에 재편된 유목민의 부족제를 기초로 하고 있었다. 남면관과 북면관은 세제와 법제에서도 각각 독자적인 방식이 사용되었다. 여기에는 정복왕조로 발전하는 과정에서 유목경제와 농업경제를 혼합한 요의 이중적 경제구조가 작용했다. 그러나 요의 중심은 명백히 장성 이북의 유목지대였고, 여기에서 구축된 독자적인 체제를 기반으로 남쪽 농경지대를 지배한 것이었다.

금의 건국과 국가구조

금은 송과의 화의가 성립됨에 따라 회수 이북의 화북지역을 지배하게 되었지만, 이 광대한 농경지와 약 600만 호에 달하는 엄청난 수의 호구의 보유는 금조 본래의 유목체제에 많은 갈등을 가져오게 하였다. 금의 지배영역은 같은 정복왕조라고는 해도 겨우 연운십육주를 지배하는 데 그친 요와 비할 수 없었다. 이 때문에 초기에는 괴뢰정권을 만들어 한족을 같은 한족이 통치하도록 했지만, 이후에는 여진족이 직접 한족을 통치하게 되었다.

희종은 마찰을 피하기 위해 여진족의 부락적 국가편성을 극복하고 중국적 왕조체제로의 이행을 추진하는 동시에 여진족을 화북으로 이주시켜 함께 거주시키는 잡거雜居방식을 채택했다. 또한 1138년에는 경의經義와 사부詞賦 양 과를 설치해 한인관료를 선발하는 과거를 실시하는 등 의욕적인 정사를 펼쳤지만, 말년에 종형제인 해릉왕海陵王 완안량完顔亮에게 제위를 빼앗겼다[1149].

해릉왕은 강렬한 한화주의漢化主義자로서 남송을 정복해 전통적인 중국식 왕조체제를 구축하려고 했다. 그는 수도를 상경上京 회령부會寧府에서 지금의 북경인 연경으로 옮기고 금나라의 종실 전원이 이주토록 했다. 해릉왕은 경제적으로 풍요로운 강남을 정벌해 그 부를 획득하고자 하는 목적과 명실상부한 중국의 정통 군주가 되고자 하는 목적에서, 1161년에 대거 남진해 양자강 연안으로 진출했다. 송군은 이 전투에서 사상 최초로 화포를 사용해 금군을 패배시켰다. 게다가 과중한 군사비 부담과 징병에 시달린 거란족이 반란을 일으키자 이를 기회로 보수적인 여진족이 쿠데타를 일으켜 사촌동생인 세종을 옹립했다. 이에 해릉왕은 진중에서 죽고 세종이 즉위하게 된다.

세종은 금의 명군으로 칭송되는데, 1165년에 다시 송과 2차 화약을 맺어 이후 양국의 관계는 40년간 안정되었다. 그 내용은 종래의 군신관계를 숙질관계로 고치고, 세폐는 은과 비단을 각각 25만 냥과 20만 필로 감액하는 것이었다. 강렬한 민족주의자이기도 했던 세종은 여진의 독자적인 문화와 풍속을 유지하기 위해 여진문자로 한문 서적을 번역시키고, 여진인을 위한 진사과를 설치하기도 했다. 그러나 화북 지배로 인한 여진족의 중국화 경향은 여전했다.

이미 화북의 직접 지배가 시작된 희종 때부터 금조의 근간을 이루는 맹안·모극호의 화북으로의 이주가 이루어졌고, 전후 약 100만에 달했다. 이들 여진족들은 토지와 농업용 소를 분배받았고 조세는 극히 적었으며 기타 소작료 등은 면제받는 특전이 부여되었다. 그러나 농경에 익숙지 못한 관계로 점차 토지를 상실하고 한족의 생활에 물들면서 유목민 본래의 강건한 기풍을 상실해 갔다. 이는 금조의 지배를 근본부터 뒤흔드는 것이었다.

이것은 정복왕조로서의 금조의 위상이 변화되었음을 의미한다. 원래 건국 초기에 여진족은 요의 이중체제를 이어받아 여진족에 대해서는 고유한 정치조직인 보길레勃極烈제도®와 맹안·모극제도로 통치하고 한족에 대해서는 중국식 주현제로 통치했다. 그러나 보길레는 1121년 희종 때에 폐지되고 그 대신 중국식 삼성육부제도로 통합했다. 금조 치하 화북의 인구는 당시 약 4천 8백만으로 추정되며, 그중 한족이 약 3분의 2를 차지했다. 이중체제가 기능을 상실할 때 문화수준과 농업경제 능력에서 열세였던 소수인 여진족으로는 견디기 어려웠을 것이다.

세종의 손자인 장종章宗은 중국식 풍류천자라 할 정도로 중국문화에 깊이

보길레제도
여진어로 보길레라 부르며 부족장, 무당을 의미하는 말. 1115년 아쿠타는 여진족을 통일한 뒤 자신을 도都보길레라고 부른 후, 4보길레를 두어 국정을 총괄토록 하였다.

요의 수도였던 중경 유적

심취해 있었다. 금조 치하에서 특기할 것은 희종시기부터 신도교가 발전한 점이다. 진대도교眞大道敎, 태일교太一敎, 전진교全眞敎가 그것인데, 송대 국가의 보호를 받으며 형해화한 도교를 부정하고 엄격한 수도생활을 추구하는 실천적인 종교였다. 특히 왕중양王重陽이 창시한 전진교는 세력이 가장 컸으며, 이후 원조 초기에 왕중양의 제자인 장춘진인長春眞人 구처기邱處機가 칭기즈칸의 신임을 획득함으로써 화북의 도교를 지배하게 되었다.

몽골제국의 성립과 원의 중국통치

칭기즈칸의 등장과 몽골제국

금나라가 쇠퇴해갈 무렵 외몽골지역에서는 칭기즈칸이 이끄는 몽골족이 돌연 발흥해 유라시아 전역에 걸친 대정복전쟁을 수행했다. 몽골족은 당대에는 흑룡강의 지류인 실카강 부근에서 유목하는 소부족이었는데, 위구르 제국의 붕괴 후 바이칼호 남방의 오논강과 케룰렌강 유역으로 이주해 요·금에 복속하고 있었다. 금이 흥기할 무렵 몽골고원에는 동쪽에 타타르족, 남쪽에 옹구트족, 서남쪽에 케레이트족, 서북쪽에 메르키드족, 서쪽에 오이라트족 등 여러 유목부족이 패권을 다투고 있었다. 12세기 후반, 몽골어로 '최고의 쇠로 만든 인간'이라는 뜻의 테무진鐵木眞은 몽골족 내부를 통일했고 칭기즈칸이라 칭해졌다1187l. 그는 이후 주변의 몽골계와 투루크계 부족을 격파해 1206년에는 쿠릴타이에서 전 몽골부족에 의해 다시 칸에 추대되었다.

칭기즈칸

몽골을 통일한 칭기즈칸은 이후 매년 서하와 금을 공격해 물자와 가축 및 인원을 약탈했고, 1215년에는 금의 수도인 연경을 점령했지만 곧 하남으로 물러났다. 금은 수도를 황하 중류 유역의 변량으로 옮겨 몽골의 압력을 완화하려 했다. 동방을 거의 제압한 후

칭기즈칸 원정도

칭기즈칸과 그의 군대가 적군을 추격하고 있는 모습을 그린 그림. 일한국汗國에서 재상을 지냈던 라시드 앗 딘Rashid ad-Din이 지은 『집사集史』의 사본에 수록된 그림이다. 『집사』는 몽골제국을 건설하고 통치했던 여러 군주들의 연대기로, 최초의 세계사라 할 만하다.

몽골족의 공격은 서방으로 향했는데, 이미 서요를 대신한 나이만왕국을 격파한 칭기즈칸은 1219년 스스로 대군을 이끌고 서방원정에 나섰다. 당시 중앙아시아 최대의 강국은 아무르강 유역의 호레즘왕국이었는데, 몽골족은 파죽지세로 호레즘왕국을 무너뜨렸다. 그리고 1225년에는 남쪽으로 인도의 인더스강 유역까지, 서쪽으로 카스피해를 넘어 남러시아에 이르는 중앙아시아의 거의 전역을 지배하에 두었다. 귀환한 칭기즈칸은 1227년 서하를 멸망시킨 후 나아가 금의 공략을 꾀하다가 중도에서 사망했다.

칭기즈칸의 정복사업은 자손에게 이어져, 오고타이칸이 결국 1234년에 금조를 멸망시키고 황하 유역을 지배 아래 두었고, 서방원정군은 러시아에서 동유럽까지 석권했다. 그는 요왕실의 후손이었던 야율초재耶律楚材를 등용해 의례를 제정하고 지폐를 발행했으며, 세법을 정비하는 등 정치체제의 기초를 마련하고 카라코룸l화림和林l을 수도로 정해 도성을 건설했다. 이 도성을 중심으로 몽골제국의 전역에 도로가 건설되었으며 각 도로에는 일정한 간격을 두고 잠치l역참驛站l가 설치되어 여행하는 사람에게 공용으로 숙박과 역마를 제공했다. 몽케칸 때에는 서아시아의 압바스왕조를 무너뜨려 몽골제국의 영역은 동해에서 남러시아에까지 미치게 되었다.

이 대영역은 몽골의 관습에 따라 칭기즈칸의 자제에게 분할되었다. 몽골의 옛 땅과 화북은 몽골황제의 직할령이 되었고, 남러시아의 킵차크한국汗國은 장자 바투에게, 서아시아의 일한국은 막내 톨루이의 아들 훌레구에

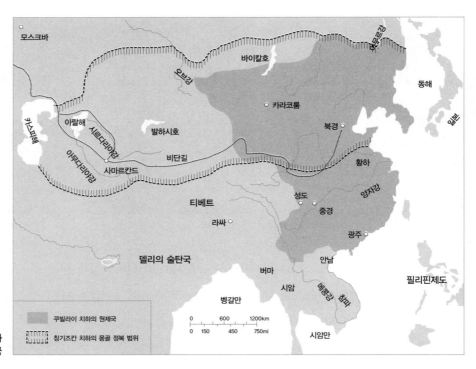

쿠빌라이 치하의 원제국

칭기즈칸 치하의 몽골 정복 범위

**몽골 전성기의 지배영역과
1271년의 원제국**

게, 서투르키스탄의 차가타이한국은 둘째 차가타이에게, 동투르키스탄의 오고타이한국은 오고타이의 자손에게 계승되어 분할되었다. 이리하여 몽골 황제를 종주로 하는 대제국이 출현하게 된다.

이러한 대정복사업이 가능했던 것은 우선 압도적으로 강대한 군사력 때문이었다. 그 기반은 천호·백호제 및 이를 기초로 구성된 약 1만 명의 케식Keshig이라는 친위대의 무력 덕분이었다. 천호장千戶長이나 백호장百戶長은 부족회의에서 선출된 부족장이나 씨족장과는 달리 칭기즈칸 개인에 대한 충성이 강했던 군사조직이었다. 그러나 오로지 몽골족의 엄청난 무력에 의해서만 대정복이 이루어진 것은 아니었다. 이를 뒷받침해 준 것은 당시 아시아의 내륙 대상로에서 활동하고 있던 이슬람 상인들이었다. 그들은 몽골군에 대해 군수물자를 보급하고, 적정에 대한 첩보활동을 했으며, 외교사절의 역할을 하는 등 다방면에서 협력관계를 유지했다. 몽골의 무력에 의존한 안정적인 대상로의 확보가 그들의 목적이었으며 양자의 이해가 맞았기 때문에 가능한 일이었다. 몽골군은 정복과정에서 엄청난 인명을 살상했을 뿐만 아니라 정복한 도시에서 많은 약탈을 자행했지만, 제국 건설의 기초가 되는 전문 직능인은 철저히 확보했다. 또한 몽골족의 서아시아 정복으로 인해 이슬람과 페르시아계의 결합을 가져와 원조의 중국 지배에 큰 영향을 미쳤다.

원조의 건국과 강남 지배

몽골제국은 금조를 멸망시켜 회수 이북의 화북지역을 지배하게 되었는데, 소수의 유목민족이 이 광대한 농경지대를 통치하는 데 어려움에 직면하게 되었다. 당시 화북에는 금조 말기의 혼란을 틈타 성장한 한족 출신의 군벌이 할거하고 있었다. 이 때문에 몽골족은 요충지에만 군대를 주둔시켜 다루가치達魯花赤라는 감독관을 파견하는 한편, 현지의 지배는 이들 한인세후漢人世侯에게 위임했다. 오고타이칸은 1233년과 1235년 두 차례에 걸친 호구조사를 통해 직접 지배를 꾀했지만, 여기에 등록된 호구 모두가 칸에게 귀속된 것은 아니었다.

뿐만 아니라 오고타이칸의 말년에 몽골의 서아시아 정복과정에 협력했던 이슬람 상인이 국가와 유목영주의 재정에 개입하게 되었다. 이들 상인은 투르크어로 조합을 의미하는 오르타크斡脫라 불리며, 개개 유목영주의 봉지로부터 조세의 징수와 국가의 재정수입도 청부받았다. 한편 고리대를 통해 화북의 농민들에게 가혹한 수탈을 자행해 원성이 자자하게 되었고, 따라서 화북의 통치는 쉽게 달성되지 않았다.

오고타이칸의 사망 후 일어난 계승분쟁으로 1251년에 막내였던 톨루이의 장자 몽케가 즉위해 중국 지배의 재건을 꾀했다. 그는 오르타크 상인의 활동을 규제함과 동시에 큰동생이었던 쿠빌라이를 농경지대를 다스리는 총독에 임명해 본격적으로 남송의 정복에 착수했다. 일부 한족 지식인의 보좌를 받은 쿠빌라이는 남송의 강한 저항을 의식해 티베트와 사천을 공격한 후 운남의 대리국大理國을 멸망시켰고 베트남까지 침공하기에 이르렀다.

1259년 사천에 출정했던 몽케칸이 사망하자 수도인 카라코룸에서 막내 동생 아릭부카를 옹립하려는 움직임이 일었다. 쿠빌라이는 먼저 선수를 쳐 남송과 강화조약을 맺은 후 1260년 개평부에서 스스로 칸의 지위에 올랐다. 수도를 연경으로 옮겨 대도大都로 삼았고 1271년에는 대원大元이라는 국호를 칭했다. 이 명칭은 『역경』의 자구에서 따온 것인데, 명칭에서 보듯 쿠빌라이칸은 유목적인 정치이념에서 벗어나 중국을 아우르는 새로운 유형의 통치체제를 구성했다.

4년 만에 아릭부카 등의 내분을 평정한 쿠빌라이칸은 남송에 대한 침공을 재개해 1276년 수도 임안을 공략했으며, 1279년에는 남송의 잔여세력을 모두 진압했다. 쿠빌라이칸에 의한 남송의 멸망으로 원의 국가기반이 농경지대인 중국으로 옮겨졌지만, 이 상황은 역으로 칭기즈칸에 의해 창설된 몽골 유목제국의 분열을 가져왔다. 오고타이한국의 카이두칸이 차가타이칸과 결탁해 쿠빌라이칸의 몽골제국의 종주권에 도전했다. 이 항쟁은 약 40년간 계속되어 1303년이 되어서야 종결되었지만, 그 결과 4한국이 분리·독립하게 되었고 원제국 내에서 중국의 비중이 한층 강화되었다.

중국 전역을 장악한 원은 중국 내에 전국적인 통일적 지배체제의 구축에 진력했다. 우선 한인세후에게 위임되었던 화북지역에 대한 민정권과 군정권을 회수해 거주 인민을 직접 지배하에 두었다. 이어 연경으로 수도를 옮겨 대도大都라 칭하고, 중앙에는 민정을 담당하는 중서성과, 군정을 담당하는 추밀원, 감찰기관으로서의 어사대를 두었다. 지방에는 중서성의 출장기관으로서 행중서성行中書省을 두었다. 이 행중

원의 대도 연경(북경)의 화의문

서성은 약칭해 행성行省이라고 하며 원의 멸망까지 11개가 설치되었는데, 현재 중국 지방행정구획인 성省의 기원을 이룬다. 행성 아래는 로路, 부府, 주州, 현縣으로 나누어 관료제에 기초한 중앙집권적 지배체제를 정비했다.

원대의 사회와 경제

원의 제도는 외형상 중국적인 통치제제인 듯하지만 실제 중국왕조의 관료제 지배와는 달랐다. 원나라에서 중앙과 지방의 행정의 중추를 담당했던 것은 유목귀족층이었는데, 이들은 칭기즈칸의 정복사업을 뒷받침한 군사력의 원천이기도 했다. 군사제도는 천호千戶·백호百戶제였는데, 금조의 맹안·모극제와 마찬가지로 몽골의 부락제를 10진법적인 군사 및 행정의 조직으로 편제한 것이었다. 천호와 백호의 장에는 충성을 서약한 장령이 임명되었고, 이들의 지위는 세습되어 칭기즈칸의 일족과 함께 유목귀족층을 형성하고 몽골 종실과 신하관계를 형성했다.

이들 외에 정권에 참여할 수 있었던 것은 색목인色目人과 한인세후였는데, 이들은 정복과정에서 몽골정권과 특수한 관계를 맺은 연유로 발탁되었고, 일반 중국인은 정권에서 배제되었다. 색목인이란 아라비아인 혹은 유럽인을 의미했다. 또한 지방의 각급 행정기구에는 감독관인 다루가치가 파견되었기 때문에 송대의 관료임용제도로 확립되었던 과거제는 그 의의를 잃고 폐지되었다. 1315년 이후 과거제가 가끔 시행되었지만 합격자의 수를 똑같이 분배함으로써 수가 적은 몽골족과 색목인에게 압도적으로 유리했다.

이렇게 한족을 정권에서 배제하고 정복왕조로서의 당당한 모습을 보인 원조는 사회의 법제와 문화 면에서도 한족에 대한 대항의식을 보였다. 원조

색목인 인형

는 지배하의 인민을 4등급으로 구분했다. 국족國族인 몽골족과 색목인은 1등급과 2등급으로서 지배층을 형성했고, 거란인·여진인·한인·고려인과 화북지역의 한족 등 옛 금조 치하의 유민은 3등급인 한인漢人, 남송 치하의 유민은 4등급인 남인南人으로 하여 피지배층을 구성했으며, 각각의 본속법에 따라 통치했다. 이러한 차등적 대우의 기준은 대외정복전쟁시의 협력 정도에 따라 결정된 것이었다.

이것이 몽골지상주의에 따른 것임은 두말할 필요가 없다. 특히 남인은 1,220만 호 중 약 1천만 호로 수적으로는 압도적으로 많으면서도 가장 차별을 받았고, 이에 반해 색목인은 소수이지만 원조 치하의 중국에서 준몽골족으로서 특수한 사회집단을 형성하며 군사와 행정, 특히 재정 분야에서 중용되었다. 실로 몽골제국의 광대한 정복지 지배가 가능했던 것은 이들 색목인의 뛰어난 국가경영 능력과 경험 덕분이었다. 재무관료로 유명한 아흐무드阿合馬와 상가桑哥는 그 대표적인 인물이었다.

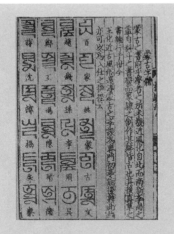

파스파문자

파스파가 1265년 원나라 세조 쿠빌라이의 명을 받아 만든 몽골어용 문자인데, 표음문자인 음절문자이다. 이 문자는 티베트문자를 개정하여 왼편부터 세로로 쓰는 사각형 문자로 자음 30자, 모음 8자, 기호 9개로 되어 있다. 일부에서는 한글과의 형태적 유사성을 지적하기도 한다.

원조는 중국 전역을 지배한 정복왕조였지만 한인과 남인에게 각각 다른 통치방식을 적용했다. 한인은 이미 정복왕조인 금조의 지배를 100년 남짓 받았으므로 이민족통치의 기반이 갖추어져 있었지만, 강남은 아무리 무력이 강하다 해도 화북의 통치방식을 그대로 적용할 수 없어 기본적인 제도는 모두 남송의 것을 답습했다. 남북에 공통적으로 적용되는 제도는 행정구획과 잠치제도, 통화제도 정도에 불과했다. 결국 원조의 중국통치는 화북에 국한되었을 뿐이고 강남 지배는 충분히 관철되지 못했다.

한편 원조는 중국의 전통적인 유교문화에 대해서는 극히 냉담해 원조의 궁정과 몽골족은 라마교를 신봉했으며, 당시의 국제어는 페르시아어였다. 또 몽골어는 색목인에 의해 도입된 위구르문자를 참조해 제정되었다. 이러한 통치형태는 요와 금에 이어 가장 성공적인 정복왕조로서의 원조의 모습을 잘 보여 주는 사례라 하겠다.

그러나 쿠빌라이칸 이후 원조는 시종 유목민 특유의 군장계승방식에서 비롯된 제위 계승을 둘러싼 내부 분쟁에 시달려, 무종 이후 26년 동안 무려 8명의 황제가 교체될 정도였다. 여기에 역대 황제가 라마교를 신봉해 사원과 불탑을 건설하고 법회를 개최하는 데 막대한 국고를 소모해 재정이 악화되었다. 이를 타개하고자 지폐를 남발했지만 오히려 물가고만 초래했다. 게다가 관료들의 독직瀆職과 가렴주구가 성행했다. 또 남송 정복 이후에도 강남의 대토지소유가 온존되어 토지소유의 불균형이 여전했으며, 몽고의 전통적 분봉정책도 대토지소유를 조장했다. 이 모두가 원말에 대규모 농민반란이 발생한 원인이 되었고, 1351년 백련교도白蓮敎徒의 홍건군紅巾軍● 거병 이후 반란은 규모가 커지고 조직화되어 원조를 멸망으로 이끌었다.

백련교도의 홍건군
1351년 한산동이 백련교도를 모아 반란을 일으켰는데, 이들이 홍건을 머리에 둘러 표식으로 삼았기 때문에 홍건적 혹은 홍건군이라 하였다. 명나라를 건국한 주원장도 홍건군 출신이다.

원대의 동서문화 교류

몽골제국은 유라시아에 걸친 대제국이었기 때문에 동서문물의 교류가 활발하게 촉진되었다. 광대한 제국이 성립해 교통이 원활해졌을 뿐 아니라 제국통치를 위한 교역로가 개척되었고, 역참제가 정비되어 공식사절과 여행자에게 편의를 제공했다. 동서를 잇는 교통로는 크게 3개가 있었는데, 초원길과 비단길 및 바닷길이 그것이다. 초원길은 원래 스키타이 기마민족에 의해 개척된 것인데, 북위 50도의 초원지대를 통과한다. 또 비단길은 한대에 이미 개척되어 동서문물의 교류에 이용되던 것이었다. 또 바닷길은 당·송 이래 발달한 길인데, 광주와 항주 혹은 천주泉州에서 출발해 인도차이나반도를 거쳐 인도양을 끼고 페르시아만과 호르무즈해협을 통과해 바그다드와 타브리즈에 이르는 길이었다. 광주와 천주에는 시박사市舶司I세관I가 설치되

축구하는 모습과 바둑을 두는 관리의 모습
원대에는 바둑과 축구가 유행하였다.

고 외국인 거류지가 생겼다. 천주는 이란계 중국인 포수경蒲壽庚이 남송 말 천주의 시박사로서 활동한 것으로도 유명하다.

몽골제국은 색목인을 우대했기 때문에 많은 유럽인과 아라비아인이 중국에 찾아와 자신들의 학술과 종교를 전했다. 가톨릭 신부로는 플라노 카르피니Plano Carpini가 교황의 명을 받아 몽골제국을 방문한 후 『우리가 타타르인이라 부르는 몽골인의 역사』*를 썼는데, 보고서이자 여행기였다. 또 루브루크William de Rubruch 역시 국왕의 명에 따라 초원길을 따라 여행했고 귀국 후 『루브루크 여행기』*를 썼다.

원대 중국에 온 유럽인의 여행기로 가장 유명한 것은 마르코 폴로가 쓴 『동방견문록東方見聞錄』*이다. 이 책에서 그는 세밀하고 예리한 관찰력으로 북경의 규모와 궁정생활의 실태, 석탄과 지폐의 사용, 역참제도, 중국의 수출입 상품 등에 대한 자세한 기록을 남겼다. 또한 모로코의 이븐 바투타Ibn Battuta 등의 여행기도 유명하다. 이외에 중국에 와 연경에 교회를 세우고 30년 동안 가톨릭의 포교에 힘쓴 인물로 몬테 코르비노Minte Corvino도 있다. 중국 측에서도 이들보다 먼저 칭기즈칸의 원정을 따라가서 여행기를 남기기도 했는데, 1219년에서 1222년 원정을 따라 중앙아시아에 갔던 야율초재와 전진교의 구처기 등이 그들이다.

몽골제국은 그 판도가 유라시아에 미친 만큼 영역 내의 민족 구성도 다양했다. 따라서 몽골족은 종교에 대해 관대한 태도를 취했다. 이에 따라 서방의 종교가 대거 중국에 유입되어 전래의 종교와 함께 성황을 이루었다. 원조의 궁정에서 세력을 떨친 것은 라마교인데, 라마교는 6~7세기 경에 티베트의 토속종교와 대승불교가 혼합되어 성립된 티베트불교이다. 또한 금조 치하에서 발전한 신도교가 여전히 세력을 떨쳤고, 그중 전진교가 황실의 보호를 받으면서 비

마르코 폴로

「우리가 타타르인이라 부르는 몽골인의 역사」
이탈리아 출신의 프란체스코회 수도사인 카르피니가 교황 이노센트 4세의 명을 받아 몽골인에게 그리스도교로 개종할 것을 권유하고, 그 내정을 살피기 위해 몽골을 여행한 여행기. 1245년 리옹을 출발하여 육로를 거쳐 몽골제국의 수도 카라코룸에 도착하였다가 1247년 귀국했다.

「루브루크 여행기」
프랑스 프란체스코회 수도사인 루브루크가 군사적 동맹을 바라던 국왕 루이 9세의 친서를 받아 몽골제국으로 여행한 여행기. 1253년 출발하여 1255년에 귀국하였다. 루이 9세에게 바친 보고서 즉 여행기는 카르피니의 여행기보다 훨씬 상세하여 13세기 중앙아시아 및 몽골 고원의 사정과 지리·풍습·언어 및 종교 등을 아는 데 귀중한 자료이다.

「동방견문록」
이탈리아 베네치아 출신의 상인 마르코 폴로의 구술을 토대로 작성된 여행기. 1275년에 서아시아와 중앙아시아를 거쳐 원나라의 상도上都에 이르러 쿠빌라이를 만난 후 여러 관직을 지내면서 중국 각지를 여행하고, 1290년에 바닷길로 페르시아만을 거쳐 1295년에 베네치아로 귀국하였다. 귀국 후 베네치아와 제노바의 전쟁에 참가했다가 포로가 되었는데, 1298~1299년에 제노바 감옥에서 루스티첼로에게 자신의 동방여행 경험을 구술하여 완성된 책이다.

곽수경이 역법 개정을 위해
관측하던 천문대

약적으로 발전했다. 교도들은 일반 서민과 친숙한 잡극雜劇을 포교의 수단
으로 이용했으며, 역으로 이것이 잡극의 보급과 발전에 기여했다. 몽골족의
서방원정으로 유럽인은 동양에 관심을 갖게 되었고, 특히 잔인한 정복전을
겪은 후 개종을 위해 적극적으로 신부를 파견해 포교에 나섰다. 이와는 별
도로 이미 당대에 네스토리우스파 기독교[경교景敎라 함]가 전래된 바 있었는
데, 이들 사이에 서로 알력이 생겨 포교의 기초를 확립하지 못했다.

　몽골제국시대 동서문화 교류에 있어 가장 뚜렷한 현상은 서아시아로 이
슬람 문화가 유입된 것이었다. 이슬람교가 중국에 전해진 것은 당대였지만
송대까지 교세 확장 면에서 별 성과가 없었다. 그러나 색목인의 우대와 이
슬람 상인의 역할이 커짐에 따라 이슬람교가 중국 각지에 보급된 것이다.
이슬람교를 회회교回回敎라고 하며 사원은 회회사回回寺라고 했다. 이슬람교
도는 중국 각지에 분포되어 거주했는데, 서아시아에서 중국으로 들어가는
관문인 감숙성과 섬서성, 내몽골, 만리장성을 중심으로 한 화북지방과 운남
및 광주, 천주, 항주 등의 강절지방에 많았다.

　이슬람교도는 색목인 중에서도 문화적으로 가장 우수했기 때문에 천문
과 역법 및 자연과학 방면에서 중국에 큰 영향을 미쳤다. 이란인 자말 웃딘
은 서역의상西域儀象이라는 천문관측기를 제작했고 만년력萬年曆이라는 달력
을 만들었으며 회회사천대回回司天臺의 장관을 역임했다. 또한 사천소감司天少
監 쿠와말 웃딘은 회회력을 만들어 사용했는데, 회회사천대에서 사용하던

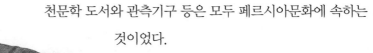

현존하는 가장 오래된 화기

천문학 도서와 관측기구 등은 모두 페르시아문화에 속하는 것이었다.

원대 중국인은 이슬람의 문화를 수입해 사용하는 데 그치지 않고 이를 종합해 새로운 수준을 개척했는데, 그 대표적인 예가 곽수경郭守敬의 『수시력授時曆』이었다. 또한 지리학에서도 주사본朱思本이 아라비아의 지도제작법을 배워 새로운 지도를 제작했는데, 이것이 명대에 수정되어 황여도皇輿圖가 되었다. 아라비아 포술사였던 알라 웃딘과 이스마일이 제작한 회회포回回砲도 남송의 정복에 큰 역할을 했다. 반대로 중국의 문화가 서방으로 전래되기도 했다. 송·원대에 나침반이 서아시아로 전래되어 후일 유럽의 항해술에 큰 기여를 했고, 도자기의 제작기술과 인쇄술의 서유럽 전파도 동서문화가 교류한 산물이었다.

명·청시대 — 제국질서의 완성

명과 청은 근대 이전의 마지막 왕조들이다. 전자는 이민족왕조인 원을 몰아내고 한족이 세운 나라이고, 후자는 명이 망한 뒤 중국 본토에 들어와 한족을 지배하게 된 만주족이 세운 나라이다. 이처럼 건국 주체는 다르지만 크게 보면 두 왕조를 나란히 묶어 하나의 시대로 부를 정도로 그 성격이 유사하며, 이들 왕조에 와서 중화제국의 질서가 완성되었다.

명의 태조 홍무제와 뒤를 이은 성조 영락제에 의해 확립된 황제의 전제지배권이 청대까지 계속되었으며, 청조의 영토는 중국사 최대의 판도를 자랑했다. 또한 사회의 새로운 지배계층으로 신사층이 형성되어 황제를 정점으로 하는 중앙권력과 때로는 대립하고 때로는 보완하는 관계를 형성했다.

경제와 사회의 발전은 이 시대 중국의 사상과 문화에도 반영되었다. 유학에서도 관학인 성리학과는 달리 인간의 욕구를 인정하는 양명학이 생겨나고, 인문학의 부문에 한정된 것이기는 하지만 과학적인 방법을 학문에 도입한 고증학이 생겨난 것도 그러한 결과였다. 또 도시의 발전에 수반해 도시에 거주하는 서민들의 생활수준이 향상되고 문화생활을 누리는 저변이 확대되면서 장편소설, 연극과 같은 서민문화도 발전했다. 그러나 과거제의 최종단계를 통과하지 못하고 좌절한 지식인들이 쌓여 가는 한편, 여성의 정절을 과도하게 숭상하는 분위기 속에 여성 자살자가 늘어나는 예교지상주의의 폐단이 드러났다.

명의 건국과 황제전제권의 확립

이민족왕조인 원元에 대한 반란의 와중에서 일어나 명을 건국한 홍무제 주원장朱元璋1328~1398은, 안휘성의 빈농 집안에서 태어나 탁발승으로 떠돌아다니며 걸식하는 고생 끝에 원 말 백련교도의 반란군 곧 홍건군의 일파인 곽자흥郭子興군에 투신했다. 곽자흥이 죽은 후 그 휘하 부대를 장악한 주원장은 근거지로 남경을 확보하고 학자와 지식인들을 받아들이면서 백련교●로부터 유교로 돌아섰다.

홍건군의 다른 일파인 진우량陳友諒의 세력을 타도하고 양자강 유역에서 우세한 위치를 차지한 주원장은 1364년 오왕吳王의 지위에 올랐다. 이어 백련교와 무관한 반란군으로 역시 강남에서 오왕의 지위에 있었던 장사성張士誠을 토벌했다. 또 백련교의 지도적인 인물 한산동韓山童의 아들로서 한산동의 사후 소명왕小明王에 추대된 한림아韓林兒를 살해함으로써 백련교와의 관계 단절을 공식화했다. 그가 명조 건국의 기틀을 다진 데는 강남의 지식인, 지주집단의 지원이 큰 도움이 되었다. 이들은 주원장과 같은 고향 출신의 휘하 장수들과 더불어 명조 창업의 양대 공신집단을 이루었다.

그리하여 주원장은 휘하의 몽고 토벌군이 승전을 올리는 가운데 1368년 남경에서 황제의 자리에 올라, 국호를 명으로 정하고 연호를 홍무洪武라 했다.● 홍무제는 원의 마지막 황제를 몰아내고 북방정벌을 통해 만주를 확보한 후 캐러코룸으로 도망가 있던 북원北元까지 멸망시키고 1391년에는 운남을 병합해 천하통일의 위업을 달성했다.

몽고족의 왕조를 몰아내고 새 왕조를 세운 홍무제는 이민족인 몽고족의 장기간에 걸친 지배의 영향을 씻어 내고 원 말의 동란기에 황폐해진 농촌을 안정시켜 국력을 회복해야 할 임무에 직면했다. 홍무제는 우선 몽고 풍습을 일소하기 위해 몽고식의 변발, 모자, 의복 착용을 금지시키고 몽고식 언어, 풍습에 이르기까지 모든 것을 금지했다. 홍무제가 특히 혐오한 몽고 풍습에는 형이 죽은 뒤 동생이 형수를 처로 삼는 관행과, 남편 사후에 계모가 의붓

백련교
아미타불 신앙을 중심으로 하는 종교결사로 남송 이후 출현하여 청대까지도 농촌에서 영향력을 가졌다. 하층 서민이 많이 가입하여 교세가 성해지면서 역대 왕조에서 사교로 규정되어 탄압을 받았다. 왕조 말기마다 여러 차례 반란을 일으켰다.

● 이후 중국에서는 명·청대를 통해 일세일원제一世一元制, 곧 한 황제가 하나의 연호를 채택하는 것이 관행이 되어 황제를 호칭할 때 명 태조를 홍무제로 부르듯이 연호로 일컫는 경우가 많았다.

아들과 결혼하는 관행이 있었다. 그래서 그는 정절을 지킨 여
성에 대한 표창에 특히 신경을 썼다. 이 밖에도 한족의 전통을
회복하기 위해 부모에 대한 효도, 윗사람에 대한 공경
등을 비롯한 유교에 기반한 여섯 가지 가르침|육유六諭|
을 반포해 농민에게 익히게 했다. 그리고 중앙에
국자감國子監을 두고 지방에 부학府學, 주학州學, 현학
縣學 등의 학교를 두어 유교에 입각한 교육을 강화
하고 과거제도를 실시했다.

홍무제는 황폐한 농촌의 생산력을 회복시
켜 농민의 생활을 안정시키고 농민에 대한 지
배를 확실하게 하기 위해 전국적인 토지측량
과 인구조사를 했다. 이를 위해 토지모양과 면
적, 소유주 등을 기록한 토지대장인 어린도책
魚鱗圖册을 만들고 각 집마다의 토지소유액, 가
족 수, 조세부담액 등을 기록한 부역황책賦役黃
册을 작성했으며, 향촌 조직으로 조세징수를
담당하게 하는 이갑제里甲制를 시행했다.

이갑제는 농가 110호를 1리里로 하고 부유
한 10호를 이장호里長戶라 하여 차례대로 이장
을 맡게 하고, 나머지 100호를 10갑으로 나누어 돌아가면서 각각의 갑을
담당한 갑수甲쓸를 맡게 하는 제도였다. 그렇게 해서 매년 이장 1명과 갑수
10명이 리 안의 황책 작성, 조세징수 등을 맡게 했다. 이갑제를 통해 명 초
조정은 향촌을 안정시키고 지배력을 구석구석까지 미칠 수가 있었다.

홍무제는 향촌의 안정과 더불어 황제의 전제적 권력을 제도적으로 보장
하고자 했다. 우선 원의 제도를 답습했던 행정기구를 개혁해 군정과 민정을
총괄하는 지방 최고행정기구로 중앙의 중서성中書省에 속해 있던 행중서성行
中書省을 폐지했다. 대신 포정사사布政使司와 도지휘사사都指揮使司, 안찰사사按
察使司를 두어 각각 민정, 군정, 사법을 맡겨 황제에게 직속시켰다. 이는 중

명의 건국자 주원장

탁발승의 경력을 가지고 있던 주원장은 황제가 된 후,
대머리 또는 머리를 깎는다는 의미의 글자를 쓴 사람
들이 자신의 비천한 과거 경력을 비웃는다고 여겨 혹
독한 처벌을 하였다. 청대에는 이민족에 대해 비하하
는 글을 쓴 사람들을 탄압하는 문자옥이 잦았는데 명
초에는 주원장의 신상과 관련된 글이 문자옥의 대상
이 되었음을 알 수 있다.

서성의 기능을 축소하면서 동시에 지방분권적 성격이 강한 행중서성의 권한을 약화시키려는 의도였다.

중서성의 권한을 축소하려는 일련의 조치는 호유용胡惟庸의 모반사건 |1380|●을 계기로 중서성을 폐지한 데서 절정에 달했다. 중서성의 좌승상이었던 호유용은 주원장과 동향의 건국공신으로, 명의 건국 후 중서성을 비롯한 중앙의 관리를 비롯해 지방관, 상인, 강남의 토호, 대지주들과 긴밀한 관계를 맺어 막강한 권한을 행사했다. 모반을 꾀하기 위해 북원과 일본에 사신을 파견했다는 입증되지 않은 이유로 호유용이 모반죄로 체포, 처형되고 이와 연루해 관리, 강남 대지주 등이 1만 5천여 명이나 처형되었다. 이후 중서성을 없애고 그 휘하의 6부를 황제에 직속시켜 재상제도를 폐지함으로써 황제는 모든 정무를 총괄하는 절대군주가 되었다.

사실 여부를 확인하기 어려운 호유용의 모반사건은 전후 상황으로 볼 때 건국공신과 강남 지주들이 행사하는 영향력을 삭감하고 황제에게 모든 권력을 집중시키기 위한 하나의 계기이자 조처였던 셈이다. 중서성 폐지와 아울러 군사제도를 개편해 원나라 때의 대도독부를 폐지하고 5군도독부를 두어 황제에게 직속시킨 것도 같은 이유에서였다.

황제의 전제권을 강화하는 데 이용된 옥사는 호유용 사건에 그치지 않았다. 이후에도 중앙의 관리와 강남 지주와의 유착을 배제하고 건국공신을 약화시키는 사건이 몇 차례 일어났다. 역시 건국공신이었던 남옥藍玉의 모반사건|1393|●으로 2만여 명이 처형된 것이 홍무제의 공신, 관료에 대한 마지막 대탄압이었다.

홍무제는 이 밖에도 독재적인 권력 구축에 필요한 정보정치를 강화하기 위해 일종의 첩보기관이라 할 수 있는 금의위錦衣衛를 두어 공포정치를 했다. 관리들은 사소한 잘못으로도 범죄자가 되어 조정에서 매를 맞는 정장廷杖을 당했다. 이제 관리들은 황제의 전제적인 권력행사 앞에 무기력한 존재가 되었다.

이갑제를 실시해 향촌사회를 안정시키는 한편으로 여러 차례의 옥사를 계기로 강화된 황제의 전제적인 권력은 영락제成祖 永樂帝|재위 1403~1424|에

이르러 절정에 달하였다. 영락제는 홍무제의 아들로서 홍무제 생전에 여러 아들을 변방에 제후왕으로 봉한 정책에 따라 북쪽 변방인 북경北京[당시 이름은 연경燕京이었다]의 연왕에 봉해졌다. 홍무제 사후 등극한 혜제惠帝[건문제建文帝]가 관료들의 건의에 따라 제후왕의 세력을 삭감하려 하자, 황제 측근의 간신배들을 제거한다는 구실로 변란을 일으켜[정난靖難의 역役][*] 남경을 정복하고 제위에 올랐다.

영락제

명 초의 수도 남경에 있던 조카를 몰아내고 황제 자리를 차지한 그는, 자기 근거지인 북경으로 수도를 옮겨간 뒤 북으로 몽고에서 남으로 베트남에 이르기까지 대외 팽창을 도모했고 대내적으로 황제권력을 강화해 명의 기초를 튼튼히 한 황제이다.

영락제는 제위에 오른 후 남경 조정의 많은 관료들을 처형하고 황제권력에 도전할 만한 기타 변방의 제후왕세력을 약화시킨 뒤 자신의 근거지인 북경으로 수도를 옮겼다. 북경 천도로 북방 방위가 용이해졌고 중국 전체의 발전을 도모할 수 있는 발판이 마련되었다. 또 수도의 소비를 충당할 물자공급을 위해 경제의 중심지인 강남지방으로부터 운하를 통한 수송, 즉 조운漕運이 발전해 남북의 경제교류도 활발해졌다.

영락제는 특히 대외정책을 적극 펼쳐 국내의 비판적 세력을 약화시켰다. 대외적인 전시비상체제는 불만을 품은 남경의 군대와 관리를 자신의 통제하에 재편할 기회가 되었다. 그는 친히 다섯 차례에 걸쳐 군대를 이끌고 몽고정벌에 나섰고 환관 정화鄭和[*]를 시켜 대규모 선박들을 이끌고 남해南海를 원정하게 해 많은 나라들로부터 조공을 받아 명의 국위를 떨쳤다. 또 만주지역을 정비하고 안남安南[오늘날의 베트남]을 복속시켰다.

대외팽창정책 외에도 북경 천도에 반대하는 강남인을 감시하기 위해 만든 동창東廠과 같은 정보기관을 운용하거나 『성리대전性理大全』, 『영락대전永樂大全』 같은 대규모 편찬사업으로 비판세력을 흡수하는 등 역량을 발휘해, 영락제는 홍무제가 마련한 황제의 전제권을 든든한 초석 위에 올려놓았다.

명·청시대 …

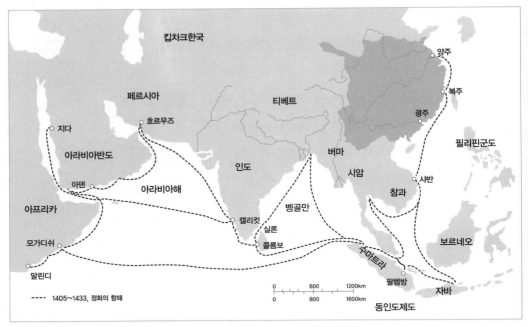

정화의 남해원정

지도 내 지명: 킵차크한국, 페르시아, 티베트, 양주, 복주, 광주, 필리핀군도, 지다, 호르무즈, 아라비아반도, 버마, 시암, 샤반, 아덴, 인도, 참파, 아라비아해, 아프리카, 벵골만, 캘리컷, 보르네오, 모가디쉬, 실론, 콜롬보, 수마트라, 말린디, 팔렘방, 자바, 동인도제도

--- 1405~1433, 정화의 항해

0 600 1200km
0 800 1600km

중앙권력의 비대와 신사의 대응

홍무제와 영락제에 의해 기반이 잡힌 황제의 전제적 권력을 보좌하는 명대의 특유한 존재로서 내각과 환관이 있었다. 내각*과 환관은 영락제 이후 황제권력을 등에 업고 서로 각축을 벌이며 국정을 좌우하게 된다.

내각은 중서성을 폐지한 후 국정을 총괄하게 된 황제를 보좌하기 위해 전각대학사殿閣大學士를 둔 데서 연원했다. 내각의 관리가 국가의 중요한 업무에 참여하는 내각제도는 남경 사정에 어두운 영락제 때 출현했다. 주요 관리직인 한림관翰林官 출신의 내각 관리가 맡은 임무는 중요한 것이었지만 영락제 때까지는 관리에게 과도한 권력이 집중될 것을 우려해 이들의 지위를 정5품을 넘지 못하게 규정했다. 즉 이들도 황제의 사적인 고문에 불과한 존재였던 것이다. 그러나 영락제 때 내각 관리가 황태자의 교육을 담당하면서 영락제 사후 홍희제仁宗 洪熙帝 때부터 내각의 지위가 크게 올라갔고 홍희제를 이은 선덕제宣宗 宣德帝 때는 세 사람의 양씨三楊가 내각대학사로 있으면서 위상이 더욱 높아졌다. 선덕제 때 내각은 신하들의 상주문에 대해 황제가 내려야 할 결정을 상주문 끝머리에 붙이는 표의票擬라는 중요한 기

내각
명대에 출현하여 청대까지 지속된 정치기관이다. 홍무제가 중서성을 폐지한 뒤 황제를 보좌할 기관으로 전각대학사를 두었고 이어 영락제가 한림원에서 몇 명의 관리를 뽑아 문연각에 입직시켜 주요 정무에 참여시킨 것이 내각제도의 기원이다. 황제의 자문에 대해 의견을 진술하는 데 불과하던 내각이 점차 권한이 커져 육부를 능가하게 되었다.

능을 맡기 시작했다.

세 양씨는 영종英宗[정통제正統帝 : 다른 황제와 달리 정통과 천순天順이라는 두 가지 연호를 사용했으므로 묘호인 영종으로 부른다]이 어린 나이로 즉위하자 황제를 보필하면서 육부를 압도했다. 영종은 토목보土木堡의 변變[•]으로 에센의 포로가 된 적이 있었다. 그는 다시 제위를 차지하는 데 공을 세운 관리를 내각대학사로 등용했는데 내각대학사가 황제를 홀로 만나[獨對] 정사를 결정하게 되면서 내각의 우두머리격인 수보首輔가 출현하게 되었다. 이후 이 자리를 둘러싼 내각 내의 쟁탈전이 일어났다.

그러나 내각은 어디까지나 황제의 비호하에 성장할 수 있었던 존재였으므로 관료사회의 여론을 내세워 황제권력과 대립할 경우에 견제를 받을 수밖에 없었다. 이를테면 무종이 후사 없이 죽자 무종의 숙부 홍헌왕의 아들이 세종世宗 가정제嘉靖帝로 즉위했는데 가정제가 친아버지를 어떻게 예우할 것인가 하는 대례의大禮議 문제에서, 명분론을 내세워 관리들의 집단적인 반대운동을 이끌어 낸 내각수보 일파는 세종에 의해 파직당했다.

이후 수보의 권한은 황제의 권한을 보완하는 차원에서 지속되다가 만력제[神宗 萬曆帝, 1573~1619] 초에 수보로 있던 장거정張居正에 이르러 그 권력이 절정에 이르렀다. 안으로 사회경제적인 변화와 이갑제의 붕괴로 질서가 동요하고, 밖으로 타타르족[북쪽]과 왜구[남쪽]의 침략에 시달리는 북로남왜北虜南

토목보의 변
몽고고원에 있던 오이라트의 족장 에센과 명 사이에 조공무역의 조건을 둘러싼 대립으로 에센이 공격해 왔을 때, 영종이 환관 왕진王振의 요청에 따라 친히 대군을 이끌고 나갔다가 토목보에서 포로가 된 사건이다.

명대의 장성
만리장성은 진시황이 축조한 것으로 유명하지만 현재 남아 있는 장성은 명의 영락제 이후 여러 차례에 걸쳐 수축한 것이다.

장성의 서쪽 끝 가욕관
명대에 수축한 만리장성 서쪽
끝의 관문으로 감숙성甘肅省에
위치해 있다.

倭의 위기를 겪고 있던 상황에서 장거정은 내정의 개혁과 대외 강화정책을 추진했다.

관리가 상주해 황제의 재가를 얻은 사안의 집행 여부를 매달 보고하고 매년 결산을 하게 하며 일이 지연되거나 보고되지 않을 경우 책임을 추궁해 관리의 근무평가에 반영한 고성법考成法은 내정개혁의 중요한 부분이었다. 고성법에서 내각이 최종적으로 관리에 대한 평가를 맡게 됨에 따라 내각은 관료계의 정점을 차지하고 수보는 막강한 권한을 누리게 되었다. 고성법으로 관료계가 상호 견제하고 경쟁하며, 상벌을 통해 일을 독려함으로써 효율성이 올라갔다.

장거정이 가장 역점을 둔 것은 재정개혁이었는데 긴축재정을 통한 경비 절감으로 국고에 잉여가 생겨났다. 그리고 조세징수 실적을 고과에 반영하게 되어 재정에 대한 지방관의 자율성은 제한되었다. 숨어 있는 세원을 찾아내기 위해 전국적인 토지측량을 실시하고 이에 근거해 조세를 통합해 은으로 납부시키는 일조편법一條鞭法을 실시해 조세징수의 개혁을 단행했다.

장거정은 또 북쪽 변경을 괴롭히던 타타르의 알탄칸을 순의왕順義王에 봉하고 무역을 허가하는 등 화의를 맺어 대외 강경파를 누르고 강화정책을 취했다. 몽고와의 평화유지는 군사비를 절감시켜 재정에 도움이 되었다. 이와 같은 재정개혁과 대외 화평책으로 장거정이 죽기 전 국고에는 상당액의 잉여가 비축될 수 있었다.

그러나 장거정의 개혁은 그의 정책에 대한 비판세력을 가차 없이 탄압한 데다가 과도한 권력을 행사해 관료계를 통제했기 때문에 그의 사후 격렬한 비판이 따랐다. 고성법에 저촉될까봐 언관이 비판을 자제할 수밖에 없었고 장거정이 재야 지식인의 비판을 막기 위해 서원을 폐쇄하는 등 언로를 막았기 때문에 사후에야 그의 통제에 대해, 훗날 동림당으로 결집되는 관료들의 격렬한 비판이 나온 것은 당연했다. 그에 대한 탄핵으로 고성법이 폐지되고 장거정 일파가 숙청되어 10년에 걸친 그의 개혁정치는 끝이 났다.

　　장거정의 개혁이 문제점이 없는 것은 아니었으나 내외의 위기상황에서 중앙집권적인 지배를 강화하는 데 기여한 것은 사실이다. 그러나 내각수보는 이미 폐지된 중서성의 승상과 같이 법제적으로 육부에 대한 권한을 가진 것이 아니었고 장거정이라는 개인이 황제권력의 비호하에 전권을 행사할 수 있었던 것이었다. 따라서 관료계의 동조를 받지 못한 그의 개혁은 사후에 지속될 수 없었다. 황제권력의 극대화를 보여 주는 명대의 내각정치는 장거정 단계에서 절정에 달한 뒤 차츰 쇠퇴한다.

　　황제의 측근으로서 황제의 절대적인 권력을 배경으로 내각과 각축을 벌이면서 국정을 좌우한 또 하나의 세력은 환관이었다. 홍무제는 환관의 정치 개입을 우려해 그들에게 문자를 가르치지 못하도록 했으나 영락제의 제위 찬탈에 환관이 도움을 준 이후 환관의 비중은 다시 커졌다. 원래 환관은 이부|명·청시대 행정의 중추를 이룬 육부 중 가장 중요한 부서로서 내정을 관할했다|의 관할하에 있었다. 영락제 때부터 사례감|명대 환관의 최고관청|이 환관을 관할하게 되면서 환관의 대표인 사례태감司禮太監은 황제의 비호 아래 권력을 강화시켰다. 게다가 환관은 영락제의 정보기관인 동창의 일까지 맡아 전국에 파견되었다. 이리하여 환관이 전국적으로 군대 감독, 조세징수, 관민 감찰 등을 하면서 지방의 정사에 간여하게 되었다.

　　특히 영락제 이후, 황제들과 내각 관리들이 직접 만나 황제에게 올려진 상주문에 대한 답을 결정하는 대신, 내각이 표의票擬|관리들이 상주문을 보고 황제가 내려야 할 결정에 관한 방안을 상주문 말미에 기입한 것|를 올리게 되면서 환관의 정치개입은 더욱 손쉬워졌다. 황제의 측근에 있던 환관이 내각에서 올린 표의에

대한 황제의 의견을 대신 쓰는 과정에서 이들은 자신의 의견을 집어넣는 등의 방법으로 중앙의 정사에 간여할 수 있게 되었다.

영락제 때 1만여 명, 명 말기에 7만여 명|지방에 분산된 사람까지 합하면 10만여 명|에 이르렀다는 환관은 수로 보아도 정규 관리보다 많았던 것을 알 수 있다. 무엇보다도 출세를 위해 스스로 거세하고 환관이 된 사람들이 많았던 만큼 환관의 발호는 부패정치를 낳았다.

명대에 특히 전권을 쥐고 횡포를 부린 환관으로는 영종 때의 왕진, 성화제|憲宗 成化帝| 때의 왕직汪直, 정덕제|武宗 正德帝| 때의 유근劉瑾, 천계제|熹宗 天啓帝| 때의 위충현魏忠賢 등이 있었다. 대개 이들 환관이 전권을 휘두른 때는 황제가 정사에 소홀하면서 환관에게 황제의 절대적인 권한을 위임한 시기였다. 왕진은 영종이 어렸을 때 교육을 담당했는데, 영종이 겨우 9세의 나이로 황제 자리에 오르자 권력을 휘두르면서 자신에게 비판적인 관리들을 잔인한 방식으로 처형했다. 오이라트족에 대한 영종의 친정을 강행했다가 황제가 포로로 잡히는 역사에 없는 사건을 불러온 그는 호위장교에게 맞아 죽었는데, 사후 몰수된 그의 재산이 엄청나서 환관의 부패 정도를 적나라하게 보여 줬다.

정치에 관심이 없는 정덕제 때 전권을 휘두르고 모반을 꾀하다 처형된 유근의 집에서도 왕조 세입의 몇 배나 되는 재산이 몰수됐다. 가장 악명이 높았던 위충현은 도박으로 생계를 꾸리던 무뢰배 출신으로 스스로 거세해 환관이 된 사람이었다. 16세에 황제 자리에 오른 천계제가 정치를 등한히 하면서 전권을 휘두르게 된 그는, 자기에게 비판적인 동림당을 탄압하고 전국의 학교를 폐쇄했다. 그는 심지어 생전에 사당을 지어 제사를 모시게 했고 성현으로 공자묘에 안치되어 제사를 받는 지위까지 되었다. 황제에 버금가는 지위를 과시해 그가 나타나면 어디서나 관민이 길바닥에 엎드려 '구천세九千歲'를 부르게 했다. 황제 앞에서만 만세를 부를 수 있었으므로 그 앞에서 구천세를 부르게 했다는 것은 그가 황제 다음가는 2인자라는 것을 보여 주는 것이었다.

이렇게 황제에게 절대적인 권한이 부여된 상태에서 환관과 내각이 황제의 비호하에 세력다툼을 하면서 중앙의 비대한 권한을 행사하자, 이에 대한 강남 신사의 반발이 동림당東林黨과 복사復社®의 활동으로 결집되어 나타났다. 동림당은 장거정의 사후 만력제의 황태자 책봉문제 등을 주된 쟁점으로 당쟁을 벌이다 사직하고 귀향한 전직 관리 고헌성顧憲成이 무석無錫에서 중건한 동림서원에서 그 명칭이 유래했다. 즉 강남 신사들이 동림서원을 중심으로 결집되어 중앙정치에 대한 비판을 전개하면서 이들을 동림당이라 부르게 된 것이다. 이들은 불법적인 가렴주구 등 모순이 많이 드러나고 있던 환관의 광업세鑛稅l, 상업세商稅l 징수를 강력하게 반대했다. 동림당의 광업세, 상업세 반대는 지방의 상공업 발달로 생긴 이익을 중앙에서 과도하게 빼앗아 가는 데 대한 저항이었고 지방 중소상공업자의 이익을 대변하는 것이었다. 실제 동림당 인사 중에는 중소상공업자 출신도 많았다.

중앙의 동림당계 관리들은 만력l1573~1619l 말기로부터 천계l1621~1627l 초기 사이의 복잡한 당쟁의 와중에서 동림당에 대해 반대하는 여러 파벌과의 각축전에서 세력의 부침을 거듭했다. 천계제 초기에는 한때 득세하기도 했지만 천계제의 신임을 얻고 있던 환관 위충현과 비동림파 세력이 결탁함으로써 동림당은 대탄압을 받았다. 그리하여 동림서원 등은 폐쇄되고 주요 지도자들은 거의 다 옥사하거나 자살했다. 동림당의 탄압에 반발해 소주蘇州

복사
명 말의 대표적인 문인들의 결사로 관리를 많이 배출했으나 동림당과는 달리 관료보다는 임관하지 않은 하층 지식인이 많았다. 복사의 구성원들은 지방의 지도층으로 정치활동을 하기도 하고, 동림당의 자손들과 연합해 환관당을 공격하기도 했다.

동림서원
1981~1982년에 다시 지은 동림서원 앞의 돌로 만든 패방牌坊 위에 망대가 있고 문짝이 없는 대문 모양의 중국 특유의 건축물l.

에서 자발적으로 일어난 민중의 움직임|개독開讀의 변變●|에서도 알 수 있듯이 동림당은 여론의 지지를 상당히 받고 있었다. 그러나 동림당과 비동림파의 당쟁은 환관 위충현의 권력을 강화시켜 주는 결과를 낳기도 했다. 천계제가 죽은 뒤 위충현과 환관파|엄당閹黨|에 대한 탄핵이 주효해 동림당은 명예가 회복되었으나 다시 결속해 세력화할 기회는 잡지 못했다.

안으로 비동림파 내각이 환관을 군에 파견해 군의 지휘권을 침해하고 부정을 자행하며 민중에 대한 수탈이 강화되어 농민반란이 확대되고, 밖으로 만주족의 위협이 육박하고 있는 위기상황에서 복사가 출현했다. 강남의 소장 신사들을 중심으로 조직된 복사는 동림당을 계승해 환관파에 대항하는 정치활동을 벌였다.

복사는 장거정의 서원탄압 이후 문학을 논하고 과거시험의 문장연마를 위해 다수 결성된 문사文社를 규합한 것으로, 명의 마지막 황제 숭정제|毅宗 崇禎帝 1628~1644| 때 활동했다. 전국적으로 2,000여 명이|절대 다수는 강남 출신이었 다| 넘는 복사 동인들은 과거에도 높은 급제율을 보였고 관계에까지 파벌을 형성해 중앙과 지방의 정치에 영향력을 미쳤다. 처음에는 대회를 열어 단순한 문장토론 정도에 그치다가 차츰 인물평가 등을 통해 여론을 형성하고 정치를 비판했다.

이들의 지방관 배척운동으로 사직하는 지방관도 나왔고 환관파 인물의 정계복귀가 저지되기도 했다. 동림당이 주로 관료집단으로 활동이 제한되었음에 반해 복사는 하급 신사, 지식인이 다수로서 문장연구라는 명목을 걸고 공공연히 집단행동을 할 수 있었다. 한때 복사는 자신들의 후원을 받는 내각을 성립시키기도 해, 이 내각 아래에서 동림당 인사가 복귀되고 환관에 대항해 동림당의 정책을 실현하려는 노력이 나오기도 했다. 그러나 이 내각도 후에 환관파와 결탁해 복사에 등을 돌렸다. 그리고 처음 환관의 정치개입을 엄히 금하고자 했던 숭정제도 다시 환관을 기용했다. 결국 환관파와 비환관파 사이의 당쟁이 끊이지 않는 가운데 명은 멸망하고 말았다.

동림당과 복사의 활동은 내각과 환관이라는 황제의 전제권을 지탱해 준 사적인 기구를 통해 지나치게 비대한 중앙의 권력행사에 대해 권력의 분할

명13릉

명의 3대 황제 영락제부터 마지막 황제 숭정제까지 13명의 황제의 능으로 북경 북쪽에 있다. 현재 만력제의 능만 완전히 발굴되어 일반인에게 공개되고 있다.

과 관료사회의 건전한 여론에 입각한 통치를 요구한 것이었다. 이들의 근거 지역인 강남은 당시 경제적으로 가장 선진적인 지역으로 이갑제의 해체와 면직물, 견직물과 같은 상품생산이 가장 먼저 활발해진 곳이었다. 이들의 활동은 향촌의 신사가 해체되는 이갑제의 기능을 대신해 자율적으로 질서를 유지해 가고 있던 강남의 상황을 중앙정치에 반영해 보려던 것이었다. 그런 만큼 이들의 지향성은 지방분권적인 측면이 있었다. 명이 망한 뒤에 청조가 들어서 강남 신사를 대규모로 탄압하게 된 것도 바로 이런 지방분권적 성향에 일침을 가하려는 의도에서였다.

명 말의 농민반란과 명의 멸망

명 중기인 영종(1435~1449) 때 토목보의 변으로 명의 기틀이 밖으로부터 위협받고 있던 때 복건福建에서 일어난 등무칠鄧茂七의 난●으로 안정된 향촌 질서의 동요가 나타났다. 이후 명의 말기에 이르기까지 떠돌이 유민으로 국법을 어기고 입산금지 지역에 들어간 개척농민의 난(형양荊襄의 난), 악정에 시달리던 유육劉六, 유칠劉七 형제가 주동한 난●, 소작인 폭동, 환관의 세금징수에 대항한 폭동 등 밑으로부터 크고 작은 폭동과 반란이 계속되었다. 명 중기 이래 농민을 주축으로 한 이들 반란은 농민생활의 궁핍에 근본 원인이 있었다. 게다가 환관의 부패와 가혹한 조세수탈이 농민의 궁핍을 더욱 가속

등무칠의 난(1448~1449)
지주소작제가 발달해 있던 복건에서 소작인들이 지나친 부담을 경감시켜 달라는 요구에서 출발해 농민반란으로 발전했다. 이들에 호응해 광부 출신, 비적집단, 각지 농민들이 봉기해 수십만이 반란에 가담했고 주동자 등무칠이 패해 죽은 뒤에도 잔당이 오래도록 저항을 계속했다. 이는 중국사상 최초의 소작인폭동이라는 의의를 갖는다.

유육·유칠의 난(1510~1512)
환관의 뇌물 요구를 거부해 억울하게 도적 누명을 쓰고 토벌의 대상이 된 유씨 형제가 도적의 무리에 들어가 반란을 일으킨 이 난은 환관의 횡포와 부패를 잘 보여 주고 있다. 산동, 하북, 하남, 산서, 강소, 호북 등지를 횡행한 이들을 진압하느라 국고와 관련 지방의 재정이 고갈될 정도였다.

253

화했다.

명을 멸망으로 몰고 간 명 말기 농민반란의 직접적인 원인은 기근으로 인한 기아폭동이었다. 천계제 7년(1627)부터 숭정제 원년(1628)에 걸쳐 섬서성 북부를 휩쓴 가뭄은 농민을 극한상황으로 몰고 갔다. 이들은 부호를 털고 관리와 충돌하면서 국가권력에 저항하는 떠돌이 도적 떼가 되었다. 반란군에는 굶주린 농민뿐 아니라 제때 배급을 받지 못한 병사들, 마적집단까지 가담해 각지에서 세력을 확대해 나갔다. 명조는 처음에 이들을 항복시켜 식량을 주어 원적지로 보내는 초무책招撫策을 쓰다가 반란군이 계속 세력을 유지하자 강경진압책을 썼다.

병사 출신으로 반란군에 들어간 이자성李自成은 여러 반란군세력을 모아 명군에 대한 통일적인 작전을 하도록 합의를 도출하는 데 큰 역할을 하면서 두각을 나타냈다. 1639년 다시 중국 전역이 가뭄 등의 재해에 휩싸이자 위축되었던 반란군이 다시 활동하게 되면서 이자성도 은거해 있던 호북으로부터 하남으로 나아가면서 굶주린 농민과 여타 반란세력을 흡수했다. 그가 다른 반란군을 누르고 중심세력이 될 수 있었던 것은 균등한 토지소유, 조세경감 등 농민의 절박한 요구에 적합한 대민정책을 썼기 때문이었다.

1641년 낙양洛陽을 점령한 이자성은 떠돌이 도적 떼의 성격을 벗어나 거점을 확보하고 도시에 대한 공격을 개시했다. 1643년 호북의 양양襄陽을 점령해 이곳을 양경襄京이라 개칭하고 행정기구를 마련하는 등 초보적이나마 새로운 통치체제를 갖추고자 하면서 신순왕新順王이라 자칭했다. 이해 가을 서안을 점령해 장안長安이라 개칭하고 서경西京이라 불렀다. 1644년 2월 드디어 새로운 왕조의 성립을 공포했는데 국호는 대순大順, 연호는 영창永昌이라 했다.

정권을 수립한 이자성은 명의 수도 북경을 향해 진격했다. 당시 명의 주력군은 북방의 청군淸軍과 대치하고 있었고, 반란군과 대치 중이던 군대도 하남성 등에 집중되어 있어 북경의 방어는 허술했다. 환관의 도움을 얻은 이자성은 4월 북경의 궁성까지 점령하기에 이른다. 마지막 황제 숭정제는 아들들을 평민차림으로 변장시켜 피난시킨 뒤 황후를 비롯한 후비들에게 자결을 명하고 자신은 궁성 뒷산에 올라 자살하니 277년간 지속된 명은 이로써 멸망한다.

북경을 차지한 이자성은 새 왕조의 체제를 정비하고자 했으나 권력이 취약한 데다 직접적인 지배영역도 제한되어 있었다. 그는 결국 청군을 막기 위해 북서쪽에 파견되어 있던 명의 장군 오삼계吳三桂와 결탁한 청군과의 싸움에서 패해 북경을 버리고 다시 떠돌이 농민반란군의 신세로 전락해 퇴각을 거듭하다가 다음 해 자살로 끝을 맺었다. 이자성과 마찬가지로 병사 출신으로 반란군에 가담한 뒤 독자적인 세력을 키워 1644년 사천성의 성도成都에서 왕조를 세우고 황제 자리에 올랐던 장헌충張獻忠도 오래 가지 못했다. 사천성에서의 대량 학살에 대항한 지주의 무장세력과 오삼계의 공격으로 힘이 약화되어 1646년 결국 전사하고 말았다. 이로써 명 말의 농민반란군은 명을 멸망시키는 데는 성공했으나 자신의 새 왕조를 유지하지 못하고 이민족 왕조인 청의 중국 지배를 불러오게 되었다.

청조의 중국 지배

만주족의 발전과 청의 건국

명왕조가 중국을 지배하고 있던 때 만주 곧 동북지방에는 여러 이민족이 살고 있었다. 명 태조가 세 아들을 번왕藩王으로 만주에 보내면서 시작된 명의 만주 지배는 몇 차례 변화를 거쳐 군정과 민정을 겸해 장악한 요동遼東도지휘사사都指揮使司|명대 병제에서 가장 큰 단위인 위衛의 장관|와 노아간奴兒干 도지휘사사를 통해 이루어졌다. 뒷날 청을 건국하게 되는 만주족은 비교적 간접적인 지배의 성격이 강했던 노아간 도지휘사사 휘하의 여진족계통이었다.

이들 여진족은 거주지역, 생활환경에 따라 해서海西여진, 건주建州여진, 야인野人여진으로 구분되었는데 이중 농경생활에 상당히 익숙해 있었으며 명조와 일찍부터 관계를 맺고 발전해 있던 건주여진이 청을 건국했다. 명은 여진을 다스리기 위해 위소衛所|명대의 병제로 군의 최소단위가 백호소百戶所, 최대단위가

5,600명으로 구성된 위衛였다]를 세웠고 건주여진에 건주좌위左衛와 우위右衛를 두었는데 청의 전신인 후금後金을 건국한 누르하치의 조상들은 건주좌위左衛의 지휘사指揮使, 도독 등 명의 관리직에 있었던 여진족 지배층이었다.

누르하치는 조부와 부친이 명군의 실수로 살해되자 복수의 기치를 내세워 군사를 일으킨[1583] 후, 흥경興京을 중심으로 만주족을 통일하면서 지배권을 확립했다. 만주의 통일과정에서 사회조직이 변화, 발전해 군사·행정조직인 팔기八旗제도●가 정립되어 갔고 만주문자가 만들어졌다. 문자의 창제는 일종의 민족적 자각의 표현이었다.

만주족을 통일한 누르하치는 북송을 멸망시키고 중국의 화북지방을 지배한 여진족의 왕조였던 금을 계승한다는 의미에서 흥경에서 후금을 건국하고 연호를 천명天命이라 했다[1616]. 후금의 건국 후 명과의 관계가 적대적으로 변하자, 누르하치는 명에 대한 일곱 가지의 원한을 구실로 들어 명에 대한 침략전을 개시했다. 조선과 연합한 명군을 사르후[薩爾滸]에서 대패시킨 후[1619] 요동지방을 장악하고 수도를 요양遼陽으로 옮겼다.

한인이 살고 있던 요동으로의 진출은 이 지역의 경제력을 장악해 경제적 기반을 확보하려는 것이었다. 누르하치는 한인을 지배하에 두면서 이들을 각 지역으로 이주시키는 한편 일부 지역에서는 만주족과 한인을 함께 살게 했다. 한인은 만주족과 함께 살면서 그들로부터 착취를 당한 데다, 토착한인과 후금에 귀속한 이주한인 간의 갈등 등이 원인이 되어 누르하치의 요동

팔기제도
초기에는 혈연적 성격을 가지는 10인을 1니루로 하는, 일종의 씨족조직과 같았다. 하지만 만주사회의 확대와 더불어 지연적 성격을 가진 300명을 1니루로 하는 행정, 군사적인 기본조직으로 바뀌었다. 5니루가 1잘란, 5잘란이 1구사 즉 1기旗를 이루었다. 홍紅, 황黃, 남藍, 백白의 4기가 먼저 생기고 이어 양홍 등의 4기가 생겨 8기가 성립되었고 이들 만주팔기 외에 한인과 몽고의 팔기도 만들어졌다.

만주문자
만주어의 음을 표기할 수 있도록 청 태종 때 제정한 문자.

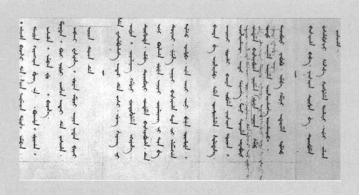

지배에 끊임없이 저항했다. 이에 누르하치는 수도를 심양瀋陽으로 옮기면서 한인을 대량학살하고 살아남은 한인을 만주인에게 예속시키는 정책을 썼다.

누르하치에 의해 개시된 요동 지배가 안정을 찾게 되는 것은 누르하치의 뒤를 이어 제2대 한汗[유목민족의 수장을 한으로 불렀는데 중국을 지배하게 되면서 황제란 호칭을 쓰게 된다]으로 즉위한 홍타이지皇太極太宗] 때였다. 누르하치는 자신이 죽은 뒤 국정을 8왕의 합의하에 운영하도록 만들어 두었으므로 즉위 초의 홍타이지는 권력이 제한되어 있었다. 이에 홍타이지는 자신이 장악한 2기旗의 무력을 증강시키고 다른 실권자들을 약화시켜 한汗의 지위를 격상시키면서 자신의 권력을 강화해 나갔다.

청 태조 누르하치

홍타이지는 이어 한인에 대한 정책도 변화시켜 만주인과 한인을 분리시키고, 투항한 한인에 대해서는 관리의 관직을 세습시키고 민간인에게는 생활방편을 제공하는 등 우대책을 썼다. 그리고 몽고팔기에 이어 만주팔기에서 독립한 한인팔기를 만들었다. 이러한 홍타이지의 우대정책으로 많은 한인 무장武將들이 투항해 왔다. 투항한 한인 무장들은 명과의 전쟁에 앞장을 섰다. 훗날 삼번三藩의 난에 참가하게 되는 상가희尙可喜, 공유덕孔有德, 경중명耿仲明 등의 투항으로 명은 북방의 해안에 대한 통제를 잃게 되었다.

홍타이지는 한인 관료에 대한 우대와 더불어 국가조직을 정비했다. 군정과 민정을 분리해 관제에서 문관과 무관의 구분이 생겨났고 중국의 행정조직을 답습해 6부를 두었다. 이제 후금은 배타적이고 국수적인 만주족 국가라는 성격을 탈피해 한족과 몽고족을 적극 포용하는 다민족국가로서 중국적인 군주독재하의 관료국가체제를 이루어 나갔다.

내정의 정비로 요동에 대한 지배를 안정시켜 나가는 한편으로 대외관계에도 주력해 명을 고립시키고 경제적 어려움을 타개하기 위해 두 차례에 걸쳐 조선을 정벌해ㅣ병자, 정묘호란ㅣ 명을 견제했으며 또 내몽고의 내분을 틈타 이를 정복했다ㅣ1634ㅣ. 이렇게 대내외적인 기반을 확보한 뒤 홍타이지는 국호를 대청大淸으로 바꾸고 연호를 숭덕崇德이라 했다. 후금으로부터 대청으로의 발전은 요동 지배의 안정과 더불어 만·한·몽 3족의 다민족국가로의 발돋움을 의미했다. 남은 것은 약화되어 가고 있던 중국으로 남하하는 일뿐이었다.

청의 중국 지배와 대외 확장

요동을 기반으로 발전해 간 청은 명이 이자성의 난으로 멸망하자 이 기회를 틈타 산해관山海關을 넘어 중국으로 들어왔다. 청의 중국진입과 중국통일, 중국 내 한인 지배 등의 과제를 풀어간 것은 홍타이지의 사후 즉위한 순치제順治帝의 섭정왕 도르곤ㅣ多爾袞ㅣ이었다. 이자성이 북경을 점령한 후, 산해관을 지키고 있던 오삼계는 명을 대신해 국난을 진압한다는 명목하에 청조와 연합해 산해관 부근에서 이자성군을 격파했다. 이후 청은 순조롭게 산해관을 넘어와 북경을 장악하고 화북 각지를 점령할 수 있었다.

청이 북경에 들어와 명을 계승해 중국을 통치하겠다고 포고하자 각지의 농민반란군, 한인 등이 저항했다. 이에 청은 대표적인 농민반란군 집단인 이자성과 장헌충군을 추격해 궤멸시켰다. 이어 강남의 이곳저곳에서 명의 잔명을 이으려고 일어난 복왕福王, 노왕魯王, 당왕唐王 세력을 각개격파하고 농민반란군 잔당과 연합한 영력제永曆帝의 남명南明정권까지 멸망시켜ㅣ1661ㅣ 중국 본토 안의 조직적인 저항세력을 제거했다.

여전히 남아 있던 비조직적이며 자위적 성격이 강한 신사를 중심으로 한 한인의 저항에 대해서는 회유책을 써서 무마했다. 청조는 한인 신사의 신분적 특권을 보장하고 파격적으로 등용했으며 동란기에 향촌과 신사의 지배적인 질서를 위협한 토구土寇를 격퇴했다. 청조는 지역사회에 대한 지배력

을 강화할 필요가 있었고, 신사는 동란기에 자신들의 이익을 보호해 줄 강력한 국가권력을 필요로 했던 상황이었으므로 청조와 신사의 결합이 가능했다. 화북지역과 남명정권이 있었던 강남지역 모두에서, 정도의 차이는 있었지만 청조와 신사의 결합 양상이 나타났다.

　도르곤의 사망[순치 7년, 1650] 후 순치제가 친정親政을 하면서 명조의 관제를 답습하고 한인 관료의 활동이 두드러졌다. 이는 단순한 한화漢化정책으로만 볼 수는 없는 것이었다. 순치제가 중국적 전제군주의 지배체제를 답습한 것은 자신의 권력강화의 일환으로서였다. 즉, 산해관 진입 전의 청조 특유의 정치조직인 팔기 중심의 권력분산으로부터 중앙집권적인 황제권력을 확보하려는 시도가 순치 친정기에 이루어진 것이다. 순치제 말년에 강남의 신사층을 크게 탄압한 것도 황제 중심의 중앙집권적 국가권력을 강화하기 위해서였다.

　순치제 사후 강희제康熙帝 초기에도 계속해 강남의 신사층에 대한 탄압사건이 잇달았다. 그중에도 특히 강남 신사의 조세체납에 대해 혹독한 처분을 내린 주소안奏銷案은 청의 중국 지배에 대한 잠재적 저항세력인 강남 신사의 세력 위축뿐 아니라 청조의 국가재정을 안정시키려는 의도도 내포한 것이었다. 물론 신사의 탄압이 신사의 존재 자체를 부정하는 방향으로 간 것은 아니었으며, 강희제가 친정을 하면서 한인을 포섭하는 방향으로 나아갔다. 강희제는 특별과거를 실시해 강남의 신사를 대거 관료로 등용했고 『명사明

史」편찬사업을 펴 한인 학자들을 참여시키는 등 한인 신사, 학자를 청조의 중국 지배에 동참시켰다.

강희제는 삼번의 난●을 진압하고 대만에서 청의 지배에 저항하고 있던 정성공鄭成功세력을 정벌함으로써 대만까지 청의 판도로 만들었다. 청조의 중앙집권에 가장 큰 방해세력이었던 삼번의 평정과 대만정벌로 중국 전역은 청조의 실질적인 통치하에 들어가서 중국 지배가 안정된 기반을 가지게 되었다. 강희제I1661~1722l로부터 시작된 안정된 중국 지배는 뒤를 이은 옹정제雍正帝I1722~1735l, 건륭제乾隆帝I1735~1795l에 이르기까지 계속되었고, 또 이 시기 대외적인 영토의 확장도 이루어져 3대의 130여 년간은 태평성대라는 칭호를 얻기도 했다.

청의 중국 지배정책을 보면, 우선 청의 지배를 가능케 한 무력으로는 정규군이라 할 수 있는 팔기제도와 한인으로 조직된 소규모 향촌방위군이라 할 수 있는 녹영綠營이 있었다. 그리고 청조는 소수의 만주족으로 다수의 한족을 지배해야 했던 만큼 한인에 대해 변발辮髮을 강요하고 문자옥文字獄●을 통해 화이華夷사상을 엄금하며 주소안 등을 통해 반항적인 신사, 지식인을 탄압하는 강압책을 썼다. 그리고 소수민족인 만주족을 보호하기 위해 만주족과 한족의 분리거주, 결혼금지, 만주어 사용, 팔기에 대한 토지 급여, 만주지역에 대한 봉쇄 등의 정책을 폈다.

그런 한편으로는 회유책을 병행해 한인을 농촌에 안정시키고 조세와 부

삼번의 난(1673~1681)
청조에 투항해 청의 중국정복에 큰 공을 세운 명의 고위관리로서 평서왕平西王에 봉해진 오삼계 등 삼번의 세력이 독자적인 세력을 키워 가면서 청의 안정에 위협이 되자 강희제는 번의 취소령을 내렸다. 이에 저항해 오삼계는 명의 회복을 기치로 반란을 일으켜 한때 위세를 떨치며 청과 대치했으나 강희 20년(1681), 9년간 10개 성에 미친 대란이 진압되었다.

문자옥
문집에서 남명왕조의 연호를 쓴 고위 관리가 고발을 당해 사형당한 사례, '글도 읽을 줄 모르는 청풍淸風'이라는 시구절에서 청풍이 청왕조를 비유한 것이라 해 처형된 사례 등 다양한 유형의 필화사건이 있다. 많은 사람들이 연루된 것으로는 여유량 사건이 있다. 여유량은 청조에 관리로 추천을 받고도 극구 거절했는데 그의 사후 증정이란 사람이 그의 저서를 읽고 청에 모반을 하려다 발각되었다. 이로 인해 여유량의 무덤이 파헤쳐지고 관이 부숴지는 처벌을 받았다. 그리고 여유량의 후손, 제자들이 처벌을 받았다.

자금성 전경
명의 영락제가 북경으로 천도하면서 건립하기 시작하여 명·청 두 왕조 내내 궁전으로 이용했다.

역을 경감시켰으며 명대의 교육제도와 과거제도를 답습하고 대규모 편찬사업을 벌였다. 정치제도는 명조의 것을 거의 답습했지만 청조 특유의 것으로서 군기처軍機處와 이번원理藩院을 두었고, 중요한 관직에는 만주인과 한인 2명의 관리를 임용했다.

한편 강희제로부터 건륭제에 이르는 시기는 청이 대외확장을 통해 광대한 영역을 차지하고 영토를 확정한 기간이기도 했다. 강희제가 국내의 안정에 힘쓰고 있던 동안, 러시아가 동쪽으로 세력을 확장해 흑룡강 유역을 침범해 청조의 옛 본거지인 만주를 엿보았다. 강희제는 러시아의 군사적 거점 중 하나를 공략해 승리를 거둔 후 1689년 러시아와 네르친스크조약을 맺어 러시아의 남하를 저지하고 국경을 확정지었다. 아르군강과 고르비샤강을 러시아와의 경계선으로 삼고 외흥안령外興安嶺에서 오오츠크해海 이남을 청조의 영역으로 했다.

명·청 교체기에 막남漠南, 막북漠北, 막서漠西의 3대 부족으로 나뉘어 있던 몽고족은 청이 중국으로 들어오기 전에 막남만이 청에 복속되었고 나머지는 여전히 청의 지배 밖에 있었다. 이들 중 오이라트 또는 준가르로 불리던 부족의 추장이 삼번의 난을 틈타 몽고의 각 부족을 공략하고 청장靑藏지역까지 쳐들어와 청조의 서부 변방에 주둔했다.

청은 이들에게 밀려 내려오는 각 부족을 받아들여 막북의 몽고를 귀속시킨 뒤 강희제가 준가르부에 대한 정벌에 나섰다. 그리고 건륭제가 이리伊犁

군기처

준가르 정벌과정에서 임시적인 군사행정기구로 설치되었다가 점차 상설적인 행정기구가 되면서 최고의 정책결정기구로 변모했다. 군기대신은 황제가 직접 고위관리 중에서 선임해 군기대신의 권한을 제한, 통제할 수 있게 했다. 관리의 횡적 연대 곧 붕당의 폐해를 없애고 황제권을 강화하려는 의도가 엿보인다.

이번원

변경지방에 대한 청의 통치를 위해 설치된 관청으로, 주로 몽고족의 통치에 대한 업무를 맡아 보았고 그 밖에 서장西藏, 신강新疆지역에 대한 업무도 일부 맡았다.

강희제

청의 4대 황제인 강희제는 한문으로 된 한인 관료의 상주문을 읽고 한문으로 답을 내린 것으로 유명하다. 태평성대의 기초를 닦았다.

지역을 공격해[1755~1756] 몽고의 변경지역을 복속시킴으로써 강희, 옹정, 건륭 삼대에 걸친 몽고 정복이 결실을 보았다. 이어 동투르키스탄지방도 병합해 천산남로天山南路와 북로지역이 지배하에 들어왔고 뒤에 이들 지역에 신강성新疆省을 두었다.

강희제 때 청에 복속된 후 옹정, 건륭 연간에 반란을 일으켰다가 평정된 티베트에 대해서는 이 지역에 주둔한 청조 관리의 권력을 강화해 내정, 외교, 군사, 재정, 관리임용 등 주요 권한을 장악했다. 한편 중국의 서남변경에 살고 있던 묘족苗族 같은 소수민족은 언어와 풍속이 달라 그 민족의 추장에게 중국 관명을 주어 다스리게 한 토사土士 · 토관土官제도가 있었는데 이를 폐지했다. 대신 중앙에서 직접 파견된 정식 관리인 유

관流官으로 바꾸는 개토귀류改土歸流의 정책이 실시되었다. 이로써 이 지역은 점차 중국의 직접적인 지배하에 들어가게 되었다.

건륭제는 10회에 걸친 변방 원정에 모두 성공했다고 자칭해 십전十全의 공을 자랑하기도 했다. 건륭제의 10회의 원정이 문자 그대로 모두 성공한 것은 아니었으며 명분이 불분명한 원정도 있었지만 어쨌든 건륭제 때 청은 최대의 판도를 자랑하게 되었다. 그 영역은 오늘날의 중국 전체와 러시아령 연해주 및 몽고인민공화국을 포함했다.

건륭제

강희제의 손자인 건륭제 때 청의 영토가 최대로 확장되었다. 강희, 옹정, 건륭 세 황제의 치세를 태평성대라 부른다.

청대 아시아의 형세

명·청시대의 사회와 경제

신사층의 형성과 사회 지배

명대 중엽 이후부터 청 말까지 국가의 지배를 보조하는 중간적인 지배계
층으로 신사층이 있었다. 이들은 휴직.또는 퇴직한 관료로서, 관직의 경력
이 있든지 아직 관리가 되지는 못했으나 과거제, 학교제 등을 통해 일정한
학위를 소지한 생원生員 ●, 거인舉人l3년에 한 차례 치르는 향시 합격재, 공생貢生, 감생
監生l최고학부인 국자감의 학생l 등으로 관위를 지망하는 사람들이었다.

생원 등 관위지망자와 관직경력자는 명 초부터 국가로부터 신분적 지위
와 특권을 부여받고 있기는 했지만 신사층이라는 하나의 계층으로 인식되
지는 않고 있었다. 그러나 시대가 뒤로 갈수록 관직의 수에 비해 관위지망
자의 수가 누적되었다. 그러다 보니 생원 중에는 평생 생원으로 머물러 더
이상 계층 상승이 불가능해지는 이들이 많았고, 이들의 수가 급격히 늘어났
다. 이들은 부여받은 특권을 향유하면서 사사로운 이익을 추구하는 존재로
향촌에 정착했다. 공생, 감생이나 거인도 명 초와는 달리 벼슬길로 나가지

생원
부府, 주州, 현학I縣學의 입학시험
인 동시l童試 합격자로서 성적에
따라 국자감에 진학하거나 향시
에 응시할 수 있었다. 이들은 명
대 학교제도와 과거제도의 제1
단계에 위치하는 학위소지자였
다. 생원은 요역 면제 등의 특권
을 부여받았다.

못하고, 향촌에 정착하는 이들이 늘었다. 향촌에 정착한 이들 광범위한 학위소지자들은 통치자의식, 곧 사대부로서의 자아의식이나 또는 공통의 이해관계를 공유하는 동류의식을 갖게 되었다.

이들은 평민층과 구별되고 동시에 관직경력자와도 구별되는 독특한 집단이었다. 그러나 한편으로는 관직경력자와 나란히 신사로 불리기도 했다. 그 까닭은 우선 이념적인 측면에서 관리가 못된 학위소지자들도 사대부로서의 자아의식을 관직경력자와 공유하고 있었던 데다 과거제에서 고시관과 합격자 사이에 광범위하게 맺어지는 사제관계로 연결될 수 있었기 때문이었다. 또 서원에서의 강학이나 문학동인 집단으로서 행하는 공동의 활동, 동향同鄕관계, 공동의 이해관계 등 여러 가지 요인을 통해 동류의 계층의식을 가졌다.

물론 이해관계에 따라 관직경력자와 학위소지자 간에, 또는 같은 관직경력자 간이나 학위소지자 간에도 다소의 갈등은 있었다. 그러나 명 중기 이후 이갑제 질서가 해체되어 가면서 관직에 나가지 못한 학위소지자들이 관직경력자들과 더불어 향촌의 질서유지에 지도적 역할을 하면서 이들은 국가나 평민으로부터 크게 보아 신사층이라는 하나의 계층으로 인식되기에 이르렀다. 동림운동, 반환관[위충현]운동, 복사운동 등에서 신사들이 지방의 범주를 넘어 중앙정치에까지 사대부적 사명감을 갖고 참여한 것은 이들이 스스로도 하나의 사회계층으로서의 자각을 갖고 활동하는 모습을 보여 준 것이었다.

그러나 신사는 기본적으로 향촌에 거주하고 있었으므로 그들의 역할은 중앙보다는 지역사회에서의 사회경제적인 역할 쪽에 비중이 더 컸다. 명 중기에 이갑제 질서가 해체되면서 신사는 향촌의 질서를 유지하고 경제적인 활동을 통해 공익과 사익을 추구했으며 향촌을 교화하고 여론을 지배했다. 공공부문 사업에 대해 신사가 건의나 조언을 하고 여론을 관官 측에 전달하며 필요한 경비나 노동력을 염출하는 등의 일을 한 것은 종래 이갑제 질서 하에서 수행되던 기능을 대신한 것이었다. 이는 또한 신사의 영향력을 통해 이갑제 질서의 공백부분을 보충하려던 국가와 향촌사회의 요청에 부응해 신사가 공적인 역할을 한 것이기도 했다. 이를테면 국가는 신사의 사회적 지배력에 의지하고 신사는 이를 배경으로 향촌에 대한 자신의 지배력을 공고히 하려는 것이었다.

그런데 신사는 이러한 공적 기능 외에, 향촌에서의 경제활동을 통해 자신들의 특권을 이용하거나 때로 남용해 대토지를 소유한다든지 요역을 규정 외로 더 면제받는다든지 수리水利상의 이득을 취해 사익을 우선시하는 경우도 많았다. 결국 신사의 수가 늘어나면 늘어날수록, 그들이 사리사욕을 추구하면 할수록 그들의 특권이나 영향력은 상대적으로 농민의 부담으로 전가되었고 한편으로 향촌사회의 분해를 조장하는 부정적 기능도 했다. 신사들의 공적 기능이 갖는 긍정적 측면과 사리추구의 활동에서 비롯되는 부정적 측면이라는 양면성은 명·청의 전 시대를 통해 공존하고 있었다.

명 말과 청 초의 동란기에 자위를 위해 무장했던 신사는 강력해 보이는 청조권력이 자신들의 사회적 특권을 그대로 보장해 주리라는 전망이 보이자 청조에 투항해 향촌사회에서 국가권력을 보좌하는 기능을 수행했다. 비록 한때 남명정권을 지지해 강남의 신사가 청에 저항하기는 했지만 이들도 역시 남명정권의 약화와 더불어, 일찌감치 청조에 협조했던 하북, 산동의 신사나 마찬가지로 자신을 보위하기 위해 청에 투항해 질서의 회복에 앞장섰다.

중국 본토에 대한 지배가 안정되어 가면서 자신감을 얻게 된 청조는 신사의 사리추구 등으로 향촌사회에서 빚어진 모순에 대처하기 위해 특히 선진지역인 강남의 신사를 대대적으로 탄압했다. 강남 신사에 대한 청조의 탄압은 일견 이민족왕조의 한인 신사에 대한 탄압으로 보이기도 하지만, 거시적으로 보면 명 말 이래로 국가권력에 위협이 되었던 강남 신사의 영향력에 대한 탄압의 연장선상에 있었다. 그래서 청조는 신사에 대해 탄압 일변도로 나가지 않고 동시에 회유책을 병행해 건륭제에 이르기까지 장기간에 걸친 사회의 안정을 찾을 수가 있었다.

이와 같이 명·청시대를 통해 국가권력을 보좌해 향촌에서 중간적인 지배층의 역할을 하고 있던 신사의 존재는 국가권력과 불가분의 관계에 있었다. 국가권력으로서는 때로 신사를 탄압할 수밖에 없기도 했지만 이들을 체제 내로 포섭하지 않고서는 원만한 통치가 불가능했다. 그리하여 신사층은 왕조의 존망을 초월해 사회의 지배적인 계층으로서 청대에 이르기까지 자신들의 세력을 공고히 했다.

사회와 경제의 발전

이 시대 사회경제적 발전의 특징은 강남지방에서 직물업 등 공업이 발달하면서 미곡생산의 중심지가 이동하고, 그에 따라 경제 중심지가 분화되었다는 점이다. 소주, 항주 등지가 견직물업의 중심도시가 되었고 송강松江 일대는 면직물업의 중심지가 되었다. 또 상주常州, 진강鎭江은 마직물의 중심지가 되었다.

이렇게 강남지방이 공업 중심지로 발전하자 인구가 강남으로 몰리고 농경지는 상품작물 재배지로 전용되는 바람에 부족해졌다. 결국 미곡 등의 곡물이 부족하게 돼 다른 미곡 생산지에서 들여와야 했다. 명 말에는 강서, 호광湖廣이 미곡생산의 중심지였는데 "호광지방에 풍년이 들면 천하가 풍족하다"는 표현이 나올 정도였다. 청이 들어선 이후에는 사천의 쌀이 중요해졌다. 이와 같이 지역에 따라 경제적인 분화가 이루어지자 자연히 지역 간 물자이동이 활발해져 상업이 발달했다.

직물업 등 공업의 발달에 따라 농민의 상품작물 생산이 증가하면서 각 지역마다 소규모 정기시가 번영했고 이러한 지역시장은 대도시와 연결되었다. 상업의 발달은 대자본을 보유한 대상인집단을 발생시켰는데 특히 산서山西상인과 신안新安상인의 활약이 두드러졌다. 중국 내에서 원거리교역이 이루어져 이를테면 강남의 수공업 제품이 화북, 변방, 양자강 오지로 팔려갔고 화북, 양자강 유역 각 성의 곡물, 면화 등 원료가 강남지방으로 팔려왔다. 이리하여 미곡·소금·직물·도자기·차 등이 전국적인 교역품목이 되었다.

한편 지리상의 발견을 이룩한 서양상인이 중국에 와서 활발한 무역관계

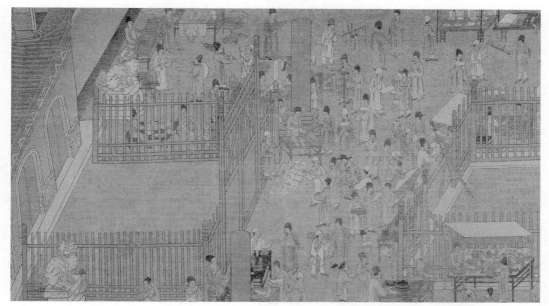

명 중기 수도 북경의 번창한 모습을 그린 그림

를 맺은 것도 이때였다. 명대에는 포르투갈인이 맨 처음 중국에 와서 마카
오에 근거지를 두고 중국, 일본과의 무역을 독점했다. 스페인은 마닐라에서
중국상인과 교역을 했다. 이어 명 말로부터 청 초에 걸치는 동안 네덜란드
인이 활약했다. 청조가 18세기 중반 해외무역을 광주廣州로 제한해 광동廣東
무역의 시대로 들어가면서 영국이 중국과의 무역에서 주도권을 잡았다. 이
들 유럽상인은 중국으로부터 견직물, 도자기, 차 등을 수입했고 은이 대량
으로 중국에 유입되어 중국의 은경제가 발전했다. 이제 중국의 국내경제는
무역과 긴밀한 관계를 맺게 되었다.

외국인이 들어오면서 국내교역에서도 은이 광범위하게 사용되고 조정에
서도 은에 대한 수요가 증가했다. 조세를 은납화하면서 지주에게도 공평하
게 세금을 부담시키려는 의도에서 여러 항목의 조세와 요역을 통합해, 토지
와 성인남자 수에 따라 할당하는 일조편법—條鞭法이라는 세역稅役상의 개혁
을 명조에서 실시한 것도 은의 유통이 확대되었기에 가능한 것이었다. 일조
편법은 획일적으로 실시되지는 못하고 16세기 중반부터 지방에 따라 제한
적으로 실시되었지만 청조에 들어와 18세기 중엽 지정은地丁銀제도가 성립

되면서 철저한 조세개혁이 이루어졌다.

강희제 때 장정에게 매기는 정세丁稅의 총액을 고정시킨 뒤 옹정제에 들어와서 고정된 정세액을 토지에 할당해 토지세와 함께 징수함으로써 토지세와 정세를 함께 은으로 징수하는 지정은제도가 성립되었다. 이는 토지 없는 장정의 증가로 인해 정세징수가 곤란해진 것을 해결하기 위한 대책이었는데, 기존의 액수만 확보하고 토지를 주요 징세대상으로 한 것으로 조세제도상 중요한 개혁이었다. 또한 조세의 은납화를 이룬 것으로 보아 중국의 은경제의 발전 정도를 짐작할 수 있다.

이 시기 상공업 발전은 농업생산력의 발전이 밑받침해 주고 있었다. 미작 품종이 다양해졌을 뿐 아니라 고구마, 감자, 땅콩, 연초 등 외래품종의 도입을 비롯해 기타 곡물도 다양하게 재배되었다. 또한 이모작 지역이 확대되고 수리시설의 확대와 토지 개간 등으로 호광, 사천 같은 새로운 미곡생산 중심지가 생겨났으며, 벼농사의 북방한계선이 북경, 천진 근방까지 올라갔다. 이와 같은 여러 요인으로 단위면적당 생산량이 늘어나고 전체적으로 농업생산력이 발전해 상공업의 발전을 가능케 하였다.

농업생산력의 발전, 상공업과 도시의 발전은 자연히 서민의 지위 향상을 가져왔다. 송대 이후 계속된 지식 보급의 결과 농촌에서도 서원 등을 통해 교육을 받은 지식인층이 나왔다. 과거응시 인구가 급격히 증가한 데서도 전체적인 식자층의 증가 정도를 엿볼 수 있다. 생산력의 향상, 상품작물의 재배와 부업을 통한 수입 증가 등도 서민의 지위가 향상될 만한 요인이었다. 소작료 거부투쟁|항조抗租|, 조세 거부투쟁|항량抗糧|, 직물노동자의 반란|직용織傭의 변變| 등 밑으로부터의 투쟁이 격렬했던 것은 그만큼 수탈이 강화된 것을 의미하기도 하지만 한편으로는 농민, 노동자의 자의식이 성장했음을 반영하는 것으로 자신들의 지위를 향상시키려는 노력으로 해석할 수 있다.

양명학과 고증학

명조 초기에는 몽고족의 풍습을 배제하고 불교를 배척하는 등 국수주의적인 성격이 강했다. 유학 중에도 체제유지를 위한 주자학이 관학화해 학문과 사상이 위축되어 있었다. 바로 이런 상황에서 양명학이 등장하였다. 명대의 사상을 대표하는 양명학陽明學은 명 중기의 유학자 왕양명王陽明[이름은 수인守仁, 1472~1529]이 심즉리心卽理의 학설을 주장하면서 성립되었다. 인간의 마음이 곧 천하만물의 이법理法이므로 마음을 함양하는 것으로 족하고 굳이 학문을 통할 필요가 없다는 심즉리의 주장은, 송대 주자의 이학理學과 달리 심학心學을 중시한 육상산陸象山을 계승한 것이었다.

왕양명

명대의 유학자로 양명학을 창시했다. 주자학의 성즉리에 대응해 심즉리를 주장했다.

왕양명도 처음에는 주자학적인 분위기에서 성장했으나 환관의 무도한 정치에 대항하는 반대운동에 참가해 투옥되었다가 귀주성 용장龍場으로 유배되어 명상을 거듭하던 중 홀연히 깨달음을 얻어 주자의 격물치지格物致知의 해석과 결별했다. 즉 주자는 『대학大學』의 한 구절인 격물치지에 대해 모든 사물을 연구해 그 이법理法을 깨닫는다고 해석해 객관적인 학문연구를 중시했던 데 반해, 왕양명은 마음의 부정不正을 바로잡아 타고난 본연의 지[양지良知]를 실현하는 주관적인 수양을 중시했다.

주관적인 수양의 중시에서 안다는 것[知]은 행동[行]을 통해 이루어진다는 지행합일설知行合一說이 나왔다. 그리고 인간은 도덕적으로 평등한 존재라는 인식으로부터 사농공상의 사민四民평등의 주장이 나왔고 나아가 만물일체론으로까지 발전했다. 이와 같은 양명학이 성립된 것은 명 중기의 사회경제적 변화와 밀접한 연관을 가지고 있었다. 즉 명 중기 이갑제가 해체되면서 특권적인 대지주가 나타나고 상공업의 발달로 부를 축적한 사람들이 나타나게 된 것이다. 지주는 영세한 농민을 소작인이나 임노동자로 지배하는 등 계층의 분화가 심해지면서 사회모순이 드러났다. 명 초의 체제유지에 효용을 가졌던 주자학으로는 이러한 사회변화에 대처할 수 없었고 새로운 사회변화에 적응할 학설로서 왕양명의 심학이 출현한 것이었다.

왕양명의 심학은 시대가 뒤로 가면서 명교名教I인륜의 명분에 관한 가르침I적 측면을 강조하는 우파와 반反명교적 요소를 가진 좌파로 나뉘었다. 좌파는 왕간王艮I이름은 심제心齊, 1483~1540I을 시조로 하는 서민 출신 사상가집단인 태주학파泰州學派로 발전했다. 태주학파는 서원에서의 강학활동 등을 통해 양명학이 서민층에까지 확대되게 만들었다. 태주학파의 한 사람이었던 하심은何心隱I1517~1579I에 이르러서는 반명교적 성격이 한층 강하게 부각되어 주자학과 달리 인간의 욕망을 긍정하는 방향으로 나아갔다.

태주학파의 욕망긍정론을 극단으로까지 발전시킨 것은 이단으로 몰린 인물인 이지李贄I이름은 탁오卓吾, 1527~1602I의 동심설童心說이었다. 인간의 욕망이 곧 천리天理라고 긍정하고 지식이나 인습에 물들지 않은 자연 상태의 마음인 동심이 진심이라고 주장한 이지는 하심은과 마찬가지로 명교의 죄인으로 지목되어 붙잡혀 죽었다. 이들의 욕망긍정론은 당시 상업의 발달과 그에 따른 계층 간의 상향이동이라는 사회현상을 반영하는 것이었다. 이들의 주장으로 인해 이윤추구를 목표로 하는 상행위가 합리화될 수 있었으며 계층 간의 상향이동을 인정人情의 자연스런 욕구로 정당화할 수 있었다.

명에서 청으로 넘어가는 시기에, 대내외적인 위기의식과 서양문물과의 접촉에 자극을 받아 경세치용經世致用I세상을 다스리고 현실사회에 도움이 됨I적인 학문이 발달했다. 실용적인 학문의 내용으로는 식물학, 농학, 산업기술, 군사학, 지리학 등이 있었다. 그리고 청에 저항한 명의 유신으로 유명한 삼대학자 황종희黃宗義I1610~1695I, 고염무顧炎武I1613~1682I, 왕부지王夫之I1619~1692I는 명의 멸망과 관련해 명대의 정치를 비판하고 미래의 정치개혁을 추구했으며 실증적인 문헌연구를 통해 훗날 고증학考證學의 방법론을 개척하기도 했다.

18세기의 건륭제, 가경제嘉慶帝 때에는 실증적이고 객관적인 방법으로 문헌을 연구하는 탈정치적이며 몰가치적인 성격의 고증학이 성행했다. 고증학은 청대의 대표적인 학문으로 일컬어진다. 고증학의 배경으로는 이 시기의 경세치용적인 실용학의 영향과 청조가 이민족으로서 한족을 지배하면서 일종의 필화사건[문자옥文字獄]을 통해 한인 지식인들의 사상을 가혹하게 탄압한 점, 『사고전서四庫全書』와 같은 대규모 편찬사업 등을 들 수 있다.

고증학은 방법의 객관성, 독창성, 전문성을 띠고 많은 분야의 학문을 개척했다. 그리하여 경학經學, 사학史學, 음운훈고학音韻訓詁學, 금석학, 목록학 등 다양한 분야를 상당히 과학적으로 연구해 유학을 보다 포괄적인 학문으로 만들었다. 그러나 청 말 대외적인 위기에 직면하게 되자 엄밀한 학문적 객관성에 치중하는 고증학 외에 공양학公羊學과 같은 경세적인 학풍이 나타났다.

『사고전서』
건륭제 때 당시까지 전해 내려온 고금의 중요한 문헌을 경經, 사史, 자子, 집集으로 분류하여 편집한 총서.

서민문화의 성장

명·청시대에는 상대적으로 오랫동안 제국이 안정된 데다가 산업이 발달해 송대 이래로 성장해 온 서민문화가 난숙한 경지에 이르렀다. 특히 강남지방의 사회경제적인 발전으로 소주蘇州 등 산업과 문화의 중심도시가 성장했고 도시의 성장은 자연히 도시서민이 즐길 수 있는 문화의 발달을 가져왔다.

서민이 즐기는 통속소설은 명대 문학의 대표라고 할 정도로 성행했다. 이는 강남지방을 중심으로 하는 경제의 발전을 배경으로 해 서민의 사회적 의식이 그만큼 성장했음을 보여 준다. 백화문으로 알기 쉽게 써서 서민의 흥미를 자극하는 통속소설이 명대에 많이 나온 것은 양명학 좌파의 영향도 컸다.

명대 4대기서奇書로 일컬어지는 『수호전水滸傳』, 『삼국지연의三國志演義』, 『서유기西遊記』, 『금병매金瓶梅』가 널리 읽혔다. 청대에도 통속소설의 인기는 여전히 높아 괴기한 내용을 담은 단편소설인 『요재지이聊齋志異』 외에도 대표적인 장편 애정소설 『홍루몽紅樓夢』과 관료사회를 풍자한 사회소설 『유림외사儒林外史』 등 유명한 소설들이 나왔다.

『금병매』
작자미상의 명대 소설. 『수호전』에 나오는 인물인 서문경西門慶과 반금련潘金蓮의 이야기를 확대한 내용이다.

『요재지이』
청대에 나온 단편소설집으로 작자는 포송령蒲松齡이다. 간단한 잡기라든가 기이한 이야기, 요괴에 관한 이야기가 많이 들어 있다.

『유림외사』
청대에 오경재吳敬梓가 지은 장편소설. 과거제에 대한 불만이 표출된 작품으로 관료의 부패상이 잘 그려져 있다.

소설과 더불어 서민들이 즐긴 것은 연극이었다. 원대의 대표적인 문학이었던 희곡에서도 걸작이 많이 나왔고 연극을 즐기는 저변이 광범위하게 확대되었다. 명대의 유명한 작품인 『모란정환혼기牧丹亭還魂記』의 작가 탕현조는 과거에 급제하고 양명학에도 조예가 깊은 지식인이었다. 청의 건륭제 때에는 오늘날에도 유행하고 있는 경극京劇이 시작되었고, 명 말의 문인과 기생 사이의 사랑을 그린 『도화선전기桃花扇傳奇』 같은 걸작이 있었다.

명·청시대의 통속소설과 연극은 비단 서민만 즐긴 것이 아니었다. 지식인들도 이를 즐겨 읽고 또 스스로 작품을 짓기도 해 지식인과 서민이 문화를 공유하는 대중화시대를 보여 주었다. 예컨대 북경의 상류층에서 시작해 곧 전 중국 모든 계층의 애독서가 된 『홍루몽』의 저자 조설근曹雪芹은 비록 만년에 궁핍한 생활을 하기는 했지만 청조 초기 명문거족의 후손으로 국자감에서 공부를 한 지식인이었다.

한편 이 시대에는 예수회 선교사들이 포교활동의 일환으로 서양의 최신 학문 및 기술을 중국인에게 소개했으므로 중국의 문화는 서양문화의 유입으로 한층 풍요롭고 다양해졌다. 마테오 리치|중국명 利瑪竇|, 아담 샬|중국명 湯若望| 등이 자연과학 지식을 통해 중국 지배층의 신임을 얻고 열성적인 포교를 해 명이 망할 때까지 2, 3만 명으로 추정되는 신자를 얻었다. 청의 강희제도 서양학문을 애호하여 청대에도 여전히 선교사의 위력이 컸다. 그러나 옹정제가 기독교 포교금지령을 내려 선교사를 추방한 뒤 기독교사상이

홍루몽을 쓴 조설근
조설근은 강희제 때 남경의 부유한 집안에서 태어났으나 어려서 집안이 몰락한 뒤 북경으로 이사해 불우한 생활을 보냈다. 명문대가의 집안 이야기를 그린 홍루몽은 그가 만년의 10년간 심혈을 기울인 소설로 자신의 체험이 반영되었다.

나 서양의 문화가 한동안 중국에 영향을 미치지 못하게 되었다. 그러나 청조 말기에 제2차 중·영전쟁의 결과 기독교 포교가 공인되고 교회가 중국 내의 토지를 빌리거나 살 수 있게 되는 토지조매권을 획득하게 되면서 중국인 신도가 늘고 기독교는 중국 안에서 일정한 영향력을 가지게 된다.

유교 도덕이 실생활에 미친 영향

근대 이후에 중국인들이 서구세력의 침략을 받게 되면서 부강하고 진보적인 서구와 나약하고 낙후된 중국이라는 식의 대비가 은연중에 생겨났다. 그리고 중국이 낙후한 원인으로는 전통시대의 사상과 문화가 많이 거론되었다. 청조를 개혁하거나 타도해야 한다는 개혁·혁명운동가들이나 5·4 신문화운동을 추진한 지식인들이 공통적으로 지적한 것이 개인이나 국가의식이 없는 가족중심적, 가족이기주의적인 사고방식이었다. 송대에 완성된 성리학적인 도덕 윤리가 일반 민중에게까지 뿌리 깊게 박힌 것은 명과 청왕조 때이므로 여기서는 유교 도덕이 실생활에 미친 영향이라는 측면을 살펴볼 필요가 있다.

명대에 이르러 상업의 발전이라는 사회상 속에서 양명학이 출현해 인간의 욕망을 인정하는 방향으로 나아가기도 했지만 이러한 경향은 일부에 한정되었고 지배적인 도덕 윤리는 성리학에 뿌리를 두었다. 송대에 성리학이 이민족과의 대치상황에서 태동한 점을 생각할 때 이민족인 몽고족을 몰아내고 한족의 왕조를 회복한 홍무제가 성리학의 가르침을 강조한 것은 당연했다.● 앞서 살펴보았듯이 유교에 기반한 가르침을 민중에게 전파하고 과거제와 학교제를 강화한 이래로 명은 성리학적인 윤리가 지배층은 물론이고 피지배층에까지 관철되도록 했다. 그리고 명을 이어 중국을 지배하게 된 만주족의 청조도 처음부터 명의 교육제도와 과거제도를 답습하고 성리학적인 지배이념을 수용했기 때문에 명과 청 두 왕조는 지배이념이란 측면에서는 다를 바가 없었다.

수직적인 인간관계를 중시하는 성리학의 사회에서 효도에 대한 강조가

● 홍무제는 생전에 정절을 중요시했는데 사후 그를 모시던 40명의 궁인 중 38명이 자결했다. 홍무제의 아들 영락제가 죽은 뒤에도 30명 이상의 후궁이 자결했는데 자발적인 것이 아니라 강제로 끌려가 목을 매달아야 했다고 한다. 명 초 궁중에서의 이러한 자살은 민간의 여성들에게 큰 영향을 미쳤다.

최고조에 달한 것은 더 말할 나위가 없다. 홍무제 이래로 효자 등을 포상하는 법령이 만들어지고 효자에 대한 역사서의 기록도 엄청나게 늘어났다. 정사에 효자열전이 기록되기 시작한 진晉부터 원까지 1100년이 넘는 기간 동안 정사에 기록된 효자열전 수를 모두 합한 것이, 명 일대에 기록된 열전의 수보다 훨씬 적었다. 또 명 이후에는 정사 외에 수많은 지방지에서도 그 지역의 효성스러운 인물에 대한 기록이 중요한 비중을 차지했다. 청조 말기 이후 개혁론자나 혁명론자나 한결같이 중국의 근대화를 위해서는 가정혁명으로부터 시작해야 한다고 주장한 것은 가정이라는 사적인 공간에 대한 도리를 우선으로 여겨 공적인 영역에 대한 관심이 소홀해진 것에 대한 반성이었다.

또 인간의 욕구를 부정하고 명분론을 강조하는 경향이 강한 성리학적 견지에서 사회적 약자인 여성의 정절에 대한 강조는 특히 심했다. 중국의 윤리 규범을 무시한 몽고족의 원대와 달리, 명대에 들어서 배우자나 약혼자의 사후에 자살하는 여성과 평생 수절한 여성들이 증가하는 것을 보아도 이를 알 수 있다. 정절을 고수해야 한다는 사고방식이 여성들의 의식 속에 내면화한 데는 사회의 전반적인 분위기가 작용했다.

우선 정절을 지킨 여성들[절부節婦]을 높이 포상하는 법령을 반포해 패방[기둥에 지붕을 얹은 형태의 문으로 궁전이나 사원 앞에 세운 건축물인데, 열녀 등을 기리기 위해 세우기도 했다]을 세우는 등 지배층의 의도적인 교화가 큰 요인이 되었다. 그리고 유교적 소양을 갖춘 지식인층이 누적되면서 이들이 지방지나 기타 자료의 편찬 과정에서 정절을 지킨 여성들의 사적을 샅샅이 찾아 기록했다. 이러한 분위기에서 여성의 정절 고수가 최선이라는 가치관이 사회심리적으로 우월한 지위를 차지했다. ● 정절 고수 관념이 여성 개개인에게 내면화되어 있는 상황에서 이에 배치되는 일이 벌어지면 여성들은 자살에 의지하기 쉽게 되었다. 이를테면 경제적인 이득을 보기 위해 과부인 며느리의 재혼을 강요하는 상황에서 여성들이 어쩔 수 없이 자살이나 자해를 택한 것이다. 또 동란기에도 수많은 여성들이 자살이든 학살이든 간에 정절 때문에 희생되었다.

5·4신문화운동기에 계몽의 전사 노신魯迅이 위선적인 유교 규범 중에도

● 주자의 출신지역인 복건성에서는 과부나, 약혼자가 죽은 처녀가 공개적인 자살을 하는 탑대搭臺라는 풍습이 있었다. 이를 보면 정절에 대한 사회적인 요구가 어느 정도로 잔인했는지 알 수 있다. 당사자는 자살 결심을 널리 알린 뒤 특정한 날짜에 정해진 공간에 세워진 단에 상복이나 대례복을 입고 올라가 자살의식을 구경하러 온 친지들의 절을 받은 뒤, 곡식을 뿌리고 사람들의 격려를 받으며 목을 매달았다. 구경꾼들은 죽은 여성을 칭찬하고 시체를 옮길 때는 풍악까지 울리며 거리를 행진했다고 한다.

특히 효도라든가 정절에 대해 비인간적인 측면을 통렬하게 고발한 글들을 남긴 것은 널리 알려져 있는 대로이다. 비단 노신뿐 아니라 이 시기에 민주주의, 개인주의와 같은 서구사상을 접한 수많은 지식인, 청년 학생들이 비민주적인 수직적 질서와 집단을 강조하는 유교 규범을 중국 낙후의 주범으로 규탄했다. 자급자족적인 농경사회에 비교적 적합한 이념으로 출발한 성리학이 전통시대 중국사회에 미친 영향이 부정적인 측면만 있었던 것은 아니다. 특히 지배층의 도덕성을 강조했다는 점에서는 지배의 효율을 기하는 측면도 있었다. 그렇지만 효도와 정절의 과도한 강조에서 드러나듯이 수직적 질서의 고수는 개인의 존엄을 기초로 한 민주와 평등이라는 이념에 비추어 볼 때 부정적인 영향이 컸기 때문에 근대 이후 지식인들의 집중 공격을 받게 된 것이다.

2부
근대 이후 중국역사의 전개

제1·2차 중·영전쟁과 중화제국질서의 붕괴

청조가 태평성세의 한계를 드러내어 약화되어 가고 있을 때 영국을 필두로 한 서구세력이 중국시장에서 자국 상품의 판로를 찾고자 밀려들어 왔다. 아편전쟁과 애로호사건으로 알려진 두 차례의 전쟁은 폐관정책을 고수하는 자급자족적인 농업국가 청조와, 무력을 동원해 시장을 개방시키려는 서구 자본주의세계라는 서로 다른 두 세계 간의 충돌이므로 1, 2차 중·영전쟁으로 부르는 것이 타당하다. 두 차례의 전쟁에서 패한 중국은 불평등한 조약체제로 편입되어 중화적인 세계관이 크게 동요되었다.

1860년대부터 1890년대 중반까지 자강을 추구하던 중국은 일본, 서구열강이 도발한 전쟁에서 연패했다. 대만사건(1874), 청·불전쟁(1884~1885)으로 유구琉球, 베트남의 종주권을 잃었다. 유구는 훗날 일본의 영토(오키나와)가 되고 베트남은 프랑스의 식민지가 되었다. 청·일전쟁(1894~1895)에서의 패배는 특히 충격적이었다. 중국은 조선의 종주권을 상실하고 대만을 일본에 할양했으며, 일본의 요동반도 할양요구를 저지시킨 러시아, 프랑스, 독일 3국에 조차지를 내주었다. 또한 개항장에서의 제조업 허용으로 중국의 민족기업은 타격을 입었다. 이로 인해 중화제국적인 질서가 붕괴되고 중국은 일개 약소국으로 전락했다.

청조의 변화와 영국의 아시아 진출

청조사회의 변화

청조는 건륭제 중기 이후 태평성세의 한계를 드러내기 시작했다. 전제체제하에서 권력이 황제에게 과도하게 집중되다 보니 관료의 창의성은 억제되고 그 역할이 약화됐다. 아무리 뛰어난 '명군'이라 하더라도 관료의 약화로 인한 행정 능률의 침체 현상을 돌이킬 수 없었다. 게다가 사치풍조와 부패가 만연해 관리의 수탈이 극에 달하자 백성의 궁핍은 더욱 심화됐다.

한정된 토지에 비해 지나친 인구의 증가는 백성의 궁핍을 더욱 가속화시켰다. 실제로 1741년에 1억 4천만 명이었던 인구가 약 1세기 후인 1850년에는 4억 1천만 명으로 기하급수적으로 증가했다. 그러나 토지의 경작면적은 1723년 730만 경頃이었던 것이 1824년 756만 경에 불과해 그 증가가 미미했다.

결국 청조의 쇠퇴는 빈번한 반란으로 드러났다. 18세기 후기에 일어난 여러 반란 중에서도 특히 백련교의 난[1796~1805] ● 은 심각한 영향을 미쳤다. 무려 5개 성에 걸쳐 10년 가까이 끌었던 이 반란을 진압하기 위해 청조는 3, 4년간의 재정수입을 대부분 군비로 소모했고 이는 잉여 국고의 탕진을 의미했다. 이들 육지에서의 반란 외에 19세기 초에는 해적집단이 청군과 내통하면서 복건福建, 절강浙江의 해상에서 10여 년간 활동했다.

이렇게 청조 사회가 안정을 잃어가자 이러한 체제이완 현상에 민감하게 반응해 변화를 지향하는 지식인들이 나타났다. 이들은 경전 고증이나 훈고학을 중심으로 한 기존의 한학으로는 변화하는 역사에 대응할 수 없다고 보고 변혁의 사상으로 금문학을 흥기시켰다. 또 현실을 직시하고 실제문제를 연구하고자 하는 경세치용의 학문을 주장했다. 이들은 청조의 쇠퇴에 수반되어 나타난 위태로운 제반 현실에 대한 비판 위에서 개혁의 필요성을 제기하는 한편 서양의 위협에 대해서도 대처방안을 강구하고자 했다. 대표적인 학자는 위원魏源, 공자진龔自珍 등으로 현실적인 세력으로 성장하지는 못했지만 개혁의 기운을 양성하는 데는 일조했다.

백련교의 난
미륵불신앙을 중심으로 한 백련교의 신도는 주로 빈민들이었다. 관료들의 수탈을 견디지 못해 호북성, 사천성, 섬서성, 하남성, 감숙성 등의 산악지대에서 일어난 이 반란은 청의 정규군이 아닌 임시 고용군에 의해 진압됐다.

영국의 아시아 진출

1600년에 설립된 이래 동방무역에 대한 독점권을 가졌던 영국의 동인도회사는 인도네시아 등 동인도 제도諸島의 후추와 향료를 수입하고 영국의 모직물 제품을 수출하는 것이 그 목적이었다. 그러나 동인도 제도와 인도에서의 모직물 수요가 적은 데다 값싼 인도의 견직물과 면포가 수입되어 영국 국내시장을 잠식하자 신흥 직물산업자본의 비판의 표적이 됐다. 그러자 18세기 초 영국하원은 동인도회사에 모직물 등 영국 상품 판로 개척의 임무를 부과했다.

이에 중국이 장악해야 할 유력한 시장으로 떠오르게 되었고 1780년대부터는 동인도회사가 중국의 광동무역에서 유럽의 어느 나라보다도 절대적 우위를 차지했다. 동인도회사의 무역 형태는 회사가 직접 하는 무역, 회사 직원에 의한 사私무역, 일반상인이 회사의 허가를 받아 하는 지방무역의 세 가지가 있었다. 이들은 중국으로부터 차, 도자기, 목면 등을 수입하고 영국의 모직물, 면직물 등 신흥산업의 생산물을 수출했다.

매카트니 사절
1793년 중국에 도착한 매카트니 사절단은 열하까지 가서 건륭제를 알현하고 항구 개항, 일정 세율 공시 등을 요구했으나 받아들여지지 않았다.

그러나 동인도회사의 중국무역 확대에는 여러 가지 장애가 있었다. 먼저 중국경제의 자족적인 성격과 중화사상에 뿌리를 두고 있던 광동무역체제를 꼽을 수 있다. 광동무역체제는 '공행公行'과 밀접한 연관이 있었다. 공행이란 서양 물품만을 취급하는 양행洋行의 상인들이 조직한 독점적 성격의 상인길드이다. 이들에게는 무역독점의 특권과 함께 관을 대신한 책임과 의무가 부여됐다. 수출품인 차, 비단과 수입품인 면화, 모직물 등을 독점하는 대신 관을 대리해 관세를 부과하고 외국 상인의 모든 행동을 감독하는 책임과 의무를 지고 있었다. 외국 상인이 관청에 진정할 일이 있을 때는 '품稟'이라는 서식을 이용해 공행을 통하도록 했다.

광동무역체제는 무역항을 광동에 한정했고, 공

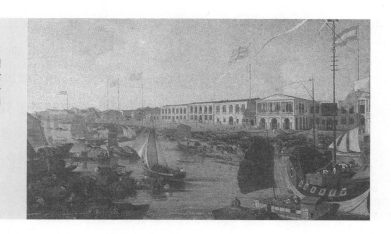

공행(광동 13행)
1차 중·영전쟁(아편전쟁)이 일어나기 전까지 청조가 대외무역을 광주廣州에 한정하면서 광동 13행 곧 공행이 무역을 전담했다. 전쟁에서 청조가 패하면서 공행이 폐지되었다.

행이 관세를 자의적으로 부과하고 외국 상인의 무역과 행동을 일일이 감시하고 제한했다. 그 때문에 영국의 무역 확대에 큰 장애가 되었던 것이다. 영국은 이와 같은 광동무역체제의 타파를 통한 무역제한의 철폐와 대등한 외교교섭을 위해 여러 차례 사신*을 파견했으나 중국 측의 태도는 요지부동이었다.

영국 사신
1793년 매카트니 사절단이 건륭제를 알현하고 통상확대를 요구했으나 중국은 이를 거부했다. 건륭제는 조지3세에게 보낸 답서에서 기왕의 무역관행을 바꿀 의향이 없음을 분명히 했다. 이후 아머스트 사절단은 황제 알현시의 의례를 거부해 가경제를 만나지 못하고 돌아갔다 (1816).

제1차 중·영전쟁 |아편전쟁, 1840~1842|

중·영무역과 청조의 아편대책

중국의 수출품인 차에 대한 영국의 수요는 더욱 늘어나는 추세인 데 반해 영국의 주요 수출품인 모직물은 중국인들에게는 사치품이어서 수출을 증가시키기에 한도가 있었다. 그래서 인도 면화가 모직물 대신 주요 수출품으로 등장하기도 했다. 19세기 초반까지 대부분의 기간 동안 중·영 간의 무역수지는 항상 중국의 수출량이 우위였다. 영국은 차를 수입하기 위해 필요한 은을 마련하기 위해 모직물이 아닌 수출대체품을 찾아야만 했다. 그것이 바로 아편이었다.

중국에서 17세기 초부터 시작된 아편흡식 풍조는 18세기를 거치면서 중국의 모든 계층에게 퍼져나갔다. 거듭되는 아편금지령에도 불구하고 1830

년대 후반 아편중독자 수가 최소 200만으로 추산될 지경이었다. 더구나 관료, 병사들의 아편흡식은 부패, 국가기강의 해이와 전투능력의 상실로 나타났다. 또한 빈민층의 아편흡식은 농촌경제의 파탄을 야기했다.

아편흡식 풍조의 만연으로 가장 큰 타격을 입게 된 것은 바로 재정부문이었다. 물론 아편 수입은 중국에서 금지된 것이었다. 그러나 아편무역으로 막대한 이윤을 얻게 된 동인도회사와 지방 무역상인들이 부패한 중국 관리들의 방임하에 아편 밀무역을 계속했다. 밀수로 들어온 아편 수입량의 증가●로 1820년대 후반부터 은의 유출이 커지자 자연스럽게 은가격이 높아졌다. 19세기 초 은 1냥에 동전 1,000문文 정도이던 것이 1839년에 이미 1,679문까지 올랐다. 은가격의 폭등은 농민생활을 더욱 곤궁하게 해 조세 미납으로 이어졌다. 게다가 은으로 조세를 납부하는 염상鹽商의 파산으로 염세 수입이 줄어 국가재정이 더욱 곤궁해졌다.

이렇게 아편중독으로 인한 사회기강의 해이, 은의 유출로 인한 재정난과 농민생활의 곤궁 등 아편문제가 커다란 사회문제로 등장하자 청조는 나름의 대책 마련에 나섰다. 관리들 중 다수가 아편의 흡식과 아편 수입을 하루아침에 근절할 수는 없다고 판단했다. 그들은 아편 수입을 합법화해 징세하고 아편대금을 은이 아닌 물품으로 지급하며, 양귀비 재배를 허락하고 관리와 병사에게만 흡식을 금지시키자는 통제론을 지지했다. 반면 일부 관리들은 일정한 교정기간을 둔 후 아편흡식자를 엄중하게 처벌함으로써 아편을 금하자는 엄금론을 지지했다. 당시 황제였던 도광제道光帝는 엄금론자의 하나였던 임칙서林則徐의 의견을 받아들여 그를 1838년 말 흠차대신欽差大臣|황제의 특명을 받고 파견되는 대신|으로 광동廣東에 보내 아편문제를 처리하도록 했다.

전쟁의 발발

지방의 고위관리로서 이미 철저한 아편 단속으로 이름이 나 있던 임칙서는 아편을 근절하겠다는 확고한 결의를 가지고 광동으로 향했다. 그가 미리 파악해 둔 주요 아편거래자, 아편굴 소유자 등을 체포하도록 지시했기 때문에 임칙서의 부임 이전에 광동에서는 철저한 아편 단속이 행해졌다. 1839년 3월 광동에 도착한 후 임칙서는 우선 중국인 아편 관련자를 체포하고 아편을 몰수했다. 다음으로는 외국인들에게 서약서를 받아내도록 공행 상인들에게 명령했다. 서약서의 내용은 3일 내로 모든 아편을 제출하고 앞으로 아편을 소지하지 않을 것이며 이를 위반할 시 아편 몰수뿐 아니라 처형도 감수하겠다는 것이었다.

또한 임칙서는 외국인이 경영하는 상관商館을 봉쇄하는 등 압박을 가했다. 그러자 영국 무역감독관 찰스 엘리어트가 외국 상인들의 아편을 거두어 제출했고 그는 이를 모두 녹여서 없애 버렸다. 그런데 서약서 제출문제가 마무리되지 않은 상태에서 이 소식이 전해지자 영국의 산업자본가들은 중국이 무역의 자유를 침해하고 사유재산을 몰수했다고 비난하면서 영국정부와 의회에 압력을 가했다. 결국 영국정부는 10월 원정군 파견을 결정했다.

그즈음 구룡九龍에서 술 취한 영국인 수부들과 중국인이 충돌해 중국 농민 1명이 사망한 사건이 일어났다. 하지만 영국 측이 범인 인도를 거부하자 임칙서는 마카오를 봉쇄했다. 곧이어 중국과 영국 간에 무장충돌이 일어나 선전포고 없는 전쟁으로 이어졌다. 영국정부가 1840년 2월 조지 엘리어트를 전권대표로, 브리머를 사령관으로 하는 원정군을 파견하기로 하자 의회도 이 전쟁을 승인했다.

원정군의 마카오 도착1840.6과 함께 본격적으로 시작된 전쟁은 3단계로 나뉜다. 영국군이 대고大沽까지 북상해 직예直隸총독 기선琦善과 협상하고, 다시 남하해 천비川鼻에서 조약을 강요하며 홍콩을 강점한 기간이 1단계1840.6~1841.1이

임칙서

아편엄금론을 주장한 임칙서는 도광제에 의해 광동에 흠차대신으로 파견되어 아편흡연을 철저하게 단속했다. 영국이 도발한 전쟁에서 중국이 참패하면서 영국과 화평파의 압력에 의해 파직되었다.

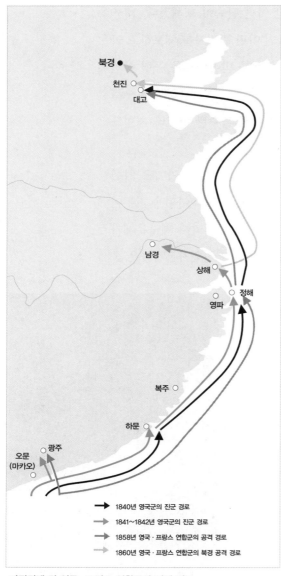

북경 ●
천진 ○
대고

남경 ○
상해 ○
영파 ○ 정해 ○

복주 ○

하문 ○

오문
(마카오) ○   ○ 광주

➡ 1840년 영국군의 진군 경로
➡ 1841~1842년 영국군의 진군 경로
➡ 1858년 영국·프랑스 연합군의 공격 경로
➡ 1860년 영국·프랑스 연합군의 북경 공격 경로

아편전쟁 및 영국·프랑스 연합군의 전쟁 경로

다. 이즈음 청조는 영국이 비난한 임칙서를 면직시키고 협상을 기선에게 맡겼다. 그러나 영국 측이 일방적으로 선포한 가假조약은 홍콩 할양 등을 포함하고 있어 청조가 받아들일 수 없는 것이었다. 조약의 비준을 기다리지도 않고 영국군이 홍콩을 강점하고 영국 영토임을 선포하자 청조는 기선을 북경으로 압송해 엄형에 처하고 다시 전쟁에 돌입했다. 전쟁의 2단계|1841.2~1841.8|로 접어든 것이다.

이후 영국은 주강珠江 연안의 요새를 점령하고 광주성廣州城을 포위해 정전조약廣州和約을 맺어 600만 달러의 배상금을 받고 철수했다. 그러나 새로운 전권대표 포틴저가 도착하면서 전쟁은 3단계|1841.8~1842.8|로 돌입했다. 포틴저는 양자강의 요지를 차례로 함락시켜 청으로 하여금 남경조약을 체결할 수밖에 없도록 만들었다.

남경조약과 그 의미

전쟁의 결과 맺어진 남경조약은 영국에게 커다란 이익을 가져다 주었다. 엄청난 배상금과 아울러 홍콩을 할양받았으며 상해, 광주를 포함한 5개항을 개항시켰다. 또 중국의 수출입관세를 영국과 상의해 결정하기로 했다.

제1차 중·영전쟁 당시 해전의 모습

남경조약을 보완하는 추가 조약에서는 영국인 범죄의 재판권을 영국인에게 주는 치외법권을 보장받았다. 남경조약과 3개의 추가 조약 및 미국, 프랑스와 맺은 유사한 조약으로 중국은 불평등한 조약체제에 편입되었다.

관세협정권을 영국에 부여함으로써 관세자주권을 상실하고, 영사재판권과 최혜국대우를 인정한 것은 불평등조약의 전형적인 내용이었다. 결과적으로 중국은 자국의 자본가를 보호할 수 있는 보호관세정책을 쓸 수 없게 되었고, 중국 내의 외국인 범죄를 중국법에 따라 재판하지 못하게 되었다. 그리고 만약 중국이 한 국가에 새로운 조약상의 특권을 부여하게 되면, 최혜국대우의 조항에 따라 곧바로 다른 나라들도 동일한 특권을 누리게 되었다.

이 밖에 개항된 5개 항구에 외국이 군함을 파견하거나 순시할 수 있다는 규정을 두어 외국 군함이 중국 영해에 자유로이 들어올 수 있게 되었다. 또 이곳에 외국인이 땅을 빌려 영원히 거주할 수 있도록 규정함으로써 조계●제도의 기초를 만들었다. 개항 항구에서의 기독교의 자유로운 포교와 교회 설립 규정은 이후 교회가 제국주의의 '앞잡이' 노릇을 하게 되는 기반을 마련했다. 또 아편무역에 대해 이후 일체 중국이 간섭하지 않겠다는 규정도 명시했다. 이 모든 조약은 결국 중국에 대한 외국 열강의 제국주의적 침략의 발판을 제공했다. 얼마 지나지 않아 중국은 반半식민지적인 상황으로 접어들었다. 이처럼 전쟁의 패배와 맞물려 시작된 중국의 근대는 반식민지

조계
열강에 의해 개항된 무역항이나 도시의 일부를 외국인의 거류와 장사를 위해 설정한 지역이다. 이 지역은 외국 공사나 영사 또는 영사단의 감독하에 있는 공부국工部局이 외국인 거류민과 경제활동을 보호하고 자위권, 경찰권, 재판권 등 실권을 가졌으므로 중국의 주권이 상실된 지역이었다.

아편전쟁 직후의 홍콩 모습

적인 상황으로부터의 탈피와 그를 위한 부국강병이라는 목표를 과제로 부여받았다.

제2차 중·영전쟁 |애로호사건, 1856~1860|

조약개정 문제

제1차 중·영전쟁에서의 승리 이후 영국은 자국의 공업제품 상당량이 중국시장으로 팔려 나갈 것이라고 낙관했다. 그러나 남경조약이 맺어진 후 몇 년간을 제외하고는 수출이 크게 늘어나지 않았다. 특히 영국 면제품의 경우는 수출이 매우 부진했다. 오히려 아편무역을 제외하고는 중국의 차, 생사 수입량이 늘어나 영국의 수입초과가 이루어졌다.

영국 공업제품의 수출부진은 기본적으로 중국 농촌에서 생산되는 면포가 값싸고 품질도 좋아서 영국 면포에 강한 저항력을 가지고 있었기 때문이었다. 그리고 중국의 사회경제적 구조가 여전히 자급자족적인 성격이 강한 것과, 광대한 내륙지역과 북방까지 외국의 자본주의 경제가 침투하지 못한 것도 하나의 이유였다. 늘어난 아편수입으로 많은 양의 은이 유출되면서 구매력이 떨어진 점도 작용했다. 제1차 중·영전쟁 이후 광동을 중심으로 영국인들의 행패에 저항하는 민중의 항쟁이 활발하게 전개된 것도 영국의 시장 확대에 장애가 되었다.

영국은 자국 상품이 팔리지 않는 요인이 중국의 제도적 장애에 있다고 보았다. 그들은 영국 상품이 내륙 깊숙이까지 진입하려면 자유로운 내지여행과 북쪽의 항구 개방이 필요하다고 생각했다. 그래서 영국은 무역 확대를 위해 중국과의 조약을 개정하고자 했다.

미국, 프랑스와 맺은 조약에 의하면, 사정에 변화가 생기면 12년 후에 조약을 개정할 수 있다는 규정이 있었다. 영국은 이 규정에 최혜국대우를 적용해 남경조약 체결 후 12년이 되는 1854년에 조약개정 협상을 요구했다. 1854년 4월 영국, 프랑스, 미국의 공사들이 광주로 가서 조약개정을 요구했다. 그들이 요구한 것은 모든 내지와 연해도시의 개방, 상선과 군함의 양자강 왕래, 아편무역 합법화, 내지통관세 폐지, 외국사절의 북경상주 등이었으나 청조는 이에 응할 생각이 없었다.

미국, 프랑스와 조약이 체결된 후 12년째인 1856년에 미국 공사는 다시 조약개정을 요구했다. 그러나 청조는 조약을 개정할 만한 상황의 변화가 없다는 입장을 고수했다. 이에 열강은 무력을 사용해 청조로 하여금 조약개정에 나서게 할 필요를 절감했고 그러한 무력사용의 빌미가 된 것이 바로 애로호사건이었다.

애로호사건

1856년 10월 8일 광주 앞 주강珠江에 정박하고 있던 애로호에 중국 관리가 올라가 중국인 승무원 12명을 해적혐의로 연행했다. 광주 주재 영국 영사는 승무원을 즉각 송환할 것과 배에 걸려 있던 영국 국기를 함부로 내린 것에 대한 사과를 요구했다. 선장이 영국인이고 선적이 홍콩에 있으므로 영국배라는 이유에서였다.

양광兩廣총독 섭명침葉名琛은 중국 항구에서 중국인 소유의 배에서 중국인을 중국 관리가 체포한 데 대해 영국이 나설 이유가 없다고 했다. 그리고 당

제2차 중·영전쟁 중 영국과 프랑스 연합군이 대고大沽포대를 공격하는 그림

시 영국 국기가 걸려 있지도 않았고 애로호는 중국인 소유이기 때문에 영국 선적에 등록될 자격이 없다고 주장했다. 사실 선적등록 만기가 11일이나 지나 있었기 때문에 영국배라는 주장은 근거가 없었다. 결국 이 사건은 영국이 의도적으로 전쟁을 일으킬 구실로 삼은 것이었다.

10월 22일 섭명침이 승무원을 영사관으로 보냈지만 영국 영사는 접수를 거부하고 이튿날 광주를 공격해 총독아문까지 침입했다. 수적 열세와 민중의 항거로 영국은 곧 철수했지만, 이로써 제2차 중·영전쟁이 시작됐다. 영국정부는 개전을 결정하고 이에 반대하던 하원을 해산해 버렸다. 그리고 새로 총선을 실시해 전쟁방침을 밀고 나갔다.

1857년 10월 프랑스 전권대사와 함께 5천 명의 병력을 이끈 영국 전권대사 엘긴이 홍콩에 도착했다. 프랑스는 그 전해에 광서성에서 불법적으로 포교활동을 하던 프랑스 선교사가 중국 지방관에게 처형된 사건을 구실로 전쟁에 가담했다. 영국과 프랑스의 연합군은 12월 28일 공격을 개시, 다음날 광주를 점령하고 다음 해 1월 초 섭명침을 포로로 잡았다. 이후 3년간 광주는 투항한 광동 순무巡撫의 괴뢰정권을 앞세운 연합군위원회가 점령행정을 실시했다.

조약개정에 동참하기로 했던 미국, 러시아를 포함한 4국 대표들은 광주를 점령한 다음 달, 조약개정교섭을 요구하면서 3월 말까지 불응할 경우 군대를 이끌고 북상하겠다고 위협했다. 그러나 청조는 직접 교섭에 나서지 않았다. 대신 러시아는 흑룡강 유역으로 가서 지방관과 교섭하고, 나머지 3국은 양광총독과 교섭하라고 했다. 연합군은 예고했던 대로 4월에 북상을 시작했다. 대고에서 직예총독과의 교섭이 결렬되자 대고포대를 점령했고, 계속 진격하다가 천진에 이르러 청조가 파견한 관리들과 천진조약을 맺었다.

4개국과 맺어진 천진조약의 주요내용은 외국 공사의 북경주재, 양자강 유역과 북부지역 및 기타 지역의 10개항 개항, 내지에서의 여행·통상·포교의 자유, 영사재판권 확대, 양자강 및 통상항으로의 군함진입권, 배상금 등이었다. 이로써 지금까지의 요구를 모두 수락하게 된 것이다.

천진조약은 1년 내에 북경에서 비준하기로 되어 있었지만 외국사절의 수도 진입을 꺼려한 청조는 상해에서 비준서를 교환하려 했다. 영국과 프랑스의 연합군은 북경에서의 비준을 강행하려고 조약체결 1년이 되는 1859년 6월 북상해 대고 앞바다에 이르렀다. 그러나 북당北塘에 상륙하라는 청조의 지시를 무시한 연합군은 대고포대의 포격을 받아 대파되었다. 영국은 중국이 조약을 파기했다고 주장했다. 그러나 외국 공사의 북경주재가 곧 연합군 군함의 진입권을 부여하는 것은 아니었으므로 조약파기 당사자는 중국이 아니라 영국이었다. 한편 미국은 청조의 요구대로 북당에서 비준서를 교환했다.

그러나 1860년 영국과 프랑스 연합군은 대고에서의 패전을 설욕하기 위해 대군을 파견했고 10월 13일에는 북경을 함락했다. 수도인 북경이 바다를 건너온 외국군에게 함락됐다는 사실은 중국인에게 크나큰 충격이었다. 황제를 포함한 관리들로부터 일반국민들까지 피난 행렬이 줄을 이었다. 연합군의 끊임없는 약탈·방화에 중국 패잔병과 토비들의 약탈까지 겹쳐 치안부재의 혼란이 연출되었다. 결국 청조는 치욕적인 북경함락

파괴된 원명원
2차 중·영전쟁 때 수도 북경에 들어온 영·불연합군에 의해 파괴되어 폐허가 된 원명원의 모습

을 당한 후 북경조약을 체결했다.

북경조약과 그 영향

북경조약은 천진조약의 내용을 그대로 인정하고 더불어 다음의 내용을 덧붙였다. 즉, 천진을 개항장으로 추가하고 중국인 노동자|쿨리|의 이민을 허가하며 구룡반도 남쪽의 구룡사九龍司를 영국에 할양한다는 내용이었다. 또 과거에 몰수한 가톨릭 교회당을 상환하며 각 성의 토지를 임대하거나 구매해 교회를 건립할 수 있게 하고 배상금을 증액한다는 것이었다.

청조가 그토록 꺼려 하던 외국 공사의 북경주재가 확고한 사실로 굳어져 북경에 공사관이 설립되었다. 또 1861년에는 외국과의 외교를 전담할 관청으로 총리아문總理衙門*이 설치되었다. 개항장이 16개로 늘어나고 내지여행권, 내해항행권이 보장되면서 중국은 서양의 상품시장, 원료시장으로 변했다. 외국상품에 대한 내지통관세의 인하는 청의 경제에 큰 타격을 입혔다. 예컨대 이후 면제품이 대량으로 들어와 중국산 면포, 면사를 대신하게 되면서 중국 면업에 심대한 타격이 되었다.

또한 외국선교사가 자유로이 교회를 설립할 수 있게 되고 토지조매권|토지를 빌리거나 매입할 수 있는 권한|을 얻게 되면서 중국 내륙지역에 중국인 신자가 증가하였다. 이것은 공동체적 성격이 강한 중국인사회에 커다란 파란을 일으켰다. 즉, 공동체 내의 교인과 비교인 사이의 갈등이 커지면서 양자 간의 충돌을 넘어서 반기독교운동으로 확산되었다. 또 외국 군함이 중국 연해는 물론이고 내륙하천까지 들어올 수 있게 되어 중국의 주권에 커다란 위협을 가하게 되었다.

제1, 2차 중·영전쟁에서의 패배로 인한 남경조약과 북경조약을 통해 중국은 반半식민지화의 길을 걷게 되었다. 다시 말해 세계자본주의체제 내의 종속적 시장으로 편입된 것이다. 그래서 이러한 상황에서 탈피하려는 반反제국주의운동이 중국근대사의 주요과제로 등장했다. 이와 더불어 중화제국의 수도였던 북경을 함락시킨 서양의 위력, 서양문물에 대한 지배층의 관심

증가, 중국사회를 개혁하려는 기운의 가속화는 결국 양무운동의 계기를 마련했다.

한편 서구 앞에서 맥없이 무너지는 청조를 본 민중은 청조에 대한 반란을 꿈꾸게 되었다. 반란군에는 청의 지배에 강하게 반발해 온 남쪽의 민중이 주도적으로 참여하였다. 반란군이 세운 태평천국이 10여 년 동안 청과 대치할 수 있을 정도로 위세를 떨치자 청은 안팎으로 위기에 몰렸고 개혁을 통한 자강의 필요성은 더욱 절실해졌다.

중화제국질서의 붕괴 |1874~1895|

대만사건|1874|과 청조의 대응

중국을 둘러싼 국제관계가 변화하는 가운데, 과거 중국에 조공을 바쳤던 일본은 중국과 근대적인 조약인 청·일수호조규와 통상장정을 체결했다 |1871|. 그런데 1871년 말 청·일 양국에 조공을 바치던 유구의 표류민들이 대만의 토착민에게 살해된 사건이 일어났다. 청·일수호조규의 비준을 위해 북경을 방문했던 일본 관리는 관련 토착민의 처벌을 요구했고 청조는 토착민이 청조의 통제 밖에 있는 사람들이라 하여 책임을 회피했다.

일본은 직접 토착민을 징벌하겠다는 구실 아래 대만에 원정군을 보냈다 |1874|. 청조에서는 일본과의 무력대결을 위한 준비태세를 갖추다가 상대적으로 군비가 열세라는 분석이 나오자 한 발 물러서기로 했다. 그래서 일본군의 출병을 정당한 행위로 인정하고 살해된 유구민에 대한 보상금과 대만점령지에 일본군이 설치한 시설물의 대가를 지불하기로 했다. 이는 유구에 대한 중국의 종주권을 부인하고 유구를 일본의 속국으로 인정한 결과가 되었다.

이러한 해결은 청조가 침략자에게 도리어 보상을 해 준 것으로 중국의 무력함을 내외에 드러낸 것이었다. 중국 안에서는 자강을 추구해 온 양무운동이 성과가 없는 게 아니냐는 회의론도 나왔다. 대만사건에서 외교적 승리

를 거둔 일본은 이후 유구에 대한 지배권을 더욱 강화해 1879년 유구를 오키나와현|沖繩縣|으로 개편해 일본영토로 병합했다.

대만사건과 그로 인한 유구에 대한 종주권 상실은 조공관계를 축으로 한 종래의 중화제국적인 세계질서가 동요하는 첫 단서가 되었다. 이제 중국은 문화적 우월성과 국력을 배경으로 세계의 중심에 군림하며 인접국으로부터 조공을 받는 동아시아세계의 구심점이라는 전통적인 관념을 고수할 수 없게 되었다. 그리고 더 이상의 동요를 막기 위한 대응책을 강구하는 가운데 해방海防과 새방塞防논의가 전개되었다. 즉 이홍장은 중국의 병합까지 생각하며 몰려드는 각국에 대응해 해양방어의 중요성을 강조한 해방론을 주장했다. 반면 좌종당 등은 서북지역에 대한 러시아의 영토 야심을 더욱 긴급한 위기로 파악하고 육지방어 즉 새방론을 주장했다.

청·불전쟁|1884~1885|의 추이와 결과

청·불전쟁은 베트남에 대한 종주권을 고수하려는 청과 베트남을 식민지로 보유하려는 프랑스 간에 일어난 전쟁이었다. 프랑스는 1861년 선교사 박해를 구실로 스페인과 함께 베트남 남부지방을 침략했다. 그리하여 1862년 베트남과 제1차 사이공조약을 맺어 코친차이나 동부 3성과 곤륜도崑崙島를 획득함으로써 베트남 식민지화의 첫발을 디뎠다. 이어 프랑스는 1867년 코친차이나 서부 3성도 실력으로 병합했다.

1873년에는 베트남 북부의 하노이를 포함한 송코이|紅河| 델타 일대를 점령하고 이듬해 제2차 사이공조약을 체결했다. 이로써 프랑스는 코친차이나 6성을 식민지로 가지게 되었다. 또 베트남의 독립을 규정함으로써 프랑스가 베트남을 사실상 보호령으로 삼을 수 있게 되었다. 이는 베트남과 중국의 조공관계를 부인한 것이었으므로 프랑스 측으로부터 이 조약 내용을 통고받은 중국은 베트남이 중국 종속국이라고 주장하며 이를 승인하지 않았다.

1880년 베트남 황제가 조공사절을 보내오면서 원조를 요청하자 청조에서는 이에 대한 대응책 마련에 부심했다. 청조와 프랑스는 베트남의 지위를 둘러싼 외교적 공방을 거듭하던 중, 1882년 흑기군*의 프랑스 광산조사대 활동방해를 구실로 프랑스가 하노이를 점령했다. 이에 청조도 정규 육·해군을 베트남으로 파견했다. 한때 프랑스와 청은 무력대응을 회피하는 타결책을 찾았으나 프랑스의 내각 교체와 더불어 프랑스는 본격적인 침략을 준비했다.

흑기군
태평천국이 진압된 후 그 일부가 베트남 북부 운남雲南 국경으로 이동해 정착한 부대이다. 이들은 이 일대 무역로를 장악하고 베트남정부와 운남성당국의 후원하에 프랑스세력과 대치했다.

베트남 북부의 프랑스군은 1883년 수도인 후에까지 압박하여 후에조약을 체결했다. 그 내용은 프랑스가 베트남에 대한 보호권을 가지고 중국을 포함한 모든 외국과의 관계를 관장하며, 통킹에 접한 1성을 할양하고, 프랑스군이 송코이 유역을 무기한 점령하고 베트남군이 통킹에서 철수하며, 3개 항을 개항하고, 프랑스군이 흑기군을 토벌한다는 것이었다. 중국에서는 강경한 주전론이 대두해 프랑스의 공격에 적극 대응키로 하고 흑기군을 공식 인정하여 지원하기로 했다.

그리하여 1883년 12월부터 송코이 삼각주 일대에서 양측의 1차 무장충돌이 일어났다. 여기서 프랑스군이 승리를 거두어 송코이 델타지대를 장악했다. 청조 내에서는 주전론자들이 지구전을 각오한 강경한 저항을 주장했지만 이홍장은 프랑스와 화의를 추진해 이홍장-푸르니에협정을 맺었다. 이 협정의 내용은 프랑스의 베트남에 대한 보호권을 규정한 후에조약을 승인하고 중국군 철수, 프랑스의 청 영토 불침범 등을 포함한 것으로 청조 내에서는 이홍장에 대한 규탄이 빗발쳤다.

그런데 베트남 현지에서 이 협정의 실행

이홍장
태평천국을 진압한 한인 고위관료로 양무운동을 지도했다. 양무운동 기간 중 몇 차례 대외전쟁에서 패하면서 청·일전쟁을 마무리 지은 시모노세키조약 교섭을 끝으로 양무운동 실패의 책임을 지고 정계에서 물러났다.

단계에서 군대철수 문제를 둘러싸고 양자 간에 분규가 빚어져 다시 전투가 재개되었고 협정은 무위로 돌아갔다. 이후 재개된 전쟁에서 프랑스 해군은 승전을 거듭했다. 육지에서는 중국과 프랑스가 승패를 거듭하는 가운데 청 조 안에서 1884년 말부터 강화론이 일어났다. 프랑스도 강화에 동의해 1885년 4월 전쟁이 종결되고 양국은 천진조약을 맺었다.

천진조약의 내용은 프랑스와 베트남 간의 조약을 중국이 인정하며, 중국 과 베트남 간의 변경무역을 개방해 통상항을 열고 특혜관세를 인정하고, 청 조 남부의 여러 성에 철도를 부설할 때에는 프랑스업자와 상의한다는 등의 것이었다. 이로써 후에조약을 중국이 승인하게 되어 중국의 베트남에 대한 종주권이 상실되었다.

유구의 경우는 중국에서 멀리 떨어져 있는 곳이라 중국의 본토 방위에 그다지 긴요하지 않았으므로 그곳에 대한 종주권 상실은 그런대로 덜 충격 적이었다. 그러나 베트남에 대한 종주권 상실은 중국 본토 방위의 중요한 울타리가 떨어져 나간 것으로 여겨져 중국 측으로서는 큰 충격이었다. 그래 서 20여 년간 추진되어 온 양무운동에 무슨 성과가 있느냐는 비판적 여론 도 나타났다. 그렇지만 아직까지는 양무운동이 완전히 파탄되었다는 인식 은 보이지 않고, 오히려 무력의 열세를 보강하기 위해 해군력을 중심으로 하는 군사력 증강을 적극 추진하는 방향으로 양무운동이 지속되었다.

청·일전쟁|1894~1895|과 영향

청·일전쟁은 중화제국의 질서에서 매우 중요한 위치를 차지하고 있던 조선을 둘러싸고 청과 일본 양국 간에 일어난 전쟁이었다. 메이지유신 후 조선에 진출할 기회를 엿보던 일본은 일본 해군 측량선 운양호雲揚號가 강화 도에 접근했다 포격당한 사건을 구실로 조선에 강화도조약|한일수호조약, 1876| 을 강요했다. 이 조약의 내용은 조선의 독립주권 인정, 상호 사절 파견, 3개 항 개항 및 일본 영사의 주재와 영사재판권을 포함한 불평등한 조약이었다.

이 조약에 따라 일본이 1880년 한성漢城에 공사관을 설치하고 활동을 본격화하자 청조도 조선문제에 관심을 집중했다. 1882년 임오군란의 결과 조선·일본 간에 맺어진 제물포조약으로, 일본은 공사관 경호를 위한 병력 주둔권을 얻어 이후 청·일전쟁 때 일본군 출병의 근거가 마련되었다. 청은 1883년 청과 조선 간의 종주권을 명문화한 한중상민수륙무역장정韓中商民水陸貿易章程을 맺어 조선에 대한 지배권을 강화했다.

1884년의 갑신정변甲申政變을 진압한 청은 다음 해 일본과 천진조약을 맺어, 양국 모두 군사고문을 파견하지 않고 장래 조선에 병력을 파견할 필요가 있을 때는 상대 측에 먼저 통고할 것 등에 합의했다. 이후 청은 조선에 대한 정치적, 군사적 지배력의 우위를 차지하고, 원세개가 조선에 파견되어 조선의 외교와 내정에 깊이 간여했다.

한편 일본은 국내시장의 취약성, 농업생산의 부진 등 자국의 경제적 모순을 해결하기 위해서도 인접한 조선에 진출할 필요를 느끼고 있었으므로 갑신정변 후 청과의 충돌에 대비해 군비강화를 진척시켜 나갔다. 그러던 중 1894년 조선에서 동학군이 봉기하고 청이 조선의 지원요청에 응해 출병하면서 이를 일본에 통고하자 일본도 1885년의 천진조약에 근거해 출병하겠다고 통고했다.

동학 농민군의 전주 철수로 청·일양국의 출병명분이 사라진 뒤에도, 일본은 청·일 양국이 조선의 내정개혁을 수행하자는 안을 제시하고 청이 이를 거부하자 조선의 내정개혁에 간섭하면서 전쟁을 도발했다. 청은 처음에는 가능한 한 전쟁을 피하려 했으나 결국 7월 청·일 간에 전쟁이 발발했다. 일본은 평양과 황해에서의 전투에서 승리를 거두고 북양해군을 격파했다. 그리고 중국의 요동지방까지 작전의 범위를 넓혀 갔다.

청조는 일본에 강화를 요청했고 이에 이홍장과 이토 히로부미伊藤博文 사이에 시모노세키下關조약이 체결되었다1895.4. 조약의 내용은 조선이 자주독립국임을 인정하며 요동반도와 대만, 팽호열도澎湖列島를 할양하고 배상금을 지불2억 냥하며, 일본에 대한 최혜국대우를 인정하는 신통상조약을 체결하여 4개 항을 개항하며, 중경重慶까지 내지항행을 보장하고 개항장에서의 제조업 종사권을 보장하며, 위해위威海衛의 일본군 주둔권을 보장한다

시모노세키조약 당시의 담판 모습을 그린 유화

는 것이었다.

조약 내용이 알려지자 러시아, 프랑스, 독일은 무력시위를 벌였다. 이러한 3국 간섭의 결과 요동반도를 할양하지 않는 대신 추가배상금을 물게 되었다. 그리고 러시아에게 여순旅順과 대련大連, 프랑스에게 광주만, 독일에게 교주만膠州灣의 조차를 허용하였다. 이에 영국은 러시아의 남하정책을 막는다는 구실로 위해위威海衛를 조차했다. 이후 중국인들은 조국이 여러 열강에게 조각조각 분할되어 식민지통치를 받게 될지도 모른다는 과분瓜分의 위기의식을 느끼게 되었다.

과분의 위기의식 외에도 청·일전쟁에서의 패배와 그 결과 맺어진 조약의 내용은 중국인들에게 큰 충격을 안겨 주었다. 중국이 조선에 대한 종주권을 포기한 것은 중화제국질서의 완전한 붕괴를 의미했다. 또 막대한 배상금으로 청조는 큰 타격을 받은 반면 일본은 급속도로 발전할 수 있게 되었다. 이후 일본은 중국에서 서구 열강과 같은 지위에 오르게 되었으니 과거 중국에 조공을 바치던 나라가 이제는 중국보다 우세한 지위를 차지하게 된 셈이었다.

또 양무운동 30년의 결실이라고도 할 수 있는 북양함대의 참패는 자강을 일차적 목표로 한 양무운동이 파탄났음을 웅변하는 것이었다. 청·일전쟁에서의 패배가 초래한 경악할 만한 위기의식에서, 이제는 서양의 군사기술을 중심으로 한 근대적 공업화운동을 뛰어넘어 근본적인 개혁이 필요함을 느끼게 되었고 이로부터 변법운동이 나타났다.

근대 중국의 탐색

1, 2차 중·영전쟁 후 중국에서는 새롭고 부강한 중국을 탐색하려는 여러 시도가 나타났다. 우선 광서, 광동성을 중심으로 배상제회라는 종교결사가 청조에 반란을 일으켜 태평천국을 수립하고자 했다. 반란이 진압된 뒤 지방분권적인 경향이 커지면서 개혁운동에 차질을 초래하기도 했지만, 태평천국은 농촌사회의 빈부격차 해소와 자본주의적인 지향성을 제시해 개혁가와 혁명가들에게 영향을 미쳤다.

태평천국이 실패로 돌아간 뒤 지배층은 개혁을 통해 부강한 근대국가를 수립하고자 양무운동, 변법운동, 신정 및 입헌운동을 추진했으나 한결같이 실패로 돌아갔다. 서구문물 도입을 통해 군사력을 강화하고자 한 양무운동은 몇 차례의 전쟁에서 패배함으로써 실패가 입증되었다. 서구식 제도개혁을 도모한 변법운동은 수구세력의 반발 때문에, 그리고 청조가 마지막으로 추진한 신정과 입헌은 혁명으로 인해 결실을 거두지 못했다.

한편 강요된 개항 후에 이질적인 기독교 포교가 이루어져 중국 각지에서 반기독교운동을 초래했고, 의화단에 이르러서는 반기독교에서 반외세운동으로 발전했다. 의화단사건은 청조와 열강의 경각심을 불러일으켰고 청조를 타도해야 한다는 혁명론에 무게를 실어주었다.

태평천국운동과 중국사회의 변화

태평천국운동의 배경과 성격

제1차 중·영전쟁에서 패해 굴욕적인 조약을 맺은 것은 청조의 권위를 크게 추락시켰다. 청조의 권위추락은 사회불안과 맞물려 향촌사회에서 반란의 기운을 양성했다. 사회불안은 건륭 중기 이후 중앙과 지방행정의 부패, 백련교의 난 진압 과정에서 드러난 정규군의 부패와 무능, 농민 생활수준의 하락, 지주의 토지집적에 따른 소작농과 자작농의 몰락에서 비롯된다.

태평천국의 봉기가 시작된 광서성과 광동성은 특히 지리적 특성으로 인해 치안문제가 심각한 지역이었다. 광서의 산악지역에는 한인에게 배척당한 소수민족과 광산노동자 등의 독자적인 무력집단도 있었다. 광주항 근처의 해적들은 천지회天地會* 같은 비밀결사와 연결되어 있었다. 여기에 남경조약 후 개항된 상해가 대외무역의 중심지가 되자 이전에 유일한 대외무역항이었던 광주는 상대적으로 불황에 빠졌다. 덕분에 광주에는 상당수의 실업자가 발생했다. 게다가 전쟁 후 해산된 병사들도 향촌사회에 방치되었다.

광서성의 치안문제를 가장 심각하게 위협한 것은 객가客家*와 본지인의 싸움이었다. 장기간에 걸쳐 광동성에서 흘러들어온 객가는 독특한 방언과 관습을 유지하고 있었는데 대부분 소작농이었고 숯구이, 탄광노동 등에 종사했다. 객가는 오래 전부터 광서성에 이주해 와 살고 있던 본지인의 향촌공동체에서 소외되어 있었기 때문에 이들과 본지인 사이에는 집단적인 분쟁이 자주 일어나고 있었다. 객가는 본지인의 향촌공동체의 이념적 토대인 유교의 권위에 도전하는 이단사상인 배상제회의 교리에 의해 조직적인 운동세력으로 발전했다. 여기에서 태평천국이 잉태된 것이다.

태평천국운동의 성격을 한마디로 규정하기는 매우 어려운 일이다. 태평천국은 농민의 균등한 자산소유와 대동大同사회 구현이라는 전통적인 반란이념을 수용하고 있었다. 그러나 청조를 대신해 한인의 왕조를 세우겠다는 단순한 반란도 아니었다. 대신 유교 윤리를 토대로 하는 전통적 질서 그 자체에 대항해 이단적 종교인 배상제회의 교리를 내세웠다.

천지회
명이 망한 후 만주족 청조의 중국 지배에 불만을 가진 한인들이 조직한 비밀결사로, 중국 남부에서 동남아시아까지 광범위하게 존재했다.

객가
다른 지역에서 광동성으로 이주해 온 한족을 광동성의 본지인과 구별해 부르는 호칭. 화북의 한족이 내란을 피해 남으로 내려왔다고 한다. 명 말 이후에는 대만, 광서 등지로 많이 이주했다. 태평천국운동은 객가와 본지인 사이의 충돌이 발단이 되었다. 객가는 객가어라는 독특한 방언을 사용했다. 남자는 다른 지방으로 일거리를 찾아 나가고 여자들은 농사를 지었으며 전족 풍습이 없었다.

태평천국군의 전투 장면

당시 중국사회가 직면하고 있던 모순, 특히 전근대적인 지주소작제에 의한 토지소유 집중현상에서 비롯되는 문제에 대해 태평천국은 나름대로의 해결책을 제시했다. 또 홍인간洪仁玕의 『자정신편資政新篇』에서 보이듯이 자주적인 근대화의 구상도 있었다. 그러나 운동 주도자들을 누르고 있던 중국 전통의 무게가 지나치게 무거웠기 때문에 부르주아적 민주주의운동의 서막을 열었다고 보기에는 어려움이 있다.

그렇다면 태평천국을 종교적 혁명운동으로 볼 것인가? 분명히 태평천국은 배상제회라는 종교집단을 토대로 하여 엄청난 결집력과 역량을 발휘했다. 그러나 태평천국은 종교적인 문제 이외에 세속적인 일상사에 관한 문제해결에도 큰 관심을 기울이고 있었으므로 순전한 종교적 혁명운동이라고 하기는 어렵다.

다수 농민의 희망을 반영하고 있었던 점에서 태평천국을 농민운동으로 볼 수도 있을 것이다. 그렇지만 농민의 지위를 향상시키려는 시도가 보이지 않았다는 점에서 계급투쟁으로서의 농민운동이라고 보기는 어렵다. 게다가 중국사회에서의 계급적 갈등은 그 존재가 불명확했다.

결국 이상에서 본 바와 같이 태평천국의 성격은 어느 한 가지 시각에서는 설명할 수 없을 정도로 다양했으며 동시에 한계를 내포하고 있었다. 그러나 태평천국이 제기한 문제는 중국사회의 변혁을 위해 반드시 해결하고 넘어가야 할 포괄적인 것이었다. 때문에 태평천국운동은 이후의 개혁운동이나 혁명운동에 커다란 영향을 끼쳤다.

태평천국정권의 수립과 좌절

태평천국의 지도자 홍수전洪秀全은 광동성의 객가 출신으로 중농 정도의
집안에서 태어났다. 그는 몇 차례 과거시험에 응시했으나 낙방했다. 그 후
개신교 선교 팸플릿과 자신의 꿈을 토대로 배상제교를 창시해 포교에 나섰
다. 배상제교는 유일신인 상제에 대한 경배를 근간으로 해 유교·불교·도
교 등 전통신앙과 관련된 우상을 부정하고, 살인·절도·간음을 비난하며
아편흡식과 음주를 금지했다. 또한 효도와 정직의 실천을 주장했다. 처음에
는 상제신앙을 통한 개인의 종교적 구원에 치중하여 청조타도라는 정치적
변혁운동으로 발전시키려 의도한 것은 아니었다.

본격적인 포교에 나서 배상제회를 조직화한 것은 홍
수전의 친구이자 객가 출신 지식인인 풍운산馮雲山이었
다. 그는 광서성 남부 산악지대인 계평현桂平縣의 자형산
紫荊山 부근에서 본지인과 갈등관계에 있던 객가들을 개
종시켜 상당수의 교도를 얻었다. 이어 새로운 지도자로
광서성의 숯구이 출신 양수청楊秀淸, 빈농 출신 소조귀蕭
朝貴, 지주 출신 위창휘韋昌輝, 부농 출신 석달개石達開가 등
장했다.

배상제교 회원들의 우상파괴와 향촌민의 개종은 필
연적으로 본지인과의 충돌을 불러왔다. 1849~1850년
의 기근 속에서 본지인과 배상제교 회원 간의 무장충돌
이 빈번해졌다. 1850년 7월 광서성 각지의 배상제교 회
원들은 자형산 근처의 금전촌金田村으로 모여들었다. 모
인 사람들 중에는 객가 농민, 숯구이, 광산노동자 외에
소수민족, 본지인 개종자도 있었다. 배상제교 교리와 엄
격한 규율 때문에 곧 이탈하기는 하지만 비밀결사인 천

홍수전 동상

근대 중국의 …

301

지회 회원들도 있었다.

2만여 명의 강력한 무장집단을 이룬 배상제교 회원들은 청조의 지방군과 충돌하게 되었다. 결국 홍수전은 자기 생일인 1851년 1월 11일 천상의 종교적 천국을 지상에 세우겠다고 하면서 태평천국을 선언하고 같은 해 3월에 천왕天王에 즉위했다. 개인의 종교적 구원을 내세운 배상제회가 정치적 운동으로 발전하는 순간이었다.

태평군은 청조의 군대와 격전을 치르면서 계속 북진해 9월에는 광서성 중부의 영안永安을 점령했다. 그즈음에는 정권의 체제도 어느 정도 갖추었다.● 이어 승패를 거듭하면서 북상한 태평군은 1853년 1월 호북성湖北省 무창武昌을 점령할 즈음에는 병력이 50만으로 늘어나 있었다. 또 3월에는 남경을 점령하고 천경天京이라 하여 수도로 삼았다.

태평군이 남경에 이르기까지 빈민과 농민을 받아들이면서 급속히 팽창할 수 있었던 것은 현실의 모순을 비판하고 대안을 제시한 대민정책 덕분이었다. 모든 재화가 상제의 소유라는 전제에서 보편적 형제애에 기반한 평균주의의 강조, 엄격한 군율 집행과 점령 지역민에 대한 안정대책, 지주나 부유한 상인 등 지방실력자에 대한 징발을 통한 타격, 기존 향촌질서 유지 노력 등이 복합적으로 태평군의 세력 확대에 기여한 것이다.

남경을 점령해 권력기반이 마련되자 태평천국은 통치체제 구축을 본격화했다. 1853년 가을에 간행된 『천조전무제도天朝田畝制度』●는 태평천국의 체제이념과 정책의 지향성을 잘 보여 주고 있다.

이에 의하면 태평천국은 전제적 왕조권력하의 신분계급질서를 확립하고 주민생활 전체를 국가가 통제하고자 했다. 국가통제의 주요 매개체는 지방정부의 향관鄕官이었다. 태평천국은 양사마兩司馬 휘하의 25가家를 1양兩으로 조직해 말단 자치행정 조직으로 삼고, 군수軍帥 휘하의 13,156가家를 1군軍으로 최고 자치행정 조직으로 삼고자 했다. 양사마, 군수는 중요한 향관으로서 양사마는 미곡생산과 가내부업의 잉여분을 25가마다 설치된 국고에 징수하고 군수에게 보고하며 군수는 토지분배, 수입과 지출을 총괄했다.

모든 생산물은 국가가 관리하고 분배하며 잉여생산물은 국고에 귀속되도록 규정했다. 토지도 성인 남녀에게 균등하게 분배하도록 했다. 그런데 『천조전무제도』에는 분배를 위한 토지를 어떻게 조성할 것인지의 문제가 규정되어 있지 않았다. 이를테면 사적 토지소유권을 부정하지 않고 있다. 또 토지를 재분배하기 위한 환수 규정도 없어 사유를 인정한 것

태평천국군 작전지휘부

처럼 보이기도 했다. 실제 태평천국에서 엄격한 신분계층질서에 따라 생산물의 향유권이 차별화되어 있었던 점을 생각해 볼 때 이 문서가 간행은 되었으나 유포되지는 않았던 것으로 판단된다.

태평천국이 지주제 자체의 제도적 폐지를 추구한 것도 아니었다. 이는 조세납부를 어렵게 하는 소작인의 소작료 거부투쟁을 불법으로 규제한 데서도 확인할 수 있다. 그러나 이렇듯 불완전한 측면이 있기는 했으나 태평천국의 지도층이 사유권을 강력하게 통제해 균등한 경제체제를 지향한다는 점을 명확히 한 것은 주목해야 할 점이다. 왜냐하면 이것이 당시의 빈민, 농민 등 피지배층의 원망願望을 반영한 것으로 태평천국에 대한 농민의 기대에 대한 호응이라는 의미를 지니기 때문이다.

일정한 통치영역을 확보하지 않았던 태평군은 남경 건도建都 이후 향촌지역을 통치영역으로 확보하기 위해 북벌군을 북으로 파견함과 아울러 서쪽으로도 원정군을 보냈다. 양자강 유역을 확보하려는 태평군의 노력은 1856년 중반 무렵까지 어느 정도 성과를 거두었다. 그리고 점령지역에 향관제도를 도입해 지방정부를 세우고자 했다.

태평천국은 향촌민에게 향관을 추천받아 향촌 행정기구를 재편해 조세를 징수하고자 했다. 그러나 이 같은 시도는 처음에는 불안정한 전쟁 상황과 지주, 신사 등 기존의 향촌지배층의 기회주의적 태도 등으로 인해 쉽게 이루어지지 않았다. 그러나 초기 향관으로 추천된 이가 하층민이었던 것과는 달리 후기에는 지주, 신사 등이 향관직을 다수 차지하게 되었다. 또 기존

태평천국의 옥새

충왕 이수성의 명령을 수록한 문서
광서성의 빈농 출신인 이수성은 태평천국 초기에 병졸에 불과했지만 전공을 세워 승진했다. 태평천국 지도자들이 내분으로 죽거나 이탈한 뒤 후기 태평천국의 장군으로 큰 활약을 했다.

지정은
청대 조세수입의 중심을 이루었다. 1711년까지의 장정 숫자로 정수丁數를 고정시키고 정세丁稅를 지세地稅 속에 포함시켜 은으로 납부하게 했다.

의 지주제를 유지시키고 기왕의 조세인 지정은◉을 징수했다.

태평천국은 기독교 교리를 주된 시험 내용으로 하는 과거제도를 실시했다. 그러나 반유교적인 태평천국의 이념과 전쟁 중이었던 당시의 상황 때문에 기존의 신사층이 응시한 경우는 아주 드물었다. 이밖에 관료제도, 지방행정제도도 완비해 최하급 지방행정단위인 현縣까지 지방관을 파견했다. 파견된 지방관은 태평천국에 초기부터 참여한 상제회원들이 많았다.

태평천국정권의 몰락과 그 요인

염군
태평천국과 같은 시기인 1853년부터 시작해 태평천국이 몰락한 몇 년 뒤인 1868년까지 화북지역에서 봉기한 반청 반란집단. '염'이란 집단을 의미하는 명칭으로, 염군은 백련교의 난 이래 화북지역의 실업자, 소금밀매업자 등으로 출발해 차츰 향촌에 침투해 반청의 기치를 내세웠다. 태평천국과는 달리 혁명정부를 세우지 못한 채 떠돌이 약탈군의 상태에서 청조에 진입되었다.

남경에 수도를 정한 태평군은 지배층의 분열로 양자강의 수로에 대한 통제권을 상실했다. 그후 한때 군사적인 승리를 거두기도 했으나 1860년대에 들어서 몇 차례에 걸친 상해 공격이 실패했고 결국 태평천국의 수도까지 함락되었다1864.7.. 천왕은 남경 함락 이전에 병사했고 10만 명이 살해되었다고 한다. 일부 잔당이 1868년까지 염군◉과 연합해 태평천국의 명의를 유지하기는 했으나 천경 곧 남경의 함락과 더불어 태평천국은 붕괴하고 말았다.

태평천국운동의 실패 요인으로는 다음의 몇 가지를 들 수 있다.

첫째는 지도층의 내분과 체제이념의 붕괴이다. 남경에 건도할 무렵 풍운산, 소조귀는 전사했고 천왕 홍수전은 정사에 참여하지 않고 종교에 침잠해 있었다. 이 같은 상황에서 동왕 양수청이 종교적 권위와 정치적 실권을 장악했는데 그는 야망이 크며 위압적이고 독선적인 태도로 일관해 다른 지도자들과 잦은 갈등을 일으켰다.

1856년 8월 중순 양수청이 마침내 천왕의 지위를 넘보는 듯한 행동을 취했다. 그러자 양수청에게 심한 수모를 당해 왔던 위창휘가 9월 초 양수청을 습격해 그와 그의 친족, 부하를 학살했다. 이 같은 위창휘의 대량학살은 태평천국의 정예군의 소멸을 의미했다. 더구나 대량학살을 말리던 석달개가 위창휘에게 위협을 당해 남경을 떠나자 위창휘는 그의 가족까지 학살했다.

갈수록 심해지는 위창휘의 전횡과 핍박에 위기를 느낀 천왕은 위창휘세력을 처단했다. 살육전이 끝난 후 석달개는 천왕의 요청으로 남경에 들어왔으나 천왕과 그 형제들의 의심과 위협 때문에 얼마 지나지 않아 자신의 대군을 끌고 남경을 완전히 떠나 버렸다. 이후 그는 태평천국운동의 주류에서 벗어나 독자적인 군사행동을 벌였고, 여러 성을 전전한 끝에 사천四川성에 진입하려다 청군에게 진압되었다.

지도층의 이러한 내분으로 정예군이 큰 타격을 입은 후 수도에는 초기 지도자 중 천왕만 남게 되었다. 그러나 그는 다시 종교 속으로 침잠했다. 게다가 천왕이 홍씨 이외에는 누구도 믿지 못해 태평천국은 홍씨 일가의 전제왕조로 변했다. 무능하고 부패한 홍씨 일가는 군사지도자들의 신뢰를 얻지 못했고, 이는 태평천국 군민의 사기 저하로 이어졌다. 1858년 말 한때 군사적 수세로부터 벗어나게 되자 홍수전의 조카 홍인간이 태평천국의 재기를 시도했지만 지도층의 내분 이래 기울기 시작한 대세를 만회하지는 못했다.

둘째는 신사층의 반격이다. 태평천국이 몰락하게 된 주요 원인의 하나로는 전통체제의 옹호자인 신사층을 수용하지 못한 점을 들 수 있다. 태평천

「자정신편」

태평천국 후기 지도자 홍인간이 지은 책으로 중앙집권의 강화, 은행·철도·기선·광산개발 등 서구식 기술과 문물의 도입, 서구 열강과의 우호적 외교와 교역증진을 통한 부강 등 중국의 근대화 방안을 제시했다. 태평천국의 근대적인 개혁성향을 보여 주는 중요한 문건이다.

국의 혁명이념과 배상제교의 교리는 중국의 전통적 명교名敎를 지키려는 지주, 신사층을 태평천국의 반대파로 결집시켰다. 결국 태평천국은 청조의 고위관리인 증국번曾國藩이 자신의 고향인 호남성湖南省에서 조직한 상군湘軍과 증국번 휘하 막료였던 이홍장李鴻章이 안휘성安徽省에서 조직한 회군淮軍 같은 비정규적인 지방군에게 궤멸당했다.

셋째는 서구 열강의 간섭이다. 열강은 처음에 태평천국을 청조에 대응하는 또 하나의 실질적 정권으로 인정했다. 때문에 그들은 무장간섭을 미룬채 상황을 관망하면서 청조와 태평군 양쪽에 무기를 팔았다. 그러나 제2차 중·영전쟁이 끝나고 북경조약을 통해 청조로부터 원하던 모든 조약상의 특권을 얻어낸 뒤로 태도가 달라졌다. 그리하여 서태후西太后와 공친왕恭親王이 쿠데타로 청조의 실권을 장악하고 협조적인 정책을 취하게 되는 1861년 말부터는 청조를 적극 지원했다. 이 같은 태도 변화는 배상제교의 기독교 교리 왜곡에 대한 혐오감, 태평천국의 아편무역 엄금정책, 태평천국 지도자들의 통치역량에 대한 회의 등도 하나의 이유가 되었다.

열강의 간섭은 청군에 대한 근대적 무기 제공, 외국인 용병부대의 참여 등의 형태로 이루어졌다. 특히 열강은 1862년 태평군의 상해 공격을 격퇴하는 데 큰 역할을 했다. 청조로부터 상승군常勝軍이란 칭호를 부여받은 외국인 용병부대는 상해 방어뿐 아니라 청군의 태평군 공격에도 참여했다. 근대적 무기를 이용한 이들의 활동은 태평천국의 몰락에 일조했다.

넷째는 염군捻軍과 같은 여타의 반청 반란세력과의 연대에 실패했다는 것이다. 태평군은 자체 내에서도 종적, 횡적 연계망이 부족해 조직력의 부족이라는 취약점을 극복하지 못했다. 그

태평천국군이 사용한 무기

래서 때때로 염군과 합동작전을 펴기도 했지만 반청이라는 대의명분을 가지고 이들과 긴밀한 연계를 하는 행정력을 발휘하지 못했다.

다섯째는 태평천국의 이념과 현실 간의 갈등을 들 수 있

다. 태평천국은 농민의 여망인 균등한 소유와 분배 그리고 상제 아래에서의 만민의 평등을 지향하는 이념을 제시함으로써 초기의 세력 확대에 성공했다. 그러나 남경에 수도를 둔 후 전제군주적 체제를 완비하면서 조금씩 달라지기 시작했다. 엄격한 신분계층질서를 확립하고자 했고 안정된 조세수입 확보를 위해서 기존의 지주제를 옹호하는 정책도 서슴지 않았다. 이러한 이념과 현실 간의 괴리는 태평천국운동을 좌절시킨 또 하나의 요인으로 작용했다.

태평천국 이후의 사회변화

태평천국 이후 중국사회의 변화로는 우선 청조의 대외정책의 전환을 들 수 있다. 대외적으로 제2차 중·영전쟁에 패해 북경조약을 맺고 대내적으로는 태평천국이 진압되지 않은 상황에서 1861년 7월 함풍제咸豊帝가 피난 길에서 사망했다. 함풍제는 자신의 뒤를 이을 황제 동치제同治帝가 어린 나이인 것을 고려해 그를 보필할 8명의 대신을 생전에 임명해 두었다. 그러나 북경에서 영국과 프랑스의 연합군과 북경조약을 맺을 책임을 맡고 있었던 공친왕은 새 황제가 북경으로 돌아오자 그를 보필하던 8대신 중 핵심적인 3명을 처형해 버렸다. 그리고 동치제의 어머니인 서태후의 수렴청정체제를 확립했다. 공친왕은 이러한 정변을 통해 국정의 제1인자가 되었다.

공친왕은 제2차 중·영전쟁과 태평천국운동의 진압과정을 통해 서구 열강의 우세한 군사력을 충분히 목도했다. 그래서 그때까지 청조가 취해 왔던 서양에 대한 비협조적인 태도를 일변해 열강과의 협력관계를 추진하기 시작했다. 서구의 앞선 군사기술을 비롯한 문물을 적극 도입하기 위함이었다. 외교를 전담할 총리아문이라는 관청을 둔 것은 대對서양 협력정책의 실천을 위한 것이었다. 바로 이와 같은 중앙 조정의 분위기 속에서 태평천국을 진압하는 데 큰 공을 세운 고위관리들이 서구식 근대화를 목표로 한 양무洋務운동을 추진해 나가게 되었다.

다음으로는 신사층의 양적 확대와 그로 인해 야기된 사회문제를 들 수 있다. 태평천국을 진압하는 데 큰 공을 세운 비정규 지방의용군을 유지할 재원을 마련하기 위해 청조는 상군 등에게 과거급제자격, 관료직함 등의 증서를 판매할 수 있도록 허용했다. 또 전공을 세운 사람들에게는 신사의 자격을 부여했다. 이리하여 태평천국의 진압 이후 신사층의 양적 팽창이 이루어졌다. 관직 수는 제한된 상태로 머물러 있는 데 반해 관료후보자인 신사층은 늘어나게 된 것이다. 신사층은 향촌사회에서 여러 가지 특권을 행사할 수 있었기 때문에 신사층의 지나친 팽창은 향촌사회에서 신사가 아닌 일반 농민들의 부담을 상대적으로 무겁게 하는 결과를 낳았다.

무엇보다도 가장 큰 변화는 한인 관료세력의 증대와 지방중심적 경향의 확대였다. 태평천국을 진압한 상군, 회군 등 지방군은 증국번, 이홍장 같은 한인 고위관리가 조직한 것이었다. 상군 등의 지방군은 1853년에 도입된 국내 상업관세라고 할 수 있는 이금釐金을 독자적으로 징수해 썼다. 재정상의 자치가 이루어진 셈이었다. 또 지방의 행정, 군사권도 이들 한인 고관이 장악했고 지방군은 청조가 아닌 지방군 지도자에 대해 사적인 충성을 바쳤다. 이들 지방군이 1920년대에 중국 각지에서 독자적인 세력을 형성하게 되는 군벌의 씨앗이 되기도 했다. 청조는 이들 지방군에 대한 통제력을 갖지 못했고 이와 같은 지방분권적인 경향은 청조를 멸망하게 만든 신해혁명기까지 계속 확대되어 갔다. 양무운동도 이와 같은 분권적 상황을 그대로 인정한 상태에서 추진되었다.

첫 번째 개혁 시도 : 양무운동

양무운동의 추진주체

양무운동의 추진주체는 중앙 조정의 실권을 장악한 공친왕과, 태평천국을 진압하는 데 공이 컸던 증국번*, 이홍장*, 좌종당 등 지방관료 집단으로 양무파로 불리기도 했다. 공친왕은 총리아문의 대신으로서 대외협력외교를 전담하면서 양무정책을 추진한 중심적인 인물이다. 또한 증국번 등 양무파

증국번
청 말의 관리로 호남성 사람이다. 태평천국이 일어나자 호남에서 지방군을 조직해 태평천국 진압에 공이 컸다. 양무운동 초기의 지도자로 지방에서 군정의 대권을 장악했고 그의 막하에서 이홍장을 비롯한 많은 관리들이 배출됐다.

이홍장
청 말의 관리로 안휘성 사람이다. 태평천국, 염군 진압에 공을 세운 이후로 고위관리가 되었다. 양무운동 기간에는 관영 공업 육성과 육·해군 건설에 힘썼다. 청·일전쟁 패배 후 관계를 은퇴했으나 외교문제에서는 여전히 활약했다.

지방관들은, 반란으로 붕괴되어 가던 청조의 지배체제를 공고히 하여 지방을 안정시키는 등 양무정책을 적극 실천에 옮겼다.

그러나 당시 조정에서 공친왕의 근대화정책은 일부 관료의 지지밖에 받지 못했다. 조정 안에는 공친왕의 대외협력정책에 반대하는 대외강경론자들이 있어 공친왕을 견제했다. 게다가 섭정을 통해 권력의 핵심을 장악하고 있던 서태후도 공친왕의 세력을 견제했다. 결국 공친왕은 1884년 프랑스와의 전쟁이 일어나면서 탄핵을 받아 사임했다.

중앙 조정에 양무파의 정책에 반대하는 이들이 많았던 것과는 대조적으로 증국번 등 지방관은 양무운동에 적극적이었다. 이것은 그들이 반란의 진압과정에서 우수한 서양 무기의 효력을 직접 경험하였기 때문이다. 실제 증국번은 서양식 무기로 무장한 군대를 이용해 태평천국을 진압했다. 반란을 진압한 공으로 청조 내에서 지위가 강화된 그는 1872년 죽기까지 주요 지방관직인 양강총독과 직예直隸총독을 번갈아 역임했다. 그는 군수산업을 육성하는 등 초기 양무운동에서 핵심적인 역할을 했다.

좌종당
태평천국, 회민回民 반란군의 진압에 공을 세웠고 양무운동기에 군비의 근대화에 힘써 조선소를 세웠다.

증국번과 같은 호남성 출신으로 태평천국 진압에 공을 세워 성장한 좌종당은 섬서陝西, 감숙甘肅 지역의 회민回民반란을 진압하면서 양무운동을 적극 추진했다. 가장 대표적인 양무파 관료는 이홍장이었다. 그는 증국번의 뒤를 이어 1870년에 직예총독에 임명되었다. 그리고 1894년 청·일전쟁의 패배로 사임할 때까지 줄곧 직예총독과 북양대신이라는 최고 관리의 지위를 유지하면서 대외교섭을 전담하고 시종일관 양무운동을 추진해 나갔다. 양무운동 기간에 대부분의 기업들이 그의 지원을 받아 설립될 정도였다.

이들 양무파 관료들은 여러 반란세력을 진압하고 지방에 청조의 지배체제를 재건함으로써 기울어져 가던 왕조의 지배질서를 일시적으로나마 회복시켰다. 그러나 이들은 일본의 메이지유신明治維新 추진자들처럼 중앙권력의 핵심을 장악하지 못했고 그 때문에 끊임없는 반대파의 견제를 받았다. 그리고 이들은 통일된 목표를 가진 정책 추진집단을 이루지 못했다. 개인적 반감으로 분열되기도 한 데다 이들이 개개인의 이해관계에 따라 독자적으로 운동을 추진하다 보니 효율성도 떨어졌다. 결국 중앙권력을 장악해 근대화를 위한 통일적 개혁을 추진하지 못하고 지방세력으로 머물렀다는 한계를 가졌다.

양무운동의 전개

양무운동의 직접적인 계기가 된 것은 반란 진압과정에서 서양식 무기의 우수성에 주목하게 된 것이다. 그 때문에 양무운동에서 가장 먼저 추진된 것은 근대적 군수공업의 육성이었다. 1860년대 초부터 서양식 총포, 선박을 제조하는 군수공장이 세워지기 시작해 1894년까지 총 24개 공장이 전국 각지에 설립되었다. 이들 공장은 원자재를 대부분 외국에서 수입하고 서양 기술자를 초빙했다. 전반적으로 기술수준이 낮았기 때문에 생산된 무기나 선박이 만족할 만한 수준의 것은 아니었다. 그러나 이들 공장에 공급해야 할 필요성에서 석탄, 철 등의 광산이 개발되고 근대적 광업이 발전하는 계기가 되는 파급효과를 낳았다. 또 공장에 부설된 번역관과 교육기관을 통해 서양의 근대적 과학기술 서적이 번역·보급되었고, 새로운 기술인력도 양

복건 조선창
1866년 좌종당이 복건성 복주福州에 세운 당시 국내에서 가장 큰 조선소

금릉 기기국

1865년 이홍장이 남경에 세운 군수공장

성되었다.

한편 반란의 진압과 국방을 위해 이홍장이 중심이 되어 해군을 창설했다. 그리고 외국에서 군함을 구입하고 해군장교를 육성하기 위해 외국에 유학생을 보내는 한편, 천진에 해군학교를 세웠다. 남양, 북양, 복건 함대 등 3개 해역별로 함대를 건설하고 해군을 관리할 관청으로 해군아문도 설립했다. 그러나 해군 경비가 전용되어 해군을 위해 제대로 쓰이지 못한 데다 3개 함대의 지휘계통이 각각 달랐고 훈련 또한 불충실했다. 결국 이 같은 문제를 안고 있던 해군은 청·일전쟁에서 패배하고 말았다.

초기에 군수산업 부문부터 시작된 양무운동은 1870년대에 들어가면 범위가 넓어져 근대적 공업의 다른 부문에까지 퍼지게 되었다. 그리하여 근대적인 광공업과 면업의 발전, 전신선과 철도의 부설 등이 이루어졌다. 또한 근대적 교육기관이 설립되고 구미에 유학생을 파견해 서구식 학문을 배운 신식 지식인이 처음으로 육성되었다.

양무기업은 관이 주체가 되어 운영하는 관판官辦의 경우도 있었으나 관의 후원, 감독하에 상인들이 자본을 모아 경영하는 관독상판官督商辦의 운영방식이 대표적이었다. 양무운동기에 설립된 대다수 관독상판의 기업들은 소수를 제외하고 실패했다. 그래서 이들 기업의 실패 원인으로 관독상판제도 자체의 결함, 곧 관의 기업에 대한 통제에서 야기되는 부패와 비능률이 거론되었다. 그러나 관독상판 기업이 실패한 이유가 관의 간섭 때문만은 아니었다. 생산성 저하와 자금난, 공황 등 경제적 요인과 당시 전통적인 경제구조가 여전히 강력하게 잔존한 점 등이 더욱 큰 요인으로 작용했다.

양무운동의 실패

양무운동은 군사적 자강과 경제적 부강을 목표로 한 운동이었다. 그러나 운동기간 중 세 차례에 걸쳐 발생한 대외위기 곧 대만사건l1874l, 청·불전쟁l1884l, 청·일전쟁l1894l에서 한 번도 군사적 승리를 거두지 못하고 양무기업 대다수도 괄목할 만한 성과를 거두지 못했다. 결국 청·일전쟁에서 패배할 무렵에는 부국강병이라는 목표달성에 실패했음이 입증되었다. 종래 양무운동의 실패요인으로는 관독상판제도의 모순, 중체서용론中體西用論적인 사상적 지향, 추진주체의 한계 등이 거론되어 왔다.

관독상판식의 운영방식이 관리의 부패와 비능률을 불러와 양무기업의 실패요인의 하나가 된 것은 부인할 수 없는 사실이었다. 그러나 앞서도 보았듯이 관독상판식 기업이 실패한 것은 관독상판제도 자체의 결함 때문만은 아니고 전통적인 경제구조의 잔존 등 당시의 경제구조가 더욱 큰 요인이었다.

중체서용론적인 사상적 지향은 양무론자들이 중국의 전통적 가치체계와 양무를 연관지으려고 한 데서 비롯된 것이었다. 이는 서양의 문물을 도입하는 양무운동에 대한 수구세력의 반발을 무마하고 서양문물의 수용을 통한 중국의 개혁을 논리적으로 정당화하기 위한 것이었다. 양무론자들은 서구 문물은 기器나 용用에 해당하고 중국의 전통적 가치는 도道나 체體에 해당한다고 보았으며, 서양문물을 도입해 중국의 전통적인 가치를 보완할 수 있다고 주장했다. 이렇게 함으로써 중국의 전통적 가치체계와 서양문물 양자의 대립과 갈등을 해소하고자 한 것이었다. 혹자는 양무운동이 이러한 중체서용론적인 발상으로 인해 서구의 문물도입에 그치는 한계를 가졌기 때문에 근본적인 제도개혁에까지 생각이 미치지 못해 실패로 돌아갔다고 보았다.

그러나 양무론자들도 서구의 정치제도에 대해 긍정적인 평가를 하고 있었고 제도개혁의 의지를 가지고 있었다. 그러므로 양무운동이 체제의 근본을 개혁하려는 의지 없이 서양의 기술을 받아들이는 데 그쳤기 때문에 실패할 수밖에 없었다는 주장은 설득력이 없다.

결국 양무운동이 실패로 돌아갈 수밖에 없었던 가장 중요한 원인은 운동 추진주체의 한계에서 찾을 수 있다. 양무운동 추진자들은 와해된 청조의 지방통치조직을 재건하는 데는 성공했으나 자신이 뿌리를 둔 지역의 한계를 뛰어넘어 조정의 권력을 장악하지는 못했다. 조정은 일부 예외를 제외하고는 대체로 보수적인 성향의 관료들이 독점하고 있었다.

게다가 양무파 지방관들은 분열되어 있었다. 그래서 그들이 추진한 양무정책도 지역적 차원에서 전개되는 데 그쳤다. 청·불전쟁에서 복건함대가 궤멸되어 북양함대에 지원을 요청했음에도 불구하고 북양함대가 이에 응하지 않은 것은 이들의 분열상을 고스란히 보여 준다. 양무사업의 경우 전임 지방관이 시행한 것을 후임 관리가 중단시키는 일도 있었다. 또 지방관이 전출되면 자신이 설립한 기업 설비를 전부 새 임지로 옮겨 가는 경우도 있었다. 그 예로 장지동張之洞이 광동에서 면방직공장을 설립하려고 준비하던 중에 호북으로 전임되자 수입해 둔 기계를 호북으로 가지고 간 것을 들 수 있다. 새로 설립 작업을 추진한 경우와 같이 양무기업 자체가 커다란 자금원이었으므로 기업 주도권을 둘러싼 내부 갈등도 종종 빚어졌다.

이와 같이 양무운동은 전국적 차원에서 통일적인 계획 아래서 추진된 것

장지동
양무파 관료로서 양무운동기에 각종 병기공장, 직포국 등의 근대공장의 설립과 경영에 힘썼고 중체서용론을 내세워 양무운동의 이론적 기반을 제시했다.

이 아니었기 때문에 지역적 편중현상이 두드러졌고 효율성이 떨어졌다. 메이지유신의 추진주체와는 달리 양무파 관료들은 분열되어 있었으므로, 그들은 당시 급변하고 있던 동아시아의 정세변화에 효율적이고 능동적으로 대처하지 못했다.

개혁의 본격화 : 변법운동, 신정개혁과 입헌 추진

변법운동의 추진과 좌절

양무운동이 한창 궤도에 오른 1880년대 후반부터 서구의 정치제도 도입, 즉 제도적 개혁을 주장한 변법론이 나왔다. 이는 대만사건, 청·불전쟁에서의 굴욕적 타협으로 양무운동의 파탄을 자각하고서 이를 대체할 변혁의 이론을 모색한 끝에 나온 것이었다. 또한 관독상판식 양무기업이 부강추구에 도움이 되지 않는다는 인식도 변법론의 대두에 일조했다. 그러나 변법론이 변법운동으로 구체화된 계기는 청·일전쟁이었다.

전쟁 후 열강의 경쟁적 조차지 요구로 나라가 망하고 중국인이 멸종될지도 모른다는 위기의식에서 변법론을 운동으로 연결시킨 것은 강유위康有爲 등 하급관리와 지식인이었다. 강유위는 1880년대 후반부터 제도개혁의

강유위

필요성을 주장하는 글을 황제, 고관들에게 올리기 시작해 마침내 1895년에는 상서上書가 황제에게 전달되어 호평을 받았다. 강유위는 글을 올리는 외에 학회|북경, 상해의 강학회强學會|를 조직하고 잡지|『강학보强學報』, 『시무보時務報』 등|를 발간하는 등 지식인, 관료사회에 변법사상을 고취하고자 노력했다. 강유위의 초기 활동이 활발하게 전개되고 황제에게 알려지게 된 데에는 양무파 대신 이홍장의 주화론적인 외교에 반대하고 주전론을 주장하는 청류파淸流派 대신들의 지원이 컸다.

변법운동은 중앙 차원에서가 아니라 지방인 호남성에

서 먼저 실천에 옮겨졌다. 강유위의 제자 양계초梁啓超가 호남성의 시무학당時務學堂에 초빙되면서 호남성의 운동이 본격화했다. 또한 시무학당과 남학회南學會, 『상보湘報』일간지가 운동의 중심이었다.

이들 기관을 통해 호남성의 개혁론자들이 고취하고자 한 것은 강유위의 변법개혁론, 그중에도 민권론과 평등론이었다. 여기서 민권과 평등은 전체 국민을 상정한 민권이라든가 평등이 아니라 신사층을 대상으로 한 것이었다. 따라서 남학회는 학회의 성격을 띠면서 동시에 신사들이

강유위가 변법을 촉구하면서 올린 상주문

모여 정치에 참여하는 일종의 지방의회의 기능도 가지는 것으로 상정되어 있었다.

그런데 호남성의 수구적인 상층신사들의 눈으로 볼 때, 하층신사 위주의 개혁론은 기존의 질서를 파괴하는 위험한 일이었다. 1898년 3, 4月경부터 호남성 개혁론자들에 대한 수구파의 공세가 본격화하자 양계초 등은 호남성을 떠났다. 따라서 막상 전국적인 차원에서의 개혁운동이 중앙에서 추진될 무렵, 호남의 개혁운동은 정체 상태에 들어갔다.

이후 변법운동을 추진하던 인물들이 중앙에서 전국적인 개혁운동의 추진주체를 창출하려고 집요하게 노력하게 된 것은, 호남성에서의 경험을 통해 수구적인 분위기에서는 지방차원의 개혁이 불가능하다는 것을 깨닫게 되었기 때문이다. 또 이들이 중앙차원에서의 변법운동을 추진할 때 민권론이나 평등론 같은 지향을 뚜렷이 드러내지 않은 것도 호남성에서의 경험 때문이었다.

1897년 독일이 교주만을 강제로 점령하는 사건이 일어나 대외적인 위기의식이 증대되어 가던 상황에서 강유위는 광서제의 주목을 받게 되었다. 그는 일본의 메이지유신과 러시아 표트르대제의 개혁을 고찰한 글들과 자신

양계초
청 말부터 중화민국에 걸쳐 활동한 사상가, 정치가로 광동성 사람이다. 스승 강유위와 함께 변법운동에 참가했으나 정변으로 일본에 망명해 『신민총보』 등을 발행했다. 황제를 중심으로 개혁을 추구하는 보황론保皇論을 주장해 혁명파와 논전을 벌였다. 중화민국 초기 잠시 정계에서 활동한 후 학술활동에 전념했다.

의 개혁론을 주장한 글들을 황제에게 올렸다. 황제와 접근할 수 있게 된 이 시점에서 강유위는 서구식 의원제를 주장하던 종래의 주장에서 후퇴해 군주권력에 의한 개혁 추진을 주장했다.

1898년 4월 23일 태후의 동의를 얻어 광서제가 개혁을 하겠다는 명령을 내리면서 무술戊戌변법의 막이 올랐다. 강유위는 개혁을 추진해 나갈 기구인 제도국制度局을 개설하고 개혁지향적인 하급관리의 임용과, 상업 진흥, 신식학교 개설 등을 건의했다. 황제는 과거제에서 팔고문八股文 같은 형식에 치우친 문체를 폐지하고 서원을 학당으로 변경하며 유명무실한 관료기구를 폐지하고 개혁을 추진할 기구를 마련하라는 등의 명령을 내렸다. 그리고 개혁 추진에 미온적인 수구파 관료 몇 사람을 태후의 재가도 없이 파격적으로 파직하고 황제 친위군을 만들 구상을 했다. 이러한 변법파와 황제의 움직임은 서태후를 중심으로 한 수구파의 경각심을 불러일으켰고 사태는 결국 정변을 향해 치달려 갔다.

변법운동의 궁극적 목표는 의회제의 개설을 포함한 입헌군주제로의 개혁이었다. 광서제의 지원을 얻어 중앙에서 변법운동을 추진하게 된 뒤에는 의회제 주장을 일단 보류한 채 우선 개혁 추진기구 마련을 최대 목표로 내세우고 있었지만 이는 전술적 후퇴였다. 개혁 추진기구 마련은 곧 입헌군주제적 개혁을 향한 첫걸음이었기 때문이다. 그만큼 변법파의 입헌군주제적 지향은 수구파 관료들의 주된 공격대상이었다.

서구식 입헌군주제의 도입을 전통적 이념의 틀 안에서 추진하기 위해 강유위는 공자개제론孔子改制論●이라는 독특한 이론을 주장했는데 이 역시 수구파의 공격대상이 되었다. 금문경今文經●인 『춘추공양전春秋公羊傳』에서 자신의 개혁의 근거를 마련한 강유위는 고문古文 경전이 모두 위조된 경전이라는 주장을 해 이미 수구파의 비난의 표적이 되었다. 그런데 그는 한걸음 더 나아가 6경은 모두 공자가 자신의 이상적인 정치제도를 투영해 지은 것이며 의회제 도입과 같은 자신의 주장은 공자의 정신을 충실히 계승한 것이라는 공자개제론을 주장했으므로 이와 같은 주장은 수구파가 강유위와 변법파를 공격하는 좋은 재료가 되었다. 강유위의 활동을 지원해 주던 청류파

공자개제론

강유위가 『공자개제고孔子改制考』에서 주장했다. 공자는 다가올 새 왕조를 위해 제도를 개정했다고 하면서 자신의 제도개혁 곧 변법의 이론적 근거를 공자에게서 구하고자 한 것이다.

금문경

한漢나라 초에 성행하던 서체인 예서로 쓰여진 유교경전. 당시에는 스승이 구술한 것을 제자가 암기하는 식으로 경이 전해져 내려왔고 이것을 죽간이나 목간, 비단에 썼다. 무제 때 유학이 공인되면서 사제 간에 구술과 암기로 전해진 금문경이 관학이 되었다. 그런데 뒤에 주나라 때의 서체로 쓰여진 경전이 나와서 이를 고문경이라 했다. 양자는 서체만 다른 게 아니라 내용도 달랐기 때문에 금문학파와 고문학파 사이의 다툼이 끊이지 않았다.

고관들이 그와 결별하게 되는 것도 이런 주
장이 계기가 되었다.

광서제가 개혁의 명령을 내리고 있는 동안
에도 청조의 실권은 서태후와 수구적인 관리
들의 수중에 있었다. 이들은 광서제의 개혁
에 미온적인 태도를 보였다. 특히 서태후는
광서제가 개혁운동을 빌미로 자신으로부터
실권을 빼앗을지도 모른다는 의구심이 강했
다. 변법파가 영국, 일본과 연합하고자 하는
외교방침을 세우고 이토 히로부미가 중국을
방문해 광서제를 소견할 일정이 잡히자 서태
후 측은 정변을 일으켰다. 변법파가 이토 히
로부미를 통해 일본의 국력을 등에 업고 수
구파에 대항할 기미가 보였기 때문이었다.

이토를 소견하기로 한 하루 전인 8월 4일
광서제가 연금되었다. 서태후의 감시하에 이
토를 소견한 다음날인 8월 6일 서태후는 훈
정訓政을 재개하겠다는 명령과 강유위 체포령
을 내림으로써 정변이 공식화했다. 강유위,
양계초 등은 간신히 일본으로 도피하고 6명
의 개혁파 인물이 처형당했다. 그리고 개혁

서태후

함풍제의 비였던 서태후는 아들 동치제가 즉위하자
섭정을 했다. 동치제가 후사 없이 죽자 순친왕의 아
들을 황제로 세웠는데 이가 광서제이다. 광서제가
성인이 된 뒤에도 섭정을 계속했고 광서제가 변법을
추진하려 하자 자신으로부터 권력을 탈취하려는 움
직임으로 받아들여 정변을 일으켰다.

기의 조치는 원상대로 회복되었다. 개혁은 추진세력의 약체성과 수구파의
저항으로 인해 100일을 조금 넘긴 상태에서 좌절된 것이었다. 그래서 이를
백일百日개혁이라고도 불렀다.

신정개혁의 내용과 성격

정변으로 개혁조치가 실패로 돌아간 뒤 얼마 지나지 않아 의화단사건이

일어났다. 이 사건을 통해 보수적인 서태후조차도 개혁의 필요성을 절감해 신식 개혁정치 곧 신정新政[또는 광서光緖신정이라 불린다]을 추진했다. 의화단사건으로 서안西安으로 피신 중이던 서태후가 1901년 1월에 중앙과 지방의 고위 관리들에게 행정 · 교육 · 군제 · 재정의 개혁방안을 마련해 올리라는 명령을 내리면서 신정이 시작되었다. 불과 2년여 전에 강유위의 개혁안을 부정한 서태후가 이제는 앞장서서 광범위한 분야에서 서구식 개혁을 선언한 것이다. 그리고 이에 응해 마련한 관리들의 개혁안을 실천에 옮기게 되었다. 대체적인 내용은 강유위의 개혁안과 유사했으나 다만 너무 급진적인 내용이라고 여겨진 입헌군주제는 제외되었다.

행정부문의 개혁으로는 관제 정비와 관료 행정의 정돈과 같은 사업이 시행되었다. 교육부문의 개혁으로는 과거제 폐지, 신식 교육제도의 정비, 해외유학 장려와 같은 시책이 나왔다. 과거제의 폐지와 신식 학당 설립과정에서는 기왕의 관료층이 과거제 출신이었기 때문에 소극적인 저항도 있었지만, 결국은 사회 중간계층의 향방에 커다란 영향을 미쳤다. 즉 지금까지의 유학자 대신 서구식 기술을 습득한 지식인, 신식 군대의 지휘관 등 다양한 직종의 새로운 엘리트층이 등장하는 계기를 마련한 것이다. 또 신식 학제 덕분에 여학생들이 초등교육으로부터 사범학교에 이르기까지 공교육의 혜택을 받게 되었다. 소위 신여성이라고 하는 공교육 수혜자들이 성장해 민국시기에 들어 사회적인 발언권을 얻게 되는 것도 신정에서 비롯된 것이다.

상공업의 진흥정책도 신정의 중요한 부분이었다. 그러나 무엇보다도 청조가 주안점을 둔 것은 병제 개혁 부문이었다. 전국적으로 신식 군대를 조직해 군사력을 증강하고 그를 위한 재원을 마련하는 일에 총력을 기울였다. 개혁의 궁극적인 목표가 분권화의 경향 속에서 약화되어 가던 청조의 중앙 권력을 강고히 하려는 것이었으므로 군사 · 재정에서의 집권화가 중요한 사안이 되었다.

그러나 신정 추진의 책임이 지방 관리에게 맡겨지고 개혁에 필요한 재원도 지방에서 마련하게 했으므로 개혁의 성과는 지방관의 열성이나 재정형편에 따라 다를 수밖에 없었다. 게다가 청조의 집권화 의도와는 달리 신정이 진척되어 감에 따라 오히려 신정의 결과가 청조의 멸망을 가속화하는 혁명적 분위기의 상승을 불러오기도 했다. 예컨대 해외에 유학하거나 국내에서 신식 교육을 받은 새로운 지식인들은 서구의 문물을 접하면서 청조의 낙후성에 대해 더욱 뼈저리게 느끼게 되었다. 외국 특히 일본 유학생 출신이 많은 신식 군대가 청조 타도의 폭동에 참가하는 것을 보면 이를 알 수 있다. 또한 근대적 개혁을 담당할 민간사단으로서 신정기에 개설된 교육회나 상회, 농회 등에 결집된 신사층은, 뒤로 갈수록 국가권력의 통제에서 벗어나 국가와 대립하는 모습을 보이다가 끝내 혁명군 측으로 변신하는 모습을 보였다. 그리고 공화혁명 부분에서 서술하겠지만, 신정에 필요한 재정부담을 견디지 못해 일어난 폭동들도 결과적으로 혁명적 정세를 조성했다.

입헌 추진과 실패

청조가 신정을 추진하고 있던 중, 러·일전쟁|1904~1905|이 일어나서 일본이 승리를 거두었다. 아시아의 소국 일본이 서구 열강의 일원인 러시아를 이긴 것은 일본이 입헌군주국이고 러시아가 전제군주국이었기 때문이라고 본 중국의 관리, 신사층은 입헌국으로의 정체개혁을 주장하는 입헌운동을 벌이기 시작했다. 그리고 청조도 이들의 주장을 어느 정도 받아들여 신정에서는 빠져 있던 입헌을 준비하게 되었다.

신사층의 입헌 주장의 저변에는 전통적으로 왕조 측의 중앙집권적 지향에 대해 신사층이 지방분권을 지향하는 입장에서 논의해 온 지방자치론이 깔려 있었다. 이것은 신사층이 지방자치에 참여해 그들의 정치참여의 범위를 확대하려는 의도가 전제되어 있었다. 이를테면 입헌파 신사의 입헌 주장은 지방분권적 지향성과 신사의 정치참여 확대라는 오래된 염원이 분출한 것으로도 볼 수 있다.

청조의 신정이 입헌 부문을 제외한 채 진행되고 있을 때 입헌을 요구하는 여론을 형성한 최초의 움직임을 보인 것은 무술년|1898|의 정변으로 일본에 망명한 강유위, 양계초 등의 보황파*였다. 러·일전쟁이 일어나기도 전

보황파
일본 망명 후 강유위 등은 연금된 광서제를 구출해 그에게 실권을 장악케 한 후 입헌군주제적인 개혁을 해야 한다는 주장을 하였으므로 이들을 보황파라 불렀다.

양계초

인 1903년부터 양계초는 청조에 입헌을 준비하도록 권고했다. 그는 처음에는 입헌을 준비하기 위한 과도기가 필요하다고 주장하다가 청조가 입헌을 준비하겠다는 발표를 하자 정치단체의 조직, 선전 및 국내 입헌운동단체와의 연대 등을 통해 신속한 입헌 추진을 촉구했다.

국내에서는 일부 개혁지향적인 신사, 관리들이 개별적으로 입헌을 주장하다가 러·일전쟁 후 강력한 운동으로 발전해 중국 각지에 입헌을 고취하는 단체가 조직되었다. 원세개袁世凱 등의 유력한 관리들도 청조에 입헌을 건의했다. 청조가 입헌방침을 세워 준비단계에서 자의국諮議局, 자정원資政院 등을 개설하자 입헌파 신사들은 이들 기관을 이용해 결속했다. 신사층이 입헌운동에 적극 참여한 것은 지방자치론적인 입장에서 자신들의 정치참여를 보장받기 위한 것이었다.

자의국은 지방의회, 자정원은 중앙의회와 유사한 것이었으나 서구식 입헌제하에서와 같은 의회의 권한이 없이 행정당국에 대한 자문기구에 불과했다. 그래서 자의국 의원들은 국회의 신속한 소집을 요구하는 청원운동을 조직적으로 펴나갔다. 자정원과 일부 관리들도 이들의 주장에 동조해 국회를 즉시 소집하자고 했으나 청조는 받아들이지 않았다. 대신 입헌 준비기간을 9년에서 6년으로 단축하고 책임내각을 즉각 조직하겠다는 약속을 한 뒤 더 이상의 청원운동을 불허한다는 방침을 세워 청원대표들을 수도에서 쫓아냈다.

청조의 청원탄압에 대해 일부가 심한 불만을 느끼는 상황에서 1911년 봄에 발표된 책임내각의 명단에는 만주족 귀족이 다수 들어 있었다. 이것은 그때까지 입헌운동을 전개해 온 신사층의 환멸을 샀다. 입헌운동의 과정에서 청조에 환멸을 느낀 이들 신사층은 철도이권을 중심으로 한 이권회수운동에서도 청조와 갈등을 빚게 되었고 결국 공화혁명이 일어나자 청조로부터 이탈하게 되었다.

청조는 1905년 입헌파 신사와 유력 관리들의 입헌 요구에 부응해 입헌을 추진하기로 결정하고 우선 각국의 헌정을 고찰하기 위해 5명의 대신을 일본, 유럽 등지로 파견했다. 1906년 7월 귀국한 대신들의 건의에 따라 입헌을 준비하겠다는 선포를 했다. 청조로서는 입헌을 추진하되 중앙집권의 강화에 그 목표를 두었다. 이는 신정 이래 일관된 방침이었다. 그리하여 입헌 준비의 발표와 거의 동시에 행한 관제개혁에서 지방관의 권한을 약화시키고 군사, 재정 면에서의 중앙집권을 도모하고자 했다.

1907년에 발표된 헌법대강의 내용도 황제의 신성불가침을 규정해 헌법을 통해 군주의 대권을 보장받겠다는 의도가 그대로 드러났다. 헌법대강의 뒤에는 1908년부터 9년간의 준비기간 동안 매년 준비할 사항으로서 지방자치, 재정정리, 각종 법의 제정, 재판소 설립 등이 들어 있었다. 그리고 이와 같은 계획에 따라 1909년에 성省 단위의 예비적 지방의회인 자의국이 개설되고 다음 해에 북경에서 예비적 중앙의회인 자정원이 소집되었다.

청조의 입헌선언은 국내외 입헌론자들에게 혁명을 피해 부강한 근대국가를 이룩할 방책으로 받아들여졌다. 입헌을 통한 혁명저지가 가능해 보이고 또 자신들의 정치참여가 보장될 것이라는 기대감을 가진 입헌파 신사로서는 기대가 컸던 만큼 청조의 입헌 추진의 의도와 속도에 대한 불만이 커졌다. 중앙집권적 성격이 강한 헌법대강의 내용과 9년간의 준비기간에 대한 반발에서 이들은 국회청원운동을 벌였다. 그리고 그 과정에서 청조의 입헌 추진에 대한 회의감을 강하게 느끼게 되었다.

청조의 입헌 추진은 근대 중국의 여러가지 개혁논의의 마지막 귀결점이며, 또한 집권당국에 의해 실천에 옮겨진 유일한 사례이기도 했다. 그러나 입헌 추진 도중에 공화혁명이 일어나 청조가 망하면서 입헌을 통한 개혁운동은 실패로 돌아갔다. 입헌운동은 중심적인 개혁 추진세력 또는 영도력의 부재, 재정난 및 그와 연관된 농민들의 반反입헌적 소요, 개혁지향적으로 개방된 분위기에서 혁명론이 수용되기에 이른 점 등, 다양한 요인으로 인해 실패했다.

무엇보다도 중요한 요인은 청조가 이민족왕조였기 때문에 입헌 추진을 통한 중앙집권화의 의도가 강력한 반발에 부딪쳤다는 점이다. 특히 서태후

사후에[1909] 실권을 장악한 순친왕醇親王은 소수 만주족 지배층 중심의 중앙
집권적 정책을 입헌의 틀 안에서 집요하게 추진했다. 이는 태평천국 이래
증가되어 오다가 입헌운동에서 절정에 달한 지방분권적인 경향에 정면으로
맞선 것이었다. 결국 청조로부터의 독립이라는 형태로 공화혁명이 진행되
어 가고 입헌파 신사가 이에 적극 동참함으로써 근대 중국의 마지막 개혁운
동 역시 파탄으로 귀결되었다.

반기독교운동과 의화단

반기독교운동과 그 처리

중국에서 반기독교운동[중국에서는 반기독교운동을 기독교 관련사건이라는 의미에서 교안
教案이라 불렀다]이 일어나게 된 원인으로는 기독교가 전통적인 중국사회의 지
배적 이념인 유교와 마찰을 일으키게 된 점을 우선 들 수 있다. 초기 반기독
교운동이 유교의 지지층인 관료, 신사였던 것도 이와 같은 이유에서였다.
그러나 기독교는 사상적 혹은 문명적인 측면에서만 중국에 충격을 준 것이
아니었다. 교회와 선교사가 제국주의와 밀접한 관련을 가지고 중국에 들어
왔기 때문에 반기독교운동은 곧 반외세 내지는 반제국주의적인 지향을 가
졌다.

기독교가 중국사회에 깊숙이 들어오게 된 것은 1, 2차 중·영전쟁이 계
기가 되었다. 1차 중·영전쟁 후 오랫동안 포교가 금지되어 왔던 기독교가
포교의 자유를 얻게 되었다. 특히 2차 중·영전쟁 후에는 선교사가 내지에
서 자유롭게 활동할 수 있게 되고, 교회가 중국에서 토지를 구매하거나 빌
릴 수 있는 토지조매권租買權을 얻게 되었다.

내지선교권과 토지조매권을 얻은 기독교는 급속히 세력을 확대시켜 나
갔다. 그러나 전통적인 유교이념을 지주로 하는 관료나 신사는 기독교에 냉
담했다. 특히 신사들을 자극한 것은, 선교사들이 이들과 다름없는 사회적
지위를 차지하면서 지방에서 신사들의 영향력을 위협하는 존재로 떠올랐기

때문이었다. 게다가 선교사들이 누리는 치외법권은 신사의 특권을 넘어서는 것이었다. 선교사들이 자선사업을 통해 전통적으로 신사의 임무로 여겨져 온 향촌구제사업의 영역을 잠식한다든지, 학교를 설립해 이단으로 여겨지는 교리를 퍼뜨리는 것은 특히 지방 신사들이 간과할 수 없는 일이었다.

그뿐 아니라 교회는 토지소유자가 되어, 사회경제적인 이유로 교회에 기대어 생존을 유지하려는 하층민을 교민으로 끌어들였다. 교민이 증가하면서 향촌사회 안에서 교민과 비교민 사이의 분쟁이 일어났다. 예컨대 향촌공동체의 유지비용을 교민이 부담하지 않으려 한다든지, 교민이 관련된 송사에서 선교사가 개입해 교민이 승소하게 만든다든지 하는 일들이 생겼다. 또반기독교사건 처리에 따른 배상금 지불액도 부담이 지방민에게 전가되었다. 이런 여러 가지 사정들로 말미암아 2차 중·영전쟁 이후 관리와 신사, 일반 민중이 참여하는 반기독교운동이 빈번하게 발생했다.

반기독교운동은 그 주도층과 성격에 따라 세 시기로 나뉜다. 첫 시기는 1860년 북경조약의 체결부터 1884년 청·불전쟁기까지이다. 이 시기 운동은 관리, 신사가 주도했고 주된 양상은 선교사, 교민, 교회에 대한 공격으로 나타났다. 1861년 귀주성貴州省에서 교안이 발생한 이래 호남, 강서, 사천성 등 거의 전역에서 교안이 발생했다.

그중에도 교회가 영아를 유괴한다는 소문이 도화선이 되어 1870년에 일어난 천진교안은 대대적인 배외운동으로 진전되었다. 지방관의 소극적인 진압에 불만을 품은 프랑스 영사와 비서관이 중국 관리와 군중에게 총격을 가하는 사건이 일어나자 흥분한 군중에 의해 프랑스, 미국, 영국 등의 교회 시설이 불타고 서양인 20명이 살해되었다. 서구의 7개국이 청조에 항의하고 함대를 출동시켜 압력을 가해 관련자가 다수 처형되었다. 이 교안은 반기독교운동을 중국 각지로 파급시켰고, 1880년대에 들어오면서 프랑스가 세력범위로 삼고자 시도한 남서, 남동부의 연해지역에서 교안이 자주 일어났다.

두 번째 시기는 청·불전쟁기로부터 청·일전쟁기까지이다. 열강의 압력에 굴복해 청조가 적극적인 진압책을 쓰자 관리, 신사가 운동의 전면에서 물러나고 민간 비밀결사를 포함한 민중이 운동을 주도했다. 공격대상도 기독교세력을 넘어서 구미의 영사관, 상업시설, 주거로 확대되었다. 1890년대 초 양자강 일대의 수십 개 도시에서 일어난 교안은 주로 가로회哥老會*를 중심으로 한 비밀결사가 주도했다. 종래 반청反淸적인 성격이 강했던 이들 비밀결사가 공격대상을 외국세력으로 전환시킨 점이 주목된다.

가로회
청 말에 화중지방을 중심으로 일어난 비밀결사로 반청反淸운동, 반기독교운동을 일으켰다. 공화혁명에서도 역할이 컸다.

세 번째 시기는 청·일전쟁기에서 1900년의 의화단운동까지이다. 청·일전쟁에서의 패배와 시모노세키조약의 체결은 중국이 망하고 열강에게 분할통치를 당하게 될 지도 모른다는 위기의식을 불러일으켰다. 열강의 제국주의적 경제침투는 중국의 소농민, 수공업자의 생존기반을 침식했고 기독교세력의 활동은 여러 영역에서 눈에 띄게 늘어났다. 이러한 상황에서 관리, 신사가 다시 교안에 참여하여 민중, 비밀결사 등과 함께 운동을 주도해 나갔다. 이 시기의 운동에서 주목되는 것은 민족적 위기가 고조되면서 반청적 색채가 약화되었다는 점이다. 청조를 따르고 서양세력을 타도한다는 순청멸양順淸滅洋의 구호가 나온 데서도 이를 알 수가 있다.

교안이 발생하면 중국과 열강 간에 외교적 마찰이 빚어졌다. 1880년대까지는 대체로 운동 주모자와 진압에 소극적이었던 지방관의 처벌, 교회와 교민의 손실에 대한 배상금 지불로 교안이 처리되었다. 그러나 열강이 경쟁적으로 중국에서 이권을 빼앗기 시작한 1890년대 이후가 되면 열강은 교안의 처리과정에서 영토를 할양해 달라거나 이권을 넘겨 달라는 요구를 했다. 예컨대 독일은 1897년 산동성에서의 교안을 빌미로 산동성 교주만을 강제로 점령한 후 청조로부터 조차지로 인

1900년 자금성으로 진군해 들어가는 8개국 연합군

정받았다. 프랑스와 영국도 교안을 이용해 영토 할양과 철도부설권, 광산개발권 등의 이권을 얻어 냈다.

의화단운동

의화단義和團운동은 1898년 산동, 직예直隷성의 경계지역에서 일어난 반기독교운동에서 출발했다. 이 시기에 의화단운동이 급격히 확대된 배경으로는 발원지인 산동성의 사회경제적 변화를 들 수 있다.

즉 산동성에서는 청·일전쟁 후 열강에 의한 철도부설로 운송노동자의 다수가 일자리를 잃었고, 외국물자의 대량수입으로 농업과 수공업이 타격을 입었으며, 교회세력의 확대로 배외감정이 고조되어 있던 데다 1897년 이래 흉년이 계속되었다. 또 지역 여건상 신사층의 지배가 취약하고 토비세력이 강했기 때문에 이를 막기 위한 자위조직으로서 의화권 등 민간조직이 활성화되어 이들이 위와 같은 상황에서 의화단운동으로 결집되었다.

1899년 의화권의 반기독교운동이 산동 서부지역으로 확산되었다. 이 운동의 진압에 미온적이었던 관리가 교체되어 원세개가 산동성에 부임한 후 운동을 강경하게 탄압하자 운동은 직예성으로 확산되었다. 의화단은 철도와 전신시설을 파괴하면서 북상해 북경에 육박했다. 의화단의 주요 구성원은 흉년으로 농사를 못 짓게 된 농민이었고 그 밖에 실업한 운송노동자, 도시빈민, 해산된 병사, 승려나 도사, 일부 중소지주가 있었다. 운동의 고조기에는 수구적인 관리와 신사까지 참여했다.

의화단의 이념은 신비주의적인 요소가 강했다. 이들은 주술로 총포를 물리친다고 선전하여 맹목적인 투지를 고취시키는가 하면 각양각색의 신들을 모셨다. 또한 청조를 지지하고 서양세력을 타도한다는 의미의 부청멸양扶淸滅洋의 구호를 내세우기도 했다. 그리하여 의화단은 북경에 들어간 뒤 한때 청조로부터 호의적인 대우를 받기도 했다. 1900년 북경에 들어온 의화단의 세력이 커져서 진압이 어려워지자 청조는 고위관리에게 의화단을 통솔하도록 하고 쌀과 은전을 지급하기까지 했다.

의화단
청의 군대가 의화단원을 처단하고 있고
영국군은 뒤에서 보고 있는 모습

　청조가 의화단을 고무하는 방침으로 나간 것은, 열강이 서태후의 광서제
폐위음모를 좌절시킨 데 대한 분노와, 열강이 직접 의화단을 진압하겠다며
대고大沽를 공격한 데 대한 불만의 표현이기도 했다. 6월 중순 8개국 연합군
이 북경으로 진격을 개시하자 의화단과 일부 청군이 교전 상태로 들어갔다.
조정 내에서는 주화파와 주전파의 첨예한 대립이 있었는데 서태후는 주전
파를 지지했다.

　서태후가 주전파를 지지한 것은 열강이 광서제를 복귀시킬지도 모른다
는 의구심 때문이었다. 그래서 주전파가 위조한 열강의 광서제 복권 요구
문서가 접수되자 서태후는 열강에 전쟁을 선포하기로 했다. 그러나 열강에
선전포고 문서가 교부되지 않고 적극적인 전쟁태세로 들어가지 않은 상황
에서 광서제 복권 요구 문서가 허위임이 드러났다. 서태후는 공격정지 명령
을 내리고 열강에게 선전포고가 본의가 아니었음을 해명했다. 의화단은 계
속 열강과의 전투에 나섰으나 열강의 무력을 당해낼 수 없었고, 청조는 강
화를 추진하면서 연합군과 힘을 합해 의화단을 소멸시켰다.

　중국 지방관이 교안에 미온적인 대응을 보일 때마다 강한 압력을 가하곤
했던 열강은 1900년에 들어 청조가 의화단을 묵인하는 태도를 보이자 크게
반발했다. 열강은 의화단을 탄압하도록 여러 차례 요구했으나 별 효과가 없
자 직접 북경에 군대를 파병하기로 하고 중국 측에 이를 통고했다. 청조는
열강의 북경 주둔군을 소수로 제한한다는 조건부로 이를 허용했다. 열강은

8개국 해군 4백여 명을 들여보낸 뒤, 다시 청조의 반대에도 불구하고 2천여 명을 더 보내고자 했다. 이 군대는 도중에 의화단과 일부 청군의 저항을 만나 천진으로 퇴각했다.

마침내 연합군은 7월에 천진을 점령하고 청조의 정전협상 의사에도 불구하고 8월에 북경을 함락했다. 천진에서 북경에 이르는 간선도로 연변은 연합군의 방화와 약탈로 폐허가 되었고, 북경에서도 공개적인 약탈이 이루어졌다. 북경에 들어온 연합군－영국·러시아·일본·미국·독일·프랑스·이탈리아－은 각각의 점령구를 설정해 분할통치를 했다. 청조 황실은 북경 함락 직후 피신했고, 연합군은 청조에 압력을 가하는 한편 화북지역의 의화단세력을 진압하기 위해 사방으로 군대를 보냈다. 특히 러시아는 10여 만의 군대를 동원해 동북지방을 공격했고 동북 점령을 합법화하려다 중국과 열강의 반발로 포기했다. 그렇지만 군대를 그대로 주둔시켜 중국의 해외 유학생을 중심으로 혁명적 분위기를 고조시키는 계기가 되었다.

북경에서 서태후가 열강에게 선전宣戰하기로 결정했을 때 이홍장 등 중국 동남부 지역의 지방관들은 열강과 타협해「동남호보東南互保」●를 체결했다. 이들은 의화단을 비적 떼, 반란군으로 규정하고, 조정에 이들을 강력히 탄압할 것을 요청했다. 6월 중순 연합군이 북경으로 공격해 들어가는 급박한 정세에서 이들은 상해주재 영국 대리총영사와 협상을 하면서 청조의 선전 명령에 불응했다. 6월 하순 들어 상해주재 각국 영사와 중국 지방관 사이에, 상해조계는 각국이 공동으로 보호하고 양자강과 내륙지역은 중국 관리들이 보호한다는「동남호보」의 내용이 합의된 후 이에 가담하는 지방이 늘어났다.

이러한 상황은 중국의 정치권력이 이분화되었음을 보여 주는데, 청조는 이들 지방관을 견책하지 않고 오히려 청조의 본의도 경솔하게 개전하려는 것이 아니었다면서「동남호보」의 계획에 동의를 표했다. 북경 함락 후 서안으로 피난중이던 서태후는「동남호보」를 추인해, 열강과 강화를 추진하는 돌파구를 마련코자 했다. 서태후에 의해 전권대신으로 임명된 이홍장이 열강과 강화를 추진했다.

「동남호보」
의화단사건 때 서태후가 열강에 선전을 결정하자 양자강 유역의 한인 지방관 이홍장, 장지동 등이 전쟁을 피하기 위해 열강과 맺은 약정. 열강 연합군이 북경을 위협하는 상황에서 동남호보에 가담하는 지역이 늘었다.

중국은 당시 열강에게 분할통치를 당할 위험에 처해 있었다. 그러나 열강의 이해관계가 서로 모순되어 있었기 때문에 1년 이상 열강 간의 논의가 계속되었다. 결국 중국의 영토와 주권을 보장하고 서태후의 청조 지배를 인정한다는 원칙을 세우고 중국과 신축辛丑조약을 체결했다[1901.9.7].

신축조약의 내용은 다음과 같았다. 첫째, 중국은 4억 5천만 냥의 배상금을 분할 지불하며 관세, 염세鹽稅 등을 저당으로 잡는다. 둘째, 대고포대를 해체하고 북경에 공사관구역을 설정하며 북경에서 천진을 거쳐 산해관으로 가는 길목 몇 군데에 열강 군대가 주둔한다. 셋째, 중국인은 배외적인 단체를 조직하거나 이에 가입할 수 없고 의화단 관련 관리들을 처벌한다. 넷째, 총리아문 대신 외교부를 설치해 6부의 위에 둔다. 다섯째, 기왕의 통상조약에 대해 열강이 요구하면 중국이 이에 협상해 수정할 수 있다.

엄청난 액수의 배상금과 철도연변의 외국군 주둔 등 조약의 내용은 열강의 분할통치라는 굴욕적 경험과 더불어 중국에 심각한 파장을 미쳤다. 1860년대 이래의 반기독교운동에서 시작해 의화단 단계에서 절정에 이른 반외세운동은 결과적으로 청조의 대외의존을 심화시켰다. 또 청조의 통치력에 대한 의구심이 커져 반청 혁명운동을 활성화시키는 계기가 되었다. 청조도 이제는 더 이상 개혁을 늦출 수 없게 되어 서태후를 중심으로 신정을 추진하기에 이르렀다.

공화혁명과 5·4운동

의화단사건 이후 혁명운동이 확산되고 혁명단체들이 연합해 동경東京에서 동맹회가 조직되었다. 1911년 10월 무창에서 신군이 일으킨 폭동이 성공을 거두고 입헌파 신사가 혁명에 가담했다. 청조의 고위관리 원세개는 혁명군과 타협해 황제를 퇴위시키고 총통이 되었다. 이로써 중화민국이 수립되어 공화정이 탄생했다. 의회가 구성되어 헌법을 준비하고 전족, 변발과 같은 악습이 타파되는 등 새로운 기운이 나타났으나 원세개의 독재와 제제운동, 복벽 등으로 민국 초의 정치정세는 불안정했다.

민국 초에 일어난 신문화운동은 공화정의 위기를 돌파하려는 학생, 지식인들의 전면적인 사상계몽운동이었다. 신문화운동이 한창이던 때에 일어난 5·4운동은 신문화운동을 더욱 확대, 발전시켰다. 그래서 신문화운동은 넓은 의미의 5·4운동으로도 불린다. 민국 초의 복고적인 움직임은 공화정의 내실이 다져지지 않았기 때문이었다. 민주와 과학을 부르짖은 5·4운동을 통해 공화정의 내실이 어느 정도 다져졌기 때문에 신해혁명을 제1차 공화혁명, 5·4운동을 제2차 공화혁명으로 부르기도 한다. 또 5·4운동을 통해 민중이 역사의 전면에 나섰다고 하여 현대사의 시작으로 보기도 한다.

혁명운동

혁명운동은 1894년 손문* 등이 청조를 타도하자는 취지로 하와이에서 흥중회興中會라는 비밀결사를 만들면서 시작되었다. 청·일전쟁에서 패색이 짙어가던 때 느낀 망국의 위기의식이 동기가 되었다. 손문은 다음 해 홍콩에서도 흥중회를 만들어 기층 민중을 동원해 광주성을 무장점령하려는 최초의 반청봉기를 계획했다. 이 거사가 사전에 발각되어 실패로 돌아간 후 망명길에 올랐고 런던에서 청국공사관에 억류되었다. 손문은 이 사건으로 국제적으로 이름이 알려졌고 억류에서 풀려난 후에는 대영박물관에 드나들며 삼민주의 사상의 기초를 닦았다.

1900년 의화단사건을 전후해 손문은 이홍장을 황제로 추대해 양광兩廣지방을 독립시키려는 모의를 하다 실패했다. 이어 광동성 혜주惠州에서 봉기를 조직해 한때 2만여 명이나 모을 수 있었으나 외부지원의 두절로 역시 실패로 돌아가고 다시 망명길에 올랐다. 이렇게 손문이 비밀결사를 중심으로 제한적인 봉기를 도모하고 있던 중에 일어난 의화단사건은 청조의 존재 근거에 대한 의문을 불러일으켰고 일본 유학생 등 지식인을 대상으로 한 혁명 주장이 나오기 시작했다.

진보적인 학생, 지식인들에게 청조타도의 정당성을 확산시키는 계기가 된 것은 러시아에 대한 저항운동이었다. 러시아는 의화단 진압 후 만주에서 군대를 철수하기로 한 약속을 지키지 않고 청조에 새로운 요구조건을 제시해 이 지역을 자신의 세력권 아래 두려고 했다. 일본에 유학 가 있던 중국인 학생들은 러시아에 저항하기 위한 의용대를 결성하고 학생군을 조직했다. 이들은 많은 유학생의 호응을 받았으나 청조는 러시아에 대한 저항을 구실로 혁명을 꾀한다고 하여 탄압을 가했다.

이 저항운동이 청조의 탄압으로 실패한 후 일본 유학

중국 혁명의 아버지로 불리는 손문

생계에는 본격적인 혁명운동의 기운이 싹텄다. 이 운동에 참여한 학생들이
조직한 단체가 모태가 되어 국내의 반청 혁명단체인 화흥회華興會●와 광복
회光復會●가 뒤에 성립되었다. 또 종래의 반제국주의 선전이 반청反淸혁명을
집중적으로 선전하는 것으로 바뀌었다.

이 시기에는 추용鄒容의 『혁명군』● 같은 선전책자가 널리 읽혀 급진적인
청년들에게 큰 영향을 미쳤다. 장병린이 『혁명군』을 소개하는 글을 『소보蘇
報』라는 잡지에 실었다가 추용과 함께 투옥되어 옥고를 치르는 필화사건으
로 이 책자는 한층 널리 알려졌다. 또 화흥회 회원인 진천화陳天華●가 지은
『경세종警世鐘』, 『맹회두猛回頭』와 같은 선전책자도 많은 영향을 미쳤다. 일본
정부가 중국 유학생을 단속하는 규칙을 만든 데 항의해 진천화가 바다에 투
신해 죽은 사건은 그의 혁명주장을 더욱 인상 깊게 했다. 이들의 주장은 청
조가 대외적 위기에 적절하게 대응하지 못함으로써 중국이 멸망할 위기에
놓여 있으므로 청조를 타도해야 한다는 것이었다.

혁명활동의 전개와 동맹회

국내에서의 혁명 기도가 좌절된 뒤 망명길에 나선 손문은 비밀결사로부
터 유학생에게 눈을 돌리기 시작했다. 러시아에 대한 저항운동을 계기로 지
식인, 유학생 사이에 혁명운동이 활발해졌기 때문이었다. 당시 청조가 신식

화흥회
1903년 호남성 장사長沙에서 일
본 유학생 출신 황흥黃興, 송교
인宋敎仁 등이 설립한 혁명단체
로 "오랑캐를 몰아내고 중화를
부흥한다"는 구호를 내세웠다.
비밀결사와 연락해 장사에서 봉
기하려다 발각되어 중심인물 대
부분이 일본으로 망명했다.

광복회
1904년 상해에서 채원배, 장병
린章炳麟 등을 중심으로 조직된
혁명단체로 "한족漢族을 광복하
고 우리 강산을 되돌려받자"는
구호를 내세웠다. 강소, 절강지
방에서 반청혁명을 추진했고 민
족주의적 색채가 강했다.

『혁명군』
청조의 전제 지배를 벗어나 중
국인이 천부의 자유평등권을 회
복해 공화국을 건설하자는 주장
을 담고 있다.

진천화
호남성 출신으로 화흥회를 거쳐
동맹회에 입회했다. 일본 유학
중이던 1905년 12월 일본 문부
성이 반포한 중국 유학생에 대
한 단속규칙에 항의하는 중국인
들에 대하여 아사히신문에서 방
종하고 비열하다는 등의
비하 기사를 싣자 이에 분
격하여 유서를 남기고 30
세의 나이로 바다에 투신
자살했다.

개혁정치를 펴면서 해외에 많은 유학생들이 나가 있었다. 그중에도 일본은 거리가 가까워서 유학경비가 싸게 든 데다 중국인이 구미의 말과 글보다는 일본의 말과 글을 배우기가 쉬웠기 때문에 특히 많은 수의 유학생들이 있었다. 또 러시아에 대한 저항운동을 통해 유학생 사이에 혁명적 분위기가 성숙되어 있었다.

1905년 7월 일본에 도착한 손문은 황흥, 송교인 등을 만나 과거에 지방별로 전개되던 혁명활동을 통일하기로 했다. 7월 30일 각 혁명단체의 대표 70여 명이 준비회를 열어 중국동맹회라는 공식명칭을 통과시키고 손문이 1903년 이래로 사용해 온 "오랑캐를 몰아내고 중화를 회복해 민국을 세우고 지권地權을 평균하게 한다"는 강령을 채택했다. 그리하여 8월 20일에는 동맹회의 정식 창립대회가 열려 손문이 총리에 추대되었다. 이로써 손문의 주도하에 기존의 혁명단체인 흥중회, 화흥회, 광복회에 소속되어 있던 혁명운동가들과 급진적 유학생들이 통일적인 혁명단체를 조직한 것이었다.

동맹회는 창립 후 기관지로서 『민보 民報』*를 창간해 혁명선전에 몰두했다. 『민보』의 발간사 등을 통해 손문은 민족·민권·민생의 삼민주의라는 혁명의 지도적인 이론을 내세웠다. 민족주의란 만주족의 청조를 타도하고 한족의 국가를 회복한다는 것이고, 민권주의는 전제 지배의 타도와 민주국가의 수립을 지향하는 것이었다. 민생주의는 지권의 평균 즉 천하의 땅값을 일정하게 하고 현재의 땅값은 소유자에게 갖게 하되 혁명 후 오르게 된 땅값은 국가에게 돌아가게 해 빈부격차가 없는 사회혁명을 이룩해 집집마다 풍족하게 한다는 것이었다. 민족주의에서

『민보』
1905년에 창간된 중국동맹회의 기관지로 월간지였다. 1910년 26호로 정간되기까지 혁명운동의 발전에 큰 영향을 주었다.

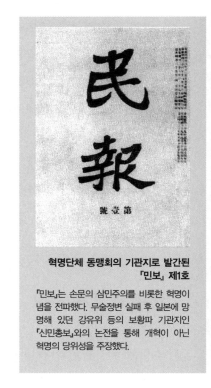

혁명단체 동맹회의 기관지로 발간된 『민보』 제1호

『민보』는 손문의 삼민주의를 비롯한 혁명이념을 전파했다. 무술정변 실패 후 일본에 망명해 있던 강유위 등의 보황파 기관지인 『신민총보』와의 논전을 통해 개혁이 아닌 혁명의 당위성을 주장했다.

손문의 '천하위공'

'천하를 공공의 것으로 한다'는 이 글의 의미는 손문의 사상이 단순히 정치혁명에 국한되지 않고 사회혁명까지 포괄하고 있음을 보여 준다.

반제국주의에 대한 인식이 결여되어 있고 민권주의도 구체성이 결여되어 있었으며 민생주의에서도 공상적인 성향이 다분하고 농촌의 토지문제에 대한 이해가 결여되어 있는 등 한계를 내포하고는 있었지만, 삼민주의는 당시로서는 가장 체계적으로 정비된 혁명이론이었다.

손문은 또 혁명을 전개해 나갈 3단계 혁명방안을 구상했다. 첫 단계는 군법의 통치기로, 혁명군이 군법을 가지고 지방행정을 총람하며 청조 치하의 모든 폐단을 일소하고 건설사업을 하기로 되어 있다. 이 시기는 최대한 3년으로 잡고 그 이전에라도 성과가 달성되면 다음 단계인 약법 곧 초보적인 기본법의 단계로 들어가 약법에 따라 지방자치를 하기로 했다. 약법의 시기는 6년을 한도로 하고 그 다음에 헌법의 단계로 들어가게 되어 있다. 헌법단계에서 비로소 혁명군의 군사, 행정권이 폐기되고 국민이 대총통과 국회의원을 선출하고 헌법에 따라 정치를 하게 된다. 이러한 구상은 비현실적이기는 했지만 혁명운동의 방향을 세밀하게 규정했다는 점에서 의미를 가진 것이었다.

이와 같은 동맹회의 혁명이론은 무술정변 후 일본에 망명해 있던 강유위 등 보황회와의 치열한 논전을 거치면서 정립된 것이었다. 『민보』와 보황회의 기관지 『신민총보新民叢報』 지상에서 만주족에 반대하는 민족혁명이 필요한가의 여부, 폭력에 의한 공화정부의 수립이냐 아니면 권고와 요구에 의한 입헌정부 수립이냐의 문제, 손문의 민생주의를 둘러싼 논란, 혁명이 중국의 내란과 열강의 간섭을 불러일으켜 중국이 분할통치될 것인가 아니면 혁명이 통제되어 질서 있게 될 수 있을 것인가 등의 문제를 둘러싸고 논쟁이 있었다. 이 논전을 통해 혁명파는 자신들의 입장을 명확히 정리할 수 있었고 또한 미래지향적인 전망을 제시함으로써 이상주의적인 청년들을 많이 끌어들일 수 있었다.

한편 동맹회는 선전활동 외에도 본격적인 반청 무장봉기를 추진했다. 1906년 호남과 강서의 경계지역에서 동맹회 본부와는 무관하게 회원 몇 명이 비밀결사와 기타 하층민을 끌어들여 봉기를 일으켰다가 실패했다. 이 사건으로 청조의 압력을 받은 일본정부가 손문을 추방해 손문 등은 베트남으로 옮겨 가 서남 변경지역에서의 무장봉기를 주도했다. 이후 몇 차례 더 봉기가 있었지만 모두 실패로 돌아갔다. 양광兩廣지역에서 소수 무장세력이 봉기하여 혁명 근거지를 확보하려는 전략은 흥중회 이래의 손문의 구상이었다.

대중적 선전이나 조직 없이 해외에서 무장세력을 들여와 변방에서 봉기를 한다는 이러한 전략에는 약점이 많았기 때문에 손문의 베트남 추방 이후 황흥 등은 봉기의 주력군을 비밀결사로부터 신식군대新軍로 옮기고 지역도 광동으로 옮기는 등 혁명방침을 전환했다. 그리하여 1908년 호한민胡漢民, 황흥 등이 홍콩에 동맹회 남양지부를 조직하고 광주廣州 신군의 봉기1910.2|와 광주 황화강黃花江봉기1911.4|를 추진했다. 둘 다 실패로 돌아가기는 했지만 후자의 경우는 동맹회의 모든 인력과 재력을 쏟아 부은 것이었다. 그러나 이 역시 자금과 무기반입의 지연, 계획 누설과 청조 측의 대비 등에 의해 황흥이 직접 지휘를 했음에도 불구하고 86명이나 되는 희생자를 내고 실패했다.

동맹회는 황화강봉기의 실패로 회원의 손실은 물론이고 자신감과 사기면에서 큰 타격을 받았고 이전부터 존재해 오던 내부분열의 경향이 한층 심해졌다. 동맹회는 본래부터 통일적인 혁명당이라 하기에는 취약점이 많았다. 사상적인 측면에서 많은 회원들이 손문의 삼민주의 수용에서 다양한 편차를 보였으며 국수주의로부터 무정부주의에 이르기까지 다양한 경향을

광주 신군봉기
1910년 2월 신군 출신의 동맹회원이 중심이 되어 혁명봉기를 일으켰으나 청조 측의 사전방비로 인해 곧바로 진압되었다.

광주 황화강의 72열사 묘

1911년 4월 27일 동맹회가 광주에서 일으킨 무장봉기에서 양광총독의 관청 및 호위대를 공격했으나 성공하지 못하고 황흥도 겨우 탈출했다. 이 봉기에서 쓰러진 혁명당원들의 유해가 황화강에 매장됐기 때문에 황화강봉기라고 불린다. 사진은 희생된 혁명열사들의 무덤이다.

보였다. 조직 면에서도 회원들은 본부의 통제 없이 독자적인 행동을 할 수가 있었다. 본부도 이미 손문이 일본을 떠나고 회원인 유학생들이 귀국한 뒤로 명목상의 기구로 남았기 때문이다. 이는 동맹회의 운영이 조직보다 인물 위주로 이루어진 데다 손문 일파가 1907년 이후 서남 변경에서의 봉기에만 치중하고 본부에는 신경을 쓰지 않았기 때문이었다.

회원 간의 토론이나 합의 없이 독자적으로 행동하는 손문의 태도에 대해서는 일찍부터 반발하는 움직임이 있었다. 이를테면 손문이 일본을 떠나면서 일본정부로부터 받은 자금처리라든가 무기구입 문제에 대해 장병린 등이 손문을 비난했다. 반손문파는 동맹회 총리직을 황흥으로 바꾸자는 움직임도 보였다. 이러한 반발에다가 손문의 변경봉기 노선에 대한 반발까지 겹쳐 동맹회의 분열을 가속화시켰다.

1907년 동경에서 양자강 유역 출신의 회원들이 모여 공진회共進会라는 독자적인 혁명단체를 설립하고 양자강 중심의 혁명공작을 시작했다. 동맹회 성립 후에도 여전히 독자성을 유지한 채 절강, 강소 등에서 혁명활동을 벌이고 있던 광복회 회원들이 동남아에 광복회 분회를 조직했다. 1910년에는 동경에서 장병린을 회장으로 광복회 본부를 재건해 독자적 활동을 하게 되었다. 또 변경봉기에 불만을 품은 송교인 등은 1911년 7월 동맹회 중부총회를 설립하고 양자강 유역에서 혁명을 추진했다.

이와 같이 동맹회의 변경봉기의 거듭된 실패와 내부분열로 인해 혁명파는 막상 무창에서 봉기가 이루어진 때에는 혁명을 지도할 만한 통일된 역량을 갖추지 못하고 있었다. 그러나 청조는 의화단 이후 혼미를 거듭했기 때문에 국내에서는 혁명적인 정세가 무르익어 가고 있었다.

혁명정세의 발전

의화단운동의 참혹한 결과에 직면한 청조는 보수적인 배외운동으로는 열강을 중국에서 몰아낼 수 없다는 것을 뼈저리게 깨달았다. 그래서 청조는 앞에서 살펴보았듯이 1901년 1월 신식 개혁정치 곧 신정新政을 하겠다는 방침을 세웠다. 이에 따라 중앙에서는 신식 군대의 창설 등을 추진하고 지방에서는 신식 학교의 설립, 산업진흥 등을 추진했다. 신정의 과정에서 과거제도가 폐지되면서 국내의 신식 교육이 발전하고 일본으로 유학 가는 학생 수가 크게 늘었다. 이제 관리가 되려면 과거시험을 준비하는 것이 아니라 신식 교육을 받아야만 했다. 그러나 신식 교육이나 유학의 비용은 과거시험 준비보다 훨씬 비쌌으므로 과거를 준비하던 상당수의 사람들은 새로 편성 중인 신식 군대로 들어갔다.

이러한 신정은 제도개혁의 핵심이라 할 수 있는 입헌제의 내용이 빠져 있었으므로 청 말 이래로 지방분치分治와 지방의회에의 참여를 통해 정치참여를 추구해 오던 신사층은 입헌론을 활발하게 주장하게 되었다. 마침 러시아와의 전쟁에서 일본이 승리하게 된 것을 계기로 입헌운동은 활기를 띠고 고위관리들까지 입헌을 주장하기에 이르렀다.

1905년 12월 청조는 다섯 명의 고위관리를 외국에 보내 헌정 실태를 고찰하게 했다. 다음 해 7월에 귀국한 이들 관리는 속히 입헌을 하겠다는 의지를 포고하고 5년 안에 입헌정체를 갖추도록 진언했다. 청조는 헌정 준비에 착수하겠다는 것을 공식적으로 선포했다. 청조는 입헌을 추진함으로써 혁명세력의 기세를 꺾고 아울러 중앙집권적인 황제권력의 강화를 도모하고자 했다. 입헌 준비작업의 하나로 추진된 관제개혁의 방향에서 재정, 군사적인 중앙집권화의 방향이 명확히 드러났다. 입헌 준비방침에 따라 개설된 자의국의 기능도 입헌파 신사들이 생각하던 지방자치와는 거리가 먼 것으로 지방행정의 자문기구 정도로 격하되었다.

1908년에 청조가 9년 뒤의 국회개설을 골자로 하는 미래의 입헌대강을 발표하자 청조의 입헌의도가 분명해졌다. 이에 따르면 헌법은 황제가 가지고 있는 권한을 확고히 하면서 그를 명문화하는 도구가 될 터였다. 군주권을 확고하게 해 주는 헌법을 국회도 없는 상태에서 위에서 하사하는 형태로 제정한다는 것은 입헌파 신사층의 정치참여 요구와는 배치되는 것이었다. 그리하여 입헌파 신사는 1910년부터 자의국을 중심으로 국회를 1년 내에 속히 개설하고 책임내각제를 실시하자는 청원운동을 벌였다.

이들의 움직임에 고위지방관들도 동조하게 되자 청조는 헌정 준비기간을 3년 단축해 1913년에 헌법반포와 국회개설을 하겠다고 약속했다. 그러나 동시에 청원운동 단체를 탄압해 해산시켰다. 이에 급진적인 입헌파 신사는 입헌으로부터 혁명으로 기울게 되었다. 실제 혁명이 일어나자 입헌파 신사 대부분이 청조로부터 등을 돌리고 혁명에 가담하게 된 이유 중의 하나는 입헌운동의 과정에서 청조에 더 이상 기대할 것이 없다는 인식을 가지게 되었기 때문이었다.

한편 입헌파 신사 중에는 신정의 일환으로 산업이 진흥되면서 근대적인 상공업을 운영하게 된 사람들이 있었다. 이들은 자신의 경제적 이익과 열강으로부터 이권을 회수한다는 국민주의적 대의명분을 위해 철도부설권과 광산채굴권을 회수하는 운동에 참여했다. 열강이 이미 철도부설권을 획득하고도 기한 내에 철도를 부설하지 않는다든가 기타 규정을 어긴 경우 철도부설권이라는 이권을 회수해 자신들이 사업을 전개하고자 했다. 이권회수운동으로 호북, 호남, 광동을 잇는 철도부설권이 우선적으로 회수되었다. 이 운동의 성공을 본받아 기타 지역에서도 철도부설권의 회수운동이 일어났다.

그중 강소와 절강성을 잇는 철도는 영국이 부설권을 따놓고도 약속대로 공사를 진행시키지 않고 있었으므로 입헌파 신사들은 이의 회수운동에 적극 참여했다. 이 운동은 입헌파 신사의 이권회수운동의 대표적인 것이었다.

영국이 부설권을 양보하는 대신 영국차관을 도입해 건설하도록 조건을 내세우고 청조가 영국의 요구를 받아들이자 입헌파 신사는 차관 거부운동을 벌였다. 청조가 입헌파 신사로서 이 운동의 중심인물이었던 사람을 철도회사 사장직에서 사임시키려 하자 절강성 신사층과 청조 사이에는 감정대립까지 생겨 반청조적인 분위기가 고조되었다.

신정과 입헌의 추진이 한창 진행되고 있던 1909년 광서제와 서태후가 죽고 세 살인 선통제宣統帝가 제위에 올랐다. 섭정을 맡게 된 순친왕은 절대다수의 황족으로 구성된 내각을 발표하고 철도국유화 명령을 내렸다|1911.5|. 황족내각의 발표는 황족들을 통해 내각에 황제가 간여함으로써 내각을 황제의 통제하에 두려는 시도였다. 이에 대해 입헌파 신사들은 황족내각을 해산하고 새로운 내각을 구성하도록 항의했으나 청조는 받아들이지 않았다.

철도국유화 명령은 철도를 민영화해 지방에서 부설하게 하면 엄청난 비용을 지방에서 감당할 수 없어 사업이 늦어질 우려도 있고 통일적 철도망 구축에 장애가 된다는 이유에서 나온 것이었다. 철도는 이익을 크게 얻을 수 있는 좋은 투자대상으로 여겨졌으므로 열강은 청조에게 다투어 차관을 주고자 했다. 또 청조로서도 철도가 훌륭한 수입원임을 인식하고 있었기 때문에 기왕에 승인된 민간인의 부설권을 취소하고 간선철도의 국유화를 결정한 것이었다.

부의

1917년 복벽 당시 조복을 입은 마지막 황제 부의溥儀의 모습. 그는 세 살인 1909년 광서제의 뒤를 이어 선통제로 황제 자리에 올랐다가 공화혁명으로 인해 1912년 2월 황제 자리에서 퇴위하고 자금성에서 생활했다. 복벽의 짧은 기간에 황제에 추대되었다가 밀려났다. 1924년 정변을 일으킨 풍옥상에 의해 북경에서 쫓겨나 천진의 일본인 조계지에서 생활하다가 만주사변을 일으킨 일본군에 의해 괴뢰국 만주국의 황제로 추대되었다. 일본의 패전 후 전범으로 소련군에 체포되어 1950년 중공에 송환, 수감되었다. 1959년 특별사면을 받아 석방된 뒤 북경에서 식물원 정원사로 일했다. 1967년 사망한 그의 유해는 28년 만인 1995년 청의 황릉으로 이장되었다. 그가 저술한 「나의 전반생我的前半生」이 감독 베르톨루치에 의해 「마지막 황제」로 영화화되어 세계적으로 유명해졌다.

이권회수운동을 통해 국민주의적인 명분하에 철도부설권을 되찾은 경험을 한 적이 있는 신사층, 상인들은 조정이 열강의 자본을 빌려 철도를 건설하겠다는 국유화 방침에 맹렬히 반대했다. 이들은 철도국유화를 청조가 열강에게 철도이권을 다시 내주는 행위로 보았기 때문이었다. 회수한 민간철도의 부설비용 중에는 일반인들로부터 강제로 징수한 부분도 있었으므로 국유화 반대운동에는 일반인들도 참여하게 되었다. 호남성을 필두로 일어난 철도국유화 반대운동 중에도 가장 격렬했던 것은 사천성의 운동이었다.

사천성에서는 철도부설을 위해 모금한 주식총액이 가장 많았던 데다 일반인으로부터 강제로 징수한 성격의 주식이 압도적으로 많았다. 게다가 기왕의 모금액 중 일부를 예금해 두었던 구식은행들이 공황으로 파산했고 이 손실분을 주식을 청산하는 과정에서 정부가 보상하지 않으려 했으므로 불만이 더욱 고조되었다. 그리하여 사천에서는 철도국유화에 반대해 철도를 지키자는 운동이 전 성에 번졌고 이 운동을 청조가 강경하게 탄압하는 과정에서 수십 명이 총격으로 사망하는 유혈사태로까지 발전했다. 각지에서 무장군중이 청조로부터의 독립을 선포하는 폭동을 벌이자 청조는 호북성의 군대를 사천으로 보내 이를 진압하도록 했고 사천의 상황이 진압되지 않은 상태에서 호북성 무창에서 봉기가 일어났다.

중국 내의 혁명적 정세는 이와 같은 입헌파 신사의 입헌운동과 이권회수운동 등을 통해 조성된 것만은 아니었다. 청ㆍ일전쟁의 전쟁비용과 배상금을 갚기 위해 외국에서 들여온 차관의 원리금 상환액으로 인해 이미 재정적 부담이 큰 상황에서 엄청난 액수의 의화단 배상금이 부가되자 청조는 재정적자에 직면했다. 결국 이러한 재정부담은 세금증가로 이어져 백성들의 부담을 크게 늘렸다. 신정을 선포한 이후 개혁을 추진하기 위한 비용이 필요하게 되어 백성들에게 새로운 형태의 세액이 부과되었으므로 일반민에게는 신정이 당장의 경제적 고통으로밖에 여겨지지 않았다.

결국 여러 가지 명목의 잡다한 세금징수 및 기타 사회경제적인 요인으로 청조 말기에는 소작료 반대투쟁, 미곡약탈 폭동, 굶주린 백성들의 폭동, 신정반대와 학교파괴 폭동, 반기독교와 청조타도를 내세운 폭동 등 하층민중의 다양한 종류의 폭동이 빈번하게 일어났다. 이와 같은 민중폭동은 그 자체가 혁명을 목표로 한 것은 아니었지만 혁명적인 분위기를 고조시키는 데 일조했다.

공화혁명의 전개

1911년 10월 10일 호북성의 중심도시인 무창武昌에서 일어난 신군의 봉기는 청조의 운명에 결정타가 되었다. 무창봉기의 성공은 강력한 혁명조직이 신군 내에 있었기 때문에 가능했다. 부침을 거듭하던 다수의 혁명단체가 문학사文學社와 공진회로 귀결되어 신군을 주요 대상으로 삼고 활동을 했다. 청조의 탄압에도 불구하고 혁명파에 의한 꾸준한 선전과 조직 공작이 사병과 하급사관에게 수용되어 혁명적인 정세를 틈탄 신군의 봉기가 가능하게 된 것이었다. 무창의 성공에 이어 11일과 12일에는 인근한 한양漢陽과 한구漢口도 봉기를 일으킨 신군에게 장악되었다.

무창의 혁명군은 혁명이 성공하자 11일 회의를 열어 군정부를 수립하고자 했다. 원래 봉기의 준비과정에서 군정부를 계획해 두었으나 제조중이던 폭약이 폭발하는 사고로 지휘부가 궤멸된 상태에서 창졸간에 봉기가 일어났기 때문에 계획대로 구성할 수가 없었다. 혁명 주도세력은 하사관급으로 낮은 계급의 병사였으므로 정치적 영향력을 발휘할 수 없었던 데다 손문이나 황흥 등 혁명지도자와 연락이 닿지도 않았다. 그래서 이들은 혁명에 피동적으로 참여한 자의국 의원들과 협의해 남아 있던 청조의 최고위 장교인 여원홍黎元洪을 군정부 도독都督으로 추대했다. 13일 여원홍이 도독직을 수락하고 14일 무창에 가장 먼저 달려

1911년 무창봉기 당시의 혁명군

1911년 10월 11일 호북군정부 수립
공화혁명으로 가장 먼저 수립된 호북군정부는 청조의 고위장교였던 여원홍을 군정부 도독으로 추대했다.

온 동맹회 중부총회 인물들이 여원홍을 공식적으로 인정했다.

호북군정부는 12일자로 한구에 있는 각국 영사관에 통고를 보내 외국인의 재산을 보호하고 외국의 기득권을 보호하겠지만 청조를 지원하면 적으로 간주하겠다는 뜻을 밝혔다. 17일 각국 영사는 중립을 지키겠다는 통고를 했다. 혁명군의 질서 있는 행동과 외국 이익 보호정책으로 열강이 무창봉기를 단순한 폭동이 아닌 정치적 혁명이라고 인정한 것이었다.

청조는 음창陰昌을 제1군으로, 풍국장馮國璋을 제2군으로 해 혁명군을 진압하도록 남하시켰다. 일진일퇴를 하던 싸움은 10월 29일 풍국장의 정예부대가 도착해 한구 총공격을 앞두고 긴박한 상황으로 들어갔다. 28일 무창에 도착한 황흥은 여원홍으로부터 전선의 총지휘권을 위임받고 29일 한구로 갔으나 청군의 강공에 11월 2일 한구를 내주고 말았다. 27일에는 한양도 포기하고 무창으로 퇴각했다. 무창은 위기에 처했으나 강소와 절강성의 혁명연합군이 남경을 점령하고 남방의 14개 성이 혁명에 가담함으로써 혁명군 측은 위험을 벗어나게 되었다.

호북에 뒤이어 청조로부터 독립하기 위해 혁명에 가담한 남방 각 성의 혁명 양상은 조금씩 달랐지만 대체로 입헌파가 권력의 중추를 차지하는 경우가 많았다. 이를테면 호북, 섬서에서는 신군 사병이 봉기했으나 봉기 후 유력한 지도자가 없어서 권력이 입헌파 및 구세력에게 넘어갔다. 또 호남, 귀주에서는 혁명파 지도하에 대중봉기가 일어났으나 입헌파, 구세력이 반격해 권력을 탈취했다. 강소의 경우처럼 대중적 봉기를 앞두고 입헌파가 청조관리에게 강요해 독립을 선포하고 권력을 장악하는 일도 있었다. 신군이 거사해 권력을 장악한 운남과 같은 경우는 오히려 소수였다.

여러 성이 독립을 선포하자 통일된 중앙정부를 조직할 필요가 있었다. 호북군정부는 11월 7일 통일 정부를 조직하기 위해 무창에 대표를 파견하도록 요청했고 상해에서는 강소, 절강, 상해 도독부가 각 성 대표를 불렀다. 상해에 모인 대표들과 기타 각 성 대표가 무창 측의 요청에 따라 무창으로 갔으나 청군의 반격으로 위험했으므로 한구의 영국 조계지에서 첫 모임을 가지고 「중화민국임시정부 조직대강」을 의결, 공포했다1911.12.3l. 바로 이 날 남경이 혁명군에게 점령되어 독립하게 되었으므로 대표들은 임시정부를 남경에 두고 대총통을 선거하기로 했다.

마침 손문이 12월 25일 귀국해 상해에 도착하자 29일 대표들은 손문을 임시대총통으로 선출했다. 총통에 취임한 손문은 내각을 구성했지만 국내에 정치적 기반이나 군사력이 전혀 없었기 때문에 각료들도 강소, 절강지방의 인물들이 우세했다. 내각 구성 후 개원한 임시참의원에서는 임시약법을 제정, 공포했다. 그러나 손문의 임시정부는 출발부터가 임시적인 것이었다. 청조의 전권을 위임받은 원세개가 화의의 제안을 해왔고 독립한 각 성 대표들은 원세개가 공화제를 찬성하면 그를 총통으로 추대한다는 결의를 했던 터였으므로 대세가 남북의화南北議和를 향하고 있었다. 게다가 국내에 아무

중화민국 국새

중화민국 국기 청천백일기靑天白日旗

런 기반도 없던 손문은 적자를 면치 못하는 남경정부의 재정 상태로 보아도 남북의화의 대세를 거스르고 계속적인 전쟁을 통한 혁명 완수를 주장할 처지에 있지 못했다.

무창봉기가 성공하자 청조가 진압군으로 내려보낸 음창 휘하의 제1군이나 대기시킨 풍국장 휘하의 제2군은 모두 원세개가 오랫동안 양성해 온 장교들의 지휘하에 있었다. 군사, 정치의 대권을 장악하고 있었던 한인관료 원세개는 2년 전 순친왕이 섭정을 맡아 황족 중심의 집권화를 도모하는 데 걸림돌로 여겨져서 강제로 발병足病을 치유하라는 명목으로 고향으로 돌아가라는 처분을 받고 북경에서 쫓겨나 있었다. 청조는 혁명진압군의 장교에게 막강한 영향력을 가지고 있고 원로 황족과도 긴밀한 관계를 유지하고 있었으며 열강의 신임을 얻고 있던 원세개를 기용해 난국에 대처하는 수밖에 없었다.

14일 청조는 원세개를 호광湖廣총독에 임명했다. 그러나 정치, 군사의 대권을 장악하고자 한 원세개는 발병이 다 낫지 않았다는 이유로 이를 거절했다. 그러는 동안 음창의 진압군이 성과를 올리지 못하는 반면 호남, 섬서, 강서가 독립을 선언하고 혁명의 기운이 화북지방으로 옮겨올 기미를 보이자 청조는 원세개를 흠차대신으로 임명해 토벌군의 전권을 장악하게 했다|10.27|. 원세개의 요청에 따라 제1군은 풍국장, 제2군은 단기서段祺瑞의 휘하에 들어갔다. 전황은 조금씩 청군에게 유리해져 29일 풍국장이 한구에 도착했을 때는 이미 한구 혁명군이 패배를 거듭하고 있었고 11월 2일 청군은 한구를 탈취했다.

11월 1일 내각총리대신으로 임명된 원세개는 13일 북경에 들어와서 내각을 조직했다. 원세개는 청조의 부름에 응하기 전부터 혁명군을 무력으로 진압하리라고 예상하지는 않았다. 그는 10월 중순부터 여원홍 측에 서한을 보내고 사자를 파견하는 방식으로 화의 가능성을 타진했다. 원세개 측은 군주입헌을 내세웠고 호북군정부는 원세개가 공화정 수립에 가담하면 총통으로 추대하겠다는 의사를 표명했다. 황흥도 이런 의사를 보였다.

11월 27일 청군이 한양을 빼앗은 뒤 무창만 남은 상황에서 영국 영사의 조정으로 3일간 정전에 들어갔다. 이어 다시 3일, 15일간으로 정전이 연장되었다. 그동안 독립한 각 성의 대표들은 비공식이긴 했지만 원세개가 공화제 옹호로 돌아서면 그를 총통으로 추대한다는 의결을 했다. 청군이 한구, 한양을 탈취하고 혁명군이 남경을 점령해 힘의 균형이 이루어진 상황에서 12월 18일부터 상해에서 남쪽과 북쪽 대표 사이에 화의를 모색하는 회의가 열렸다.

남북의화의 주된 과제는 어떤 절차를 통해 청조를 무너뜨리느냐 하는 것이었다. 원세개는 청조로부터 국민회의를 열어 앞으로의 정체政體를 결정하겠다는 결정을 얻어냈으나 국민회의 개최지와 시기 문제를 둘러싸고 합의가 안 된 사이에 손문이 귀국해 임시대총통으로 선출되자 의화는 한때 경직된 국면을 맞이했다. 이는 손문의 총통 선출에 대한 원세개의 의구심과 북방여론의 경화 때문이었다. 원세개가 북쪽 대표를 파면하고 직접 전보로 교섭에 나서면서 손문이 원세개가 청조를 물러나게 하고 공화정을 선포한다면 그에게 총통 자리를 물려줄 것임을 약속하자 원세개의 의구심은 풀렸다. 그리고 북방의 장교들이 연명으로 공화정을 요구하는 집단적인 행동을 하면서 조정의 강경론은 수그러들었다.

청조는 공화정을 선포할 준비를 하도록 내각에 지시하고 원세개에게 전권을 주어 남방 측과 퇴위조건을 협상하게 했다. 이리하여 2월 초부터 퇴위조건을 둘러싼 담판이 계속되어 황제 퇴위 후의 우대조건이 확정되자 2월 12일 청의 마지막 황제 선통제宣統帝가 퇴위했다. 손문은 약속대로 사직서를 제출하고 원세개를 후임총통으로 천거했고 참의원에서 원세개를 새로운 임시대총통으로 선출했다. 손문은 사직서를 내면서 임시정부 소재지를 남경으로 해야 한다는 조건

임시대총통 손문이 소집한 제1차 내각회의(1912.1.24)

을 붙였다. 이는 원세개를 그의 세력기반에서 떼어놓으려는 생각에서였다.

원세개는 임시정부가 남경으로 결정되면 북방의 질서문란이 우려되고 열강도 수도를 북경에 둘 것을 원한다고 하면서 이를 거부했다. 남방의 대표단이 원세개의 남하를 환영하는 사절단을 구성해 북경으로 가서 원세개의 남하를 촉구하던 중, 북경과 천진 일대에서 봉급지불을 요구하는 병사의 폭동이 일어나 질서가 크게 문란해졌다. 이에 사절단은 손문에게 남경수도 주장을 포기하도록 권고했고 참의원도 원세개가 북경에서 취임할 것을 허가하기로 했다. 3월 10일 원세개는 북경에서 정식으로 중화민국 제2대 임시대총통에 취임했다.

민국 초의 정치

신해년에 일어난 공화혁명은 각 성이 청조로부터 독립하는 형태로 이루어졌기 때문에 임시정부 조직대강에 의해 마련된 새 정부는 지방의 권한이 강한 것이 특징이었다. 게다가 원세개가 총통직을 차지하게 되자 총통권을 견제하는 방향으로 임시약법이 제정되었다. 책임내각제적 성격이 강한 내각제를 채택하고 참의원의 권한을 강화한 것은 바로 이와 같은 표현이었다. 그래서 원세개는 자신의 권력을 강화하기 위해서는 내각을 통솔하고 참의원을 견제하며 지방의 군사, 재정, 민정을 장악해 분권적 성향이 강한 각 성

도독의 권한을 약화시킬 필요가 있었다.

최초의 내각총리 당소의唐紹儀는 내각의 독자적 권한을 장악하고자 노력했다. 내각을 심의기구 정도로 생각하고 있던 원세개는 자신에게 보고 없이 총리 권한으로 사무를 처리하는 당소의의 권력 행사를 용납하지 않았다. 결국 총통과 총리는 직예도독 임명문제를 둘러싸고 충돌을 일으켰고 여기서 총리가 패배해 사직했다. 동맹회 출신의 각료들이 연대 사직한 후 우여곡절을 거쳐 새로 조직한 내각은, 국무회의를 총통부로 옮겨 총통 주재하에 여는 등 책임내각제의 정신을 상실하고 있었다. 이에 동맹회의 후신으로 합법 정당으로 조직되어 국회의원 선거에서 압승을 거둔 국민당은 총통권을 견제하기 위해 정당내각을 주장하기에 이르렀다.

원세개는 국민당의 조직과 선거의 압승을 이끌고, 정당내각을 주장해 온 송교인을 암살하도록 사주했다.● 한편으로는 국회의 동의 없이 거액의 차관을 도입했다. 이어 남방 과격파의 움직임을 견제하기 위해 강서, 광동, 안휘의 도독을 면직시켰다. 민국원년에 원세개에 대한 지지를 밝히고, 송교인 암살 당시까지 무력해결을 원치 않았던 손문, 황흥 등은 원세개 토벌전쟁, 소위 제2혁명을 벌이지 않을 수 없었다1913l. 그러나 전란이 다시 일어나는 것을 회피하려는 전반적인 분위기에서 혁명군은 별다른 호응을 받지 못하고 진압되었다. 손문 등은 다시 일본으로 망명했다.

원세개는 이 내란을 진압한 뒤 총통독재권을 확립해 나갔다. 정식총통의 선거 이전에 헌법을 제정해 총통권을 제약하려던 국회 내 일부의 움직임을 제압하고 총통선거부터 치러 정식총통이 되었다. 그리고 국민당이 우세한 국회 헌법기초위원회에서 기초하고 있던 헌법을 도외시하고 총통권의 확장을 골자로 한 임시약법 수정안을 국회에 제출했다. 국회가 이를 묵살하고 헌법초안의 공포가 임박하자 원세개는 비상수단으로 각 성의 도독들을 움직여 국민당 해산, 국민당 의원의 자격취소, 헌법초안 폐지, 국회 직권정지 등을 요구하게 했다.

이들의 요구에 따르는 형식으로 원세개는 국민당을 해산하고 국민당 의원의 자격을 박탈했다. 헌법기초위원회와 국회는 정족수 부족으로 그 기능이 자동 정지되었다. 국회 기능이 정지된 후 각 성의 대표들의 모임인 정치회의가 국회를 대신하게 되었으나 이 정치회의는 일종의 자문기관에 불과했다. 정치회의는 원세개가 제안한 약법 수정안을 토론해 새로운 입법기관을 만들도록 제안했고 이에 따라 약법회의가 구성되었다. 약법회의는 형식상 선거로 뽑힌 의원들로 구성되었지만 의원은 원세개의 지명을 받거나 그의 동의를 받은 사람에 한정되었고 성격도 자문기관에 가까웠다.

약법회의에서 원세개의 약법 수정안을 참고해 작성한 신약법*은 총통권한의 확장을 명문화한 것으로 국회에서 작성했던 헌법초안에 규정된 의회의 권한이 대폭 삭감되었다. 신약법에 규정된 의회인 입법원은 총통이 임명한 위원으로 구성된 참정원이 대신했으므로 끝내 총통의 자문기구 이상의 의회는 구성되지 않았다.

신약법의 공포와 더불어 국무원의 폐지를 비롯한 일련의 관제변경이 이루어져 복고적인 명칭의 관직들이 생겼다. 또 각 성의 성의회와 각급 자치기관이 해산되었다. 새로 확정된 대총통선거법 수정안에서는 총통의 임기를 10년으로 정하고 연임이 무한정 가능하게 한 데다 참정원의 의결이 있으면 자동적으로 연임할 수 있게 하여 원세개는 종신총통의 지위를 얻게 되었다.

총통의 독재적인 권력을 제도적으로 보장받게 된 원세개는 본격적으로 각 성의 분권적인 경향을 저지하고자 했다. 1913년의 내란 이후 전국이 거의 다 원세개가 양성한 북양군 지배하에 들어왔으므로 원세개는 표면적으로 전국의 군사권을 장악한 것처럼 보였다. 그러나 실제로는 북양군이라 하더라도 도독으로서 각 성에 할거하고 있었다. 그래서 도독을 폐지하려던 원세개의 시도는 우회적인 방법을 취할 수밖에 없었다. 도독이라는 명칭 대신 장군이라는 명칭을 부여하고 도독의 군사적 권한을 약화시키려고 했으나 큰 성과를 거두지는 못했다.

원세개의 중앙집중적인 권한 강화 노력은 어느 정도 성과를 거두어 중앙의 재정수입이 늘어났다. 그러나 한편으로는 원세개의 집권 강화에 반발하는 세력도 늘어갔다. 우선 소위 제2혁명의 실패로 국내기반을 잃은 혁명당

신약법
중화민국 수립 후에 국가의 기본법으로 가장 먼저 제정된 임시약법은 총통권한을 약화하는 측면이 있었다. 이를 수정한 원세개의 신약법은 총통권한 강화와 의회권한 약화가 주된 특징이다.

원세개의 제제운동 때 새긴 옥새
위는 중화제국지새中華帝國之璽, 아래는 황제지보皇帝之寶라고 새겼다.

제제운동
1915년 8월 주안회籌安會가 조직되어 입헌군주정을 주장한 이후 국체변경을 청원하는 움직임이 나타났다. 조작된 민의에 따라 국민대표회의에서 국체를 변경하기로 했으나 제제에 반대하는 세력과 내전이 벌어졌고 그 와중에 원세개가 사망해 제제운동은 실패했다.

은 공공연히 해외에서 원세개 반대투쟁을 준비하고 있었다. 국회해산으로 설 자리를 잃은 국회의원들도 반원세개의 감정을 공유했다. 성의회, 자치단체의 폐지로 인해 지방 신사층의 반발도 심해졌다. 무엇보다도 중앙 정부가 끊임없이 도독의 권한을 축소하고자 했으므로 각 성 도독들의 음성적인 반발도 커져 갔다. 원세개는 이와 같이 집권의 노력이 어느 정도 실효를 거두고 그에 대한 반발이 커져 가던 상황에서 황제가 되겠다는 제제운동帝制運動을 추진했다l1915l. 황제가 되어 복고적인 형태로 강력한 권력을 행사하겠다는 그의 제제운동에 대해 반대하는 움직임이 즉각 나타났다. 조작된 민의에 따라 원세개가 1916년부터 홍헌洪憲이라는 연호를 사용하는 황제가 되겠다고 선포하자, 운남성에서는 원세개정권으로부터의 독립을 선언하고 국체인 공화정을 옹호한다는 명목으로 호국군護國軍이 조직되었다.

호국군과 그에 동조한 각 성 도독들의 명분은 국체옹호였지만 실제 동기는 달랐다. 제제운동이 성공할 경우 지방에서 자신들의 권력이 축소될 것이 분명했으므로 이에 반대하고 기득권을 옹호하려는 것이었다. 물론 반원세개투쟁에는 해외로 쫓겨 갔던 혁명당도 참여하고 공화정을 유지하겠다는 지식인들도 동조했다. 그러나 원세개가 제제반대투쟁의 와중에 병사하고l1916l, 곧 중국이 군벌할거시대로 들어가는 것을 보면 제제운동과 그 실패는 복고적 형태의 집권 노력이 분권지향적인 세력에게 굴복한 것이라고 하겠다.

5·4운동

신문화운동
민국 초기 원세개총통 지배하의 독재정치와 제제운동, 공교孔敎를 국교로

하자는 복고적인 풍조 등에 실망한 진보적 지
식인들은 중국을 근본적으로 변혁시킬 방도
를 강구하게 되었다. 그중에서도 진독수陳獨秀
는 1915년 『청년잡지』[곧 『신청년』으로 개명함]를
발간해 청년들의 사상을 계몽, 변혁시킴으로
써 새로운 중국을 건설하고자 했다. 그래서
일반적으로 1915년을 신문화운동의 시발점

「신청년」과 「매주평론」
5·4신문화운동에서 가장 영향력이 컸던 잡지

이라고 본다. 신문화운동은 잡지 『신청년』과,
채원배蔡元培 교장 아래에서 자유주의적 교육
방침으로 풍토가 쇄신된 북경대를 중심으로 추진되었다.

신문화운동의 내용은 크게 신사상운동과 신문학운동으로 나눌 수 있다.
신사상운동은 봉건적인 정치, 도덕, 문화의 근간인 유교에 대한 비판과 서
구사상 수용을 주된 내용으로 했다. 중국의 전통적 가족제도와 유교사상 아
래에서 억압당하는 개인의 해방 특히 여성해방을 추구했다. 유교와 전통을
대신할 새로운 문화는 민주주의와 과학으로 대변되는 서구식 부르주아 민
주주의의 자유주의와 개인주의를 옹호하는 것이었다.

한편으로는 무정부주의의 사조가 신문화운동기의 청년 학생, 지식인의
사상계에 큰 영향을 미쳤다. 무정부주의의 영향 아래 중국 지식인이 육체노
동에 대한 편견에서 벗어나 노동의 중요성을 인식하게 되었고 프랑스 유학
생들을 중심으로 노동과 학업을 결합해 일하면서 공부한다는 공독주의工讀
主義가 확산되었다. 또한 이 시기에 북경대 학생들이 중심이 된 평민교육강
연단이 조직되어 강연을 통한 평민계몽운동을 한 것은 전통적으로 멀기만
했던 지식인과 민중 간의 거리를 좁히는 중요한 계기가 되었다.

중국에서 신문화운동이 한창이던 때 러시아에서 일어난 볼셰비키혁명은
중국 지식인들에게 마르크스주의에 대한 관심을 고조시켰다. 진독수·이대
조 등 신문화운동의 일부 추진자들은 1919년 5월 『신청년』에 마르크스주의
특집호를 실어 중국 최초로 마르크스주의에 대해 체계적인 소개를 했다. 진
독수가 공산당서기로 활동하게 되면서 『신청년』은 공산당 기관지처럼 되었

신문화운동 당시의 이대조

다. 이에 반발한 호적 등이 따로 자유주의적인 성향의 『노력잡지』를 발간해, 동인이 분열하고 『신청년』을 중심으로 한 사상운동으로서의 신문화운동은 활력을 잃게 되었다. 그래서 1920년대 초반이 되면 사상계몽운동으로서의 신문화운동은 종결되었다.

신문학운동은 사상운동과 더불어 신문화운동의 양대 중심축으로서, 눈에 띄는 성과를 거두었다. 진독수와 호적이 중심이 되어 생활언어인 구어口語 즉 백화白話로 문학활동을 하고, 내용에 있어서도 국민문학, 통속적 사회문학을 해야 한다고 주장했다. 많은 지식인들이 이에 동조해 백화문을 쓰기 시작했고 1918년 1월호부터 『신청년』은 백화문으로 발간되었다. 근대적인 단편소설인 노신魯迅의 「광인일기狂人日記」 도 이 해에 나왔다. 「광인일기」는 백화사용이라는 형식에 있어서만이 아니라 내용에 있어서도 반전통, 반유교적인 사상을 표현하고 있어 노신은 사상운동과 문학운동을 결합시킨 대표적인 작가로 손꼽혔다.

「광인일기」
광인의 일기를 공개하는 형식으로 서술된 일기체 단편소설이다. 주인공 광인의 입을 통해 유교의 도덕이 사람을 잡아먹는 것이라고 맹렬히 공격했다. 이 소설은 최초의 백화문학 작품으로도 유명한데, 종래 비속한 것으로 여겨지던 구어체인 백화로 문학작품이 가능하다는 것을 실증적으로 보여 주었다.

신문화운동은 1918년 후반기부터 이전의 사상, 문학혁명이라는 문화혁명적인 단계로부터 직접적인 정치행동을 촉구하는 방향으로 나아갔다. 진독수, 이대조李大釗 등이 『매주평론每週評論』을 발간해 군벌의 반동성과 제국주의와의 결탁 등을 폭로하고 러시아 10월혁명을 비롯한 세계혁명 사조를 소개했다. 이러한 분위기에서 5·4애국운동이 일어날 수 있었다.

5·4운동

원세개가 제제운동을 추진하고 있던 1915년 1월, 일본은 21개조 요구를 중국에 제출했다. 그 내용은 일본이 제1차 세계대전에 참전하여 점령한 중국 내의 독일 조차지租借地인 산동지역에 대한 일본의 권익확보, 남만주·내몽고에서의 일본의 특수한 위치의 강화, 중국 주요 기업에 대한 참여, 정치·군사·재정에 대한 일본의 고문 초빙, 중국 치안의 공동유지 등이었다.

그것은 중국의 주권을 중대하게 침해하는 것이었다. 만약 이를 전면 수용한다면 중국은 제2의 조선처럼 일본의 식민지로 떨어지는 순서를 밟게 될지도 모를 일이었다. 원세개는 일본의 최후통첩에 굴복해 고문초빙, 치안 공동유지 등 중국의 주권을 크게 침해할 만한 일부 내용을 유보시킨 채 이를 수락했다1915.5I. 그러나 이듬해에 원세개가 죽고 북경정권을 단기서段祺瑞의 안휘파安徽派 군벌이 장악하자, 일본은 단기서 정권을 지원함으로써 중국에서 일본세력을 확장하고자 했다.

일본으로부터 거액의 차관을 받은 단기서는 일본과 「중일공동방적협정中日共同防赤協定」을 맺었다1918.5I. 이 비밀협정의 내용은 러시아혁명세력에 공동으로 방어한다는 것이었으나 실제로는 일본군의 중국 내에서의 자유로운 행동, 군사기지 설정 및 일본군에 대한 중국군의 예속을 초래하는 것이었다. 이 협정의 비밀교섭을 알게 된 중국인 일본유학생들은 귀국해 반대운동을 벌였다. 운동의 목적은 달성되지 못했지만 청년 학생들은 학생구국회● 같은 단체를 조직해 이들의 일부가 훗날 애국운동에서 핵심적 역할을 맡게 되었다.

한편 1차 세계대전이 끝난 뒤의 전후 세계질서 재편을 위해 열린 파리강화회의에 전승국의 일원으로 참가한 중국은 패전국인 독일이 산동성에서 가지고 있던 권익을 당연히 회수하겠으며 일본의 강압에 의해 체결된 21개조는 무효라고 주장했다. 그러나 일본은 1918년 9월 중국이 「산동성에 있

학생구국회
1918년 「중일공동방적군사협정」에 반대하면서 조직된 단체로 구성원들이 1918년 10월 국민잡지사를 결성하고 1919년 1월 「국민잡지」를 발행해 애국운동에 큰 역할을 했다.

1915년 21개조에 조인한 중국과 일본의 대표들

어서의 여러 문제 처리에 관한 교환공문」에 흔연히 동의했으므로 산동 권익문제는 일본과 중국 간의 문제이지 강화회의의 의제가 되지 않는다고 주장했다. 일본의 주장이 문서상의 근거를 가지고 있는 데다 전쟁이 끝나기 전에 영국, 프랑스, 러시아, 이탈리아 등이 일본과 밀약을 맺어 일본을 지지하기로 되어 있었으므로 강화회의에서는 일본의 주장을 승인했다. 그리고 이 소식이 중국에 전해져 애국운동을 촉발시켰다.

학생들의 애국운동에 상인을 중심으로 한 자산계급, 노동자층이 호응을 보인 것은 1차대전기 중국의 사회경제적 배경과도 관계가 깊었다. 1차대전으로 유럽 각국이 중국시장에서 후퇴하게 되자 중국은 근대산업부문에서 비약적 발전을 보였다. 그러나 유럽의 후퇴를 대신해 새로 중국에 본격적으로 진출하게 된 일본은 중국의 경제발전에 커다란 도전세력이 되었다. 따라서 중국의 자산계급이 일본의 중국진출에 반대해 일본상품배척과 국산품애용운동을 내용으로 하는 애국운동에 적극 참가한 것은 자연스러운 일이었다.

민족산업과 외국기업이 증가하면서 함께 늘어난 노동자도 애국운동에 한몫했다. 당시의 노동자조직은 대체로 중소 부르주아나 정객들이 조직한 것으로 실업구국實業救國의 목적하에 실업발전, 노동자교육과 복지를 내세우고 있었다. 개별 노동자들이 조직한 순수 노동조합과는 달리 이들 조직에는 공두工頭와 같은 노동자집단의 지도적인 인물이 자기 휘하의 노동자를 집단적으로 가입시켰다. 애국운동에 이러한 노동자조직이 노동계를 대표해 참가했다.

산동문제에 관한 파리강화회의의 결정을 알리는 전보가 북경에 도착|1919.4.30|한 뒤, 북경의 신문에는 5월 1일부터 산동권익을 일본에 빼앗긴 소식과 그 원인이 일본과 영국, 프랑스 사이의 밀약 및 중일 간에 교환한 공문 때문이라는 내용이 실렸다. 이러한 소식은 중국인에게는 커다란 충격이었다. 북경의 학생대표들은 5월 1일부터 회의를 열어 망국적인 위기에 대처할 방안을 의논했고 3일 밤의 모임에서 5월 4일 천안문에 모여 시위를 거행하기로 했다. 이날 밤의 모임을 주재한 것은 신문화운동을 통해 활성화된

학생단체들이었다.

4일 오후 천안문에 모인 약 3천 명 정도의 학생들은 청원서를 전달하기 위해 공사관 구역으로 갔으나 일요일이어서 제대로 전달할 수가 없었다. 대표들이 청원서를 접수시키려고 애쓰는 동안 밖에서 기다리고 있던 학생들이 흥분해 친일파의 대표적 관리로 알려져 있던 조여림曹汝霖의 집으로 몰려가 방화하고 장종상章宗祥을 구타했다. 정부는 학생들을 대량으로 체포했다.

5일 이후 체포학생 석방을 요구하며 수업거부가 이루어졌고 여론은 학생들을 지지했다. 7일 학생들이 석방되고 수업거부가 중지되어 일단 수그러드는 기미를 보이던 학생들의 움직임은, 정부가 채원배를 북경대 교장 직책에서 해임시키려 하면서 다시 반정부, 반일운동으로 결집되었다. 강연활동, 일본상품배척운동, 국산품애용운동과 친일매국노 규탄이 전국적으로 확대되었다.

정부는 이러한 사회 분위기를 무시하고 강화조약에 대한 조인 거부를 외교정책으로 결정하지 않은 채 규탄대상인 친일파를 비호하고 배일운동을 탄압했다. 학생들은 이에 국산품애용, 조약조인 거부, 매국노 처벌을 요구하며 수업거부에 들어갔다. 정부의 더욱 강력해진 탄압에 맞서 6월 3일부터 체포를 각오한 학생들이 강연투쟁을 벌여 4일에는 체포된 학생이 8백 명에 이르렀다.

북경학생들의 희생적 투쟁은 전국 각지에서 사회 각층의 동조를 받았다. 문제의 진앙지인 산동에서는 물론이고 상해, 천진 등의 대도시와 남으로 운남성으로부터 북으로 흑룡강성黑龍江省에 이르기까지 전국의 각계각층이 매국노 규탄과 배일운동을 벌였다. 특히 상해에서는 학생들의 수업거부[罷課], 상인들의 철시[罷市], 노동자들의 파업[罷工]이 연합된 삼파[三罷]투쟁이 벌어졌다.

대중운동이 이와 같이 격화함에 따라 지

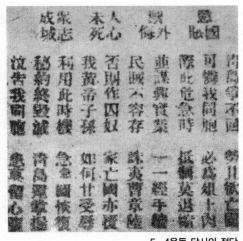

5·4운동 당시의 전단

5·4운동 강화조약 거부 당시의 가두강연회

방관들 중에서도 친일적인 3명의 고관을 파면하라는 요구가 나왔고 정부는 조여림, 장종상, 육종여陸宗輿 3인에게 파면령을 내렸다. 이어 강화조약 거부운동이 계속됨에 따라 파리에 파견된 중국대표단은 강화조약의 조인을 거부했다(6.28). 학생, 상인, 노동자 등 과거 정치적 발언권을 전혀 행사할 수 없었던 세력이 치열하게 투쟁한 결과 정부의 정책결정에 자신들의 의견을 관철시킨 것이었다.

이상에서 본 바와 같이 5·4운동은 민중이 강화조약 조인 거부와 매국노 처벌이라는 주권자로서의 권리를 요구해 이를 자신의 힘으로 달성한 최초의 경험이었다. 민의에 의해 국가적인 중대사가 결정되었다는 경험은 민주주의의 실현 가능성을 증명한 것으로, 이후 민중이 정치, 사회적으로 역사의 주체로 성장해 가도록 해 주었다. 또 이러한 경험이 가능했던 것은 사상운동으로서의 신문화운동이 있었기 때문이었다. 이와 같이 5·4운동을 거치면서 중국의 국민의식이 형성되어 독립적이고 근대적인 국민국가를 세우려는 목표가 세워지고 이 목표를 추진할 새로운 주체가 형성되었다는 점에서 5·4운동은 중국현대사의 시발점으로 평가되기도 한다.

5·4운동의 영향

신문화운동의 전개에서 알 수 있듯이 5·4운동의 저류에 흐르고 있던 과제는 국민에 대한 계몽이었다. 또 애국운동에서 폭발적으로 드러난 것은 구국에 대한 갈망이었다. 계몽과 구국은 동전의 앞뒷면처럼 5·4의 정신을 대표한다고 여겨져 왔다. 혹자는 중국이 지나치게 구국의 명제에 압도되어 계몽의 측면이 약화되는 바람에 여러 차례의 혁명을 겪게 되었음을 유감으로 생각하기도 한다. 그래서 오늘날까지도 5·4운동에서 제기한 계몽이라는 측면이 미완의 과제로 남아 있다고 본다.

5·4의 과제가 미완성이라고 보는 데는 이견이 없다고 하겠으나 그렇다고 5·4운동의 성과가 미약했다는 것은 아니다. 특히 문학혁명과 여성해방 부문에서 5·4운동이 거둔 성과는 상당히 컸다. 우선 문학운동의 산물인 백화문의 사용이 급속히 확대되어 1920년에는 모든 교과서가 백화문으로 씌어졌다. 백화문의 출현으로 오랜 세월 글을 익혀야만 글을 읽고 쓸 수 있는 문어체 문장을 버리고 비교적 쉽게 익힐 수 있는 구어체 글쓰기 작업이 가능하게 되었고, 이후 지식의 대중화에 미친 영향은 이루 말할 수 없이 컸다.

그런데 백화문은 비단 형식 면에서의 혁신만 가져온 것이 아니었다. 앞서 소개한 노신의 소설들처럼 백화문 형식의 새로운 글들에서는 전통을 배격한다든지 개인의 감정을 자유롭게 표현하고 나아가 인간 및 사회 현실을 폭로하는 등의 새로운 내용이 담겼다. 전통 중에도 당시 젊은이들에게 가장 큰 굴레였던 가부장적인 가족제, 특히 부모 마음대로 정하는 포판包辦결혼●에 대한 반발이 컸기 때문에 이 시기에는 자유연애와 결혼을 주제로 하는 소설, 잡문들이 많이 나왔다. 5·4운동 시기에는 여성해방의 추세와 더불어 여대생 작가도 출현했다. 신구新舊의 갈등을 그린 빙심氷心의 작품●은 상당한 인기를 끌었다. 이와 같은 분위기에서 감수성이 예민한 10대 시절을 보낸 정령丁玲과 같은 여류작가는 훗날 1920년대 말에 가서 신여성의 성과 애정에 대한 솔직한 감정을 토로한 『사비莎菲여사의 일기』●와 같은 글을 써서 젊은이들 사이에 충격을 던져주었다. 정령의 초기 작품활동을 보면 5·4의 문학혁명이 후대에 미친 영향을 고스란히 엿볼 수 있다. 그리고 5·4의 문학혁명의 내용에서 중요한 비중을 차지하고 있던 사회 현실에 대한 관심은 훗날 도시 빈민, 노동자와 농촌의 문제를 다루는 혁명문학으로 발전했다.

문학혁명 못지않게 신문화운동이 큰 영향을 미친 것은 단연 여성문제에 대한 관심이었다. 민국이 성립되면서 여성계 일부에서는 여성의 참정권을 획득하기 위한 운동을 벌여 왔다. 이를테면 임시약법, 헌법에 남녀의 평등이라는 구절을 명문화하고 국회조직법과 국회의원선거법에 여성의 참정권

포판결혼
중국의 전통적 결혼양식으로 당사자의 의사와는 관계없이 가장이 혼주가 되어 매파를 통해 적당한 가문에서 배우자를 선택했다.

빙심의 작품
부모가 마음대로 정한 포판결혼의 희생이 된 여학생, 민며느리로 들어가 시어머니의 폭행으로 죽음에 이르는 구식 결혼의 희생자, 교육에서의 남녀차별로 인해 교육받지 못한 여성의 불행, 애국운동에 참여한 후 보수적인 가장에 의해 자퇴하게 된 학생들의 울분 등을 다루었다. 특히 1919년에 발표한 소설들은 사회의 문제를 제기하여 해결하고자 한 '문제소설'의 대표작으로 꼽는다.

『사비여사의 일기』
폐병에 걸려 학업을 중단하고 집을 떠나 홀로 사는 사비라는 처녀의 일기 형식으로 된 작품이다. 젊은 여성의 성 애심리를 묘사해 신문화운동기 청춘 남녀의 주된 관심사 중 하나인 성에 대한 욕구를 솔직히 표현했다는 점에서 크게 주목받았다.

을 명기해 달라는 여성단체의 요구가 있었다. 그러나 이들의 요구는 한결같이 거부되었다. 원세개정권의 명령으로 여성참정을 요구하던 단체가 강제로 해산되면서 참정운동이 수그러들었다. 그러던 것이 신문화운동기에 접어들면서 참정뿐 아니라 광범위한 여성해방의 논의가 지상에서 불붙었다. 특히 5·4애국운동에 여학생들이 집단적으로 참가하는 경험을 겪은 이후 여성해방의 흐름은 도도해졌다. 여성의 경제적 독립을 위한 교육과 취업문제에 대한 관심이 커졌고 대학에서의 남녀공학도 실현되었다.

5·4운동시기의 반유교, 반전통적인 분위기에서 "여성도 사람이다"라는 독립된 개체로서의 자각을 하고, 구국을 위해 거리로 뛰쳐나가 집단적인 시위, 집회, 선전활동을 경험한 여학생들은 이후 교사, 문필가를 비롯한 직업을 가지는 경우가 많아졌다. 또 등영초鄧穎超[*]의 경우처럼 일부는 혁명운동에 헌신하는 경우도 생겼다. 이와 같은 여성의 사회참여 확대는 자연히 여성의 권리를 추구하는 운동을 다시 활성화시켰다. 민국 초기에 탄압을 받아 주춤했던 참정운동이 1924~1925년에 활발해진 것도 5·4운동시기의 여성해방운동 확산에 힘입은 바가 컸다.[*]

5·4운동이 미친 영향은 비단 문학혁명이나 여성해방에 한정되지 않았다. 당시 유행한 민주주의와 과학에 대한 숭배는 중국의 전통에 대해서도 맹신이 아니라 합리적인 연구를 하게 만들었다. 즉 비판적인 시각과 과학적인 방법으로 전통유산을 정리하는 학술활동이 활발하게 전개되었다. 신문화운동으로 추락한 전통의 권위는 다시는 과거와 같이 맹목

천진 부녀국민회의촉성회 회원들(앞줄 오른쪽이 등영초)

등영초
천진에서 학교에 다닐 때 5·4운동에 참여했고 주은래가 창립한 「각오사覺悟社」라는 학생단체에도 참가했다. 주은래와 결혼한 뒤 국·공합작하의 국민당에서 여성사업을 맡아보다가 국·공합작 결렬 후 공산당의 소비에트 등지에서 활동했다. 중화인민공화국 건국 후 요직에 올랐다.

● 1924년 손문이 앞으로의 시국해결 방안으로 국민회의를 제안하면서 국민회의 구성원 중에 여성계가 빠지게 되자 국민당과 공산당의 여성 회원은 물론이고 각계각층의 여성단체가 여성계의 국민회의 참여를 촉구하는 대중적인 운동을 벌였다. 물론 손문의 국민회의 구상 자체가 무위로 끝났으므로 여성계도 당장 얻은 것이 없기는 하였지만 이를 계기로 조직화한 여성계는 이후 1925년의 5·30애국운동에 맹렬히 참여하는 등 역량을 발휘했다.

적으로 우월한 지위를 차지하지는 못하게 되었다. 1930년
대에 장개석의 국민정부에서 신생활운동을 전개하면서 충
이나 효와 같은 유교 덕목을 선양하려 했으나 가부장적인
대가족제를 지탱하던 유교 윤리를 회복하는 데 실패한 것
을 보아도 이를 알 수 있다.

또 애국운동을 경험한 민중은 중국이 처한 상황과 근본
적 변혁의 필요를 절감했고 운동에 참여했던 학생, 노동자
등은 자신들의 단결이 가지는 역량을 깨닫게 되었다. 우선
운동과정에서 민중과 밀접한 접촉을 가졌던 학생들은 구
국을 위해 민중을 계몽, 조직할 필요성을 느꼈다. 그래서

5·4운동 당시의 모택동

이후에도 평민교육운동을 통한 사회활동을 계속했다. 지식인의 민중과의
결합은 이후 사회주의 또는 공산주의 확충의 기반이 되었다. 지식인, 학생
들은 공산주의 이론을 공부하는 소모임들을 만들어 공부하기 시작했다. 그
리고 1921년에는 이들 지식인을 중심으로 중국공산당이 결성되었는데 여
기에는 5·4운동기에 활동했던 진독수, 이대조, 모택동 등이 참여했다.

손문과 그 추종자들도 이 시기를 지나면서 사회주의, 마르크스주의와 소
련에 대한 관심이 높아졌고 특히 애국운동을 지켜보면서 민중의 결집된 역
량에 주목하게 되어 차츰 대중적인 국민운동으로 방향을 전환하게 되었다.
1919년 비밀조직이었던 중화혁명당을 공개정당인 중국국민당으로 개칭한
뒤 1924년에는 제1차 국·공합작을 해 공산당과 합작했다.

5·4운동으로 처음 정치무대에 등장한 노동자들은 이후 급속히 의식화
가 진전되고 다수의 노동자조직이 생겨났다. 5·4 이전의 부르주아에 의해
지도되는 노동단체 외에 무정부주의나 사회주의의 영향을 받은 새로운 노
동단체가 나타났다. 이들 단체는 본격적인 자본주의의 부정을 표방하지는
않았고 노동자의 처우개선 문제를 우선적으로 해결하고자 했다. 이와 같은
근대적 노동조합은 후일 공산당의 성립과 함께 노동운동이 활성화되면서
국민혁명기에 본격적으로 발전하였다.

군벌시대와 국·공합작

통치권력을 강화하려던 원세개가 제제운동의 와중에 죽고[1916] 군벌시대가 시작되었다. 이 시기는 잦은 전란, 군벌의 가혹한 경제수탈, 제국주의 열강과의 결탁, 통일된 경제질서의 미숙 등으로 인해 민국 역사상 암흑기였다. 군벌을 타도하고 반제국주의의 목표를 달성하기 위해 손문은 소련의 지원을 받아 공산당을 받아들이는 형식으로 국민당 조직을 강화했다[제1차 국·공합작]. 독자적인 혁명군과 대중적 기반을 얻은 국민당은 군벌타도를 위한 북벌전쟁을 일으켰다. 도중에 대중운동이 과격해지자 국민당은 그 배후에 있던 공산당을 축출했다.

합작이 결렬된 상태에서 북벌이 완성되면서[1928] 군벌시대가 종식되고 남경 국민정부시대로 들어갔다. 남경정부는 군벌 잔존세력의 도발, 공산당 소비에트정권과의 대치, 일본의 침략에 직면해, 안정된 기반에서 국가통합과 근대화를 추구할 수 없었다. 국·공 양당이 손잡고 일본의 침략에 대항해야 한다는 여론이 높아지면서 서안사건을 계기로 제2차 국·공합작이 이루어졌다. 8년간에 걸친 항일전쟁 동안 국민정부군 산하로 들어간 공산당의 군대는 지배영역을 넓혀 갔다. 전쟁의 피해는 참혹했지만 중국의 승리는 반제국주의의 달성이라는 중요한 의미를 가졌다.

중앙과 지방의 군벌

1916년 원세개가 죽자 그의 직계 부대로 구성된 북양군벌은 직예파直隷派
와 안휘파로 나뉘어 파벌 갈등이 시작되었다. 직예파의 주요 군벌로는 풍국
장馮國璋, 조곤曹錕, 오패부吳佩孚 등이 있었다. 안휘파는 단기서 휘하에 있었
다. 두 파는 중앙정부로서의 정통성과 열강의 차관과 관세, 염세 등의 수입
을 가지는 북경정권을 장악하기 위해 치열한 투쟁을 벌였다.

원세개 사망 후 총통직은 휘하 군대를 가지지 못한, 부총통 여원홍黎元洪
이 계승했다. 직예파 수령 풍국장은 부총통에 선출되고 안휘파 수령 단기서
는 국무총리직을 맡았다. 여원홍의 총통부와 단기서의 내각은 1차 세계대
전의 참전여부를 둘러싸고 충돌했다. 단기서는 국회를 협박해 참전안을 가
결시켰고 여원홍은 단기서를 해임하고 군벌 장훈張勳을 북경으로 불렀다.
장훈이 국회를 해산하고 여원홍을 퇴진시킨 뒤 청조의 마지막 황제였던 선
통제 부의溥儀를 다시 제위에 추대하는 복고적인 정변을 일으키자, 단기서
는 공화정을 유지한다는 명목으로 군대를 일으켜 장훈세력을 진압하고 권
좌에 복귀했다.

단기서는 자신의 참전안에 반대했던 국회를 회복시키지 않고 안휘파의
정객들로 구성된 새로운 국회[안복국회安福國會]를 구성했다. 손문을 비롯한 남
방의 혁명세력은 안복국회의 비정통성을 지적하고 공화혁명의 결실로 조직
된 옛 국회를 회복한다는, 즉 법통을 옹호한다는 명분으로 호법護法운동을
벌였다. 단기서는 호법군을 무력으로 진압하고자 했으나 안휘파와 대립적
인 관계에 있던 직예파의 반대로 좌절되었다. 이후 5·4운동이 전국적으로
전개되면서 안휘파와 직예파는 더욱 첨예하게 대립했다.

단기서 휘하의 군벌이 서북지방으로 세력을 확대하면서 이에 불만을 품
은 봉천파 군벌과 직예파 군벌이 동맹을 맺고 이어 안휘파와 직예파 간의
전쟁[안·직전쟁, 1920.7]이 일어났다. 봉천파와 연합한 직예파는 이 전쟁에서
승리를 한 후 북경정부를 장악했다. 그러나 직예파와 봉천파 사이에는 세력

확대를 둘러싸고 갈등이 빚어져서 이번에는 봉천파가 안휘파, 손문과 반직예파의 삼각동맹을 맺고 직예파와 전쟁을 벌였다I제1차 직·봉전쟁, 1922.4I.

전쟁에서 승리한 직예파는 장훈에 의해 쫓겨나고 해산되었던 여원홍총통과 옛 국회를 회복해 법통문제에 대한 시비를 일소했다. 이로써 단기서가 새 국회를 조직한 이래로 남북대치 상황을 연출한 손문의 호법운동의 명분을 상실케 했다. 직예파는 법통회복에 뒤이어 자유주의적 지식인 다수를 포함한 내각을 조직함으로써 한때 북경정부의 개혁 가능성에 기대가 모아지기도 했지만 재정난에 직면한 이 내각의 무기력함이 드러나면서 기대가 무산되었다. 게다가 직예파는 국회의원을 매수해 조곤을 총통으로 선출했으므로 직예파 지배하의 북경정부에 대한 반대운동이 전국적으로 일어났다. 이제는 허울뿐인 법통의 계승자인 조곤총통의 북경정부를 부인하고 법통을 대신할 새로운 체제를 모색할 필요가 있었다.

직예파와 반직예파 삼각연맹의 맹주인 봉천파 사이에 다시 전쟁I제2차 직·봉전쟁, 1924.9I이 일어나자 직예파 휘하의 군벌 풍옥상馮玉祥이 봉천파와 밀약을 맺고 북경으로 회군해 조곤총통을 연금하고 국회를 해산하는 정변을 일으켰다. 이리하여 전쟁은 봉천파의 승리로 돌아가고 단기서가 임시집정으로 취임했다. 집정부執政府는 의회 등 견제세력이 없는 초법적인 과도정부로서 정국을 수습하기 위해 손문이 제안한 국민회의의 명분을 빼앗아 선후회의善後會議를 소집했다. 선후회의에서는 헌법을 기초할 위원회를 뽑고 국민대표회의의 조직대강을 만들었지만 단기서는 북방군벌 간의 대규모 전쟁을 막을 아무런 조처도 취하지 못했다.

직예파가 봉천파를 공격하면서 시작된 전쟁의 와중에서 풍옥상의 부추김을 받은 봉천파 안의 장군이 봉천파 수령 장작림에게 반기를 들고, 풍옥상이 국민당과 가까워지자, 위기를 느낀 직예파와 봉천파가 연합해 풍옥상과 싸우는 혼전 양상을 보였다. 1926년 북방군벌의 혼전을 틈타 장개석의 국민혁명군은 북벌을 개시했다. 장개석은 군벌들과 일면 전쟁, 일면 타협을 하면서 우여곡절 끝에 최후로 북경정부를 장악하고 있던 봉천파의 장작림을 몰아내고 1928년 북벌을 완수했다. 이로써 북양군벌의 통치는 물론이고 군벌시대가 종식되었다.

북양군벌이 북경정부를 둘러싼 패권다툼에 골몰하고 있는 동안 지방 각지에는 크고 작은 군벌들이 반半독립적인 상태로 할거하면서 영역 확대를 위한 국부적인 전쟁을 벌이고 있었다. 지방군벌 중 가장 큰 세력을 가진 것은 각각 운남과 광서에 근거를 둔 군벌들로, 서남군벌의 최대 실세였다. 이들은 원세개의 제제운동 반대투쟁을 하면서 세력을 키웠고 손문의 제1차 광동군정부에 참여했다가 광동군정부로부터 손문을 밀어내기도 했다1918l.

또 다른 서남군벌인 광동의 진형명陳炯明은 광동에서 광서군벌을 몰아내고 밀려났던 손문을 맞아들여 제2차 광동군정부를 수립했다. 그러나 손문이 북벌을 고집하자 이에 반대해 정변을 일으켰다가1922.6l 얼마 못 가서 결국 손문세력에게 광동의 기반을 빼앗겼다. 군벌시대에 남북대치의 전장이 되었던 사천과 호남은 오랫동안 군벌들의 혼전지역이 되었다. 이들 서남지역의 군벌들은 손문의 호법운동기에 정략적인 필요에서 일시 손문의 광동군정부와 연합하기도 했으나 대체로 손문의 북벌에 대해서는 반대를 했고 연성자치聯省自治운동을 주도했다.

이 밖에 산서성은 공화혁명 이래로 염석산閻錫山이라는 한 군벌의 독립적인 영역으로 남아 있었다. 염석산은 시종일관 북양군벌 중 득세하는 파벌과 연합하는 정책으로 자신의 세력을 유지, 확대해 나가던 중 장개석의 북벌군에 가담했다.

이들 지역군벌도 중앙군벌이나 마찬가지로 잦은 전쟁을 통해 성쇠부침이 심했다. 또 지역군벌이 어떤 성을 장악하고 있다고 해서 그의 지배가 전성에 미치는 것도 아니었다. 성 안에는 다시 소규모 지역군벌들이 할거하고 있었다. 이리하여 전반적으로 군벌시대에는 대부분의 지역이 잦은 군벌세력의 교체로 장기적인 전망을 가진 안정된 통치구조를 갖지 못했다.

군벌의 통치와 영향

군벌은 자신의 세력을 유지하기 위해 막대한 군비를 필요로 했다. 중앙정부가 중앙집권적인 행정능력을 갖지 못하고 지방군벌에 의한 분권적인 경향이 강했으므로 군벌의 군비는 예산을 분배받아 확보된 것이 아니었다. 군벌은 직접 농민과 상인층으로부터 현지에서 재정을 조달했기 때문에 심한 수탈을 했다.

가장 기본적인 수입인 토지세는 장래 몇 년, 때로는 몇십 년 치의 세금을 미리 걷는 일이 많아서 농민들에게 큰 부담이 되었다. 또 각종 명목으로 무원칙적으로 징수하는 부가세와 잡세도 수십 가지나 되었다. 그중에도 곳곳마다 징수처가 설치되어 상품이 운송되는 동안 부가하는 상품통과세는 상인들에게 큰 부담이 되었다. 게다가 잦은 내전으로 지배자가 교체되면 기왕에 납부했던 세액을 인정하지 않고 새로 징수했으므로 그 수탈은 더욱 심각했다.

또 군벌들은 아편의 독점적 경영, 저질 화폐의 주조, 공채발행 등을 통해 경비를 조달했다. 아편경영으로 인해 농지는 아편재배지로 변해 곡물생산이 감소함으로써 기근의 참상이 더욱 심해졌다. 화폐남발은 인플레이션을 야기해 민중의 부담을 가중시키고 국내통일시장의 형성을 저해했다. 상인들의 모금으로 이루어지는 공채는 사실상 강제적인 성격의 차관이나 마찬가지였다. 이와 같이 군벌들은 갖가지 수탈과 지배지역 내의 지주, 신사와의 유착관계를 통해 스스로 대지주, 자본가로 성장했지만 그 지배하의 민중과 중국 전체의 경제발전에는 큰 피해를 입혔다.

군벌의 폐해는 여기서 그치지 않았다. 각각의 군벌은 제국주의 열강의 지원을 등에 업고 자기 세력을 확대하고자 했으므로 매국적인 성격을 강하게 보였다. 예컨대 안휘파의 단기서정권은 일본으로부터 막대한 원조를 받아 자신의 세력을 강화하는 대가로 일본 측에 동북지역과 산동에서의 이권을 보장해 주었다. 봉천파의 장작림도 일본의 지원을 얻으면서

동북지역의 군벌 장작림(1926년 1월의 모습)

동북지역에서 일본의 권익을 보장해 주었다. 이 밖에 직예파 군벌은 영국, 미국 등의 지원을 받았고 풍옥상은 소련의 지원을 받았다.

이와 같이 군벌시대에는 내정 면에서 대민수탈이 심하고 통일된 경제발전의 전망을 마련할 수가 없었으며 대외적으로는 제국주의 열강에 대한 종속이 심화되었다. 군벌시대를 민국 이래 최대의 암흑기로 표현하는 까닭도 여기에 있었다.

반군벌운동

군벌시대를 종식하려는 시도의 하나로 나타난 연성자치운동은 1920년대 전반 북경정부와 손문의 남방 광동정부 사이에서 첨예한 남북대립이 진행되던 중에 서남의 각 성에서 일어났다. 각 성이 성헌법省憲法을 제정하고 자치정부를 수립해 군벌내전을 종식시키고 연방정부 형식의 통일국가를 세우자는 것이었다.

이 운동은 5·4운동의 영향을 받아 군벌의 무력 지배에 반대하는 민주화운동의 일환으로 나왔지만 서남의 중소 군벌은 자신의 기반을 확보하기 위해 이를 이용했다. 특히 북양군벌과 손문 모두 무력통일 노선을 표방하고 있었으므로 남북이 전쟁에 들어가면 곧바로 직접적인 전쟁터가 될 수밖에 없었던 호남, 사천 등지에서 평화통일의 방안으로 나온 이 운동이 큰 호응을 받았다.

호남에서는 실제 성헌법이 제정되고 성의회가 구성되었으며 연성자치운동의 주도권을 장악한 군벌이 성장에 당선되었다. 이 과정에서 호남의 지배층인 신사와 상공계층뿐 아니라 민주적 개혁을 요구하는 학생, 지식인들도 광범위한 지지를 보냈다. 사천에서도 성헌법이 제정되고 그 밖에 광동, 호북, 절강 등에서도 운동이 전개되었다.

그러나 가장 선진적으로 운동이 추진된 호남에서도 성헌법에 규정된 군비축소, 군벌수탈의 배제 및 기타 민주적 개혁은 소기의 목적을 달성하지 못했다. 성省 정치의 개혁은 군벌의 존재기반 자체를 부정하는 지향성을 가지고 있었기 때문에 그것을 주도한 군벌정권과 양립하기 어렵기 때문이었다. 게다가 남북대립이라는 전국적 상황은 중소 군벌의 1성에 한정된 자치도 허용하지 않았기 때문에 운동은 실패로 돌아갈 수밖에 없었다. 그리하여 안·직전쟁 후 얼마동안 광범위하게 시도된 이 운동은 제2차 직·봉전쟁으로 남북의 정세가 변화하면서 궤멸되고 말았다.

1913년의 원세개 토벌전쟁에서 실패한 후 망명해 중화혁명당을 조직했던 손문은 원세개가 제제운동을 전개하자 국내에서의 반제제투쟁에 참가했지만 주도권을 쥐지는 못했다. 원세개가 죽고 군벌의 할거시대로 들어가 북경정부를 장악한 단기서가 안복국회를 조직하자 1917년 손문은 서남지역의 군벌들과 함께 광동에 군정부를 세우고[제1차 **광동군정부**] 법통을 옹호한다는 호법운동을 개시했다. 해산된 옛 국회의 의원들 일부가 이 정부에 참여해 손문을 대원수로 선출했다.

그러나 군정부를 실질적으로 장악하고 있던 서남군벌들은 호법운동과 북벌을 주장하는 손문의 권력을 약화시키기 위해 대원수제를 폐지하고 총재제로 바꾸어 손문의 지위를 7인의 총재 중 하나로 격하시켰다. 이에 1918년 손문은 군정부를 떠났다. 5·4운동 당시 상해에서 대중운동의 역량을 목격한 손문은 중화혁명당을 중국국민당으로 개편했다[1919].

1928년 북벌군을 환영하는 북경시민
반군벌투쟁이 최종적으로 성공한 것은 북벌을 통해서였다.

1920년 진형명이 광동에서 광서군벌을 몰아내고 손문을 초빙하자 광동으로 돌아가 이듬해 다시 제2차 광동군정부를 세우고 일부 옛 국회의원들에 의해 비상대총통에 선출되었다. 손문은 다시 호법의 기치를 내세우고 제1차 직·봉전쟁에 대응해 북벌을 시도하고자 했다. 손문의 북벌방침은 광동의 자치와 근대적 개혁을 추구하던 진형명의 방침과 대립되었고 진형명 일파의 정변[1922.6]으로 결국 손문은 다시 광동에서 쫓겨났다.

1923년 1월 상해에서 손문은 국민당의 새로운 강령과 선언을 채택했다. 여기서 손문은 반제국주의와 노동자, 농민 보호, 지주와 소작인 지위의 점진적 평등을 주장했다. 국민당은 이미 공산당원들의 개인자격 입당을 허용하고 있었고 소련과 코민테른의 지원을 약속받았다. 손문은 광동에서 진형명을 몰아내고 다시 근거지를 마련했다[제3차 광동군정부, 1923.3].

1924년 1월 국민당을 개조하면서 공산당과 합작[제1차 국·공합작]한 손문은 반제국주의, 반군벌의 국민혁명운동을 전개했다. 제2차 직·봉전쟁에서 손문과 연합관계에 있던 봉천파가 승리한 뒤 정변을 일으켜 봉천파의 승리에 기여한 풍옥상이 손문에게 북상을 요청했다. 손문은 이후의 정국 해결방안으로 상회, 교육회 등 9종의 단체 대표로 구성되는 국민회의를 소집하자는 주장을 하면서 북상했다. 손문의 북상과 더불어 활성화된 국민회의운동은 그가 1925년 3월 북경에서 사망하면서 활력을 잃었다. 그러나 손문 사후 광동의 근거지를 강화한 국민당은 1926년 북벌을 시작해 2년 만에 이를 완수함으로써 군벌시대를 종식시켰다.

제1차 국·공합작과 국민혁명

제1차 국·공합작

손문과 그 측근이 5·4운동을 경험하면서 사회주의와 소련에 관심을 가지고 또 국민당을 대중적 정당체제로 발전시켜 가려는 전환을 하고 있을 즈음, 소련이 손문에게 접근했다. 일본이나 구미열강에게 끊임없이 지원을 기대했으나 성과를 거두지 못했던 손문으로서는 소련의 지원을 환영할 수밖에 없었다. 진형명의 정변으로 상해로 쫓겨난 손문은 소련의 지원을 예상하면서 국민당의 당세를 확장하기 위한 개진改進작업을 시작했다. 이 개진 준비작업에는 코민테른의 지시에 따라 개인자격으로 국민당에 입당한 공산당 총서기 진독수도 참여했다.

그리하여 1923년 1월 1일 국민당의 개진선언이 발표되고 2일에는 개진 대회가 소집되었다. 개진선언에는 교육, 선거제도, 기본권 보장과 사회경제의 균등한 발전에 관한 문제가 들어 있었다. 균등한 발전을 위해서는 토지 소유의 한도를 정하고 토지를 국가가 수매하며 주요 산업을 국유화하고 노동자보호법을 제정하며 농촌을 개량해 지주, 소작인 간의 평등을 도모하고 남녀평등을 위해 노력한다는 방침을 세웠다. 또 조직상으로도 농공農工위원회, 부녀위원회를 설치해 대중선전에 주력했다. 이러한 정책의 전환은 국민당 역사상 전례가 없는 것으로 기왕의 군사적, 정치적 조직으로부터 대중적 정당으로 지향하겠다는 것을 명확히 한 것이었다.

공산당원이 국민당의 일원으로 개진에 참가한 것은 코민테른의 지시에 따른 것이었다. 코민테른은 「민족 및 식민지 문제에 관한 결의」1920l●에 따라 부르주아 정당인 국민당을 연합전선의 대상으로 선정하고 소수 지식인 집단에 지나지 않는 공산당이 국민당에 들어가 조직기반을 확대하도록 지시했다. 본래 공산당은 당 대 당의 대등한 당외합작을 원했지만 손문의 거부로 공산당이 국민당에 입당하는 당내합작을 받아들일 수밖에 없었다.

한편 손문은 개진준비에 착수하기 직전에 소련정부 대표 요페와 공식적인 교섭을 해 소련이 중국의 통일과 독립달성을 원조한다고 약속한 손-요페선언1923.1l●을 발표했다. 소련은 선언에서 중국에는 공산조직이나 소비에트제도가 실현될 수 없다는 표현까지 허용해 국민당에 상당한 양보를 했다. 이 선언 이후 광동에 근거지를 만들어 제3차 군정부를 세운 국민당은 소련과의 협력관계를 본격화하면서 국·공합작을 위한 준비를 진척시켰다.

소련은 중국에 군사, 정치고문을 파견하고 재정지원을 하며 국민당의 군관학교 건설을 돕기로 했다. 그리고 국민당은 소련의 주도하에 조직을 개편하기로 했다. 장개석蔣介石이 소련 시찰을 위해 대표단을 이끌고 소련을 방문하고 코민테른 대표 보로딘이 광주에 와서 손문의 정치고문이 되었다. 보로딘을 고문으로 하는 국민당 임시중앙집행위원회가 조직되어 국·공합작과 국민당의 개조가 본격적으로 토의되었다.

「민족 및 식민지 문제에 관한 결의」
1920년 코민테른 제2회 대회에서의 결의이다. 프롤레타리아 계급의 세력이 미약한 동안은 일시적으로 부르주아 민주주의 세력과 제휴해서 제국주의를 배제하고, 그동안 실력을 배양해서 부르주아 민주주의세력이 프롤레타리아를 공격해 올 때 코민테른 및 그 나라의 공산당은 이에 저항한다는 내용이다. 이 방침에 기초해 중국공산당은 국·공합작에 참여했다.

손-요페선언
1923년 1월 소련대표 요페가 상해의 손문을 찾아와 회담을 갖고 발표한 공동선언으로 중국의 통일과 독립에 대한 소련의 원조를 약속했다. 손문이 소련에 접근하게 된 것은 5·4운동기에 전면화된 대중의 정치적 역량을 인식한 점이 작용했고 소련은 취약한 중국공산당의 조직적 기반을 강화하고 중국 내 소련의 영향력 증대를 도모했다. 이 선언 이후 국민당은 국·공합작을 위한 체제정비를 본격화했다.

이러한 준비 끝에 1924년 1월 20일부터 30일까지 국민당 제1차 전국대표대회가 열렸다. 여기서 당의 주의, 정강을 밝히는 대회선언과 당의 구성을 규정한 총장總章이 공포되고 새로운 집행부인 중앙집행위원회가 구성되었다. 선언 중에 국민당은 새로운 삼민주의의 내용을 밝혔다. 요컨대 민족주의에서는 반제국주의의 목표를 명백히 했고, 민권주의와 민생주의에서는 노동자, 농민 등 평민의 권리와 생활보장 방침을 밝혔다.

당의 조직은 민주집중제의 원칙에 입각해 중앙, 성省, 현縣, 구區, 구분부區分部의 각 단계로 조직하고 사회조직을 지도하기 위한 당단黨團을 두기로 했다. 당의 최고기관은 전국대표대회이고 대회의 폐회 중에는 중앙집행위원회가 그 역할을 맡기로 했다. 이에 따라 대회가 끝난 다음 날 새로운 집행부인 중앙집행위원회가 구성되고 노동자부, 농민부 등이 신설되었다. 중앙집행위원과 후보위원에 다수의 공산당원이 들어가고 당조직의 핵심적 부서인 조직부장과 농민부장직도 공산당원이 맡았다. 이로써 공산당은 국민당 안에서 조직적 기반을 확대하고 대중조직에 대한 영향력을 확대할 수 있게 되었다.

또 이 대회에서는 군관학교 설립안이 통과되어 소련에 시찰을 다녀온 장개석을 교장으로 하는 황포黃埔군관학교가 설립되었다 [1924.6]. 이 학교의 창설과 초기 운영에는 소련의 군사고문 파견과 재정지원이 큰 힘이 되었다. 지금까지 자신의 독자적인 군대를 갖지 못하고 서남의 군소군벌 부대를 이용해 기반을 마련해 온 국민당은 비로소 자신만의 군대를 가지게 되었다. 요컨대 국민당은 이 대회를 계기로 해 소련과 연합하고 공산당을 받아

황포군관학교
손문의 국민당이 소련의 지원을 받아 혁명군을 양성하기 위해 세운 군관학교로 초대 교장에는 장개석이 취임했다.

들이는 연소용공聯蘇容共정책을 표방하고 국민이 주체가 되는 혁명을 지도하는 대중적인 정당으로 탈바꿈하고 독자적인 혁명군 양성을 시작했다.

국민당과 공산당의 합작을 주된 내용으로 하는 국민당의 개조에는 당내에서 처음부터 비판세력이 나타났다. 주로 화교출신 당원들이 개조에 비판적이었다. 이어 국·공합작체제가 안정되고 공산당이 당조직과 대중조직에서 세력을 확대하려고 하자 당무에서 소외된 국민당원들이 공산당에 대한 제재를 요구하기 시작했다. 손문은 이러한 움직임에 대해 용공원칙을 재확인해 분규를 해소했으나 개조를 둘러싸고 빚어진 당내의 파벌 분규는 안으로 잠복해 몇 년 후, 결국 합작의 결렬로 나타나게 되었다.

5·30운동

손문이 1924년 북상하면서 국민회의운동이 북방으로 확산되었고 이 과정에서 각지의 학생, 노동자, 시민 등의 단체가 결집되었다. 손문이 운동과정에서 죽은 뒤 이 운동은 구심점을 잃었으나 운동으로 결집된 역량이 있었기에 곧이어 상해에서 5·30사건이 일어나자 조직적인 반제국주의운동이 가능하게 되었다.

5·30사건은 1925년 2월 상해의 일본 방직공장에서 일어난 파업이 발단이 되었다. 5월 중순에 파업중이던 중국인 노동자가 피살된 데 대한 대중적인 항의 시위[5.30] 도중 영국인 경찰의 발포명령으로 십여 명이 사망하고 부상자가 다수 발생했다. 이러한 상해 조계지에서의 유혈사건은 상해는 물론이고 기타 대도시 전역으로 반제운동을 확산시켰다.

공산당은 상해에서 노동자조직인 총공회總工會를 조직했고 총공회는 학생, 상인 단체와 함께 공상학工商學연합회를 조직해 불평등조약의 철폐와 상해사건의 해결을 요구하는 5·30운동을 전개했다. 국민당 근거지인 광주에서도 상해사건에 대한 반향으로 6월 23일 10만 명이 참가한 군중 시위운동이 일어났다.

시위대가 조계지인 사면沙面의 맞은편 지역에 이르렀을 때 영국, 프랑스

양국 군대와 충돌이 일어나 50여 명 사망, 170여 명 부상이라는 최대의 희생자를 낳았다. 이 사건 이후 광주, 홍콩에서는 국민당의 지원하에 파업이 일어나 1년 4개월이나 계속되었다. 이는 반제운동과 노동운동이 결합한 좋은 사례로 역시 공산당이 주도했다.

이와 같이 5 · 30운동을 통해 노동운동이 반제운동의 선봉에 서면서 대중운동에서 공산당의 지도역량이 강화되었다. 공산당원의 수도 이 운동을 계기로 양적 확장을 보았고 기왕의 소수 지식인단체로부터 노동자가 참여하는 당으로 전환했다. 공산당뿐만 아니라 국민당도 운동을 통해 대중적 지지기반을 넓혀 나갔다. 특히 광주에서의 유혈사건 이래 국민당이 보여 준 영국에 대한 강경책과 불평등조약 철폐 요구는 북경정부와 기타 지역 군벌의 미온적인 태도와 선명히 대비되어 대중적 지지도를 높였다.

노동운동의 고양은 국민당과 공산당의 역량을 증대시키는 한편, 국민당 내의 대립을 심화시켰다. 특히 공산당 지도하의 노동운동이 급진적인 양상을 보이자 국 · 공합작을 유지하면서 국민당정부의 권력을 확보, 강화하려 하고 있던 국민당 지도층은 공산당의 대중운동 침투를 상당히 우려하게 되었다.

북벌

손문이 사망한 후 구심점이 없어진 국민당은 1925년 7월 집단지도체제를 갖춘 국민정부를 수립했다. 국민정부가 재정, 군정의 통일을 추구하는 과정에서 집단지도체제에서 중요한 지도자의 한 사람이었던 요중개廖仲愷가 암살되었다1925.8l. 요중개의 암살로 집단지도체제가 붕괴되고 왕정위汪精衛, 장개석의 연합체제가 구축되었다. 정치적 지도권을 장악한 왕정위와 군사적 기반을 가진 장개석이 서로를 보완하는 체제였다.

왕 · 장 연합체제로 결속을 다진 국민정부는 정부 내의 각 군대가 가지는 지역할거적 성격을 명목적이나마 없애기 위해 당군黨軍을 제1군, 호남군을 제2군, 운남군을 제3군, 광동군을 제4군, 복건군을 제5군으로 하는 국민혁

명군으로 편성했다. 국민혁명군은 1925년 12월 초쯤 광동성 전역에 대한 지배권을 확립해 재정적 기반을 안정시켰다. 또한 손문 사망을 전후해 활발해진 반공을 추구하는 당내의 분파활동을 억제하고 연소용공, 노동자와 농민 지원이라는 당의 노선을 재차 확고히 했다.

그러나 1926년 3월 공산당원 지휘하의 군함 중산함中山艦이 황포에 회항한 것을 자신에 대한 쿠데타로 본 장개석이, 공산당원 지휘관과 소련 고문을 체포, 연금하는 중산함사건이 일어나고 왕정위가 잠적하는 일이 생기면서 왕·장 연합체제는 붕괴되었다. 이후 군과 당을 실질적으로 지도할 수 있는 지위에 오른 장개석은 국민혁명군 총사령직에 올라 북방의 군벌을 정벌하는 북벌에 나서게 되었다1926.7l.

북벌은 군벌과의 전쟁과 타협이라는 두 가지 방식으로 진행되었다. 본격적인 북벌에 들어가기 전부터 광서성이 국민혁명군에 편입되는 것을 필두로 해 도처에서 군벌들이 싸움 대신 타협을 택했다. 북벌의 진척에 따라 국민정부군의 점령지역이 호남, 호북, 강서로 확대되면서 점령지역의 지배권을 둘러싼 대립이 당내에서 발생했다.

그리하여 12월 13일 반장개석파 국민당 인사와 호남, 호북 군벌 및 공산당원들은 회의를 열어 중앙당부와 국민정부를 무한에 두기로 결의했다. 장개석은 1927년 1월 3일 회의를 열어 중앙당부와 국민정부를 자신의 근거지인 남창에 두기로 했다. 양자 간의 공방이 계속되는 가운데 3월의 중앙집행위원회 회의에서 장개석이 장악하고 있던 국민혁명군 사령부의 권한을 대폭 약화시키는 조치를 취함으로써 정치적 명분싸움에서 무한정부 측이 우세해졌다. 이에 4월 12일 장개석은 상해에서 반공적 입장을 밝힌 정변[●]을 일으켰다.

4 · 12정변
북벌군이 상해를 점령하기 전에 상해에서는 노동자들이 공산당의 지도하에 무장봉기를 일으켜 군벌을 몰아냈다. 장개석은 4월 12일 노동자와 공산당원 다수를 학살하는 정변을 일으켰고 이는 국 · 공합작 결렬의 첫 신호가 되었다.

4 · 12정변 후 장개석은 18일에 남경에 국민정부를 세웠다. 무한정부는 장개석의 정변 후에도 한동안 국 · 공합작을 유지했다. 그러나 무한정부는 정권의 재정적 기반을 마련할 수가 없었다. 무한정부의 재정적 불안정은 북벌과정에서 급속히 발전한 호남, 호북의 급진적인 노동자, 농민운동으로 인해 더욱 심각해졌다. 이들의 대중운동 역시 공산당의 지도에 힘입은 바 컸다. 지주의 토지몰수 등을 포함한 농민운동은 국민혁명군에 들어와 있던 군벌부대의 불만을 샀다. 그들 자신이 지주였던 이들 군벌 출신 국민혁명군은 급진적 농민운동에 대해 반공적인 사변을 일으켰다.

공산당 지도하의 대중운동과 군벌 출신 국민혁명군의 충돌이 일어나고 있는 가운데 코민테른은 토지국유화 시행, 공산당원과 노동자, 농민의 무장 등을 지시하는 전보를 보냈다. 이 전보가 구실이 되어 공산당은 국민당으로부터 쫓겨나게 되었다. 무한의 국민당이 정식으로 공산당과의 합작을 결렬시키기로 결정했기 때문이었다[7.15]. 이로써 3년여에 걸친 국민당과 공산당의 합작관계가 깨어지게 되었다.

합작이 결렬된 후 무한정부와 남경정부는 통합 움직임이 나타났다. 장개석이 하야하고 무한정부 측 인사들이 남경으로 가서 국민당과 국민정부의 통합작업이 진척되었다. 1928년 초에 복직한 장개석은 당내의

국민혁명에 동참하는 풍옥상 등의 모습

남경 국민정부

1928년 북벌을 끝낸 국민정부는 그때까지 군벌시대의 수도였던 북경 대신 남경에 수도를 두었다. 이후 일본의 침략으로 남경이 함락되는 1937년까지 10년간 남경 국민정부의 시대가 지속된다.

분규를 정리하고 자신의 군정 대권을 확보한 후 대중운동을 통제하는 방침 위에서 그동안 중지되고 있던 북벌을 재개했다[1928.4]. 이때 이미 서북의 강력한 군벌이던 풍옥상과 산서군벌 염석산도 국민혁명군에 들어와 있었다.

6월 북경을 장악하고 있던 봉천파 군벌 장작림이 북경을 넘겨주고 자신의 근거지인 만주로 퇴각하던 중에 일본 관동군에 의해 폭사爆死했다. 국민혁명군은 싸움 없이 북경을 점령했고 12월에는 장작림의 아들로 만주를 지배하고 있던 장학량張學良이 국민정부에 복종하겠다는 의사를 표시함으로써 군벌 지배하의 중국은 국민정부에 의해 통일되었다. 국민당이 북벌을 완수함으로써 반제反帝·반군벌反軍閥이라는 국민혁명의 목표를 온전히 달성한 것으로 보기는 어렵다. 그러나 일단 군벌시대를 종식시키고 통합의 기초를 마련한 것이었으므로 아직 달성하지 못한 나머지 목표는 남경 국민정부의 몫으로 남겨진 셈이었다.

남경 국민정부 위원 및 군사위원회 위원

반장전쟁 진압과 훈정 개시

북벌의 전개과정에서 장개석은 북경정부를 장악하고 있는 봉천파 군벌에 대한 공동 북벌을 유도하기 위해 국민혁명군 측으로 들어와 있던 군벌들의 점유지역에 대한 기득권을 인정했다. 그리하여 북벌의 목표인 통일은 군벌간의 일정한 연합을 통해 이루어졌다는 한계를 가진 채 이룩되었다. 북경을 점령하고 장학량이 국민정부에 복종을 선포하면서 통일이 이루어지자 이제 남경 국민정부는 각 군벌 간의 이해관계를 조정하면서 중앙정부의 통일적인 권력체계를 확립해야 하는 문제에 당면했다. 이를 위해 가장 먼저 해결해야 할 과제는 북벌로 팽창된 군대의 감축과 군사부문에 대한 중앙정부의 통제 강화였다.

군대감축 방안에 대해서는 각파 군벌의 주장이 대립하고 있었는데 1929년 1월 남경에서 군대감축과 재편을 논의하기 위한 편견編遣회의가 정식으로 열렸다. 이 회의에서 장개석의 묵인하에 장개석 직속군인 제1집단군과 풍옥상의 제2집단군은 10사師씩, 염석산의 제3집단군과 광서계 이종인李宗仁의 제4집단군은 8사씩, 나머지 잡군은 6 또는 8사로 하자는 염석산의 주장이 채택되었다. 그리고 전국을 8개의 편견구編遣區로 나누고 각 편견구와 중앙직할부대는 각기 11사를 넘지 못하게 하고 1년 군비는 1억 9천만 원으로 제한하도록 했다. 그 결과 장개석은 8개의 편견구 중 4개를 차지함으로써 군사적 주도권을 확보하였으나 다른 군벌의 반발이 컸다. 풍옥상은 편견회의 도중 자신의 의견이 받아들여지지 않자 회의에 불참해 노골적으로 불만을 표시했다.

편견회의의 결과를 실행에 옮기기 위해 8월 남경에서 편견실시회의가 개최되었으나 풍옥상과 염석산이 불참했고, 장개석군의 확충을 도모한 위와 같은 조처는 결국 군벌들의 반발을 사서 반장개석 전쟁을 초래했다. 반장反蔣전쟁은 우선 1929년 3월 광서계 군벌군과 중앙군과의 전쟁으로 시작되었다. 광서계는 4월에 완전히 평정되었고 이종인 등 광서계의 수령이었던 군벌들이 하야를 선포했다.

광서계의 반장전쟁에 가담하기로 되어 있었던 풍옥상이 전쟁을 관망하다가 광서계가 패퇴하자 장개석 토벌을 선언했다. 그러나 풍옥상이 전쟁을 준비하던 중 풍옥상의 부하들이 장개석에게 매수되어 투항하고 풍옥상은 계략에 말려들어 연금되었다. 풍옥상의 부하가 반장의 구호를 내걸고 전쟁을 일으켰으나 내부분열로 패하고 11월에는 섬서로 퇴각했다. 이어 12월에 광서계의 반장전쟁 때 장개석 편에 섰던 장발규張發奎가 광서군과 연합해 광동을 침입했으나 장개석군에게 격퇴당했고 이에 동조해 반장전쟁을 일으킨 호남군벌 출신의 당생지唐生智도 진압되었다.

최대의 반장전쟁은 1930년 5월부터 10월에 걸쳐 치러진 중원中原대전이었다. 3월에 장개석군 외의 제2, 3, 4집단군의 주요 지휘관 57명이 장개석의 하야를 주장했고 4월에는 염석산, 풍옥상, 이종인이 독자적으로 중화민국 육·해·공군 총부사령에 취임하면서 장개석에 대한 도발을 노골화했다. 5월에 염석산과 풍옥상이 회합해 전쟁준비에 착수했고 장개석 측에서도 이에 대비하는 전쟁 준비를 해 5월 중순 총공격령을 내렸다. 이리하여 중원의 대부분이 전쟁터로 화했다.

전쟁 초기에는 장개석군이 불리했으나 차츰 전세가 역전되었다. 그리고 관망중이던 장학량이 장개석의 승리가 굳어진 시점에서 장개석 옹호를 내걸고 만주로부터 들어와서 천진, 북평|지금의 북경|을 점령했다. 염석산은 산서로 퇴각하고 풍옥상은 끝까지 저항하다 군대가 궤멸당하자 하야를 선언했다. 이후 염석산군은 장학량의 동북군으로 개편되었으나 산서를 여전히 자신의 근거지로 유지했다. 몇 차례의 반장전쟁의 결과 군벌의 판도가 크게 달라져 풍옥상군은 거의 소멸되고 염석산군도 약화되었으며 광서계도 광서로 퇴각해 영향력을 잃었다. 장학량군이 중원으로 세력을 확대했지만 장개석의 중앙군에 대항할 만한 세력은 못 되었다. 이리하여 장개석의 중앙군은 다른 군벌에 대한 군사적 우위를 확보했다.

북벌 이후 이와 같이 내란이 계속되는 한편으로 남경 국민정부는 일찍이 손문에 의해 제시된 건국방략에 따라 훈정訓政의 실시와 오원제五院制 수립이라는 목표를 향해 체제를 정비해 갔다. 1928년 10월 국민당 중앙집행위원회는 「훈정강령 6조」를 통과시켰다. 이에 따르면 6년간으로 규정된 훈정기에는 국민당 전국대표대회가 국민대회를 대신해 국민의 주권행사를 지도하고, 대표대회가 폐회 중에는 국민당 중앙집행위원회가 대행한다고 했다. 국민당은 국민을 훈련시킬 의무가 있고 국민정부는 국민당 중앙정치회의의 감독을 받아 행정·입법·사법·고시·감찰의 5권을 총람하기로 되어 있었다.

이 결과 훈정기에는 중앙집행위원과 중앙감찰위원의 당연직을 포함한 90여 명의 위원으로 구성된 중앙정치회의의 조직과 권한이 크게 확대되어 건국강령, 입법원칙, 시정방침, 군정대계, 재정계획, 관리선발 등을 모두 심의, 의결하게 되었다. 훈정강령과 동시에 선포된 「국민정부조직법」에는 중화민국의 치권治權은 국민정부가 총람하고 오원이 나누어 집행한다고 되어 있었다. 국민당에 의한 통치권의 독점체제는 1929년 3월에 열린 국민당 제3차 전국대표대회에서 보다 구체화해 국민당이 중화민국의 모든 통치권을 책임지고 필요할 때는 당이 인민의 집회, 결사, 언론, 출판 등의 자유권을 법률로 제한할 수 있다고 했다.

중원대전의 승리를 앞두고 장개석은 1930년 10월에 훈정의 기초를 보다 확고히 하기 위해 약법제정을 위한 국민회의를 소집하자고 제안했다. 장개석은 자신의 독재체제 수립에 대한 호한민胡漢民의 반대를 누르고 약법의 기초를 강행했다. 1931년 5월 국민회의에서 통과된 「중화민국 훈정시기 약법」에서는 훈정시기에 국민당 전국대표대회가 국민대회를 대표해 중앙통치권을 행사하고 대표대회 폐회 중에는 그 직권을 중앙집행위원회에서 행사한다는 「훈정강령」의 내용을 명문화했다. 그리고 국민정부에는 주석 1명과 약간 명의 위원을 두되 국민당 중앙집행위원회에서 선임하기로 규정했다. 이에 따라 국민정부 주석으로 취임한 장개석은 군사와 재정의 실권을 장악했다.

이로써 훈정기 국민정부는 지방분권적이고 민주적인 요소를 제약한 독재적 체제의 성격을 띠게 되었다. 국민정부가 출발부터 민주적인 요소를 제한해 대중적 지지기반을 얻으려는 노력을 포기한 점은 장기적으로 보아 국민정부의 단명을 초래했다. 독재체제를 고수하기 위해서는 필연적으로 언론에 대한 강력한 통제를 수반했고 이렇게 드러난 남경정부의 비민주적인 성격이 결국 민심의 이반을 가져왔기 때문이다.

훈정기의 약법에서는 명목상으로 언론의 자유가 보장되었다. 그러나 실제로는 언론, 출판 관련 법규 및 사상 통제를 위한 법규를 만들어서 신문, 잡지를 포함한 모든 간행물이 통제되었다. 불법적인 존재로서 토벌대상인 공산당에 대한 언론 통제는 물론이고 삼민주의와 양립할 수 없는 모든 주의, 이를테면 국가주의, 무정부주의, 자유주의와 같이 국민당과 의견을 달리하는 사상이 모두 통제대상이었다. 심지어 국민당 내에서도 집권당국과 다른 파벌의 주장은 통제되었다.

언론 통제의 주요 수단은 엄격한 사전, 사후 검열이었다. 대도시에서 신문, 잡지, 도서에 대한 사전 검열을 하고 불법도서의 목록이 공포되어 출판, 판매, 구독 모두를 처벌했다. 관영 중앙통신사가 주요 뉴스 제공원으로 언론의 획일화가 이루어졌다. 검열관들의 수준 저하로 인해 부당한 검열의 사례도 늘어났다. 혹시라도 통제를 벗어난 신문, 잡지가 있다면 이를 폐간시키고 언론인을 체포, 구금 때로 암살까지 하는 폭력적인 방법으로 언론을 침묵시켰다.

상해의 대형신문사 『신보申報』의 사장 사량재史量才에 대한 암살은 공공연한 언론 통제의 실상을 잘 보여 준다. 원래 정치적 사안에는 거리를 두고 있던 상업지 『신보』는 일본의 동북지역 침략이 시작된 9·18사변|1931|과 상해사변|1932.1.28|이 일어난 이후 항일을 강력하게 요구했고 나아가 국민당이 일당독재를 중지하고 헌정을 앞당겨야 한다는 여론을 대변했다. 또 공산당 토벌은 중시하고 일본의 침략에 대해 미온적인 정부의 안내양외安內攘外 정책도 비판했다. 정간 수준을 넘어서 사장의 암살로까지 나간 것은 신문의 논조 외에 사장이 장개석의 정적 송경령宋慶齡과 연계해 민권보장과 항일 촉구 활동을 한 점도 작용했다. 뿐만 아니라 영향력이 큰 신문사를 과녁으로 삼아 전체 언론계의 전의를 상실케 하려는 의도 역시 컸다.

이렇게 폭력적인 언론 통제책에 당면해 관리의 부패나 정부 시책에 대한 비판적 보도를 언론 스스로 자제하는 자기 검열을 하게 되었다. 언론의 자기 검열은 결국 독재체제의 문제점을 적시에 해결할 기회를 박탈했다. 또 애초부터 불법적인 존재라서 나름의 강구책을 세우고 있던 공산당보다 중도적이고 자유주의적인 세력이 언론 통제의 대상이 되다 보니 정부에 대한 지식인들의 반발이 커질 수밖에 없었다. 훈정을 종식하고 헌정을 실시해 민주주의를 앞당김으로써 공산당과의 대치를 포함한 중국의 제반 문제를 해결할 수 있다고 본 지식인들의 지향을 일고의 여지없이 묵살한 경직된 상황이야말로 남경정부의 취약점이었다.

민국 초년 미국 유학 당시의 송씨 3자매

왼쪽은 둘째딸 송경령으로 손문과, 중간은 첫째딸 송애령으로 재력가 공상희孔祥熙와, 오른쪽 막내딸 송미령은 장개석과 결혼했다. 1차 국·공합작 결렬 이후 장개석의 반공정책을 비판한 송경령과 장개석의 부인 송미령은 서로 적대적인 진영에 처하여 관계가 단절되었다. 항일전쟁기에 2차 국·공합작이 이루어지면서 자매들은 항일전 지원사업에서 함께했으나 내전 이후 송경령은 대륙에 남고 송미령은 대만으로 가면서 다시 갈라섰다.

근대화의 시도

남경 국민정부는 비록 초기의 반장전쟁을 진압하는 데 성공하기는 했으나 끊임없는 내전으로 국내 건설사업에 많은 차질을 빚었다. 안으로는 공산당의 도전과 밖으로는 일본의 침략에 직면해 근대화를 추진해 나갈 시간적, 공간적 여유를 가질 수가 없었다. 공산당은 1차 국·공합작의 결렬 이래 농촌 배후지에 독자적인 근거지와 소비에트정권을 세울 만큼 세력을 확장하고 있었고, 일본은 만주로부터 화북지방까지 침략의 손길을 뻗치고 있었기 때문이다.

모택동이 장개석의 남경정부를 중국혁명의 타도대상인 지주와 매판자본가의 연합정권으로 규정한 이래로 남경정부는 관료독점자본을 옹호해 민족자본의 발전을 저해했다는 식으로 부정적인 평가를 받아 왔다. 그러나 최근의 연구성과들에 의하면 남경정부는 내전과 외침이라는 제약적인 상황에도 불구하고 나름대로 중국의 근대화를 추구했다. 특히 외교적인 측면에서는 비록 국력이 약해 완벽한 관세자주권의 회복이나 영사재판권의 폐지를 이루지는 못했지만 1928년부터 1930년 사이에 체결된 새 조약에서 관세자주권을 규정하는 등, 제국주의세력에 빼앗긴 주권의 회수에 노력해 어느 정도 성과를 거두었다.

관세자주권의 회복으로 국민정부는 관세를 인상할 수가 있었고 또한 국내산업을 보호하는 관세를 마련해 각종 산업진흥정책을 펴서 공업제품에 대해 통일소비세를 부과할 수 있었다. 관세 증가와 통일소비세 신설 외에도 국민정부는 염세鹽稅를 정리해 세수를 증가시켰다. 외채에 의존해 재정자립도가 낮았던 원세개정부나 군벌시대에 비해 남경정부는 민국시대에 들어와 사상 처음으로 풍부한 중앙 세수를 확보해 권력 기반의 확립에 성공했다.

경제적인 측면에서도 정부가 자본주의적 지향을 가지고 있었고 또 자본가계층의 지지를 국가권력의 기반으로 하고 있었으므로 중국 자본주의의 발전을 도모하고자 했다. 1차대전기의 민족산업의 황금기를 이어 국산품이 수입품을 대체하는 수입대체 공업화가 경공업을 중심으로 진전되었다. 이러한 공업화는 경제법의 정비, 수입관세 인상을 비롯한 국내산업 보호정책, 통화제도의 통일과 안정화, 각종 산업정책 등이 뒷받침되었기에 가능한 것이었다.

국민정부의 통화정책은 산업발전에 크게 도움이 되었다. 종래에는 각종 은화를 기본으로 해 동전, 지폐 등이 멋대로 유통되었는데 이러한 은본위제에서는 국제적인 은가의 변동에 따라 외국환율이 크게 오르내려 국내경제에 악영향을 미쳤다. 국민정부는 1933년 일정한 무게를 중심으로 값을 매기는 은냥銀兩을 폐지했고 1935년에는 폐제幣制개혁을 실시해 정부계 은행이 발행하는 법폐法幣로 통일했다. 정부계 은행이 법폐를 매입하게 됨에 따라 외국환율이 안정되었다. 은화의 높은 환율과 은화유출에 따른 금융난으로 공황에 시달리던 중국 경제는 폐제개혁 이후 급속히 경기가 회복되었다.

물론 이 시기의 경제발전이 항상 순탄한 것만은 아니었다. 세계공황과 일본의 만주점령의 영향, 또 잦은 내전과 자연재해로 인해 1930년대 초 공장 수와 자본액의 감소를 보이기도 했다. 그러나 전체적으로 보아 민국시대의 이전 정권 때와 비교할 때 국민정부는 경제발전이란 측면에서 일정한 성과를 보였다.

국민정부는 또한 농촌부흥위원회와 중국경제위원회를 두어 1920년대부터 지식인들이 추진해 온 향촌건설운동을 지원함으로써 농촌문제의 해결을 도모했다. 그 내용은 주로 향촌에서의 자치, 교육보급을 통한 생활개선에 역점을 둔 것이었다. 아울러 1차대전 후 패배의 잿더미에서 강국으로 부상한 독일, 이탈리아를 학습대상으로 삼아 예의염치禮義廉恥의 원칙에 따라 구도덕을 회복하고 사회의 악습을 쓸어내며 신생활을 실천하자는 신생활운동을 추진했다. 이는 공산당의 지배로부터 수복한 지역에 고유문화를 다시 일으키려는 정치적인 의도도 가진 것이었다. 하지만 대체로 국민정부의 향촌건설운동이나 신생활운동은 농촌의 토지소유의 불균등이라는 근본적인 문제의 해결에는 미치지 못했다는 평가를 받고 있다.

공산당의 발전

국·공합작이 결렬된 후 공산당은 무장으로 국민당에 항거하며 독립적인 농촌 토지혁명을 이끌어 나간다는 방침 아래 주덕朱德 등 공산당 휘하의 군대를 동원해 1927년 8월 1일 남창에서 폭동을 일으켰다.● 그러나 이들은 국민당이 파견한 군대의 포위로 사흘 만에 남창에서 물러났다. 남창폭동이 실패한 후 열린 긴급회의에서는 초대 서기장인 진독수와 그의 지도하에 있던 당 중앙의 노선을 우경기회주의라고 규탄하고 국민당에 대한 무장항거와 토지혁명을 수행한다는 새로운 방침을 세웠다. 이제 당은 구추백瞿秋白의 영도하에 들어갔다.

긴급회의의 방침에 따라 당은 광범위한 농촌지역에서 추수기에 고조에

남창폭동
1927년 7월 1차 국·공합작이 결렬된 후 공산당 지도부는 남창에서 8월 1일에 무장폭동을 일으키기로 결정했다. 남창 군관학교장 주덕朱德, 제20군장 하룡賀龍, 제11군 제20사단 엽정葉挺 휘하 약 3만 명이 참가해 새 정권 수립, 토지개혁 등을 발표했으나 우세한 국민정부군에 패해 8월 5일 남창을 포기했다. 주덕 휘하 일부가 모택동의 정강산에 합류했다. 현재 중국은 8월 1일을 건군기념일로 삼고 있다.

1927년 추수폭동 당시의 모택동

1927년 7월 1차 국·공합작이 결렬된 뒤 공산당은 추수기에 농민을 동원해 무장폭동을 일으켰다. 모택동은 당의 지시에 따라 고향인 호남성에서 추수폭동을 지도했지만 실패하고 강서, 호남의 경계에 있던 정강산으로 들어가 최초의 근거지를 마련했다.

달하는 계급갈등을 이용해 추수폭동을 일으키기로 했다. 모택동이 지도한 호남에서의 폭동을 비롯해 호북, 하남, 섬서, 광동 등지에서 폭동이 일어났으나 모두 실패로 돌아갔다. 다만 광동의 일부에서 잠시 소비에트를 세우고 토지혁명을 했으나 이 역시 국민정부군의 공격으로 진압되었다. 1927년 12월 광주廣州에서의 실패로 돌아간 도시폭동을 마지막으로 도시와 농촌에서의 폭동은 끝이 나고 살아남은 공산당원들은 농촌지역으로 들어가 근거지를 확보하기로 했다.

그렇게 하여 형성된 가장 대표적인 근거지가 모택동과 주덕의 정강산井崗山 근거지였다. 먼저 모택동이 군대 안에 공산당지부를 두어 전군을 당의 전적前敵위원회가 통일적으로 지휘하게끔 부대를 개편한 후 정강산에 들어가 군의 기율을 엄정하게 정해 현지민들과의 마찰을 최소화하면서 근거지를 확보했다. 이어 남창폭동에서 패한 주덕의 부대가 합류했다. 모택동과 주덕은 코민테른의 지시에 따라 자신들의 부대를 홍군紅軍 제4군이라 명명했다. 정강산 근거지는 국민정부군의 공격을 이겨내고 더욱 확고해지자 토지혁명을 시행했다.

이즈음 국민정부군의 추격을 받아 위기에 처한 공산당은 1928년 모스크바에서 제6차 전체대표대회를 열었다. 여기서 구추백의 노선은 좌경 맹동盲動주의라 해 엄격한 비판을 받았다. 이 대회에서 노동자 출신인 향충발向忠發이 정치국 주석으로 최고 지도자가 되었으나 실제로는 이입삼李立三이 주도권을 장악했다.

이입삼은 1930년 들어 공황의 여파와 반장전쟁으로 혁명적인 정세가 조성되었다고 보고, 농촌으로 도시를 포위하며 도시 안에서의 노동자의 총파업에 편승해 도시를 점거하기 위한 무장투쟁을 지시했다. 그러나 잠시 장사長沙를 점령했다가 퇴각한 외에는 각 도시에서의 총파업과 무장폭동은 큰 손실을 남긴 채 실패로 돌아가고 말았다. 공산당은 회의를 열어 이입삼노선의 착오를 비판하고 홍군의 도시공격을 중지하기로 했다. 이후 당은 왕명王明 등 '28인의 볼셰비키'라고 불린 젊은 소련유학생들의 지도하에 들어갔다.

한편 그동안에도 근거지는 꾸준히 늘어나서 중앙혁명근거지를 비롯해 각지에 소비에트지역이 늘어났다. 1930년대에 공산당은 13개 성에 걸쳐 15개에 달하는 근거지를 확보했다. 이들 소비에트의 대표들은 1931년 11월에 중화소비에트 제1차 전국대표대회를 소집해 「헌법대강」, 「노동법」, 「토지법」 등에 관한 중요한 결의안을 통과시켰다. 그리고 강서성 서금瑞金을 수도로 하는 임시중앙정부의 성립을 선포했다. 모택동이 중앙집행위원회에서 주석으로, 주덕은 혁명군사위원회 주석으로 선출되어 정치·군사적인 측면에서 모毛·주朱체제가 성립되었다. 이제 중국 안에 남경국민정부를 부정하는 또 하나의 정부가 수립된 것이었다. 당연히 국민정부는 공산당 토벌작전을 더욱 강화하였다.

국민정부가 공산당 근거지에 대한 포위공격에 나선 것은 반장전쟁이 진행중이던 1930년 여름과 가을에 이입삼노선에 따라 공산당이 대도시를 공격하는 움직임을 보인 것이 직접적인 계기가 되었다. 공산당의 세력이 점점 커져 가고 있는 것을 깨달은 국민정부는 반장전쟁이 마무리되자 1930년 12월부터 다음 해 1월에 걸쳐 10만 명의 군을 동원해 공산당 근거지에 대한 포위공격을 시도했다제1차 포위공격. 그러나 홍군은 국민정부군을 소비에트지역 깊숙이 끌어들이고 유격전을 펴서 정예부대가 아닌 그들을 격파했다.

1차에서 실패한 국민정부군은 곧이어 1931년 봄에 20만에 가까운 병력을 동원해 제2차 포위공격 작전을 개시했다. 홍군은 국민당의 각 부대 간에 긴밀한 협조가 이루어지지 않고 있던 상황을 이용해 약한 부대를 집중 공격하는 방식으로 이를 격파했다. 두 차례의 실패로 경각심을 가지게 된 국민정부군은 장개석의 진두지휘하에 정예부대 10만 명을 동원해 1931년 여름에 제3차 포위공격을 개시했다. 이번에는 홍군이 고전을 면치 못하고 있었는데 결정적인 순간에 만주에서 일본군이 일으킨 침략전쟁[만주사변] 때문에 장개석이 일단 포위작전을 중지함으로써 위기를 넘겼다.

국민정부군의 포위공격이 중지된 틈에 소비에트지역에서는 임시중앙정부가 수립되고 홍군이 적극 세력을 키워나갔다. 국민정부군은 일본과 정전협정을 맺고 대외적인 위기가 소강 상태로 들어가자 국내를 안정시킨 뒤 외국의 침략을 막아낸다는 안내양외安內攘外정책을 고수해 1932년부터 1933년에 걸쳐 제4차 포위공격을 했다. 그러나 장개석이 중앙소비에트지역으로 공격할 준비를 하고 있을 때 다시 일본이 열하지방을 침공하게 되자 국민정부군은 군대를 그 쪽으로 이동시켜야 되었기 때문에 아무런 성과를 거두지 못하고 끝이 났다.

이어 1933년부터 1934년에 걸쳐 제5차 포위공격이 이루어졌는데 이번에는 중앙소비에트지역을 둘러싸고 철조망, 방벽 등으로 연결된 요새를 건설하는 진지전을 폈다. 이는 소비에트지역에 대한 경제봉쇄까지 가능케 했으므로 이 지역은 상당한 영향을 받게 되었다. 공산당은 국민당의 포위 준비기간에 세워 놓았던 전략적 이동 준비를 실행에 옮겨 뒷날 장정이라 불리게 된 탈주를 시작했다. 서금의 근거지를 포기하고 1934년 10월부터 1935년 11월까지 1년여에 걸친 장정의 어려움을 겪은 끝에 살아남은 홍군은 섬서성에 도달했다.

장정 도중 홍군이 귀주성 준의遵義에 도착했을 때 공산당은 정치국 확대회의를 열고 5차 포위공격에 대한 대응에서의 실패에 대해 검토했다. 그리하여 군사적 실패의 책임을 물어 당 지도부를 새로이 개편하였다. 그때까지 당 지도부를 지배해 온 왕명 등 소련유학생들이 지도권을 상실하고 모택동이 정치국 위원이자 중앙군사위원회 주석으로 당의 지도권을 장악했다. 이후 모택동은 중국공산당의 유일한 지도자로서의 지위를 끝까지 고수했다.

밖으로 일본의 침략이 격화되어 가고 있었음에도 불구하고 장개석은 여전히 안내양외정책을 고집해 섬서성으로 밀려난 공산당 근거지를 근절하겠다며 제6차 포위공격을 준비했다1936l. 그러나 당시 공산당은 이미 내전을 정지하고 공동으로 항일을 하자는 주장을 하고 있었으므로 광범위한 지식인, 학생층은 장개석의 내전에 대해 반대하는 분위기였다. 결국 6차 포위공격은 도중에 일어난 서안사건으로 국민당과 공산당의 합작과 항일전쟁으로 이어졌으므로 소기의 성과를 거두지 못하고 중도에서 끝났다.

제2차 국·공합작과 항일전쟁

일본의 침략과 항일운동의 전개

1931년 9월 18일 일본의 관동군이 봉천 교외에서 만주철도를 폭파하고 그것을 중국군의 소행이라 주장하며 중국군을 공격함으로써 9·18사변 곧 만주사변이 일어났다. 일본은 만주를 점령하고 청조의 마지막 황제 선통제를 내세워 친일정권인 만주국을 세워 남경정부로부터 단절시켰다1932.3l. 마침 제3차 공산당 포위공격을 지휘하고 있던 장개석은 만주의 실질적 지배자였던 장학량 휘하의 동북군으로 하여금 일본에 저항하지 말고 철수하도록 하는 부저항정책을 취했다.

장개석이 부저항정책을 택한 것은 잔여군벌의 지방할거와 반장개석파의 국민당 원로들, 무엇보다도 공산당의 소비에트지역 등의 존재로 인해 자신의 권력기반이 취약했으므로 국제연맹에의 제소와 같은 외교적 수단을 통한 평화적인 해결책을 원했기 때문이었다. 그러나 국제연맹을 통한

만주사변을 일으킨 일본군이 요녕에서 아이들을 도살한 뒤 땔감을 모아 시신을 태우기 전의 모습

외교적 노력이 실패로 돌아가면서 여론의 비판이 거세지자 잠시 공직에서 물러났다가 왕정위와 타협해 복직했다. 왕정위와 장개석의 합작정권은 1932년 1월 일본이 상해를 침략하자[상해사변], 이에 저항하면서 국제연맹에 제소했다.

국제연맹은 일본군이 상해와 만주에서 철수할 것을 요구했으나 일본은 아예 국제연맹을 탈퇴해 버렸다. 이어 1933년 1월에는 열하성으로 침략해 들어왔고 국민정부군은 반격을 하다 밀려 6월에 당고塘沽에서 정전협정을 맺었다. 일본의 침략을 피부에 난 자질구레한 병으로 보고 공산당을 뱃속 깊숙이 뿌리박힌 병으로 간주한 장개석은, 일본과의 정규전이 중지되자 공산당 소탕작전에 나섰다. 4, 5차 포위공격을 벌인 끝에 공산당을 서금에서 몰아내어 장정길에 오르게 했다.

그러는 동안 일본과는 우호적인 관계를 유지해 일본의 북부중국에 대한 야심을 차례로 받아들였다. 일본 군부 중에서도 특히 중국에 주둔한 육군은 북부중국의 분리공작을 추진했다. 이들은 정전停戰구역에서의 중국 의용군의 활동이라든가 천진의 친일적인 신문사 사장 암살사건 등을 구실로 삼아 중국 측에 압력을 가해 협정을 맺었다[매진梅津·하응흠何應欽협정, 1935.6]. 이에 따라 중국의 국민정부군은 하북성 밖으로 이동하고 일체의 항일 여론이 금지되었다. 이어 중국에 압력을 가해 당고협정에 규정된 비무장지대에 친일 괴뢰정권을 세우게 했다. 이제 일본의 세력이 만주를 넘어 북부중국에 미친 것이었다.

이와 같이 국민정부가 공산당 토벌을 우선시하면서 만주사변 이래로 일본의 침략에 대해 부저항주의를 채택해 북부중국에까지 일본의 세력이 미치게 되자 학생들을 중심으로 한 대중적인 항일운동이 다시 활발해졌다. 원래 만주사변 이후 학생

만주국 집정 부의와 관동군 사령관 등의 합동 촬영(1932.1)

항주의 항일대회

만주사변 후 항주 시에서 열린 항일 구국대회 때 큰 비가 내리는 중에도 10만 인파가 빽빽하게 들어서서 몇 시간이나 대회에 참석했다.

들은 대규모로 항일운동을 벌여 잠시나마 장개석을 공직에서 물러나게 했고 상해사변 때 중국군이 적극 항전하는 분위기를 조성했다. 그러나 정부의 단속으로 대규모 학생운동은 금지되고 비판적 인사들의 민권보장동맹을 중심으로 한 항일과 민권보장운동, 무장자위운동 등으로 항일운동이 면면이 이어졌다. 그러던 중 북부중국이 중국에서 분리되는 사태가 벌어지자 중국 전역이 식민지가 될지도 모른다는 위기의식이 확산되어 12·9운동으로 항일운동이 폭발했다.

1935년 12월 9일 북경대학생을 비롯한 북평의 수천 명 학생이 내전정지와 항일을 주장하는 시위를 벌이자 전국으로 파급되어 갔다. 상해에서는 이 운동에 호응해 구국회救國會운동이 전개되었고 상해에서 조직된 구국회는 다른 대도시로 번져 나갔다. 북부중국의 항일운동이 학생 중심이었던 데 대해 구국회는 광범위한 각계각층을 망라했다. 이와 같은 구국단체의 대표자들은 전국각계구국연합회를 조직해 국민정부로 하여금 항일을 위해 전민족의 의사를 결집시킨 거국일치정부를 구성하도록 압력을 가했다.

공산당은 이미 장정중인 1935년에 8·1선언을 발표해 내전정지와 폭넓은 민족의 연합을 주장하면서 통일된 국방정부와 항일연군聯軍을 조직하자고 제안했다. 이후 장정이 끝나고 섬서에 정착하게 된 뒤에도 도시에서의 항일 학생운동을 선동했고 12·9운동에도 공산당의 영향이 컸다. 공산당은 만주사변 이래 중국의 정세가 변화함에 따라 코민테른의 지도를 받아 1936

년경에는 중국의 실세인 장개석과 연합해 항일통일전선을 구축하는 정책으로 전환했다. 또 구국연합회 등 대중의 항일 요구에 적극 찬성하는 태도를 보였다.

이와 같이 항일을 요구하는 대중운동이 치열해지고 공산당이 이에 적극 동조하고 있었지만 국민정부는 선뜻 동의하지 않았다. 항일전에 대한 준비를 하고는 있었지만 구국연합회 지도하의 항일운동이 급진적으로 변하자 지도자 일곱 명을 체포했고 공산당에 대한 포위공격을 여전히 고집했다. 국민정부의 이와 같은 방침은 결국 서안사건을 초래해 내전정지와 일치항일의 방향으로 국면이 전환되었다.

서안사건과 제2차 국 · 공합작

만주사변으로 자신의 근거지인 만주를 잃은 장학량의 동북군은 공산당에 대한 제6차 포위공격의 임무를 띠고 서안西安에 주둔해 있었다. 장학량은 1936년 1월 말 동북대 학생들이 서안에 찾아온 이래 항일의 여론에 적극적인 반응을 보였다. 9월에는 북부중국에서 모여든 학생 370명을 훈련시켜 학병대를 조직했고 동북군 안에서는 항일을 주장하는 여론이 강해졌다. 1936년 전반기에는 공산당과 정전을 맺고 공산당원이 서안에 주재하면서 동북군과 양호성楊虎城의 서북군의 개조를 도와줄 정도로 긴밀한 관계를 맺었다.

이와 같이 장학량이 항일에의 의지를 강화하고 있던 중 일본 관동군이 내몽고를 독립시키려는 공작의 일환으로 수원성綏遠省을 공격하는 사건이 일어났다. 장학량은 장개석에게 부대를 이끌고 수원성으로 가서 중국군을 돕겠다고 요청했으나 장개석은 이를 거부하고 공산군 토벌을 요구했다. 장개석은 총공격 준비를 갖추고 1936년 12월 4일 서안으로 와서 장학량에게 공산군 토벌을 하든지, 아니면 동북군, 서북군이 각각 복건, 안휘성으로 이동하라고 요구했다.

동북군, 서북군 가운데에서 항일의 여론이 높아져 가는 상황에서 그들에게 공산군 토벌을 강요한다는 것은 장학량이나 양호성이 받아들이기 어려운 요구였다. 또 복건, 안휘성으로 이동하라는 요구는 장개석에 의해 제거됨을 의미했다. 이에 장학량과 양호성은 제6차 공산당 포위공격령이 내려진 12월 12일에 장개석을 체포, 연금하고 전국에 내전정지, 체포된 구국연합회 지도자 석방 등 8개항을 주장하는 전보를 내보냈다.

이 서안사건에 대해 국민당 내의 친일적인 인물들은 장학량의 토벌을 주장했으나 장개석의 부인 송미령宋美齡 등은 사건을 평화적으로 해결하기 위해 서안으로 왔다. 공산당은 장학량의 요구에 따라 주은래周恩來를 파견해 평화적 해결을 도모했다. 구국연합회는 장개석의 석방과 중앙정부 지도하의 항일전을 요구했다. 장개석을 석방해 그의 지도하에 항일전을 수행해야 한다는 일반적인 여론을 배경으로 장학량, 양호성, 공산당과 국민정부 간에 협상이 벌어져 내전정지와 항일, 국민당과 국민정부의 개조 등을 포함한 협정이 이루어졌다.

25일 장개석이 석방되고 서안사건은 평화적으로 타결되었다. 이로 인해 내전의 정지와 일치항일이 약속되자 그동안 항일을 요구해 왔던 대다수 국민들은 안도했다. 약속대로 내전이 정지되고 이후 국민당과 공산당 사이에 지속적인 정식회담이 열렸다. 몇 차례 회담이 열리던 중 1937년 7월에 전면적인 중·일전쟁이 발발하자 국민당과 공산당은 서둘러 합의를 보고 9월 23일 제2차 국·공합작을 공식 선언했다.

이에 따라 공산당의 소비에트정부는 국민정부 휘하의 변구邊區정부로 격하되었다. 그리고 홍군은 국민혁명군으로 개칭되어 국민혁명군 제8로군이 되었다. 국민정부는 공산군에 대한 무기공급을 약속하고 공산당 대표를 장래 소집될 국민참정회에 무소속 대표와 함께 참가시킨다는 약속을 했다. 이제 두 개의 정부로 나뉘어 있던 중국이 항일을 위해 통합되었으니 만큼 중국은 일본의 침략에 대해 전면적인 항전을 할 수 있게 되었다.

항일전쟁

1937년 7월 7일 밤 북평 교외의 노구교盧溝橋에서 훈련중이던 일본군을 향해 총탄이 몇 발 날아오자 일본군은 부근에 있던 제29군을 공격했다.● 이 사건이 이후 8년에 걸친 항일전쟁의 시발점이 되었다. 며칠간의 국지적인 전투가 있은 뒤 일단 정전협정이 맺어졌으나 일본은 중국에 군대를 파병하기로 했고 중국공산당은 7월 8일 국·공합작을 통한 항일전쟁을 발동하자고 주장했다. 장개석도 여산盧山에서 항전의 의지를 분명히 하는 담화를 발표했다.

일본군은 증원부대를 맞아 7월 28일부터 제29군에게 총공격을 가하기 시작해 30일에는 북평과 천진을 점령했고 8월 13일부터는 상해에서도 전쟁이 벌어졌다. 이와 같은 일본군의 총공세에 직면해 8월 14일 국민정부는 전면전쟁을 선포하고 장개석은 군사위원회 위원장이자 육·해·공군 대원수로서 총동원령을 내렸다. 공산당과도 합작해 홍군을 팔로군으로 개명해 화북지방의 국민혁명군에 편입시켜 항전에 나섰다. 전쟁은 국민정부 정규군이 5개의 전구戰區로 나누어 전쟁을 치른 정면전장과 공산군이 화북, 화중지방에서 유격전을 벌인 적후방의 전장으로 나뉘어 치러졌다.

속전속결로 전쟁을 종결시키겠다는 전략으로 화북을 전면 침공한 일본군에 대해 국민정부는 화북을 전략상 포기하고 주력군을 양자강 하류에 집중시키고 일부를 산서 등지로 보냈다. 이는 일본군을 동쪽으로부터 서쪽으로 나아가게 만들어 시간을 벌고 그 사이에 자원, 설비, 인원을 양자강 상류의 오지로 소개시켜 장기적인 항전체제를 구축하려는 것이었다. 일본군은 전선을 확대해 차하르성에 침입해 중심도시인 장가구張家口를 점령하고 다시 서쪽으로 나아가 산서성 대동大同과 수원성을 점령

● 7·7사변(중·일전쟁) 1937년 7월 7일 북경 남서쪽 교외에 있는 노구교 부근에서 중국에 주둔중인 일본군과 중국 제29군 사이에 충돌이 일어났다. 며칠 뒤 정전협정이 성립됐으나 일본정부의 강경방침과 국민정부의 항전의지로 이후 8년간에 걸친 전면적인 중·일전쟁으로 확대되었다.

1937년 7월 7일 중·일전쟁이 발단한 노구교

공포감을 주기 위해 매달아 놓은 목

1937년 12월 13일 국민정부의 수도 남경을 점령한 일본군은 다음 해 2월까지 포로와 민간인을 살해하는 악명 높은 남경대학살의 만행을 저질렀다. 사진은 학살당한 시신의 모습이다.

했다[1937.8~1937.10].

일본군의 전선 확대 도중 산서성에서는 강한 저항이 있었고 9월에는 임표林彪 휘하의 팔로군이 평형관平型關에서 일본군 1개 여단을 섬멸하는 전과를 올렸다. 또 10월에는 국민정부군과 산서군이 팔로군 유격부대의 협조를 받아 일본군을 맞아 격렬한 전투를 벌여 일본군의 진격을 1개월 가까이 늦추기도 했다.

전장이 화북에서 화중으로 넘어온 후 국민정부군이 가장 심혈을 기울여 방어한 곳은 상해였다. 상해의 전투에는 항전 초기 최대병력이 투입되었고 장개석이 친히 양자강 유역의 제3전구 사령관직을 맡아 직계 중앙군을 투입했다. 이 전투에서 일본군은 많은 사상자를 낸 끝에 11월 말 상해를 점령했다. 물론 국민정부군의 피해도 엄청났다. 상해 방어까지 3개월을 버텨온 국민정부군은 이후 패주를 거듭했고 일본군은 이를 추격하는 과정에서 참모본부가 지시한 선을 넘어서 진격해 12월에 수도인 남경을 점령했다.

역사상 악명 높은 남경대학살이 여기서 자행되었다. 속전속결을 목표로 한 일본군은 중국인의 항전의지를 꺾어 놓겠다는 의도로 화북을 점령하는 과정에서 도시의 민간인 시설에 대한 폭격, 살상, 강간, 약탈을 해 왔는데 남경 점령시에 일본군의 만행은 절정에 달했다. 이듬해 2월까지 계속된 학살에서 그들은 중국군을 포로로 대우하지 않았고 패잔병 소탕이란 명목하에 전투원과 비전투원을 구분하지 않은 채 닥치는 대로 민간인을 살해했다.

부녀자는 어린애로부터 노인에 이르기까지 강간, 폭행한 후 살해했다. 중국인들은 이 학살로 30만이 희생당했다고 하고, 전후 극동국제군사재판에서는 비전투원과 포로로 희생된 수가 약 12만 명이라는 판결을 내렸다.

학살이 전 세계에 알려짐으로써 일본은 각국의 비난을 받았고 일본군의 의도와는 반대로 중국인의 항전의지를 더욱 굳어지게 만들었다. 국민정부는 공간을 내주고 시간을 버는 지구전략에 따라 상해가 함락된 1937년 11월 수도를 사천성의 오지에 있는 중경重慶으로 옮기기로 결정하고 항전체제를 강화하는 한편으로 항전자위를 재확인했다.

1938년 3월에는 실질적인 수도 역할을 하고 있던 양자강 중류지역의 도시 무한에서 국민당 임시전국대표대회를 열어 외교로부터 교육에 이르기까지 각 분야에서 총동원체제를 확립하고자 했다. 정치적으로는 민의를 반영하기 위해 국민참정회를 소집하기로 하고 경제적으로는 농촌경제를 개발하고 공업을 장려하기로 했다. 사회적으로는 제한된 범위 안에서이기는 하지만 언론, 출판, 집회, 결사의 자유를 보장하는 등 일련의 민주화조치를 취해 항전체제를 구축하고자 했다. 국민당의 이러한 조치는 각계의 열렬한 지지를 이끌어낼 수 있었다. 이리하여 장개석을 정점으로 하여 무한을 보위하겠다는 전민全民항전의 결의가 다져졌다.

이러한 분위기에서 중국군은 태아장台兒莊과 서주徐州에서 일본군과 맞닥뜨렸다. 중국군은 2주일간의 격전 끝에 태아장에서 일본군에게 커다란 피해를 입힌 끝에 항전 초기 정면전장에서 최초의 대승리를 거두었다. 태아장에서 패배를 한 일본군은 대군을 몰아 화북과 화남을 잇는 요충 도시인 서주를 공격했다. 삼면이 포위되어 불리한 형세에 처한 중국군은 서주 방어를 포기하고 서남쪽으로 퇴각했다. 그리고 추격하는 일본군을 저지하기 위해 정주鄭州 북쪽의 황하 제방을 파괴했으므로 일본군이 물 속에 고립되어 빨리 진격할 수가 없었다. 태아장과 서주에서의 전투로 일본군은 큰 피해를 입고 속전속결 작전이 분쇄되었으나 한편으로는 제방을 파괴함으로써 중국 측은 황하의 범람으로 홍수가 일어나 수십만 명의 이재민을 낳는 손실을 입었다.

서주를 함락시킨 일본은 무한과 광주 방면으로 뻗어 왔다. 1938년 10월 21일 광주를 함락시켰고 국민정부군의 끈질긴 저항을 받은 끝에 10월 27일에는 무한을 점령했다. 장개석은 무한에서의 철수를 발표하면서 내지에서의 건설과 장기항전을 선언하면서 기필코 승리를 거두겠다고 장담했다. 일본은 무한점령 작전에 성공을 거두기는 했으나 그 과정에서 피해를 많이 입은 데다 무엇보다도 애초의 속전속결 방침과는 다르게 중국의 항복을 받아내기는커녕 백만에 가까운 군대를 중국전선에 묶어둔 채 넓은 전선에서 장기전에 들어가야만 하게 되었다. 중국군은 일본군 포병이나 기계화부대가 힘을 쓸 수 없는 내지의 언덕이나 산

항일전쟁기에 일본군 731부대가 사용한 페스트균을 퍼뜨리는 폭탄

에 진을 치고 방어에 임했으므로 더 이상 일본군이 진격할 수도 없어 대치 상태로 들어갔다.

이와 같이 전쟁이 대책 없이 장기화하자 일본은 국민정부의 내부붕괴를 도모했다. 일본이 동아시아의 새로운 질서를 건설한다는 명분을 내걸고 국민정부에 접근하자 이에 동조한 왕정위가 중경에서 탈출해 일본과 화평교섭을 개시했다. 그리하여 1940년 3월 남경에 친일적인 괴뢰정부를 세우고 그동안 점령지에 세워졌던 여러 괴뢰정부를 휘하에 합류시켰으나 국민정부는 여전히 중경에 수도를 두고 이를 인정하지 않았다.

그러는 동안 일본은 국민정부 지역에 대한 경제봉쇄정책을 취하는 한편으로 1939년 5월부터는 중경 등 도시에 대한 무차별 폭격을 개시했다. 일본이 독일, 이탈리아 같은 전체주의 국가와 동맹을 맺고 미국, 영국 등 연합국과 적대적인 관계로 들어서고, 연합국이 중국을 지원하면서부터 중국에서의 항일전은 이제 동아시아에서의 반파시즘 세계대전의 일환으로 치러지기 시작했다.

공산군의 항전과 국·공의 대립

장정 이후 군사력과 경제력이 위축된 공산당은 일본과 전면전쟁이 벌어지자 정치력을 발휘해 군사, 경제적 측면에서의 낙후성을 극복하고자 했다. 공산당은 지구전과 유격전을 항일전술로 채택했다. 공산군은 유격전을 전개함과 동시에 일본군 점령지의 후방에 들어가 변구 곧 항일근거지를 수립하기 시작했다. 항일전의 초기에 일본군이 국민정부군과의 정면전장을 우선으로 여겨 주요 도시를 함락시키느라고 보급선이 늘어났기 때문에 공산군은 그 틈을 타서 유격전을 벌이고 근거지를 확대시켜 나갈 수가 있었다. 즉 일본군의 침공으로 국민정부군이 퇴각한 후 무정부 상태에 빠진 촌락에 들어가 구국을 기치로 내세운 공산당이 민심을 장악할 수 있었던 것이다.

그리하여 팔로군은 화북지역의 곳곳에서 항일근거지를 세웠고 새로 조직된 신사군新四軍[*]은 화중지역에서 근거지를 세웠으며 화남지역에서도 광주가 함락된 뒤부터 근거지를 형성하기 시작했다. 1938년 말 팔로군은 전쟁 전의 3만으로부터 15만 6천 명으로 성장했고 신사군도 1만에서 2만 5천 명으로 늘어났다. 국민정부군과 일본군의 전선이 확대되고 전장의 크기가 넓어져서 일본군의 지배력이 상대적으로 약화되었기 때문에 공산군의 이러한 발전추세는 1940년 말까지 계속되었다. 당원이 전쟁 초의 4만으로부터 80만 명으로 늘었고 군대는 4만 5천에서 50만 명으로 늘었으며 공산당 지배하의 인구가 1억에 달했다. 국민정부군의 패배가 공산당의 지배지역을 확대시킨 셈이었다.

이렇게 지배지역이 늘어난 것은 공산당이 항일전 도중 활동의 역점을 근거지의 확대, 강화로 잡은 데도 기인했다. 이렇게 공산당의 근거지가 늘어나게 되자 일본은 공산군에 대한 인식을 달리 하게 되어 근거지에 대한 소탕작전으로 들어가 포위망을 강화하며 경제봉쇄를 시행했다. 이에 대항해 팔로군과 신사군은 1940년 8월부터 민중을 동원한 대규모 반격에 나섰다.

이것이 곧 백단百團대전인데 화북의 주요 철도에 대한 기습공격, 일본경비대 습격 등으로 일본군에 큰 피해를 입혔으나 공산군도 희생이 컸다. 또 일본은 백단대전을 계기로 북부중국의 공산당 근거지에 대한 소탕작전을

백단대전에 참가한 유백승, 등소평
백단대전은 1940년 가을 3개월 여에 걸쳐 팔로군 100여단(연대)이 일본군에게 행한 대공격작전이다. 유백승과 등소평은 항일전과 내전기에 뛰어난 지휘관으로 활약했다.

강화해 유격부대와 근거지의 사람을 모두 죽이고, 물자를 빼앗고, 취락을 불태워 없애는 삼광三光작전을 벌였다.

공산당이 이와 같이 항일전쟁의 와중에서 근거지를 확대하고 있었던 반면 국민당은 무한이 함락된 후 왕정위가 중경을 탈출해 일본과 화평을 교섭하는 등 지도부에 내부분열이 나타나기 시작했다. 장개석은 독재체제를 강화해 당과 군과 정을 일원화한 국방최고위원회의 위원장이 되었고 반공의 방침을 세웠다. 이러한 독재체제의 강화와 아울러 지방에 대한 경제적 통제를 강화했으므로 지식인, 언론의 반독재 저항과 운남 군벌을 비롯한 지방 군벌의 반발을 초래했다. 장개석의 통제강화, 소극적 항일, 반공조치로 인해 항일과 통일전선에 불안을 느낀 중간파 정객, 지식인들은 제헌운동을 통해 장개석 독재에 반대했다.

전체 전쟁의 국면에서 국민정부가 수세에 몰려 있고 지배지역 내에서 반장개석의 움직임이 지식인, 지방군벌 사이에 일어나고 있는 상황에서 밖으로 공산당의 지배지역이 확장되어 가자 양당 사이에 충돌이 벌어지기 시작했다. 이들의 충돌은 전쟁 이후의 주도권을 누가 장악할 것인가를 염두에 둘 때 충분히 있을 수 있는 일이었다. 국민당이 반공조치를 결정한 후 1939년 4월 박산博山에서 그리고 6월에 평강平江에서 국·공이 충돌하고 12월과 1940년 3월에는 염석산이 공산군을 공격하는 사건이 일어났다.

1941년 1월에 안휘성 남부에서 이동 중이던 공산계의 신사군을 국민당

환남사변
1941년 1월 안휘성 남부에서 돌발한 국민, 공산군의 무력충돌 사건을 가리킨다. 1940년 10월 19일 국민정부 군사위원회가 황하 이남 소재 중공군에게 황하 이북으로 이동하라고 명령했으나, 중공군 총사령부는 양자강 이남의 신사군을 양자강 이북으로 이동시키는 것만 인정했다. 그래서 신사군이 이동을 시작해 지정된 길을 따라 안휘성 남부에 이르렀을 때, 국민정부군 7, 8만 명의 습격을 받아 군장이 잡히고 부군장 이하 상당수가 전사해 신사군은 큰 타격을 입었다.

이 습격해 약 9천 명의 신사군 중 겨우 1천여 명만이 살아남은 환남皖南사변 신사군사건은 양당의 합작을 깰 수도 있을 만한 사건이었다. 그러나 공산당 측이 무력대결을 피해 양당의 충돌은 더 이상 진전되지 않았다. 공산당이 냉정하게 대처해 항일 통일전선을 유지하려고 한 것은 공산당의 정치적 위상을 높여 주었다.

공산당은 또 국민당 지배지역에서 반독재와 민주화를 요구하는 중간파를 적극 유인하고자 했다. 공산당의 항일과 결부된 여러 가지 대민정책도 이들을 유인하는 데 중요한 요인이 되었다. 즉 2차 국·공합작 이후 소비에트정부가 국민정부 휘하의 지방정부로 격하되면서 공산당은 지주의 토지를 몰수하는 토지혁명을 급격히 수행하지 않았다. 항일에 협력하는 지주에게는 기존의 소작료와 이자를 낮추어 지급하게 하는 감조감식減租減息정책과 변구에서의 행정부 및 의회 구성에 공산당 외의 당파와 무당파 민주인사를 각각 1/3씩 참여시키는 3·3제를 쓰고자 했다. 감조감식정책은 농민대중을 광범위하게 동원할 수 있게 해 주었고 3·3제는 민주화를 요구하는 세력을 유인하는 데 도움이 되었다.

아시아·태평양전쟁으로의 확대와 종전

중국과 일본 사이에 전면전이 벌어지고 전선이 화중, 화남으로 확대되자 이 지역에 이권을 가지고 있던 영국, 미국 등은 일본의 침략에 항의했다. 일본은 1938년에 들어서면서 독일, 이탈리아와 급속도로 가까워졌고 미국, 영국은 중국에 차관을 주는 등 중국을 원조하기 시작했다. 1939년에 들어서자 일본은 중국원조를 차단하기 위해 해남도海南島와 신남양군도新南洋群島를 점령하고 천진의 영국, 프랑스 조계에 압력을 가했다. 이에 미국은 「미일통상항해조약」을 파기해 미국의 군수물자에 의존하고 있던 일본에 타격을 주었다. 또 일본이 왕정위의 괴뢰정권을 세우자 미국은 국민정부를 정통정부로 인정하고 국민정부에 차관을 제공했다.

미국과 관계가 악화된 일본은 필요한 군수물자를 얻기 위해 대동아공영권을 건설한다는 명분을 세워 남방정책을 추진했다. 1940년 9월에는 독일, 이탈리아와 3국동맹을 맺었고 미국, 영국은 계속해 중국에 대규모 원조를 주었다. 유럽에서 2차대전이 진전되어 가면서 독일이 소련을 침공하고 남경 괴뢰정권을 승인하자 중국은 독일, 이탈리아와 국교를 단절했고 이제 중국의 항일전쟁은 반파시즘 세계대전의 일부가 되었다.

1941년 7월 미국이 자국 내 일본 자산의 동결조치를 취하자 경제적으로 커다란 타격을 입게 된 일본은 12월에 미국과 영국에 선전포고를 하고 12월 8일 진주만의 미군주둔지를 공격함으로써 아시아 태평양전쟁이 발발했다. 이와 같이 전쟁이 세계대전으로 확대되면서 중국은 미국과 영국의 원조를 얻어 고립 상태에서 벗어났지만, 일본의 버마루트 봉쇄로 물자수송이 두절되고 홍콩이나 미국, 영국 조계로부터의 원조가 끊겨 경제상황이 악화되었다. 또한 일본의 동남아점령으로 화교들의 지원이 끊겨졌다. 국민정부는 1942년 3월 국가총동원법을 공포해 국민생활을 통제하는 국민당 일당독재체제를 한층 강화했다.

그러나 중앙정부의 통제가 제 기능을 발휘하지 못하는 상황에서 급격한 물가상승, 강제차용, 징병 등은 농민에게 큰 부담이 되었다. 또 미국, 영국의 원조를 받으면서 장개석 휘하의 중앙군이 항전 이후의 주도권 장악을 위해 항일전에 소극적인 채 공산당지역의 봉쇄에 전념하고 항일전은 다른 군벌부대에게 맡기자 이에 대한 반발이 나타났다. 경제적인 어려움과 국민정부 내의 부패로 국민정부군의 자질과 사기가 저하되어 일부의 분투에도 불구하고 국민정부군은 전체적으로 패퇴를 거듭했다. 일본에 투항하는 병력도 늘어났고 국민정부군 유격부대는 비적떼나 마찬가지로 지방민에게 부담이 되었다.

소극적인 항전과 통제 강화에 반발하는 중간파에 대한 탄압이 심해져서 이들의 민심도 정부로부터 떠나갔다. 정부 안에서는 장개석의 독재를 지탱해 주던 기관인 남의사藍衣社*와 CC단團* 간의 갈등, 삼민주의청년단과 국민당의 갈등 등이 빚어졌다.

공산당 지배지역도 삼광작전으로 불린 일본의 강력한 소탕작전으로

남의사
1931년 말에 성립된 국민당의 기밀기관으로 장개석의 독재를 유지하기 위해 전반적인 통제, 감시, 정탐, 처벌 등 비밀업무를 담당하였고 당을 장악했다. 황포군관학교 출신들이 많았으며 장개석이 내전에서 패하면서 해체의 길로 접어들었다.

CC단
장개석의 독재 유지의 지주가 된 폭력적인 정치결사로서 중심인물인 진과부陳果夫, 진립부陳立夫 형제는 1926년의 북벌 이래로 장개석의 심복으로 활약하면서 국민당 내의 좌파와 싸우기 위해 이 결사를 조직했다. 국민당의 일당통치기에 당의 조직을 지배하면서 행정, 재정 등에서 큰 세력을 형성했다.

1941년부터 위험에 처했다. 일본군이 백전대전 후 공산당 포위공격을 주요 목표로 세워 화북지역에서의 전의를 말살시키고자 한 데다 국민정부군의 군사적, 경제적 봉쇄가 겹쳐 근거지는 이중으로 고통을 받았다. 이에 따라 공산당 지배지역과 지배인구가 크게 감소해 팔로군 병력이 1940년의 40만에서 1942년에는 30만 명으로 줄었다. 물자부족과 물가상승 등 경제위기가 닥쳤다.

공산당은 이러한 위기를 극복하고 경제적 자급자족을 이루기 위해 군대, 기관, 학교가 엄청난 노동시간과 열의를 쏟아 붓는 생산운동을 벌였다. 또 당내의 사상과 조직을 통일하고 단결시키기 위해 1942년부터 1943년에 걸쳐 정풍운동을 벌였다. 당내의 주관주의, 파벌주의를 일소한다는 명분을 세운 정풍운동을 통해 왕명 등 소련유학생파와 코민테른의 영향력이 배제되고 모택동의 절대적인 권위가 확립되었다.

전쟁 말기로 접어들면서 중국군은 일본군에 대해 몇 군데에서 승리를 거두기 시작했다. 미군사령관 스틸웰에 의해 미국식으로 편성된 부대가 연합군의 버마 탈환작전에 가담해 승리를 거두고 호남성에서도 일본군을 패배시켰다. 국민정부 직속부대도 운남성에서 일본군 수비대를 섬멸하는 승리를 거두어 중국인들에게 자신감을 심어 주었다. 연합군의 일본 본토 상륙작전에 맞추어 중국전선에서도 총반격을 할 준비가 갖추어졌고 위기에 몰렸던 공산군도 1943년부터는 세력을 회복하기 시작했다.

1942년 중반부터 아시아·태평양전쟁에서 수세에 몰린 일본은 절대국방권으로 설정한 마리아나 군도를 1944년 6월 미국

투항한 일본군

에 빼앗기면서부터 패색이 짙어졌다. 1945년 미국이 필리핀을 탈환하고 일본 본토에 대한 폭격을 계속하던 끝에 히로시마와 나가사키에 원폭을 투하했고, 일본 천황이 포츠담선언을 수락하고 중국을 포함한 연합국에게 무조건 항복함으로써 중국은 8년여에 걸친 항일전쟁에서 승리를 거두었다. 8년여에 걸친 전쟁으로 중국이 입은 인적, 물적, 정신적 피해는 이루 말할 수 없었다. 문자 그대로 상처투성이의 승리였다. 그러나 이 전쟁에서의 승리는 중국 근대사 이래로 100여 년에 걸친 제국주의의 침략에 대한 최초의 승리였고, 중국은 이로써 반제국주의의 과제를 자신의 힘으로 달성하게 되었다.

중화인민공화국의 수립과 전개

항일전쟁에서의 승리 후 평화를 추구하는 여론과 미국의 조정으로 쌍십협정(1945. 10. 10)을 통해 평화로운 건국방안이 마련되는 듯했지만 1946년 후반부터 전면적인 내전이 벌어졌다. 내전의 결과 초기에 열세였던 공산당이 승리해 중화인민공화국을 세웠다(1949. 10. 1). 장개석의 중화민국 국민정부는 대만으로 퇴각해 이로부터 2개의 중국이 계속되고 있다. 국민당의 패인 으로는 군사, 전략적 요인 외에 도시와 농촌에서의 민심 이반을 들 수 있다.

건국 초기 중공은 급격한 사회주의로의 이행을 보류하고 '신민주주의'적인 경제수립을 목 표로 했지만 한국전쟁으로 미국에 대한 위기의식이 고조되면서 사회주의체제로의 이행을 서 둘렀다. 급격한 사회주의화를 표방한 대약진운동이 실패하고 1960년대 초반 조정정책으로 경제가 회복되었으나 곧 문화대혁명이 일어났다.

문화대혁명이 끝나고 1978년을 기점으로 중국은 개혁개방정책을 실시했다. 1989년에는 정치 현대화를 내건 시위대를 유혈 진압한 천안문사건이 일어났으나 개혁개방은 계속되었다. 정치적 변화와 아울러 대외관계도 변화해, 우방이던 소련과의 관계가 악화되고 1970년대에 는 미국과 관계를 개선했다. 1992년에는 한국과 국교가 수립되었다.

항일전쟁 후의 상황

종전이 가까워짐에 따라 국민, 공산 양당은 각각 종전 후의 정권구상을 세웠다. 국민당은 이전부터 약속해 온 훈정을 끝내고 헌정을 실시해야만 했다. 그렇게 되면 국민당의 일당독재를 더 이상 유지할 수 없게 될 터였다. 그래서 국민당은 스스로의 주도하에 국민대회를 소집해 거기서 헌정 실시에 대한 구체적인 방안을 마련하여 헌정기에도 국민당이 주도권을 확보하고자 했다. 공산당은 각 당 각 정파가 참여하는 연합정부를 구상했다. 양당은 이와 같이 전후 정권구상에서도 이견을 드러내고 있었지만 양당의 충돌은 종전 후 일본군의 무장해제과정에서부터 시작되었다.

소련이 전쟁 막바지인 8월 9일 일본에 선전포고를 하고 참전하자 일본은 다음 날인 8월 10일 포츠담선언을 수락하기로 했다. 이렇게 일본의 항복이 눈 앞에 다가오자 양당은 일본군의 무장해제를 둘러싸고 경쟁을 벌였다. 우선 공산당 총사령관 주덕은 10일 일본군 및 중국인 괴뢰정부군에 대해 무장해제를 지시했다. 국민당의 장개석은 공산군이 일본군 점령지를 접수할 경우 세력이 크게 확대될 것을 우려해 주덕에게 중앙의 지시가 있을 때까지는 현재의 주둔지역에 머무를 것을 통고했다. 그리고 중국 주둔 일본군 최고사령관과 괴뢰정부군에게는 국민정부군에게만 항복하고, 항복 때까지는 무장해제를 하지 말고 현상을 유지하도록 명령했다.

장개석의 통고에 대해 공산군은 명확한 거부의 뜻을 표명하고 일본군의 무장해제와 일본군 점령지의 접수를 강행했다. 국민정부군이 항일전 말기에 남서부로 퇴각해 있던 반면 공산군은 일본군 점령지의 배후지역에 해방구라고 불린 넓은 근거지를 장악하고 있었기 때문에 일본군의 무장해제에 있

100원권 인민폐
(오른쪽부터 순서대로 모택동, 주은래, 유소기, 주덕)

어 공산군이 유리한 위치에 있었다. 일본군은 장개석의 요구에 응해 공산군의 공격에 맞서 점령지를 지키고자 했으므로 공산군은 점령지의 확보를 둘러싸고 도처에서 일본군과 싸워야만 했다. 특히 소련이 참전하면서 진주하게 된 만주의 확보를 위해 많은 수의 군대를 보냈다.

공산군은 일본군과 싸워 가면서 중소도시를 접수했고 국민정부군은 미군의 수송지원에 힘입어 주요 도시와 철도연변을 접수했다. 그리하여 국민당은 점과 선을 차지하고 공산당은 면을 차지한 채 대치했다. 화북과 만주에서는 특히 일본군의 무장해제를 둘러싸고 국·공 간의 충돌이 심하게 일어나서 국민정부군이 일본군으로부터 수복한 지역이 며칠 만에 공산군에게 빼앗기는 일도 일어났다. 전후 일본군의 무장해제과정에서 이와 같이 국·공 양당이 대결양상을 보이자 내전의 발발이 예상되었다. 중국 안에서는 오랜 내우외환 끝에 다시 내전이 재발하는 것을 피하고자 하는 평화의 여론이 강하게 대두했다.

국내에서만 내전반대 여론이 강한 것이 아니었다. 미·영·소 등 열강도 내전을 우려하고 중국에 국민정부를 중심으로 하는 통일국가가 들어서기를 기대했다. 소련은 8월 14일 「중·소우호동맹조약」을 맺어 국민정부에 대한 원조를 약속하면서 내전에 부정적인 입장을 확실히 했다. 그러나 중국의 내전을 가장 우려한 것은 미국이었다.

미국은 일찍이 항일전쟁이 끝나기 전부터 장개석을 지지하는 방침을 세우고 헐리를 중국에 보내 국·공 간의 대립을 조정하려 했다. 당시의 조정은 성과를 거두지 못했지만 2차대전 후 미국과 소련 간에 냉전체제가 형성되면서 미국은 중국의 공산화를 적극적으로 막을 필요에서도 둘 간의 조정역을 맡았다.

국내의 평화여론이 끓어오르고 미, 소 등의 내전에 대한 반대 입장이 분명한 가운데 모택동은 8월 28일 장개석의 세 차례에 걸친 초청을 수락해 주은래 등을 대동하고 헐리와 함께 중경으로 갔다. 이리하여 10월 10일까지 40여 일간에 걸친 중경회담이 이루어졌다. 회담은 난항을 거듭한 끝에 10월 10일 「정부와 중공 대표의 회담기요」의 발표로 일단락되었다쌍십협정.

양측이 회담에서 합의한 것은 내전을 피하고 정치협상회의를 열어 평화건국방안과 국민대회 소집문제를 토의하기로 한 원칙적인 것에 한정되었다. 국민당의 지도적 위치를 인정하고 공산당의 독자적인 무장을 부정하는 등 국민당의 우위를 인정하는 선에서의 합의였다. 반면 일단 각 당파의 존재를 인정하고 정치협상회의를 열어 당파 간 합의로 새로운 정권 구상을 하기로 한 점에서는 국민당이 양보한 측면도 있었다. 그러나 해방구의 군대와 공산정권의 지위문제와 헌법제정 등 구체적이고도 중요한 문제에 대해서는 의견일치가 어려웠다. 어쨌든 10월 10일 쌍십협정이 맺어지자 평화를 열렬히 희망하던 여론은 내전을 피할 수 있게 되었다고 보아 이를 환영했다.

8년간에 걸친 전쟁의 결과 중국 국토는 황폐해졌다. 농업과 경공업 생산력도 전쟁 전보다 훨씬 떨어졌고 교통통신망도 군데군데 끊어졌다. 국민정부는 전쟁 중 외국원조와 무역통제로 획득한 수수료 수입 등으로 비축된 거액의 외국환 준비고를 이용해 외환시장 개방과 무역자유화정책을 실시해 경제재건을 도모했으나 실패로 돌아갔다. 외국상품의 대량 수입으로 국내 생산력의 회복이 더뎌지고 수출도 줄어 들었기 때문이었다.

일본군 점령지를 접수하면서 국민정부는 괴뢰정권의 화폐를 대폭 절하해 회수함으로써 상해 등 과거의 점령지역에는 물자가 대량 유입되어 인플레가 심화된 반면, 중경 같은 비점령지역은 물자부족과 금융난에 시달렸다. 경제정책의 실패로 인플레이션이 심한 가운데 내전에 대비한 전비를 확보하기 위해 적자예산을 편성하고 통화를 남발했으므로 인플레이션은 더욱 걷잡을 수 없이 진행되었다. 게다가 일본 자본으로 경영되던 생산설비를 정부가 접수해 국영화하면서 민간기업의 불만을 샀다.

경제적인 측면에서 국민정부의 가장 큰 실책은 부패한 관리들의 축재를 방임한 것이었다. 관리들은 점령지에서 접수한 산업시설 등을 제대로 경영할 시도는 하지 않고 자신들의 축재대상으로 여겼다. 그들은 또 점령지의 화폐를 헐값에 사서 이윤을 크게 남겼다. 원료와 자금이 부족한 중국인의 상공업은 도산하고 실업자가 넘쳤다. 부패한 관리들에게는 세금을 물리지 않는 반면 일반인에게만 세금을 거두는 정책은 도시민의 민심을 잃기에 족했다.

　기근과 고리대가 여전히 기승을 부리고 있던 농촌지역에 들어온 국민정부는 농민들에게 세금과 징발의 부담을 더욱 가중시켰다. 생산은 급격히 저하되고 굶어 죽는 사람이 크게 늘어났다. 결국 국민당은 항일전의 승리로 기대에 부풀어 있던 중국인들에게 도시에서든 농촌에서든 희망을 가질 만한 정책을 보여 주지 못했다.

　도시 빈민들은 굶주림에 못 이겨 쌀 약탈소동 등 폭동을 일으켰고 학생들은 미군병사의 여학생 성폭행 사건을 계기로 반미시위를 시작했다. 학생들은 이어 반기아, 반내전, 반박해의 시위운동을 벌였다. 국민정부는 이를 폭력적으로 탄압해 학생들을 등 돌리게 만들었다. 국민당 정부가 경제적인 실책과 부패, 억압으로 민심을 잃어 가는 동안 국민들은 국민당에 대한 희망을 포기하게 되었고 이제 남은 대안은 공산당뿐이었다.

　종전 후 공산당 지배하에 있었던 농촌에서도 어려운 상황은 마찬가지였으나 다른 양상을 보였다. 공산당은 2차 국·공합작을 하면서 과거 소비에트정부를 국민정부에 예속되는 지방정부 즉 변구로 격하시키면서, 동시에 소비에트지역에서의 토지혁명과 같은 급진적인 정책을 중지했다. 친일적인 지주 외에는 지주의 존재를 인정해 소작료와 고리대의 이율을 낮추는 감조감식減租減息정책으로 완화했다. 감조감식 정도만으로도 농민들의 환영을 받아 농민을 항일전으로 동원하는 데 큰 성과를 거두었다.

중국토지법대강

중국공산당의 토지개혁 원칙으로, 1947년 9월 공산당이 소집한 전국토지회의에서 토지개혁의 기본요강으로 작성했다. 전년도의 5·4지시보다 한층 철저한 토지개혁의 내용을 담고 있다. 이 대강에 기초해 각지 조건에 맞는 구체적 방안을 마련해 내전기 해방구에서 토지개혁운동을 전개하게 되었다.

공산당은 종전 후 새로 얻게 된 농촌지역의 해방구에서도 감조감식정책을 채택하는 한편, 친일적인 지주, 악질 지주의 토지를 몰수하고 처형하는 청산운동을 전개했다. 또한 내전에 대비해 생산운동을 전개해 농업발전, 농민생활 개선, 군대의 보급 확보 등을 도모했다. 1946년 5월 4일에는 「청산, 감조 및 토지문제에 관한 지시●」5·4지시를 내려 당시 각 해방구에서 농민들이 각양각색으로 토지혁명을 전개해 가고 있던 상황을 통일적으로 규제하고자 했다.

친일적인 지주, 악질 지주에 대한 토지 몰수와 재분배를 규정함으로써 농민들의 토지혁명에의 참여를 촉진하고, 한편으로 토지혁명이 지나치게 급진화해 모든 지주의 토지를 몰수, 분배하는 정도로까지는 나아가지 못하게 견제하려는 것이었다. 내전이 전면적으로 벌어지게 되면서 공산당이 토지문제에 대한 방침을 "경작자가 토지를 소유한다耕者有其田"는 원칙에 입각해 전면적인 토지혁명으로 전환하자 농민들은 새로 얻은 자신의 땅을 지키기 위해서라도 공산당을 지지해 적극 내전에 참여했다. 결국 국민당의 실정과 대비되는 공산당의 농촌에서의 농민동원의 성공이 내전에서 공산당의 승리를 가능케 했다.

5·4지시
1946년 5월 4일 공포된 중국공산당 중앙위원회의 토지문제에 관한 지시. 항일전쟁기 해방구에서의 토지정책을 바꾸어 지주적 토지소유제를 폐지하고 농민적 토지소유제를 실현하는 토지개혁의 방향으로 갔다. 토지개혁투쟁의 중점은 극악한 대지주에 대한 청산투쟁이었고 토지몰수는 친일파, 악랄한 지주의 토지에 대해서만 행하고 부농의 토지재산에는 원칙적으로 손대지 않았다. 감조감식정책에서부터 1947년 중국토지법대강의 철저한 토지개혁으로 나아가는 과도기적 성격의 토지개혁 문건이다.

내전의 전개

중경회담이 진행되던 1945년 9월 국민당은 공산당 포위공격 지침을 비밀리에 내려 공산당 지배지역에 대한 공격을 준비했다. 쌍십협정이 공포된 직후인 10월 중순에는 국민정부군과 옛 일본군 점령지의 괴뢰군이 공산당 지역을 공격했다. 11월 들어 내전 발생의 위기가 높아진 가운데 미국은 국·공 양당을 조정하는 정책을 취하기로 결정했다. 헐리가 사직하고 마셜이 특사로 파견되어 다른 정치적 당파를 용납해 국민정부의 기반을 확대한다는 방침 아래 양자의 조정역을 맡았다.

그리하여 1946년 1월 10일 마셜의 조정하에 쌍십협정에 규정되었던 정치협상회의가 열리고 국·공 간에 정전협정이 성립되었다. 정치협상회의는 국민당 8명, 공산당 7명, 민주동맹 9명, 중국청년당 5명, 무당파 9명 도합 38명이 참가했다. 이 회의에서는 「화평건국강령」, 「헌법초안」, 「정부조직안」, 「국민대회안」, 「군사문제안」 등을 채택하고 1월 31일 폐막되었다.

「화평건국강령」은 평화·민주·단결의 건국원칙과 함께 인민의 자유와 민주적인 권리를 보장하는 내용을 담은 것이었다. 「헌법초안」에서는 헌법 초안 심의위원회를 두어 국민당이 항일전 이전에 작성한 5·5헌법초안을 수정하기로 했다. 「정부조직안」에서는 헌정이 실시되기 전에 국민당 20명, 공산당 10명, 민주동맹 4명, 무당파 6명 도합 40명으로 구성되는 국민정부 위원회가 최고 권력기관이 되기로 했다. 「국민대회안」에서는 1936년에 국민당이 선출한 1,200명의 국민 대표에다가 각 당파의 대표와 만주, 대만지역 대표 등 850명을 증원해 2,050명으로 하고 여기서 헌법제정을 맡기로 했다. 「군사문제안」에서는 군대를 국가에 귀속시키며 군과 당, 군과 민을 구분한다는 원칙을 세웠다.

정치협상회의에서 장래의 국가대권에 대한 협의가 진행되는 한편으로 양당의 무력충돌을 피하기 위한 정전 담판이 이루어졌다. 국민정부의 장군 張群과 공산당의 주은래, 마셜로 구성된 3인위원회의 협의에 따라 1월 10일 정전명령이 내려져 전투를 중지하고 정전을 실행하기 위한 조정집행부를

중경에서 소집된 정치협상회의(1946.1)

북평에 두기로 했다. 조정집행부는 국민정부, 공산당, 미군 각각의 대표 3인으로 구성되고, 이들 3인의 합의에 따라 필요한 명령을 국민정부 주석이 군사조정집행부를 경유해 발표하기로 했다. 정전명령이 13일부터 발효되고 14일부터 북평조정집행부가 업무를 시작했

다. 마셜 등의 3인위원회는 2월에 군대 정비와 공산군의 국민정부군 편입에 관한 기본방안에 합의해 양당의 군대를 단계별로 일정 비율씩 감축하기로 했다.

정치협상회의와 정전의 결정에 대해 공산당은 평화와 민주 건설의 새로운 단계로 접어들었다고 높이 평가했고, 장개석도 정치협상회의의 결과를 존중하겠다고 언명해 잠시나마 평화가 가능한 것처럼 보였다. 그러나 1946년 2월 중경에서 공산당 등이 개최한 정치협상회의 축하대회장이 일부 국민당원에게 습격받은 데서도 보이듯이 국민당 안에는 이러한 결과에 불만을 품은 세력이 있었다.

1946년 3월에 개최된 국민당 중앙위원회의 회의에서는 국민당의 5·5 헌법초안을 수정해 책임내각제로 한다는 정치협상회의의 방침에 반대해 헌법초안을 변경하지 말도록 건의하는 등 정치협상회의의 결정을 부인하는 움직임이 나타났다. 6월에는 상해에서 온 내전반대청원단이 수도인 남경에서 폭도에게 습격당했다. 그리고 7월에는 국민당에 비판적인 민주동맹 간부들이 암살당했다. 결국 국민당은 정치협상회의의 합의를 무시하고 11월에 공산당과 민주동맹이 불참한 가운데 국민대회를 열고 제헌작업을 강행했다.

정치협상회의에 대한 국민당의 불만이 고조된 가운데 소련이 철수하게 된 만주, 즉 동북지역을 차지하려는 국·공 양당의 경쟁이 결국 정전협정을 깨고 무력충돌로 번져갔다. 1946년 3, 4월에 동북에서 무력충돌이 일어났고 마셜과 주은래의 요청으로 6월에 다시 정전명령이 내렸으나 별 효력이 없었다. 이제 미국의 조정은 실패로 돌아가고 중국은 전면적인 내전으로 돌입했다.

항일전쟁이 끝났을 때 중국의 군대는 국민정부군이 430만, 공산군이 정규군 91만에 민병 220만이었다. 국민정부군은 미국의 지원을 받아 장비와 보급품도 우수했던 반면 공산군은 일본군에게서 빼앗은 구식 장비가 대부분이었다. 그리고 국민정부군은 중국의 주요 도시와 주요 지역 대부분을 장악하고 있었다. 장개석이 군사적으로 승부를 가리고자 한 것은 이와 같이 표면적인 우열관계에 대한 자신감과 미·소 냉전체제의 형성이라는 국제정세의 변화로 미국의 원조를 받을 수 있게 된 점 등에 기인했다.

실제 1946년 7월 내전이 전면화해 국민정부군이 수십만의 병력을 동원해 공산당 지배지역을 공격했을 때 초기의 전황은 국민정부군에게 유리했다. 국민정부군은 10월에 공산당 근거지에서 두 번째로 중요한 도시였던 장가구張家口를 점령하고 장개석이 5개월 안에 공산군을 전멸시키겠다고 장담한 것을 실현하듯이 1947년 3월에는 항일전쟁기부터 공산당의 수도처럼 기능해 온 연안延安을 점령했다.

그러나 내전 초기의 1년간 국민정부군이 신속한 승리를 거둔 것은 공산당의 전략적 방어에도 기인했다. 공산군은 국민정부군이 주요 도시와 철도를 장악하면서 세력을 지나치게 확장시키도록 국민정부군과 정면으로 대결하지 않고 퇴각하면서 소규모 군대만 공격하는 유격전을 벌였다. 1947년 6월 말부터 공산군은 대규모 반격을 개시했다. 동북, 화북, 중원, 산동, 서북의 국민정부군은 대도시 방어에 묶여 있어 전투의 주도권을 상실했다.

1948년이 되면 양측의 형세가 뒤바뀌어 공산군이 승리를 거듭하며 해방구를 늘여갔으며 병력 차이도 줄어들었다. 내전에서 가장 큰 싸움이었던 삼대전쟁이 치러졌고 공산군이 차례로 승리를 거두었다. 우선 임표林彪의 동북야전군이 만주의 중심지역을 둘러싼 공방전인 요심遼瀋전투에서 승리를 거두어 가을에 금주錦州와 장춘長春을 점령하는 등 만주 전역을 지배하에 두었다.

11월에는 등소평鄧小平 등의 중원, 화동야전군이 회해淮海전투에서 승리해 중원의 요충지인 서주를 점령했다. 동북, 화북야전군은 평진平津전투에서 승리를 거두어 1949년 1월에는 천진과 북평을 점령했다. 이렇게 공산군이 반격에서 승리를 거둔 것은 국민정부가 내전 중에 급속도로 민심을 잃어 가고 있는 반면에 공산당은 농촌에서의 토지개혁으로 광범위한 농민을 동원할 수 있었기 때문이었다.

국민정부군이 이와 같이 패배를 거듭하자 정부 안에서는 화의론이 대두해 장개석의 하야 요구가 나왔다. 장개석은 공군과 국고의 일부를 대만으로

내전기에 공산당 군대에 잡힌 국민정부군 포로
공산당의 포로에 대한 우대정책도 내전기 공산당의
민심 장악에 일조했다.

옮겨 후방기지를 공고히 하고 주요 지방의 방어책임자들을 임명한 뒤 1949
년 1월 하야하고, 부총통인 이종인李宗仁이 총통직을 대행하면서 화의를 진
행시켰다. 그러나 모택동은 국민정부의 해체를 요구하는 것이나 다름없는
조건을 제안했다. 4월에 열린 화의에서 공산당이 제시한 최종수정안에 대
해 국민당과 서남, 화남의 장군들이 강력하게 반대하고 화의에 참가한 국민
정부 대표단이 공산당 측에 가담함으로써 화의를 위한 마지막 담판은 결렬
되었다.

공산군은 양자강을 건너 진군하라는 명령을 전군에 내렸고 남경, 무한,
서안, 상해를 차례로 점령하고 국민정부가 남경에 이어 수도로 삼은 광주까
지 점령했다. 화의 결렬 후 국민당 총재 장개석은 끝까지 전세를 만회하려
노력해 11월에는 광주의 뒤를 이어 수도가 된 중경까지 직접 가서 사천성
방어전을 계획했으나 중경도 공산군에게 함락되었다. 국민정부는 이어 성
도成都로 수도를 옮겼다가 11월 27일 여기서 철수해 대만으로 옮겨 감으로
써 중국 대륙은 완전히 공산당 지배하에 들어갔다.

중화인민공화국의 수립과 중화민국의 철수

내전이 진행중이던 1948년 5월 공산당은 민주당파와 사회단체, 유명인
사들에게 새로운 정치협상회의를 소집해 인민대표대회와 민주연합정부에

대해 의논하자고 했다. 민주당파 인사들이 이에 동조해 해방구로 모여들어 공산당 중앙의 대표와 함께 신정치협상회의 준비회의 성립과 임무 등을 협의했다. 그리하여 민주당파, 민간단체, 무당파의 민주 인사가 1949년에 신정치협상회의를 소집해 중화인민공화국 정부 건립과 임시헌법 제정문제를 논의하기로 했다.

공산당의 승리가 확실해지면서 중화전국총공회, 중화전국민주청년연합회, 중화전국학생연합회, 중화전국부녀연합회, 중화전국문화예술계연합회 등 노동자, 청년 학생, 여성계, 문화예술계를 대표하는 민간단체들이 성립되었다. 또 늘어난 해방구 각지에서 인민대표대회가 소집되어 행정기구가 성립되자 민주당파 인물들이 참여했다.

공산당은 1949년 3월 승리 후의 방침을 논의하기 위해 중앙위원회회의를 열어 활동중심을 향촌으로부터 도시로 옮기고 농업국가로부터 공업국가로 전환할 것 등을 결정한 후 당의 중앙기관을 북평으로 옮겼다. 1949년 6월 북평에서 공산당과 민주당파, 민간단체, 소수민족과 화교 대표 등 134명이 모인 신정치협상회의 준비회가 열렸다. 여기서 「신정치협상회의 조직조례」가 통과되어 모택동을 중심으로 하는 상무위원회가 실무를 맡게 되었다. 9월에 소집된 두 번째 준비회에서는 회의 명칭을 중국인민정치협상회의로 개명했다.

그리하여 1949년 9월 21일부터 30일까지 북평에서 공산당, 민주당파, 민간단체, 인민해방군, 각 지구, 각 민족, 화교 대표 총 662명이 모인 인민정치협상회의 전체회의를 열었다. 여기에서 임시헌법이라 할 수 있는 「중국인민정치협상회의 공동강령」*과 「중앙인민정부 조직법」 등을 제정하고 수도를 북평으로 정하고 북경이라 개명할 것, 국기를 오성홍기五星紅旗로 정할 것 등이 결정되었다. 그리고 모택동이 중앙인민정부 주석으로 선출되었다.

1949년 10월 1일 중앙인민정부 위원회가 제1차 회의를 열고 인민정부 주석, 부주석, 위원들의 취임을 선포했다. 주은래가 인민정부 정무원 총리 겸 외교부장에 임명되고 인민혁명군사위원회 주석[모택동], 인민해방군 총사

「중국인민정치협상회의
공동강령」
1949년 9월 북평의 인민정치협상회의에서 채택한 공동강령은 1954년 중화인민공화국의 헌법이 제정되기 전까지 임시헌법의 역할을 했다. 여기서 중화인민공화국을 신민주주의 즉 인민민주주의 국가라고 규정했다. 경제구조는 국영경제, 협동조합경제, 농민 및 수공업자의 개인경제, 사적자본주의경제 및 국가자본주의경제의 5종류의 요소로 구성된다고 했다. 기타 관료자본 몰수와 국유화, 제국주의에 대한 반대와 국제평화 옹호 등이 규정되었다. 사회주의 건설을 확실히 명기한 1954년의 헌법에 비해 사회주의에 대한 전망을 전면에 내세우지 않고 있다.

령관[주덱], 최고인민법원 원장, 최고검찰서 검찰장이 임명되어 주요 정부기관이 구성되었다. 회의에서는 또한 전 세계 각국을 향해 중화인민공화국 중앙인민정부를 유일한 합법정부로 인정해 외교관계를 수립할 것을 요청했다. 이날 오후 천안문에 수많은 군중이 모인 가운데 중화인민공화국의 수립이 선포되었다.

중화인민공화국 국기인 오성홍기

장개석이 후방기지로 삼은 대만은 청·일전쟁의 결과 일본의 식민지가 되어 무려 50년간이나 일본의 통치를 받았다. 몇 차례의 항일운동이 있었으나 만주사변 이후로는 혹독한 탄압을 당했고 중·일전쟁과 아시아·태평양전쟁기에는 20여 만 명이나 되는 대만인들이 일본군 잡역부로 동남아와 중국 남부의 전선에 징용되었다. 그러므로 1945년 일본이 항복한 뒤 국민정부에서 진의陳儀를 파견해 대만을 접수하자 대만인들은 이들 국민정부군을 열렬히 환영했다.

그러나 진의를 비롯한 국민당 정객과 국민정부군은 정복자처럼 행세하며 대만인들을 약탈했다. 본토인에 대한 대만인들의 분노는 2·28사건으로 터져 나왔다. 1947년 2월 27일 담배 밀매상 노파를 단속반이 구타한 데 항의하는 대만인들을 향해 발포해 1명이 사망했다. 28일 전날의 발포에 항의하는 시위대를 향해 또다시 발포해 많은 사상자가 발생하자 흥분한 대만인들은 폭동을 일으켰다. 순식간에 섬 전체로 번진 폭동에서 대만인들은 자치와 기본권을 요구했다. 진의는 타협적인 태도를 보이다가 증원군이 도착하자 운동의 지도자를 체포, 처형하는 등 살육을 벌였다. 1949년 대만 전체에는 계엄령●이 내려졌다. 장개석의 국민정부는 이와 같은 상황에서 대만으로 철수해 이곳을 기반으로 중화민국을 계속 지속시켰다. 중국은 이제 대륙의 중화인민공화국과 대만의 중화민국 두 개의 나라로 나뉘었다.

대만에 들어와서 독재권력을 확립한 장개석은 대만의 근대화를 추구했다. 장개석과 함께 대만으로 피신한 자유주의자들은 국민당과 국민정부를 부패로부터 정화시키려는 장개석의 노력에 협조해 당과 정부의 정화에 상

계엄령
1975년 장개석이 죽은 후 아들 장경국蔣經國이 당과 정부의 통수권을 물려받았다. 그가 죽기 전인 1987년 7월 계엄령을 해제해 대만에서 정치적 민주화의 길이 열렸다.

중화인민공화국의 …

당한 성과를 거두었다.

　대만에서 국민당은 대륙에서 1930년대에 시도한 바 있었던 중공업에 대한 국가의 통제를 추진했다. 또 일본인에게서 몰수한 기업을 민영화해 소비재 생산을 장려했다. 한편으로는 근대적인 교육도 발전시켰다. 농촌에서는 미국의 재정지원을 받아 소작제를 없애고 자작농을 창출하는 토지개혁에 성공했다. 당과 정부에서 부패를 추방한 장개석은 안정된 농촌과 발전하는 도시를 바탕으로 자신이 대륙에서 실패한 것을 대만에서 만회했다. 미국의 중공 봉쇄정책으로 안전을 보장받은 대만은 1947년부터 외부의 침공을 받지 않고 경제발전에만 전념할 수 있었다. 이와 같이 대만의 경제적 성공은 미국의 원조와 보호에 힘입은 바가 컸다.

중화인민공화국의 역사적 전개

'신민주주의'에서 사회주의체제로

　중공이 인수한 중국의 경제는 오랜 기간의 항일전쟁과 내전을 겪은 뒤 파탄 상태를 드러내고 있었다. 공산당은 농업의 낙후성과 공업생산의 후진성, 주요 공업이 연안의 도시에 집중된 지역 간 불균형, 극심한 인플레이션으로 인한 정상적 경제활동의 정지 등의 상황을 해결해야만 했다. 게다가 공산당은 그때까지 도시라든가 공업을 운영해 본 경험이 거의 없었고 대부분의 공산당원들은 농촌에서의 활동에 익숙했다. 그래서 중공은 초기에 사회주의로 직접 이행하지 않고 자본주의경제와의 장기적인 공존에 의한 공업화를 추구했다.

중화인민공화국 개국행사
모택동 주석이 중앙인민정부공고를 낭독하고 있다.

헌법이 마련되기 전 민주동맹 등 다른 당파와 공동으로 만들어서 건국 직전에 발표한 「중국인민정치협상회의 공동강령」에 이러한 방향이 나타나 있다.[•] 강령에서 주목되는 부분은 노동자, 농민은 물론이고 소자산계급과 민족자산계급의 경제적 이익과 사유재산도 보호하고 신민주주의의 인민경제를 발전시켜 농업국을 공업국으로 바꾼다는 내용이다. 또 정치에서도 공산당의 지도를 명기하지 않은 채 노동자, 농민 외에 민주적인 여러 계급과 국내 각 민족의 인민민주독재를 신민주주의로 규정했다.

이러한 방침에 따라 건국 초 관료자본이라고 판정된 것은 몰수해 국유화함으로써 공산당이 근대 기업의 상당 부분을 장악했지만 기타 기업은 개인의 소유를 인정하고 생산의 회복을 도모했다. 자본주의와의 공존이 주는 위험성을 제거하기 위해 삼반三反l독직, 낭비, 관료주의 반대l운동과 오반五反l뇌물수수 행위, 탈세, 국가자재의 절도, 부실 공사, 국가경제정보 유출에 대한 규탄l운동이 1951년 말부터 1952년 여름 사이에 이루어졌다. 특히 민간 자본가를 겨냥한 후자를 통해 자본가의 영향력이 쇠퇴하고 상공업에 대한 당의 장악력이 더욱 커졌다.

한편 농촌에서는 내전기에 시작한 토지개혁을 전국적으로 확대했다. 지주와 달리 부농으로 분류된 사람들에게는 자신이 경작할 땅을 남겨 주고 그외의 땅은 몰수해 빈농, 고농에게 분배했다. 3억의 농민에게 7억 무畝가 분배되었다고 하는데 단순 계산을 할 수 없는 실정이라 인구가 많은 남쪽에서는 분배받은 땅이 얼마 되지 않았다. 그리고 농기구나 가축도 절대수가 부족해 분배받은 몫이 적었다. 그렇지만 농가 경영규모가 어느 정도 평준화되는 효과는 거두었다.

건국한 다음 해 한국에서 발발한 전쟁에 참전해 미국과 싸운 것은 커다란 경각심을 불러일으켰다. 즉, '항미원조抗美援朝'를 표방해 전국적으로 대중적인 애국운동을 일으켜 민족주의가 고양된 것이다. 이렇게 고양된 민족주의적 분위기에서 티베트에 군대가 진군했고l1951.5l, 대중운동을 조직해 국내의 반혁명세력을 적발하고 이들을 진압했다. 참전을 계기로 미국의 대중국 봉쇄정책에 직면하면서 건국 초기의 점진적인 방침은 재고되고 사회주의체제로의 개조에 박차를 가하게 되었다. 이에 따라 '과도기의 총노선'

• 중화인민공화국의 헌법은 1954년 제1기 전국인민대표대회 제1차 회의에서 제정되어 공동강령을 대체했다. 이 헌법은 1936년의 스탈린시대 소련헌법을 기초로 했는데 소련과 다른 점은 모택동이 차지한 국가주석직을 두었다는 점이다. 또 소련과는 달리 군대와 공안세력이 당의 통제를 받았다. 헌법에 규정된 국무원과 50여 명의 부장이 당의 집행기구로 기능했다. 헌법은 4인방 집권기인 1975년과 화국봉 집권기인 1978년에 개정되었다가 개혁개방정책을 지지하는 방향으로 1982년에 다시 개정되었다. 이후 사회주의 시장경제, 중국식 사회주의가 본격화되면서 1993년 부분적으로 수정되었다.

인민해방군의 티베트 진군

티베트 독립을 주장하는 측에서는 독립된 주권국가 티베트에 인민해방군이 진입한 것은 침략이라고 본다. 티베트족을 다민족국가인 중국의 한 구성분자로 보는 중국 측에서는 인민해방군의 티베트 진입을 제국주의와 봉건주의세력으로부터 티베트 인민을 해방시킨 것이라고 본다. 현재 티베트에는 서장자치구가 있다. 사진은 당시 인민해방군이 티베트의 중심 도시 라싸拉薩로 들어가는 모습이다.

이 제기되어 사회주의적 공업화, 생산수단의 공유화가 제창되었다.

당초 세 차례의 5개년 계획, 곧 15년 이상 걸릴 것이라 예상되던 생산수단의 사회주의적 개조가 제1차 5개년 계획l1953~1957l이 끝나기도 전인 1955~1956년에 완료되었다. 즉 농촌에서는 중공업 건설의 자원을 마련하고 토지개혁 후 우려되던 농촌의 계급분화를 막기 위해 농업의 집단화가 추진되었다. 몇몇 농가가 필요에 따라 상호부조하는 호조조互助組를 만들고 이를 확대해 20~30호 정도의 초급 합작사를 조직했다. 여기서는 출자한 토지 등의 양과 노동량에 따라 수확을 분배했다. 이들을 합병한 200호 정도의 고급 합작사에서는 이와 달리 노동량에 의한 분배만이 이루어졌다. 토지개혁으로 자신의 토지를 가지게 된 농민이 이를 잃게 되는 고급 합작사로의 개편을 달가워할 까닭이 없었다. 시간을 두고 단계적으로 조직하려던 구상이 호조조 단계에서 정체되자 1955년 후반부터 초급 합작사의 경험도 별로 거치지 않은 상태에서 고급 합작사로 개편했다. 더불어 상공업의 집단화도 완료되었다.

소련에서 스탈린 사후 흐루시초프에 의한 스탈린 비판이 이루어지고 폴란드, 헝가리 등 동유럽에서 동요가 일어나 1956년 10월 소련군이 헝가리의 소요를 진압하는 일이 벌어지면서 중국에서는 쌍백雙百운동이라 불리는 백화제방百花齊放, 백가쟁명百家爭鳴운동이 일어났다. 동유럽의 동요가 사회주의 추진과정에서의 모순 때문에 일어났다고 보고 이를 미연에 방지하기 위해 민주적인 당파나 지식인에게 자유로운 의견을 개진하도록 독려한 것이다. 그러나 운동과정에서 공산당의 통치에 대한 비판이 쏟아져 나오자 1957년부터 비판적인 지식인을 상대로 '반우파反右派투쟁'이 벌어졌고 55만 명의 지식인이 우파로 몰려 탄압을 받았다.

미국과의 적대관계 외에 맹방이던 소련, 인도와의 사이에 새롭게 갈등이 빚어지는 가운데 중국에서는 인력을 동원해 철강, 에너지, 식량 등을 증산하자는 대약진운동이 벌어졌다. 1957년부터 6천만~7천만 명이 동원된 대규모 수리건설운동이 전개되고 세계 제2위의 경제대국인 영국을 따라잡겠다는 목표가 설정되었다. 애초 15년 안에 따라잡겠다는 목표가 점점 단축되어 3년까지로 단축되었다. 이는 상부의 목표를 초과달성했다는 하부의 거짓된 보고들이 집적되고, 이에 따라 중앙에서 계획을 상향조정하는 과정이 반복되었기 때문이었다. 철강 증산을 위해 수많은 농민들이 철제 농기구까지 토착적인 방식의 용광로에 던져 넣어 대량의 철 증산에는 성공했으나 그중 30%는 조악해서 아무 데도 쓸모가 없었다는 이야기는 널리 알려져 있다.

농촌에서는 대형 합작사인 인민공사가 조직되었다. 1958년 8월에 시작되어 1958년 말까지 74만 개의 합작사가 26,578개의 인민공사로 개편되어 중국 전체농가의 99%가 이에 참가했다고 하니 그 신속한 정도를 알 수 있다. 평균 4,600호라는 거대한 규모의 인민공사는 농촌의 농업·공업·상업·교육·군사의 모든 부분을 담당하는 사회의 기본 단위가 되었다. 만일의 경우에는 유격전을 담당할 수 있는 단위로까지 생각되었다.

인간의 정신력과 집단의 힘에 의지한 대생산, 사회개조를 시도한 대약진운동과 인민공사화는 결과적으로 실패임이 입증되었다. 철강 증산운동, 수리건설운동에 노동력이 투입되다 보니 농업 생산활동에 지장이 초래되어 식량생산량은 목표액을 밑돌았다. 인민공사 내에서의 식량 및 자재 낭비 현상과 같은 비효율성, 평균주의에 따른 농민의 생산의욕 저하 등으로 농업생산이 줄어든 데다 1959년에서 1961년까지 연속 재해까지 겹쳐 대량으로 굶어 죽는 사람들이 발생했다.

국방부장 팽덕회彭德懷는 1959년 고향인 호남성을 시찰하고 문제의 심각성을 확인한 후 대약진운동의 착오를 조정하기 위해 열린 정치국 확대회의에서의 발언을 정리해 모택동에게 대약진운동의 문제점을 지적한 사신을 보냈다. 그러나 오히려 우파 기회주의자로 몰려 실각했다. 그렇잖아도 반우파투쟁으로 비판적인 지식인이 입을 다물게 되었고 팽덕회 같은 당내 고위 관료까지 실각되었으므로 이제는 누구도 착오를 지적할 수 없는 분위기가 되었다. 그러나 자연재해와 아사자의 속출이란 파국적인 현실 속에서 조정 정책이 피치 못하게 되었다.

1959년 모택동은 대약진이 지나치다는 점을 인정하고 국가 주석의 지위를 유소기劉少奇에게 넘기면서 조정 단계로 들어갔다. 마침 대약진운동의 실패는 대외적으로 중·소 간의 대립이 격화된 것과 시기를 같이 했고 1960년 소련이 플랜트계약을 대량으로 파기하고 기술자들을 철수시켰으므로 경제를 재건해야 할 필요성이 더욱 급박해졌다. 유소기와 등소평鄧小平은 지금까지의 대약진과 인민공사화정책을 수정해 생산목표와 속도를 완화하고 인민공사의 규모를 줄여 20~30호의 촌락 수준의 합작사에 권한을 위임했다. 무엇보다도 '삼자일포三自一包(경지의 5% 안에서 개별 농가가 자유롭게 경영할 수 있는 땅(自留地), 자유 시장, 손익의 자기 부담과 농가의 생산청부제)'로 개별적인 경제주체의 운용폭이 확대되면서 생산의욕이 크게 향상되었다. 그리고 중공업 위주의 투자로부터 벗어나 농업부문에 대한 투자를 늘리고 저축률을 낮추고 소비생활의 증

조정정책의 담당자 등소평과 유소기
문화대혁명으로 실각하기 전(1965.3) 등소평(오른쪽 첫 번째), 유소기(오른쪽에서 두 번째) 등의 실권파 모습. 주은래(오른쪽에서 세 번째)도 보인다.

가를 허용했다. 도시의 기업은 경영의 자주성을 높이고 합리화를 도모했다.

조정정책에 힘입어 1963~1965년에는 경제가 회복되어 갔다. 노동생산성, 수입, 농공업의 생산액, 재정수입이 모두 늘어났고 1965년에는 농공업의 주요 생산지표가 1957년 수준을 회복했다. 그런데 조정정책의 시기에는 등소평의 "흰고양이든 검은 고양이든 쥐를 잡는 고양이가 좋은 고양이다[白猫黑猫論]"라는 표현에서 드러나듯이 경제가 전면에 등장하고 정치라든가 사상은 뒷전으로 밀려났다. 바로 이와 같은 경제중심주의에 대한 모택동의 우려와 사회의 불만이 맞물려 문화대혁명이 발동되었다.

문화대혁명

문화대혁명[이하 '문혁'으로 약칭]은 보통 1965~1966년부터 1976년까지 약 10년에 걸쳐 일어난 사회 전반에 걸친 투쟁을 가리킨다. 문화라는 수식어가 앞에 붙은 것은 자본주의적인 사상, 문화에 대한 투쟁에서 시작되었기 때문인데 사실상 계급투쟁, 권력투쟁 등 다양한 분야에서의 투쟁으로 확대되었다. 문혁의 배경으로는 급격한 사회주의 추진에서 나타난 모순이라는 대내적 환경과, 중·소 간의 갈등 및 베트남전쟁의 본격화와 더불어 첨예해진 미국과의 긴장관계가 가져다준 위기감이라는 대외적 요인을 들 수 있다.

문혁의 전조는 경제 회복기에 이미 나타났다. 1962년 모택동은 중국공산당 8기 10중전회에서 '과도기 계급투쟁이론'을 제기해 사회주의와 자본주의 간의 지속적인 투쟁의 필요성을 강조했다. 즉 국내의 조정정책으로 자본주의적인 요소가 부활할지도 모른다는 우려가 나타난 것이었다. 이어 사회주의 교육운동이 벌어졌고 농촌에서는 이 운동의 일환으로 부패하거나 독직을 저지른 지방정부 간부들과 과거 지주나 부농의 자식으로 당 간부와의 친분을 이용해 권력을 다시 얻게 된 사람들을 비판, 숙청하는 사청四淸운동●이 벌어졌다. 이상주의적인 청년활동가들을 훈련해 공작대로 만든 뒤 이들이 각지의 빈농을 조직해 지방정부의 권력을 빼앗고 부패 간부를 조사하는 방식은 거의 문혁 때의 조반造反과 유사했다. 건국 이후 15년이라는 오

사청운동
1964년 가을부터 중국 농촌에서 시작된 정치운동. 지방 간부나 지방 관료로서 공공의 재화를 훔치는 자, 뇌물을 받는 자, 노동점수제도를 악용하는 자, 그리고 지주나 부농의 자식으로 몰래 당에 들어오거나 당 간부들과의 친분을 통해 잃었던 권력을 다시 얻게 된 불순분자가 청산의 대상이 되었다.

중화인민공화국의 …

415

랜 기간 지방의 권력을 쥔 사람들이 부패했을 것이란 전제하에 영구혁명론을 실천에 옮긴 것이었다. 도시에서도 기업마다 사회주의 정치체제를 가르치고 공산주의 청년단을 조직하는 사회주의 교육운동이 이루어졌다.

조정정책을 담당한 유소기, 등소평 등의 권한이 강화되면서 모택동은 이들이 자본주의의 길을 걷는 실권파走資派이자 수정주의의 길을 걷고 있는 소련 지도자들과 마찬가지로 오류를 범하고 있다고 생각했다. 그리하여 실권파로부터 권력을 탈환하려는 문혁이 1965년부터 시작되었다. 이 해 11월, 나중에 문혁 4인방으로 유명해진 상해의 요문원姚文元이 「신편 역사극 해서파관海瑞罷官을 평함」이란 평론을 썼다. 『해서파관』의 필자는 북경 부시장 오함吳晗으로 그 내용은 황제에 의해 파직된 명대의 청렴하고 충직한 관리 해서를 높이 평가한 것이었다. 그런데 요문원은 해서를 팽덕회에 비견하고 황제를 모택동에 비견해 팽덕회를 실각시킨 모택동을 비난한 것이라고 해석한 것이었다. 상해의 문혁파는 오함을 공격했고 이에 연루되어 실권파의 일원인 북경 시장이 실각했다. 그리고 학계에서도 일부 역사가, 문인들이 자기비판을 했다. 결국 요문원의 이 평론은 문혁을 발동시킨 도화선이 되었다.

1966년 5월 문혁을 추진할 기관으로 중앙문혁소조가 성립되었는데 역시 4인방으로 불리게 된 강청江靑과 장춘교張春橋가 포함되었다. 문혁의 발동에는 상해의 문혁파 지식인 외에 팽덕회 실각 이후 국방부장이 되어 인민해방군의 주요 부분을 장악하고 있던 임표林彪의 협조가 중요했다. 그는 이미 1964년부터 『모주석 어록』●을 발간해 군대 안에서 모택동의 사상을 학습시키는 대대적인 캠페인을 벌이고 있었다. 그리하여 문혁의 전개과정에서 문화, 사상 측면에서의 투쟁과 권력투쟁의 요소 외에 개인숭배적인 요소가 첨가되었다. 모택동 개인에 대한 숭배열은 홍위병이 조직되면서 절정에 달했다.

"사령부당의 중추를 포격하라"와 같은 모택동의 급진적인 구호에 부응해 주로 10대 학생들로 구성된 홍위병은 1966년 중반부터 약 2년간 파괴적인 맹위를 떨쳤다. 이들은 당이 아닌 모택동 개인에 대한 숭배를 맹세하면서

『모주석 어록』
모택동의 중요한 발언을 수록한 붉은 표지의 책자로, 문혁기에 홍위병을 비롯한 조반파 군중이 일제히 손에 들고 흔드는 모습이 많이 보였다.

북경으로 몰려들어 대규모 집회를
열었다. 홍위병으로 결집된 젊은
이들과 노동자, 농민들이 "반란에
는 정당한 이유가 있다[造反有理]"는
분위기 아래에서 문혁을 적극 지
지하고 당과 정부, 일체 기관의 지
도부를 공격해 권력을 탈취하려는
탈권투쟁에 앞장섰다. 이런 과정
에서 유소기와 등소평 이하 수많
은 고위간부들이 비판과 박해를
받았다. 모택동의 뒤를 이어 2인
자의 자리에 있던 유소기는 제국
주의와 수정주의, 국민당 반동파
의 앞잡이로 몰려 당에서 영구 제
명된 뒤 1968년에 사망했다. 등소
평은 당에 남아 있으면서 감찰을
받으라는 처분을 받았다.

홍위병과 어록

문혁의 절정기인 1967년 홍위병 군중이 손에 『모주석 어록』을 들고
천안문 광장에서 모택동을 칭송하였다.

　　모택동의 제안에 그토록 많은
이들이 적극 나선 것은 건국 이후
사회주의사회로의 이행과정에서 드러난 사회의 차별구조에 대한 불만이 쌓
여 있었기 때문이었다. 반우파투쟁 이후 출신성분과 정치적 성향에 따라 나
쁜 계급으로 구분된 사람들은 평생 진학이나 취직, 결혼 등에서 불이익을
당했는데 초기 홍위병 학생 중엔 나쁜 성분 출신이 많았다. 이들은 문혁과
정에서 출신에 따른 차별에 대해 비판하고 출신과 무관하게 정치적으로 평
등한 권리를 주장했다. 또 조정정책과정에서 경제적 약자로 뒤처지게 된 사
람들은 문혁을 통해 모든 사회적 차별이 철폐되리라는 기대를 품었다. 네
가지 낡은 것[四舊 : 낡은 사상, 문화, 풍속, 습관]을 파괴하고 네 가지 새로운 것을
창조하며 대중에 의한 새로운 권력기구를 창출하자는 구호는 새롭고도 혁

주공상을 파괴하는 홍위병

문혁이 한창이던 1966년 북경에서 내려온 홍위병을 위시한 청년들이 산동 곡부曲阜에서 주공周公을 비롯한 옛 인물들의 조각상을 파괴하고 있다.

명적인 유토피아에 대한 열망을 부추겼다.

그런데 1967년부터 전국의 도시에서 중앙문혁소조의 지원을 받은 홍위병을 비롯한 조반파의 탈권투쟁이 격렬해지면서 이에 대항하는 움직임이 생겨났다. 게다가 홍위병 내부의 분파 간 투쟁까지 겹쳐 폭력적 상황과 혼란이 각처에서 벌어졌다. 문혁의 바람으로부터 먼 농촌의 촌락도 문혁 기간에 도시 홍위병 간의 파벌싸움의 무대가 되었다. 가령 복건성 하문 근처의 연판蓮板이란 촌락에서 벌어진 무장충돌의 경우를 보면 농민들까지 파벌싸움에 연루되었다.

또 무한武漢사건|1967.7|●은 문혁의 혼란상을 단적으로 보여 주었다. 즉 무한의 대중조직이 지방군|軍區|과 손잡고 중앙의 문혁소조에서 파견된 사람들을 감금하고 무장시위를 한 뒤 여러 세력이 뒤엉켜 엄청난 사상자가 발생한 것이다. 당과 정부의 기능이 마비된 것은 물론이고 사회질서가 파괴되고 생산이 정체되면서 상황을 수습할 필요가 절박해졌다. 일단 실권파의 실각이라는 국내 권력투쟁에서의 성과를 거두었던 만큼 소련의 군사침입이 있을지도 모르는 대외적인 위기에 효과적으로 대처하기 위해서라도 안정을 찾을 필요가 있었다. 이에 모택동은 홍위병을 해산하고 해산된 청년들을 대규모로 농촌에 하방下放시켰다. 그리고 혼란을 수습하기 위해 인민해방군을 개입시켰다. 지방에 혁명위원회가 수립되어 혁명간부, 군인, 대중의 '삼자결합'에 의한 성 수준의 권력기구가 재건되었다. 새로운 권력기구인 혁명위원회 고위직은 군인이 장악했다.

무한사건

무한에서 '백만웅사百萬雄師'라는 대중조직이 세력을 확대해 무한 군구軍區와 손을 잡았다. 이들은 1967년 7월 20일 무한을 방문해 백만웅사를 보수적인 조직이라 비판한 중앙문혁소조원 두 명을 감금하고 4일간 무장시위를 벌였다. 중국공산당 중앙위원회는 주은래를 파견해 두 사람을 구출했다. 그 뒤 임표계 군대, 모택동사상 선전대, 노동자 등이 가담한 큰 혼란이 일어나 무한에서만 사망자 600명, 부상자 6만 명 이상이 발생했다.

1969년 4월, 13년 만에 열린 중국공산당 제9차 전국대회에서 새롭게 등장한 당의 지도부에 포함된 간부들은 새로운 인물이 압도적이어서 80%가 넘었다. 무엇보다도 군인의 비율이 두 배 이상으로 뛴 점이 특징이었다. 그리고 임표는 당의 규약에 모택동의 후계자로 명기될 정도로 위상이 높아졌다. 이 대회에서는 문혁이 승리했다고 평가하고 중앙문혁소조의 활동을 정지시켰다. 이로써 문혁은 종식의 길로 접어들었지만 정국은 계속해서 혼미했고 최고지도부 내의 갈등이 임표사건|1971.9|으로 드러났다. 사건보다 한참 뒤에 나온 공식 발표에 의하면 모택동을 암살하고 쿠데타를 일으키려다 실패한 임표가 비행기로 소련을 향해 도망하던 중 몽고 영내에서 추락사했다. 이 사건의 내막은 아직까지도 의문에 쌓여 있다. 사회질서와 경제의 회복을 위해 주은래 같은, 당을 배경으로 한 실무관료 집단을 중용해 반소친미라는 외교적 전환기로 접어들면서 군을 배경으로 한 임표가 고립되고, 모택동과 임표 간에 권력투쟁이 벌어졌다는 추론이 가능하다.

임표 사망 후 문혁의 지속을 주장한 사인방|앞에 거론된 3명 외에 왕홍문王洪文이 있다|은 비림비공批林批孔운동을 전개했다. 임표를 비판하면서 동시에 등소평을 복권시켜 경제부흥정책을 펴고 있던 실무파 주은래를 공자에 빗대어 공격한 것이다. 1976년 1월 주은래가 사망하면서 그가 맡고 있던 국무원 총리직을 대행한 화국봉華國鋒 체제하에서 등소평에 대한 비판운동이 본격화했다. 경제회복에 대한 기대감을 가지고 있던 북경 시민들이 그해 청명절|4.4|에 주은래를 추모하면서 사인방을 비판하는 자발적인 움직임을 보인 4·5운동|제1차 천안문사건|이 일어났고 이후 등소평은 권좌에서 다시 밀려났다. 그러나 같은 해 9월 모택동이 죽고 화국봉을 비롯한 사인방 반대파 연합이 4인방을 체포하면서|1976.10| 문혁은 실질적으로 끝이 났다.

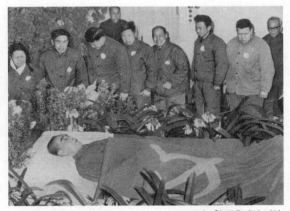

1976년 1월 주은래의 사망
사망한 주은래의 유체와 작별을 고하는 북경 시민들

중화인민공화국의 …

개혁개방정책의 개시

4인방 체포 후 그들에 의해 박해받은 사람들의 명예회복이 결정되고 등소평은 1977년 7월 직무에 복귀했다. 8월에 열린 중국공산당 11차 전국대회에서 문혁이 승리로 끝났다고 선언하고 4개의 현대화 건설을 제기했다. 온건파이긴 했지만 문혁파의 일원이던 화국봉이 정치혁명과 경제건설의 두가지 모두를 추구하는 정책을 추진하던 중 1978년 12월 중국공산당 제11기 3중전회에서 중대한 역사적 전환이 일어났다. 이제 경제건설과 이를 보장하는 정치적 안정의 중요성이 제기되면서 탈문혁노선이 확정되었다. 반모택동, 반문혁이란 이유로 실각한 지도자들의 명예를 회복하고, 제1차 천안문사건의 판결을 번복하기로 결정했다. 등소평의 지도하에 농업, 공업, 국방, 과학기술의 4개 부문의 현대화를 뼈대로 한 개혁개방노선으로 가는 길이 닦인 것이다.

노선의 전환 뒤에 1980년 8월 화국봉이 경제정책과 중월中越전쟁의 실정에 대한 책임을 지고 국무원 총리에서 해임되고 조자양趙紫陽이 총리직에 취임했다. 화국봉의 오류를 성토하면서 모택동 만년의 좌경노선을 계승한 점이 이유 중의 하나로 지목되었다. 뒤이은 임표와 4인방 재판, 문혁 때 최대의 적으로 간주되었던 유소기의 명예회복은 문혁을 부정하는 중요한 이정표가 되었다. 마침내 1981년에 열린 중국공산당 제11기 6중전회에서 통과된 「건국 이래 당의 몇 가지 역사문제에 관한 결의」●에서 공식적으로 문혁과 모택동에 대한 부정적 평가가 내려졌다. 문혁은 당, 국가, 각 민족 인민에게 커다란 재난을 초래한 내란으로 규정되고 모택동은 문혁에서 중대한 오류를 범했지만 공적이 첫째이고 오류는 두 번째라는 평가를 내렸다.

이에 따라 화국봉은 당 주석과 중앙군사위원회 주석 직에서 물러나고 당주석에 호요방, 군사위원회 주석에 등소평이 취임했다. 1982년 9월의 중국공산당 제12차 전국대회에서는 집단지도체제를 확립하기 위해 주석제를 폐지하고 총서기제를 도입해 호요방이 취임했다. 이는 한 사람에게 권력이 과도하게 집중되어 문혁이 적정선에서 통제되지 못한 점에 대한 반성이라고 보인다. 등소평은 최고 지위에 오르지는 않았으나 조자양 국무원 총리와

「건국 이래 당의 몇 가지 역사문제에 관한 결의」
1981년 6월 중국공산당 제11기 6중전회에서 채택한 이 결의는 문혁과 모택동에 대한 당의 부정적 평가를 명문화한 최초의 공식 문건으로 중요한 의미를 가진다. 여기서 모택동이 지도한 문혁은 당과 국가, 인민에게 커다란 재난을 초래한 내란이며, 혁명이라든가 사회진보가 아니었다고 엄하게 비판했다. 그리고 모택동이 문혁에서 중대한 오류를 범했다고 지적하되, 모택동의 일생을 보면 공적이 첫째이고 오류가 두 번째라고 평가해 모택동이 중국혁명 전체에서 차지하는 위상은 인정했다.

호요방 총서기를 거느린 최고 실권자였다.

이렇게 해서 제11기 3중전회를 전후해 시작된 등소평의 개혁개방시대가 본격화했다. 개혁이란 궁극적으로 시장경제화와 자본주의화의 방향을 취했고 개방은 폐쇄적인 자력갱생정책을 포기하고 국제시장에 참여하는 방향으로 나아갔다. 우선 농촌에서는 인민공사의 해체가 1982년의 신헌법에서 공식화되었고 1985년 6월에는 전국적인 해체가 완료되었다. 이제 공사의 농지가 분할되어 개별 농민에게 소유권이나 다름없는 경작권이 돌아가고 개별 농가의 책임하에 생산활동이 이루어지면서 농민의 자율성이 높아졌다. 그리고 자유시장도 부활했다. 또 능력에 따라 차등임금을 지불하는 소규모 농촌기업인 향진郷鎭기업이 생겨나서 농촌경제의 발전을 촉진했다.

책임과 권한의 이양은 농촌에 한정된 것이 아니었다. 중앙과 상급에 집중되었던 모든 경제활동의 권한이 지방과 하급으로 내려왔다. 지방은 일부 입법권까지 행사하고 재정을 독자적으로 운영하게 되었다. 사회주의체제의 지주였던 국영기업 일변도로부터 다양한 형태의 민영화기업이 나타났다. 기업경영도 기업이 독자적으로 할 수 있도록 자주권이 부여되었다. 이 모든 변화로 중국은 사회주의적인 통제경제로부터 시장경제로 이행했다.

개방정책으로 심천深圳, 하문廈門 등의 연해지역에 수출을 위한 경제특구를 설치하였고 상해, 천진 등 10개가 넘는 연해 도시를 대외경제 개방도시로 설정했다. 외국의 자본과 기술을 유치하기 위한 법적 정비도 서둘렀다.

4개 현대화, 개혁개방노선을 채택한 중국공산당 11기 3중전회(1978.12)에 참석한 등소평

이는 문혁기의 삼선건설 방침과는 대조적인 것이었다. 즉 문혁기에는 유사시 연해지구 등의 일선-線지역과 기타 이선二線지역의 공업이 파괴되어도 사천, 귀주, 운남 등의 내륙 오지三線로 버틸 수 있도록 내륙지역에 공업을 건설하기 위한 투자가 집중되었다. 그러던 것이 이제 지역 간 격차의 확대를 무릅쓰고 오지 중점 개발에서 연해 개발로 바뀐 것이다. 이는 조건을 갖춘 지역과 사람들부터 먼저 부유해져야 한다는 등소평의 선부론先富論과도 관련된 것으로 모택동과 문혁기의 평균주의적 사고방식과는 대조적이었다.

제2차 천안문사건

중국적인 특색의 사회주의 건설이라고 표현되는 개혁개방정책으로 과거의 통제경제보다 신속한 경제발전을 이룩할 수는 있었지만 정책이 진전되어 감에 따라 심각한 문제점도 드러났다. 지역별, 기업별, 개인별 격차와 권력을 남용한 경제 부정, 인플레이션과 도시 주민의 실질소득 수준 저하, 실업자 증가, 배금주의적 사고방식 등 사회문제가 대두했다. 이러한 분위기에서 정치의 민주화에 대한 요구가 거세게 분출해 1989년 6월의 제2차 천안문사건에 이르게 되었다.

본래 4개 현대화 외에 제5의 현대화로서 정치의 민주화가 이루어져야 한다는 목소리는 개혁개방으로 나가기 시작한 1978년 가을부터 있어 왔다. 그러나 등소평은 4개 현대화를 실현하기 위해서는 사회주의의 길, 프롤레타리아독재, 공산당의 지도, 마르크스·레닌주의와 모택동사상이라는 4가지 기본원칙을 고수해야 한다고 주장했고 이에 민주화를 주장한 활동가들이 탄압을 받았다. 개혁개방에 대한 불안감을 가진 당내 세력을 안정시키고 경제건설을 위해 정치적 안정과 당의 지도가 필요하다는 생각에서였다.

이후 1980년대에 들어 당내에서는 개혁개방의 속도와 범위, 4가지 원칙의 고수 여부 등을 둘러싸고 다양한 의견 차이가 드러났다. 1986년 북경에서 젊은 연구자들 사이에 정치체제의 개혁에 대한 논의가 활성화하면서 호요방, 등소평은 정치개혁이 필요하다는 견해를 표명했다. 이에 대해 4가지

기본원칙의 견지, 부르주아 자유화의 반대를 부르짖는 원로들이 나타났다. 급진적인 지식인들의 반발에 이어 12월에는 전국 대학에서 민주화를 요구하는 학생시위가 빠르게 번져 나가자 등소평은 이를 지나치다고 판단해 탄압했다. 다음 해인 1987년 1월 지식인, 학생의 요구에 너무 유연하게 대응했다는 책임을 지고 호요방이 총서기직에서 해임되고 조자양이 뒤를 이었다.

1988년 가을에 들어서면서 개혁개방의 진전에 따른 여러 가지 사회문제로 인해 전망이 어두워지면서 강력한 지도자가 정치적 안정을 바탕으로 경제 근대화를 추진해야 한다는 주장과 민주화의 가속화가 필요하다는 주장이 맞섰다. 특히 후자의 지식인들은 5·4운동 70주년이 되는 1989년 들어 위경생魏京生 등 민주화를 요구하다 투옥된 정치범의 석방을 요구하고 인권옹호운동을 벌이기 시작했다. 마침 4월 15일 실각한 호요방이 사망하자 호요방 추도집회가 확대되어 전반적인 민주화운동이 개시되었다. 학생운동을 애국적인 민주운동이라고 옹호한 조자양과 같은 적극적인 개혁파집단과, 동란이라고 본 등소평과 같은 원로 및 보수집단 간의 대립도 나타났다.

페레스트로이카개혁를 추진한 소련의 고르바초프가 북경을 방문한 5월 중순에 이르면 학생과 지식인 외에 시민, 노동자, 기업가 등 관료의 부패와 인플레이션에 불만을 가진 사람들이 대규모로 천안문의 집회에 모여들었다. 여기서는 등소평에 대한 직접적인 비판까지 나왔다. 고르바초프가 귀국한 뒤 5월 20일 북경에 계엄령이 내려졌고 당국과 시위대 사이에 2주일간 대치 상태가 벌어졌다. 처음부터 운동을 지도하던 사람들이 대학으로 철수할 것을 호소했으나 통솔이 어려워졌다. 일반 학생들이 이탈하고 천안문에는 강경하게 맞서려는 사람들만 남았다. 6월 3일 계엄부대가 반혁명 폭동을 진압한다는 명목으로 북경 도심으로 출동했다. 군대는 4일 내내 천안문 광장에 이르는 몇몇 도로에서 저항하는 학생, 시민들에게 발포했고 광장을 접수했다.

아직까지도 정확한 숫자를 알 수 없는 인명이 이 사건으로 희생되고 활동가들이 체포되거나 망명했다. 등소평은 이 사태를 공산당과 사회주의를

1989년 제2차 천안문사건 당시 탱크 앞에 맨몸으로 선 시민

전복시키고 서방 측에 예속된 부르주아 공화국을 실현시키려 했던 움직임을 진압한 것으로 정당화했다. 제2차 천안문사건으로 불리는 이 사건으로 민주화를 추구하는 운동이 진압되고, 실각한 조자양의 뒤를 이어 강택민江澤民이 총서기에 취임했다. 사건 뒤에 등소평은 개혁개방의 지속을 천명했다. 사건 이후 서방사회의 비난과 경제제재로 한때 대외 경제교류가 약화되었으나 아시아 각국과의 관계 개선, 서방 각국과의 관계회복을 도모해 1990년대에도 경제성장이 가속화되었다. 특히 해체 이후의 소련과 동유럽의 경제혼란과 민족분규를 보고 중국 국민은 정치적 안정과 경제성장에 우선순위를 두게 되었다. 공산당은 근대화 추진에 필요한 정치적 안정을 담보할 유일한 세력으로서 자신의 존재 근거를 확고하게 만들어 가면서 비대해지고 있다.

대외관계의 변화

앞에서 보아 온 것처럼 중공은 제2차 천안문사건에 이르기까지 건국 후 40년밖에 되지 않는 동안 정치적 격동을 거듭했다. 국내정치의 급격한 변화는 중국을 둘러싼 대외관계와 관련이 깊었다. 즉 대외적인 위기감이 국내 정국뿐만 아니라 사회 전체를 하나로 묶는 데 기여했으므로 건국 이후의 역사를 이해함에 있어서는 대외관계의 변화를 함께 볼 필요가 있다.

1949년 10월 1일에 선포된 정부의 포고에서 중공은 "평등, 호혜, 영토 주권의 상호존중을 준수하는 어떠한 외국 정부와도 동등한 외교관계를 바란다"고 선언했다. 중국을 대등한 국가로 인정한다면 어느 나라와도 수교하겠다는 태도의 표명이었다. 1950년 2월 소련이 중공 정부를 승인했고 동유럽과 아시아의 사회주의국가, 인도를 비롯한 신흥 아시아국가들 및 영국, 네덜란드 등의 유럽국가가 승인했다. 1950년 말에는 도합 25개국과 수교를 했다. 그러나 미국을 비롯한 서방국가 대부분은 중국을 승인하지 않았기 때문에 국제연합에는 대만으로 건너간 중화민국이 중국의 대표로 가입했다.

1950년 한국전쟁이 발발하면서 미국은 대만해협에 제7함대를 파견하고 필리핀, 인도차이나의 반공세력을 지원하겠다는 의사를 표명했다. 이로써 중국은 미국이 한반도와 대만해협, 인도차이나 등 세 방향에서 자신들을 포위 침략하는 전략을 실행할 것이라고 생각했다. 한국전에 중국이 참전해 미국을 비롯한 연합국과 싸우는 전시체제로 들어가게 되면서 재정과 금융 및 시장에 대한 국가의 통제가 강화되었다. 결과적으로 농업 이외의 부분에서 국·공영화가 신속하게 진행되어 사회주의적 개조를 앞당겼다.

1953년 휴전협정이 조인된 이후에도 중국과 미국의 적대적인 관계가 계속되었다. 미국과 같은 강국을 적대국으로 두고 있는 이상 근대적 국방의 건설이 시급한 과제가 되었고 유토피아적인 미래의 사회주의가 아니라 총력전을 할 수 있는 사회주의사회의 건설을 서두르게 되었다. 그러다 보니 소비재 중심의 경공업이 아니라 중공업에 편중된 공업화 위주로 경제개발 정책이 추진되었다. 한편 중국은 미국과의 적대관계 속에서 다른 사회제도를 지닌 아시아·아프리카 국가들과의 평화공존외교를 적극 추진했다. 특히 제국주의 침략을 공통적으로 경험한 인도의 네루가 비동맹, 중립을 제창하면서 중국과 인도는 협력관계에 들어갔다. 제3세계의 연대라는 중요한 성과를 거둔 1955년의 반둥회의[제1회 아시아·아프리카회의]*에 주은래가 참석해 유연한 외교를 보여 준 것은 국제사회에서 중국의 위상을 상당히 높여 주었다.

그런데 1950년대 후반에 접어들면서 소련과의 우호관계에 금이 가기 시작했다. 처음 사회주의체제로의 이행을 시작한 1950년대 초반에는 소련의 '핵우산' 아래에서 군사적인 보호를 기대할 수 있었고 경제건설에서도 소

반둥회의
1955년 4월 인도, 미얀마 등 5개국 수상의 초청으로 아시아, 아프리카의 독립국 29개국의 수상이나 외무장관이 참가해 인도네시아 반둥에서 개최되었다. 기본적 인권 및 유엔헌장의 목적과 원칙의 존중, 모든 국민의 주권과 영토 보전의 존중, 국제분쟁의 평화적 해결, 상호 이익과 협력의 촉진 등을 담은 반둥 10원칙'을 선언했다. 아시아, 아프리카의 각성과 단결을 보여주는 역사적 회의로서 이후 유엔에서 아시아, 아프리카 국가들의 발언권이 증대되는 등 이 회의는 국제사회에서 제3세계의 역량을 보여 주는 중요한 이정표가 되었다. 중국의 주은래, 인도의 네루, 이집트의 낫세르가 이 회의를 주도했다.

련의 원조를 받아 소련을 모델로 할 수도 있었다. 그러나 스탈린이 죽고 뒤를 이은 흐루시초프가 1956년 2월 스탈린을 비판하고 사회주의와 자본주의의 평화공존을 주장하면서 중·소관계는 어긋나기 시작했다. 대서방 강경 노선을 주장하면서 중국은 소련이 사회주의를 수정해 미국에 굴복했다고 보았다. 이제 중국이 전 세계 공산주의진영의 지도자를 지향하면서 양국의 불편한 관계가 시작되었다.

특히 중국이 핵무기의 기술 이전을 요구한 것을 흐루시초프가 거절하면서 모택동은 자력으로 핵무장을 하기로 결정하고 국민을 총동원하는 대약진운동을 강행했다. 1960년에 이르게 되면 양국 간에 전면적인 논쟁이 벌어져서 이 해 여름 소련은 중국에 파견했던 1,300여 명의 기술자를 철수시키고 257건의 플랜트계약을 파기했다. 유소기와 등소평이 중·소대립의 격화 속에 경제재건을 서두르기 위해 조정정책을 채택한 것은 앞에서 본 대로이다.

1964년 흐루시초프가 실각하고 브레즈네프가 등장했지만 중·소 간의 긴장관계는 해소되지 않았다. 오히려 브레즈네프체제의 소련이 모택동의 하야를 요구하면서 중국의 반발이 커졌다. 게다가 1968년 8월 소련이 바르샤바조약기구 군대를 동원해 프라하에 진입한 뒤 사회주의 공동체를 지키기 위해 일국의 주권이 제한될 수 있다는 브레즈네프 독트린*을 선언하자 중국은 강한 위기감을 느꼈다. 이제 중국은 소련을 사회주의 제국주의라고 비난했고 이러한 분위기에서 1969년 3월에서 8월 사이에 양국 국경에서 몇 차례 무력충돌이 발생했다. 대도시 시민들이 참호를 파고 핵 방공호를 만들 정도로 중국에서는 핵전쟁의 위기감에 시달렸다.

중국인의 대외 위기는 소련과의 관계에서만 있었던 것이 아니었다. 우호관계에 있던 인도와도 국경에서 무력충돌이 일어났다(1962).* 전통적인 적대관계에 있는 미국은 베트남전쟁에 개입함으로써 중국에 한층 더 큰 위협이 되었다. 모택동이 문혁과정에 국방의 삼선정책을 채택해 내륙 오지에서 장기전을 구상한 것은 바로 이런 위기감 때문이었다.

그러나 소련과 핵으로 대치하면서 동시에 미국과 대립하는 것은 커다란

브레즈네프 독트린
1968년 '프라하의 봄'으로 알려진 체코슬로바키아의 자유화운동으로 동유럽에 대한 소련의 통제에 위협이 발생하자, 체코를 침공해 자유화운동을 진압한 뒤 브레즈네프가 선포한 선언이다. 공산주의체제에 대한 도전이 발생할 경우 그 국가의 주권이 제한될 수 있다는 내용으로 동유럽의 이탈 방지에 주안점을 두었다. 브레즈네프 시기 소련 외교의 팽창주의적 성격을 보여준다.

중·인 국경분쟁
1954년 중국과 인도는 '중국-인도의 티베트 통상교통협정'을 통해 상호 불가침, 영토 보전의 존중 등에 합의했지만 1959년 달라이 라마의 인도 망명을 계기로 국경선을 둘러싼 양국의 의견 차이가 무장충돌로 나타나기 시작했다. 1959년 10월 서부 국경에서 양국 군의 충돌이 발생했고 1962년 10월 다시 동부 국경에서 큰 충돌이 일어나 인도군이 대패했다. 1962년 12월 중국군이 일방적으로 철수하고 1963년 4월 인도인 포로가 전원 석방되었으나 1967년 9월 다시 시킴과 중국의 국경에서 중국과 인도 간에 격렬한 분쟁이 일어났다.

위험이었다. 그래서 반소를 표방하고 전개된 문혁의 와중에 모택동은 주은 래를 통해 미국에 접근했다. 마침 오랜 베트남전쟁으로 인해 곤경에 처해 있던 미국도 중국과의 타협을 원했다. 1971년 그동안 중화민국이 국제연합 에서 차지하고 있던 중국의 대표권을 중공이 차지했다. 1972년 미국 대통 령 닉슨이 중국을 방문하고 중국과 일본이 국교를 회복하면서 서방세계의 대중국 봉쇄가 풀렸다. 미국과의 국교는 1979년에 수립되었지만 1970년대 초반부터는 건국 이후 지속되어 온 미국과의 긴장관계가 해소되었다.

소련과의 관계는 계속 대치 상태였지만 양국 모두 핵전쟁의 공포감을 맛 보았던 터라 전쟁의 위기는 완화되었다. 이렇게 대외관계에서 긴장이 완화 되면서 문혁 말기에 주은래, 등소평 등이 경제재건에 전념할 수 있었다. 중 국에서 개혁개방이 시작된 뒤인 1979년, 중국의 대미관계 개선 이후 소원 해진 베트남과의 사이에 캄보디아정권 문제를 둘러싸고 전쟁이 벌어졌다. 이 전쟁에서 중국군의 낙후성이 드러나자 국민을 동원한 인민전쟁 전략을 수정해 군사력의 현대화 쪽으로 방향을 바꾸었다. 1980년대에 접어들어 소 련과의 외교교섭이 진행되다가 고르바초프정권이 들어서면서|1985| 중·소 간의 긴장이 완화되었다. 중국은 제2차 천안문사건 이후 국제적 고립화의 와중에서 아시아와의 관계 개선을 꾀하여 베트남과 관계를 정상화하고 |1991| 우리나라와도 국교를 수립했다|1992|.

1997년 7월 홍콩이 중국에 반환되면서 제1차 중·영전쟁 때부터 영국에 빼앗기기 시작한 식민지가 사라졌다. 홍콩에 대한 주권을 회복하면서 중국 은 '1국 2체제'를 실험하고 있다. 대만과의 관계도 1996년의 대만해협 위 기를 겪으면서 대화를 통한 해결의 방향으로 가고 있지만 대만 문제의 해결 은 앞으로의 과제라고 하겠다.

이상에서 살펴본 바와 같이 건국 이후 40년간 국내 정세가 격동했던 것 은 건국 초기부터 서방세계로부터 봉쇄되고 미국, 소련과 같은 강대국과 끊 임없는 긴장관계에 있었던 상황 때문이었다. 대외 위기는 미래의 이상적인 유토피아를 향한 사회주의의 점진적 건설이 아니라 국민의 잠재력을 총동 원해 눈앞의 전쟁 위기에 대처해야 한다는 국민동원 논리를 제공했다. 문

홍콩 이양

1997년 7월 1일 홍콩의 주권 회복 의식이 거행되었다. 1842년 홍콩의 식민지화는 중국이 반식민지적 상황으로 들어가게 된 최초의 사건으로 홍콩에 대한 주권회복은 상징적인 의미가 크다.

혁 말기부터 중국을 둘러싼 국제사회의 긴장이 완화되면서 개혁개방이 본격화되고 비로소 국민의 생활수준을 제고하는 방향으로 현대화가 추진되고 있다.

앞에서 살펴본 것처럼 중국인들은 1차 중·영전쟁의 패배 이후 중국이 세계의 중심은커녕 선진적인 서구에 종속된 낙후된 곳이라는 생각을 하기 시작했다. 중국이 외국에 일방적으로 치외법권을 인정하는 불평등한 조약을 감수하게 된 것도 중국의 법체계가 낙후되었다는 서구의 주장 때문이었다. 어쨌든 중국은 낙후국이라는 오명을 벗기 위해서라도 개혁을 서둘러야 했다.

개혁으로 궁극적인 목표였던 청조의 부흥은 달성하지 못했지만 전근대적인 생활양식에 대한 영향력은 가히 파괴적이었다. 중화민국이 수립되고 5·4운동을 거치면서 중국의 전통적인 사고방식이나 생활양식은 총체적으로 부정되고 서구화가 가속화했다. 전족 폐지와 같은 신체의 자유에 수반해 의생활에서 가장 두드러진 변화가 나타났고 경극 외에 영화와 같은 새로운 매체가 출현하여 여가생활의 총아가 되었다. 도시화와 여성해방이 맞물리면서 전통적인 가족제나 결혼양식이 크게 바뀌고 사회생활이 전반적으로 달라졌다. 이러한 변화는 대륙에 중화인민공화국이 수립되면서 몇 차례 굴곡을 겪었으나 개혁개방 이후 급속한 서구화의 열풍이 다시 불고 있다.

서구의 충격 이후 중국인의 생활에서 가장 급격하게 바뀐 것은 신체의 자유에 수반한 의생활 부분이었다. 전근대 중국인의 신체에 대한 구속으로 가장 심각한 것은 여성의 발을 묶어서 작게 만드는 전족 풍습이었다. 송대 이후 출현해 이민족왕조인 원을 몰아내고 한족의 왕조를 건국한 명대에 이르러 고유의 풍습회복이라며 성행한 전족은 서민에게까지 확산되었다. 만주족이 세운 청조에는 전족을 풀도록 명령했음에도 불구하고 오히려 전족 풍습이 최고조에 이르렀다. 전족을 하지 않을 경우 혼인이 어렵다는 통념이 하루아침에 바뀌지 않았기 때문이다. 여성의 전족 풍습이 없었던 객가客家 주도의 태평천국이 영역을 넓혀 가면서 전족을 강제로 풀도록 했으나 전족을 한 여성들이 오히려 이에 반발한 것을 보아도 통념의 견고함을 알 수 있다.

그러나 전족 풍습은 유년기에 발을 묶어 두는 과정에서 겪는 고통은 물론이고 가사노동이나 농사일까지 해야 하는 서민층 여성에게는 계속 신체적 고통을 크게 주었다. 노동을 하지 않아도 되는 상류층 여성에게도 불편한 걸음걸이는 마찬가지라, 신체적 고통을 주면서 평생 운신의 폭을 좁혀 놓은 굴레였다. 그렇기 때문에 중국 내에서도 전족이 시작된 송대부터 일부 지식인들은 전족에 대한 비판을 해 왔다. 그러나 전족이 아직 대세를 이루지 않은 시대였기에 반대론은 묻혀 버리고 말았다. 전족의 성행에 따라 문제점이 드러나게 된 청 말에 오면 전족 폐지론이 점점 기세를 올렸다. 청 말의 폐지론이 힘을 얻게 된 것은 서구의 충격과도 긴밀한 관계가 있었다. 중국에 들어온 서구인의 눈에 전족은 야만적인 관행으로 비난의 대상이었고, 개혁을 추구하는 과정에서 중국 안에서도 타파해야 할 악습으로 지목되었기 때문이다.

중국의 자강을 목표로 시작된 변법운동의 지도자들인 강유위, 양계초는 폐지해야 할 중국의 악습 중에도 특히 전족에 주목해 일찍부터 부전족회不纏足會*를 조직하고 여성의 발을 해방시키려 했다. 타고난 대로의 천연의 발

부전족회
변법운동기 전족의 해방을 목표로 강유위, 양계초 등이 조직한 계몽단체로, 1883년 광동에서 시작된 후 한때 중단된 뒤 1895년 다시 설립되었다. 이어 상해, 호남, 복건 등 여러 지역에 개설되었다. 입회자는 전족 여성과 결혼하지 않고 딸에게 전족을 시키지 않기로 했다. 부강한 중국의 건설을 위한 건강한 모성과 여성 노동력의 중요성에 입각해 천족운동을 벌인 것이 인도적 견지에서 천족을 계몽한 선교사단체와의 차이점이다.

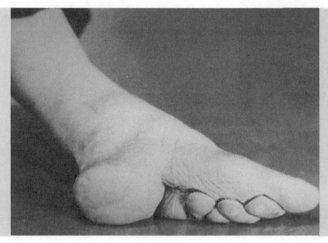

보통 신발(왼쪽)과
전족에 신는 신발(오른쪽)의 차이

전족 여성의 맨발

을 가지자는 천족天足운동이 이렇게 해서 중국 안의 몇 개 도시에서 시작되었다. 부강한 국가를 이룩하기 위해서는 국민의 신체가 튼튼해야 하는데 어머니가 될 여성들이 전족으로 불구의 발을 갖게 되어 모체가 약해진다면 건강한 아이를 출산할 수 없다는 논리가 천족운동에 깔려 있었다.

변법운동이 실패로 돌아가면서 이들의 움직임이 중국 안에서는 더 이상 찾아보기 어려웠지만, 불과 3년 뒤 조정은 전족의 악습을 철폐하라는 명령을 내렸다. 정변을 일으켜 변법운동가들을 좌절시킨 서태후가 의화단사건을 겪으면서 더 이상 서구를 적대시할 수만 없으며 서구를 모델로 개혁하겠다고 결정하고 신정을 개시하면서 취해진 조처였다. 조정의 전족 폐지 명령에는 지방 관리들이 호응해 전족을 풀도록 홍보했고 신정으로 학교에 다닐 수 있게 된 여학생 중 일부는 전족을 풀기 시작했다. 특히 교회 전도사의 홍보로 기독교인 중에 전족을 푸는 이들이 많은 편이었다. 손문의 장모이자 송경령의 어머니였던 이가 천족이라 노처녀로 있던 중 기독교도인 손문의 장인 찰리 송을 만나 결혼할 수 있었던 것에서도 이런 분위기를 알 수 있다.

공화혁명으로 남경에 중화민국 임시정부가 들어서면서 임시대총통 손문은 민국 원년인 1912년 3월 내무부에 명해 전족을 폐지하도록 하고, 이를 어기는 경우 그 가족에게 벌을 주도록 했다. 북경을 수도로 해 정식 중화민국이 수립된 뒤에도 전족 금지정책은 계속되었고 군벌시대를 종식시키고 중국을 통일한 남경의 국민정부는 1928년 5월 내정부의 훈령 형식으로 전국에 전족을 금지시켰다.

전족을 풀라는 청조의 명령이 내렸다고 해서 전족이 하루아침에 모두 사라진 것은 아니었다. 예컨대 동북지역[만주]의 의현義縣이라는 소읍에 살던 한 여성은 신정이 진행되고 있던 1909년에 출생했지만 두 살이 되던 해부터 발이 묶이기 시작해 전족의 고통을 감내해야 했다. 공화혁명 당시 10대 초반의 나이로 상해에 살고 있던 인력거꾼의 딸과 광동성 번우현番禺縣의 부유한 집안에 태어난 여자아이도 장래 결혼을 하기 위해서 필요하다는 어머니의 주장으로 전족을 시작해야만 했다. 상해는 전족이 가장 먼저 사라진 지역으로 유명하고 광동성도 서구문물이 일찍부터 유입되어 전족이 비교적 빨리 사라진 지역이었다. 때문에 이들의 사례는 전족이 결혼에 필수라는 통념의 지속성이 얼마나 강한가를 보여 준다.

그런데 이 두 여자아이가 결국은 아버지의 성원에 힘입어 전족을 곧 풀게 된 것을 보면 역시 공화혁명 덕분에 적어도 도시지역에서는 천족으로 있던 유아나 소녀들이 새롭게 전족을 강요받지는 않게 된 것 같다. 앞서 이야기 한 의현 여성의 여동생은 민국 초기인 1917년에 태어났기 때문에 전족을 하지 않아도 된 것을 보면 공화혁명의 영향이 더욱 확연히 드러난다.

그러나 지역에 따라 전족 관행이 지속된 정도는 달랐다. 해안보다는 내륙에서, 남방보다는 북방에서, 도시보다는 시골에서, 그리고 교통의 요지보다는 산간벽지에서 기왕에 묶은 전족을 풀지 않는 경우가 많았던 것이다. 그래서 국민정부에 들어와서도 1937년 중·일전쟁이 발발하기 전까지 내정부나 각급 지방정부가 지속적으로 여성의 전족을 조사하고 다양한 방식으로 전족 금지를 계몽하는 사업을 해야만 했다. 어쨌든 8년간에 걸친 항일전쟁도 천족운동에는 유리하게 작용해 전족은 점차 사라지게 되었다.

여성들의 발이 해방되면서 이제 전족은 야만을 상징하는 수치스러운 존재가 되었다. 아울러 전족을 감싸던, 천으로 만든 자그마한 신발인 금련화金蓮靴● 대신 천족에 알맞은 새로운 형태의 신발이 나타났다. 청 말의 부전족 운동 때는 원래부터 전족을 하지 않는 만주족 여성들이 신던 신발을 신었지

금련화
전족한 발을 감싸는 작은 신발. 전족한 발을 금련이라고 했는데 이런 명칭은 오대시대 후당後唐 왕조의 후주後主가 애첩에게 발에 비단을 걸치고 금련대金蓮臺 위에서 춤을 추게 한 데서 유래한 것으로 보인다. 이 애첩의 작은 발을 모방해 발을 묶기 시작한 것이 전족의 기원으로 알려져 있다.

만 혁명이 일어나 만주족에 대한 반감이 공공연하게 드러나면서 서구식 신발 곧 가죽으로 만든 높은 굽의 구두가 나타났다. 타고난 대로의 발로 학교에서 체육수업도 받는, 신식 교육 수혜자인 여학생들이 주로 서구식 가죽구두를 신고 거리를 활보했다. 물론 값비싼 가죽구두를 신고 활보할 수 있었던 것은 대도시의 일부 여성에 불과했다. 그렇지만 이국적인 가죽구두의 출현은 과거와는 달리 근대적인 도시사회의 유복하고 자유로운 여성의 존재를 알려주는 중요한 지표였다.

전족 다음으로 서구의 문화적 충격을 겪은 뒤 야만스러운 관행으로 인식된 것은 남성의 머리모양 즉 변발이었다. 앞머리를 밀고 뒷머리를 땋아 늘이는 변발은 말을 타고 기동성을 필요로 하는 유목민족의 생활상에는 적합한 것일 수도 있었다. 그렇지만 농경을 주로 하는 한족에게는 불필요한 것이었다. 그런데도 청조가 변발을 강요한 것은 한족의 문화적 자부심을 내리누르려는 의도가 컸다. 그래서 청조의 변발 강요는 성공하고 전족 폐지는 실패한 데 대해 혹자는 힘이 센 남성은 굴복시키고 힘이 약한 여성은 굴복시키지 못했다고 평가하기도 했다. 어쨌든 청조가 잇단 전쟁에서 패하고 권위가 약화되면서 한족 남성들의 굴복의 상징이었던 변발에 대해서도 반발이 시작되었다.

변발 잘리는 모습
민국 수립 후 혁명군이 거리에서 강제로 변발을 잘랐다.

돼지꼬리 머리라는 식으로 서구인의 조롱거리가 되어오기도 했지만 중국인 중에도 개혁에 눈을 뜬 지식인들 특히 해외 유학생들은 변발을 수치스럽게 여겼다. 그렇지만 청조는 신정개혁 때 전족을 폐지하라는 명령을 내렸음에도 불구하고 변발은 멸망하는 날까지 고수했다. 청 말 외교부 고위관리가 변발 폐지를 건의했음에도 수용하지 않은 것은 만주족 지배층의 자존심과도 관련된 것으로 생각된다.

민국시기 신식 교육의 수혜를 받은 여학생들

사진은 1922년 북경여자고등사범학교 졸업생들의 기념 촬영 모습이다. 북경 여자고등사범학교는 북경여자사범대학 으로 개명하였는데 이 학교는 당시 여 자대학으로는 최고 명문이었다. 소박한 색상과 활동적인 양식의 옷차림이 눈에 띈다.

청조가 요지부동이었음에도 불구하고 해외 유학생들 중에는 과감하게 변발을 자르는 이들이 생겼다. 물론 이들에게는 귀국 후 가발로 된 변발을 매달고 다녀야만 하는 고충도 있었다.

이러한 고충은 공화혁명으로 하루아침에 사라졌다. 남경 임시정부가 청조에 대한 굴종의 표시이면서 위생상으로도 좋지 않은 변발을 잘라버리도록 명령했기 때문이다. 물론 시골에서는 아직도 변발을 자르지 않고 둘둘 말아서 모자 속에 감추고 다니는 사람들이 있었다. 노신의 소설을 보면 민국 초에 시골 남성들 가운데 변발을 자른 이와 자르지 않은 이들 간의 심리적 갈등이 잘 나타나 있다. 또 마지막 황제 선통제를 다시 황제 자리에 앉히려는 복벽을 일으킨 군벌 장훈張勳 휘하 병사들이 변발을 자르지 않고 있었던 것도 유명한 이야기이다. 혁명이 밑으로부터 이룩된 것이 아니고 중도에 청조와 혁명군의 타협으로 일찍 끝났기 때문에 혁명의 여파가 구석구석 미치지 않은 탓이었다. 그렇기는 하지만 시대가 갈수록 변발은 종적을 감추고 서양식으로 짧은 머리가 대세를 이루었다. 짧아진 남성의 머리는 자연히 다른 형태의 모자를 유행시켰다. 전통 복식에 어울리는 작고 동그란 모자소모小帽도 있었으나 양복과 전통복식 모두에 착용하는 넓은 차양 달린 서구식 예모禮帽예복 차림에 갖춰 쓰는 모자가 들어왔다.

여성들의 단발은 남성의 경우처럼 공화혁명 이후 갑자기 시작된 것은 아니지만 어쨌든 서서히 짧아졌다. 그러나 여성의 단발의 역사에는 피로 얼룩

진 한 장이 들어가 있다. 대체로 신식 교육을 받은 여학생들이 5·4운동 이후 머리를 짧게 자르기 시작했는데 수구적인 가족, 사회와의 갈등이 컸다. 가령 여류작가 정령丁玲이 5·4운동 와중에 학교 동급생들과 단발을 한 뒤 방학이 되어 얹혀 살던 외숙 댁으로 돌아갔을 때의 이야기를 들어보자. 짧은 머리의 정령이 집에 들어서기 무섭게 외숙 내외는 "신체와 머리털, 피부는 부모에게 받은 것이라 훼손하지 않는 것이 효도의 첫 번째"라는 『효경』 구절을 들먹이며 소리를 질러댔고 정령도 이에 맞서 한바탕 언쟁을 치러야만 했다.

　그러나 가족과의 갈등 정도는 약과였다. 1920년대 중국에서는 여성의 단발이 혁명적 활동가란 이미지로 통하기도 했기 때문에 목숨을 건 희생이 따랐다. 예컨대 1920년대 후반 북경에서 반일反日시위를 하던 학생들에게 총통부 호위병들이 총격을 가한 3·18사건|1926.3.18|●에서 희생자들 가운데 여학생들이 끼어 있었다. 당시 죽은 여학생들은 단발머리를 하고 있었기 때문에 표적이 되어 살해되었다는 이야기가 나돌았다. 군벌부대의 군인, 경찰 등 수구적인 성향의 남성들 눈에 단발 여학생의 행위가 어떻게 비쳤는지 생각해 볼 만한 대목이다.

　또 단발은 국민혁명을 통해 여성해방이 이루어지리란 기대감을 가지고 이를 지지한 여성들의 상징이기도 했다. 예컨대 국민당의 북벌군이 무한武漢에 입성하자 호북부녀협회에 모여든 여성들은 국민혁명군을 환영하는 행

3·18사건
1926년 3월 12일 천진 대고구大沽口에서 국민군과 일본군함 사이에 총격전이 벌어졌다. 봉천파 군벌과 교전 상태에 있던 국민군이 봉천군 원조의 혐의를 두고 일본군함의 진입을 저지하다가 일어난 일이었다. 8개국 연합군은 일본편을 들어 국민군의 대고구 봉쇄를 풀라는 최후통첩을 하고 군함을 대고구에 집결시켜 실력행사를 암시했다. 이에 반제국주의적 정서가 강한 학생, 시민들은 북경정부를 향해 열강의 최후통첩을 거부하도록 청원시위를 했다. 3월 18일 청원시위대를 향해 국무원 호위대가 발사해 47명이 죽고 200명에 가까운 사람이 부상을 입었다.

1926년 3·18사건 때 북경에서 희생당한 세 명의 여학생(오른쪽부터 순서대로 양덕군, 유화진, 위사의)

사 중에 집단적으로 단발을 단행했다. 그리고 호북의 부녀협회 회원들은 농촌 여성들의 단발을 강력하게 추진했다. 농촌 여성 중에는 강제로 단발을 한 뒤 치욕감에 자살을 하는 경우도 있었다. 그리고 국민당과 공산당의 합작이 붕괴된 뒤 호남성 장사長沙에서 일어난 반공사변에서는 그저 단발을 했다는 이유만으로 여학생들이 공산당원으로 지목되어 살해되는 일도 있었다. 이렇게 피를 부를 정도로 단발 여성에 대한 수구적인 남성들의 혐오감이 강했다고는 하지만, 북벌이 끝나고 국민정부가 들어서면서 도시에서는 여성의 단발이 일상으로 자리 잡았고 심지어 퍼머 같은 유행도 들어왔다.

전족과 변발 폐지로 머리카락과 발만 자유로워진 것이 아니었다. 서구의 충격과 공화혁명 이후 중국인의 의생활이 급격하게 변화하는 과정에서 신체의 전반적인 자유 또는 해방을 엿볼 수 있다. 전통시대 마지막 왕조인 청조의 복식을 보면 남녀를 막론하고 풍성한 형태에 화려한 색깔과 무늬가 특징이었다. 강유위 같은 개혁론자는 일찍부터 서구식 복식으로의 개량을 주장했는데 이것이 처음부터 받아들여진 것은 아니었다. 그러나 1900년대에 들어서 신정개혁이 시작되면서 분위기가 바뀌었다. 개혁의 1차 목표는 어디까지나 강력한 군사력이었던 만큼 신식 군대 육성이 중시되고 게다가 과거제까지 폐지되면서 군인의 지위가 전에 없이 높아졌다. 문관의 무관에 대한 우위라는 전통적인 관념이 무너지면서 무관의 복장인 군복이 사회적으로 영향력 있는 복식이 된 것이다. 물론 치렁치렁하고 헐거운 청조의 구식 군복 바지와 상의 대신 몸에 착 달라붙는 유럽식 군복 바지와 상의가 출현했다.

신식 학교에서 교육받는 학생들의 옷차림에도 변화가 왔다. 남학생들은 치렁치렁한 긴 옷 대신 바지와 상의로 구성된 군복과 비슷한 형태의 교복을 입기 시작했다. 옷의 색채도 과거처럼 알록달록한 것이 아니라 흰 셔츠에 검은색이나 진한 빛깔의 하의로 바뀌었다. 여성들의 경우와 마찬가지로 남성들도 전통적인 헝겊신 외에 가죽구두를 신기 시작했다. 몸에 붙는 양식의 복장 착용, 의복 색깔이 진해진 것 등은 당시의 애국주의와 군사중심적인 사회 분위기를 반영한 것이었다.

군복이 민간인의 복장에 영향을 준 것은 비단 남성복에만 한정되지 않았다. 오히려 여성복에 더 뚜렷한 영향을 주었다. 그동안 신체 굴곡이 드러나지 않도록 펑퍼짐한 의복 일색이던 것이 몸에 어느 정도 맞는 양식으로 바뀐 것이다. 상의의 높은 깃도 군복 깃을 모델로 해 높이가 다양하게 변형되었다. 아직까지는 가슴이 납작한 상태로 눌려있었으므로 치마를 입지 않을 경우 소년 같아 보였다. 여성복이 군복 양식을 모델로 해 유행했다는 것은 그만큼 사회에서 신식 군인과 경찰 등 제복 입은 사람들의 인기가 높았음을 반증하며, 사회를 풍미하고 있던 애국적 열정에 신식 교육을 받은 여성들이 공감하고 있었음을 보여 준다.

신정기에 출현한 이와 같은 새로운 복식은 공화혁명으로 더욱 확산되었다. 앞서 살펴본 전족과 변발의 폐지는 복장에서의 양풍 확산을 가속화시켰다. 이런 와중에 대도시의

신군 장교의 복장

서양식 군복을 모방한 청 말 신정기의 신군 복장을 한 장교. 몸에 맞는 형태의 군복은 남성복은 물론이고 여성복에도 큰 영향을 미쳤다.

학생, 지식인에서 시작해 애국과 계몽의 열풍을 불러일으킨 5·4운동은 복식에도 크게 영향을 미쳤다. 애국심의 고양으로 일본상품 불매운동과 국산품애용이 고취되는 분위기에서 중국산 직물을 이용했으며 외국산 단추보다는 중국식 헝겊 매듭을 선호하는 양상이 드러났다. 그러나 계몽의 내용이 서구문물 따라잡기를 포함하고 있었기 때문에 전반적인 서구식 복장의 확산 추세에는 변함이 없었다. 특히 애국운동에 동참한 여학생들이 거리로 나가 시위행렬에 가담하는 등 여성의 사회적 활동이 눈에 띄게 늘어났다. 그리고 여성의 직업사회 진출과 그에 수반한 자유, 해방과 더불어 활동적인 복장이 늘어났다.

청왕조 시대에 다수의 한족 여성들이 입던 긴 윗도리가 점차 짧아져서 허리 밑 정도로 올라왔다. 그 아래 긴치마를 입기도 했지만 치렁치렁한 치마의 길이가 짧아져서 무릎 아래 정도로 된 스커트가 나왔다. 그리고 긴치마 속에 바지를 받쳐 입던 형태는 사라지고 블라우스 상의에 스커트, 스타킹 차림으로 간편해졌다. 전체적으로 민족의 존망이 우려되는 암울한 시대 분위기에 걸맞게 흰색과 어두운 색 위주로 소박한 차림새였다. 그래서 멋을 내기 위해 장식을 화려하게 한다든지 하는 것은 구시대의 유물로 생각되는 분위기였다.

이러한 분위기에 변화가 나타나는 것은 국민정부가 중국을 통일한 1920년대 말 이후였다. 청왕조시대에 소수인 만주족 여성이 입던 치파오旗袍[●]를 몸의 굴곡이 드러나도록 변형시킨 의상이 유행하면서 의복을 통해 멋을 추구하는 모습이 보이기 시작한 것이다. 본래 만주족 여성들이 입던 치파오는 치렁치렁하게 길고 품이 넓어 몸매를 전혀 드러내지 않는 남성의 두루마기와 비슷한 원피스형 옷이었다. 활동에 필요한 옆트임이 있지만 안에 바지를 입고 있기 때문에 노출은 없었다. 그러던 것이 허리가 잘록 들어가고 소매도 꼭 낀 형태로 유행에 따라 짧아지고 심지어 민소매까지 나타났다. 길이도 무릎길이로 올라가고 길이가 긴 경우에도 옆트임이 있어 속바지 없이 착용한 치파오는 여성의 몸매의 굴곡을 드러낼 뿐 아니라 맨 다리 모습까지 슬쩍슬쩍 내보이는 옷이 되었다.

치파오
치파오는 기인旗人의 의복이란 의미인데 청조가 팔기제를 통해 만주인을 기旗에 소속시킨 데서 유래하며, 만주족 여성의 헐렁한 두루마기처럼 생긴 복장을 지칭하는 용어가 되었다. 만주 여성들은 발까지 내려오는 긴 치마의 옆을 길게 터서 말을 타거나 노동에 종사할 때는 옷자락을 올려 몸에 동여맬 수 있게 하고 그 속에 바지를 입었다. 중화민국시대에 들어 변형된 치파오가 나오면서 몸에 꼭 끼고 소매가 짧아진 원피스형이 유행했고 오늘날 중국 여성의 전통적인 복장의 대명사로 알려지게 되었다.

치파오를 차려입은 만주족 여성
청조의 치파오는 헐렁하여 몸매를 드러내지 않는 형태였다. 민국시대에 들어오게 되면 곡선미를 드러내고 팔다리를 노출하는 식으로 변형된 치파오로 바뀐다.

변형된 치파오와 하이힐의 유행은 복식상에서의 중국과 서구의 만남을 절묘하게 보여 준다. 또 더 이상 만주족의 복식이라 해 치파오를 거부하지 않고 신체의 굴곡을 아름답게 표현하는 복식으로 변형시켜 중국 여성들이 착용하기 시작한 것은 그만큼 자신감을 보여 준 것이기도 하다. 이제 지배층이 아니라 소수민족의 지위로 떨어진 만주족은 더 이상 경외나 비판의 대상이 아니고 중국의 다양한 전통을 구성하는 존재가 되었다. 그리고 무조건적인 서구 복식의 채용이 아니라 서구의 영향을 받아 중국 복식을 변형시켜 실용성과 심미성을 동시에 추구하는 모습에서도 서구문물의 무분별한 수용에 대한 비판적 자세가 엿보인다. 이 시대에 브래지어가 도입되고 그동안 꽁꽁 묶여 왔던 가슴을 풀어놓게 되면서 여성의 신체는 완전히 해방되고 의복은 신체의 멋을 표현하는 도구가 되었다.

같은 민국시대에 남성의 복장에도 변화가 나타났다. 무엇보다도 청왕조 때와 같이 복식상으로 관리와 평민간의 구별이 뚜렷이 드러나는 일이 없어진 것이 큰 변화였다. 군인이나 경찰같이 제복을 착용함으로써 직업이 드러나는 일은 있지만 사생활에선 더 이상 복식을 통한 차별은 없어진 것도 공화국의 특징이었다. 물론 연령이나 성격, 직업에 따른 구별이나 아침저녁의 복장 차이, 예복과 일상복의 차이, 도시와 시골 주민의 차이는 있었다. 예컨대 군인과 경찰의 제복은 그들의 계급을 보여 주었다. 중년층이라거나 공무원들이 교제시에 입는 복식은 전통적인 형태에 가까워서 두루마기와 같이 헐렁한 장포長袍 위에 마고자 비슷한 마괘馬褂를 입고 소모를 쓰고 안에 바지를 입었다. 이 경우 신발은 베나 면화로 만든 것을 신었다. 아예 양복에 가죽구두를 입고 차양 달린 예모를 쓴 도시의 남성들도 있었다. 그런가 하면 청년, 학생들은 일본을 거쳐 들어온 유럽식 제복을 모델

변형된 치파오

민소매에 몸매의 굴곡을 드러낸 화려한 무늬의 치파오를 입고 있는 1930년대의 세련된 여성. 파마한 머리 모습은 단순한 단발에서 한걸음 더 나아가 유행의 첨단을 걷는 여성의 모습을 보여 준다.

로 해 만든, 상의 윗가슴에 호주머니가 하나 달린 학생복을 입기도 했다.

중국식과 서구식의 절충으로 폭이 좁은 양복바지 위에 장포를 걸쳐 입고 서구식 예모와 가죽구두를 착용하는 것도 유행했다. 손문이 즐겨 입었다고 해 중산복이라 이름 붙여진 독특한 복식도 있었다. 학생복을 기초로 변형한 것으로, 상의에는 예禮, 의義, 염廉, 치恥를 상징하는 네 개의 주머니가 달렸고 5권분립을 상징해 앞부분은 다섯 개의 단추로 여미게 되었다. 또 소매부리에는 삼민주의를 상징하는 세 개의 단추가 달려 있었다. 양복의 기본형식에 중국의 전통의식을 가미했다는 이 복식은 국민정부의 관리들이 즐겨 착용했고 둥근 차양이 달린 모자가 어울렸다. 시골의 농민들은 여전히 넓은 옷깃의 윗도리에 중국식 바지를 입고 생활했다.

민국시기의 중서中西가 혼재된 다양한 의생활은 중화인민공화국에 들어서 몇 차례 곡절을 겪었다. 서구사회에 모택동복으로 알려진 인민복이 남녀 모두의 복식으로 나타났다. 5·4운동시기의 소박하고도 금욕적인 복식이 유행하게 된 것이다. 1950년대 초반에는 변형된 치파오라든지 서구식 하이힐, 모피코트 같은 것도 남아 있었지만 치파오는 점차 부패의 상징으로 여겨져 대륙에서는 자취를 감추고 홍콩 등지로 유행이 옮겨졌다. 백화제방운동으로 한때 패션에 대한 관심이 꽃피는 듯했으나 뒤를 이은 대약진운동 때부터 부르주아적이라고 불리운 패션은 사라져 갔다. 문화대혁명기에 오게 되면 다양한 옷차림은 더욱 찾아보기 힘들게 되었다. 몸에 꼭 맞거나 길다란 옷, 멋을 부린 옷을 입은 사람이 홍위병의 눈에 띄면 가위질을 당했다는 회고담도 나온다. 문화대혁명의 종결과 4개 현대화노선이 선포된 뒤 다시 밝은 색깔의 복식이 등장하고 다양한 형태의 의생활이 재개되었다.

의생활 외에 주생활과 식생활도 변화했다. 노동자와 농민의 주거는 여전히 전통적인 형태가 많았지만 양회洋灰 지붕, 양회 담과 같이 새로운 재료가 이용되었다. 도시의 부유한 집에서는 서구식 내장을 갖춘 양식 건물을 지었고 1930년대의 상해에는 아시아에서 가장 높은 24층짜리 호텔건물이 들어서서 호화로운 객실을 자랑했다. 노동자, 농민의 궁핍한 가옥과 부유층의 신식 주거는 빈부격차를 그대로 보여 주었다. 식생활에서도 역시 부유한 계

상해의 서구식 주택 내부의 모습

층의 사람들은 중국식 음식 외에 양식을 즐기기 시작했다. 식생활이나 주생활도 의생활의 경우와 마찬가지로 중화인민공화국에 들어와서 사회에 널리 퍼진 평균주의적인 모습을 보여 주었다. 이를테면 부호의 큰 집을 여러 세대가 나누어 거주하는 식이었다. 문화대혁명의 종결에 이르기까지 굴절을 겪은 식생활과 주생활 분야에서도 개혁개방 이후 본격적인 서구화의 열풍이 불고 있다.

여가생활의 변화

서구인, 서구문화와의 접촉은 자연히 중국인의 여가생활에도 새로운 변화를 가져다주었다. 중화민국에 들어서 인구가 조밀한 도시가 증가하고 또 도시 안에 경제적인 능력과 여가를 가진 사람들이 늘어나면서 대도시에는 오락을 즐길 수 있는 공공의 장소가 크게 늘어났다. 여성해방의 결과 사회 활동에 참여하기 시작한 여성들이 공공의 오락장소에 출현하게 되면서 여가생활이 풍요로워진 측면도 있었다. 남녀가 어울려 사교춤을 춘다든지 음악회나 다과회를 여는 모습이 보이고, 경극 공연장이나 영화관, 극장에 여성이 출입했다.

북경에서 발전했다고 해 경극이란 명칭을 가지고 있는 대표적인 전통 무대극은 청조 말기인 1830년대부터 시작해 민국시대 내내 도시와 농촌을 막론하고 대중적인 인기를 끌었다. 노래, 대사, 동작, 액션으로 구성되어 종합예술극이라고 할 수 있는 경극의 극본은 대개 역사에서 소재를 딴 이야기에서 줄거리를 취하고 있었다. 상징적인 연기형식으로 상황이나 행동을 보여주기 때문에 무대장치가 필요 없는 반면 의상과 화장이 화려했다. 같은 이름의 영화로 유명해진 「패왕별희覇王別姬」는 제목의 뜻 그대로 초楚패왕 항우와 애첩 우희의 작별을 그린 것이다. 패왕이 유방의 한나라 군사에게 패한 뒤 애첩 우희가 칼춤을 추다가 자진하고 패왕도 오강에서 자결한다는 내용이다. 여기서 알 수 있듯이 경극에 대중이 매료된 것은 우선은 익숙한 이야기 구조에 화려한 볼거리가 첨가됨으로써 대중의 이목을 사로잡았기 때문인 것 같다.

중화인민공화국에 들어서면서 제왕, 영웅호걸 이야기의 '봉건성'이 문제시되면서 극본 내용의 현대화를 추구했다. 1960년대 중반 이후 주류로 정착한 현대 경극에서는 인민의 영웅을 주인공으로 해 내용이나 인물이 현대화하면서 상징적인 양식보다는 사실적인 연기가 늘었다. 무대장치를 사용하고 보통 1시간 정도인 전통 경극보다 공연시간이 늘어나 2~3시간짜리가 되었다. 전통시대 여자 역을 전문으로 맡아 하던 남자 배우가 사라지고 얼굴에 특정한 선을 그리던 분장법도 사라졌다. 그러나 개혁개방이 시작된 1980년대 이후에는 전통예술 보호 차원에서 경극의 고유형태를 복원시키려는 노력도 나타나고 있다.

경극과 아울러 도시의 대중에게 인기를 끈 것은 영화였다. 상해와 같은 중국 대도시에 영화

「패왕별희」
중국에서 인기 있는 경극의 하나인 「패왕별희」는 첸카이거 감독의 동명 영화로 유명해졌다. 사진은 「패왕별희」에 우희 역으로 출연하여 분장한 홍콩배우 장국영의 모습이다. 원래 경극의 여자 역은 남자 배우가 맡아서 했다. 매란방은 경극에서 여자 역을 맡은 남자 배우로 유명하다. 현대에 들어와서는 여자 역을 전문으로 맡는 남자 배우가 사라졌다.

가 처음 도입된 시기는 19세기 말[1896]로 서구의 관객이 영화를 즐기기 시작한 지 얼마 되지 않은 시점이었다. 군함이나 대포 같은 서구의 문물이 서구에서 이용된 지 상당 시간 후에 들어와서 공격적인 방법으로 중국의 낙후성을 폭로해 주었다면, 나온 지 얼마 되지 않은 이른 시기에 중국에 들어온 서구의 영화는 또 다른 형태로 중국인의 의식구조에 영향을 미쳤다. 서양에 관심이 많은 개항장의 중국 관객은 1920년대까지 중국시장을 압도적으로 점유하고 있던 외국, 그중에도 미국영화에 심취했다. 자신의 문화적 전통이나 정치개혁에 관심이 없는 상류층은 상업성이 짙고 이국적인 오락물인 외국영화를 즐겨 보았다. 외국의 상업영화는 중국문명의 후진성을 강조한 인종차별적인 내용이 많았는데 특히 일본의 식

영화 「인생」에 출연한 인기 여배우
완령옥(1934)

민지가 된 만주국의 수도에서 전쟁선전영화를 제작하던 기간에는 더욱 심했다. 영화의 상품성에 주목한 중국영화사도 등장해 상해가 중국영화오락 산업의 중심지로 되었다. 미국의 오락영화와 유사한 각종 양식의 영화가 대중의 흥미를 끌었다.

1930~1940년대에 오면 중국의 현실과 동떨어진 오락 위주의 상업영화 외에 사회비판적인 중국영화도 제작되기 시작했다. 진보적인 성향의 지식인, 예술가들이 영화가 대중적인 선전효과가 큰 표현매체임을 인식하고 사회현실을 영화 속에 담아내었기 때문이다. 강청江靑이 무명의 연극배우로서 영화에 조역으로 출연하면서 지식인 사이에 인기를 끈 것도 이 무렵의 일이었다. 그리고 도시 매춘부의 삶과 모성애를 그린 「신녀神女」[1934]＊가 상영되고 이 영화의 주인공으로 출연했던 유명한 여배우 완령옥阮玲玉＊이 신문의 스캔들 보도로 인해 '소문이 무섭다' 는 유언을 남기고 자살해 세상을 떠들썩하게 만든 사건도 일어났다. 그렇지만 중국의 상업영화나 현실비판적 영화 모두 기술력이나 자금 면에서 헐리우드영화와 경쟁할 정도는 되지 못했다.

「신녀」
오영강吳永剛 감독, 완령옥 주연의 무성영화. 상해에서 생계를 위해 몸을 파는 매춘부 여주인공의 모성애와 비극적인 생애를 그린 영화다.

완령옥
1920년대 후반부터 1935년 자살로 생을 마감할 때까지 상해의 영화계에서 주연급으로 많은 영화에 출연했다. 중국영화사상 가장 훌륭한 영화 중 하나로 꼽히는 「신녀」의 주인공을 맡은 외에 「세 명의 모던걸」, 「신여성」 등 수많은 히트작을 낳았다. 그는 두 번째 남자와 동거 중에 첫 번째 동거했던 남자에게 소송을 당한 사건으로 황색신문 지상에 자신의 사생활에 대한 온갖 소문이 떠돌자 스스로 목숨을 끊었다.

항일전쟁기에는 주요 도시가 일본군 점령지로 떨어지면서 일본의 선전 영화가 중국인들의 저항감을 불러일으켰다. 이 시기에는 유성영화 덕분에 표준중국어가 확산된 것이 주목된다. 표준중국어라는 공통의 언어에는 일본의 점령에서 벗어나, 통일되고 강력한 중국을 건설하고자 하는 중국인의 염원이 담겨 있었기 때문이다. 항전기와 내전기에 중국공산당은 영화를 정치선전도구로 활용했고 해방 후 상해 등지에서는 장개석정권의 통제에도 불구하고 항전기와 내전기의 참상을 생생하게 그리는 현실비판적인 영화가 제작되었다. 국민정부에 반발하는 정서가 가득한 영화의 존재는 결과적으로 내전기 국민정부의 패배에 기여했다. 도시의 민심 이반이 장개석의 국민정부가 대륙에서 패배한 원인 중의 하나로 거론되고 있는데, 바로 이 시기 도시의 민심에 영화가 미친 영향이 컸기 때문이다.

중화인민공화국의 수립 이후 압도적인 극장 점유율을 보이던 미국영화와 상해에서 제작된 상업영화는 시장에서 밀려났다. 항일전쟁기 연안의 열악한 환경에서 출발한 공산당의 영화는 해방 후 동북의 일본군 점령지에 세워졌던 영화촬영소를 장악한 뒤 기세를 올리기 시작했다. 이들의 영화는 내전의 확대와 더불어 북경으로, 그리고 상해를 포함한 양자강 유역으로 뻗어나갔다. 물량 면에서도 기왕의 영화 중심지인 상해를 능가했다. 영화의 고객층도 노동자, 농민으로 확대되었다. 해안의 공장 밀집지대에 다수의 극장이 설립되고 이동극장을 통해 내륙 도시나 작은 마을까지 영화가 들어갔기 때문이다. 중앙집권적인 통제하에 영화의 내용도 정치적 선전과 대중 계몽 위주로 변화했다. 이제 영화는 농민, 노동자, 도시 소자산계급, 병사들의 혁명적 잠재력을 이끌어내는 유효한 수단이 되었다.

백화제방, 백가쟁명의 쌍백(雙百)운동이 전개된 짧은 기간에 사회주의 리얼리즘, 반예술적인 관료주의에 대한 비판이 나왔지만 대안이 될 만한 작품이 나올 정도는 못 되었다. 뒤이어 대약진운동이 시작되면서 영화는 다시 혁명영웅 이야기를 통한 대중교육의 매체가 되었다. 문화대혁명기에 이르러서는 폭력적인 분위기 속에 영화촬영장이 문을 닫으면서 영화 제작편수가 감소하고 과거의 많은 영화들이 상영 금지되었다. 강청의 지원을 받아 현대 경극과 발레극을 영화화한 것이 이 시기의 특이한 점이었다. 또 이 시기 영화의 내용 역시 '주자파'에 대한 투쟁, 힘을 잃어 가고 있던 4인방 비판이라는 현실의 정치적 요구를 그대로 반영한 것이었다.

모택동이 사망하고 등소평 시대에 들어와 4개 현대화노선과 개혁개방이 표방된 뒤 영화도 다양화했다. 여전히 대중교육 매체로서의 역할에 충실한 영화들이 있는가 하면 비정치적인 오락영화와 애정영화에 이르기까지 다양한 장르의 영화가 제작되기 시작했다. 홍콩과 미국 등지의 영화도 수입이 되어 중국의 관객은 눈을 세계로 돌릴 수 있게 되었다. 이제 영화가 독립적인 예술형태로 자리 잡으면서 제5세대, 제6세대 감독들은 영화를 통해 자신들의 과거와 오늘에 대한 거침없는 발언을 하고 있고 이들의 작품은 국제사회에서도 인정받고 있다. 그러나 TV와 비디오, 게임, 인터넷과 같은 새로운 여가생활의 총아가 등장하면서 오늘날 관객의 관심은 영화관 이외의 곳으로 분산되고 있다.

사회생활의 전반적 변모

전통시대 중국사회에서 가장 기본적인 단위는 가족이었고 중국인 개개인에게 가장 큰 영향을 미친 것도 가족이었다. 그러므로 사회생활의 전반적인 변모를 살펴보기 위해서는 기왕의 가족제와 그를 중심으로 한 구사회의 질서가 변해 가는 과정을 검토할 필요가 있다. 3대나 때로 4대까지 한 울타리에서 사는 대가족을 이상적인 가정으로 생각하는 사회에서, 가족은 때로 한 개인의 삶의 원동력이 되기도 했지만 대부분은 족쇄가 되기 쉬웠다. 가족 내의 관계망을 떠나서는 아예 개인이란 존재가 없다시피 했기 때문이다. 가부장적인 대가족제하에서 가장 억압을 받은 여성은 물론이고 대개의 남성들도 개인으로서의 자주적인 권한을 행사하지 못했다. 그렇기 때문에 5·4운동기에 서구사상의 영향으로 개인의 자유가 제창되면서 남성 지식인들이 앞장서 개인의 자유와 존엄을 고취한 것이었다. 그중에도 일신상의

다관

주로 남자들이 소일하던 공공 휴식장소인 찻집을 일컫는다. 이곳에서 상행위, 혼담, 분규조정 등이 이루어졌다.

대사인 결혼문제를 스스로 결정하지 못하고 가장에게 맡겨야 한다는 점이 젊은이들에게는 특히 불만이었으므로 남녀교제와 결혼의 자유가 열렬한 관심사였다.

5·4운동기 이전에도 일상생활에서 남녀 간의 관계가 변화하는 모습이 나타나기는 했다. 신문 보도에 의하면 양무개혁이 시작된 1860~1870년대에 상해, 천진에서 남성들의 전유물이던 다관茶館, 공연장戱院 같은 오락장소에 여성이 출현하기 시작했다. 또 남녀가 한자리에서 교제하는 모습도 보도되었다. 물론 보도에 나타난 여성들이 양가집 여성들이라고 보기는 어려워서 전통적인 남녀유별의 관념이 깨질 정도는 아니었지만 새로운 풍경이었다.

그러던 것이 5·4운동 이후 여성의 사회참여 확대, 경제의 발전과 교통통신의 발달 등이 맞물려 도시 거주민 중에는 전통사회의 폐쇄된 생활방식에서 벗어나 자유로운 사교생활을 누리는 사람들이 나타났다. 특히 종래와 같이 결혼 당사자의 의사와 무관하게 가장이 매파를 통해 적당한 가문의 상대방을 선택해 결혼시키는 포판결혼을 배격하고 자유롭게 배우자를 구하려는 젊은이들의 사교활동이 활발해졌다.

물론 모든 젊은이가 다 그런 자유를 누릴 수는 없었다. 5·4운동이 한창이던 1919년 호남성의 한 신부는 부모가 강요한 결혼식 당일 신랑 집으로 가던 가마 속에서 칼로 자기 몸을 찔러서 자살했다. 또 신식 교육을 받은 여성들 중에는 부모의 결혼 강행에 반발해 가출한 경우도 있었다. 이들의 사례가 보도되고 전국 각지의 젊은이들의 반향을 크게 불러일으킨 것을 보면 당시 부모의 결혼 결정에 대한 반발이 얼마나 컸을 것인지 짐작이 간다. 그렇지만 보도된 도시의 소수 젊은이들의 사례보다는 여전히 인습을 묵묵히 좇는 젊은이들이 도시와 농촌을 막론하고 더욱 많았다. 특히 1930년대 들어 국민정부가 유교적 전통을 회복하려는 성격이 강한 신생활운동을 제창한 뒤에는 5·4운동기의 자유로운 분위기에서 퇴보한 듯한 분위기가 보인다. 그래서인지 1940년대의 정부 규정을 보면 장유유서와 남녀유별의 관념이 두드러지고 심지어 남자와 여자가 사적으로 자유롭게 만날 수 없도록 했으니 당시 사회 전체의 분위기가 짐작된다.

그렇기는 하지만 어쨌든 여성만이 지켜야 하는 것으로 여겨 온 정조에 대한 문제제기가 이루어지고 이혼과 재혼의 자유를 거론한다든지 일부일처를 내세워 전통적인 축첩에 반대하는 논조가 강해지면서 결혼에 대한 통념이 크게 변한 것은 사실이었다. 그리고 이러한 변화는 혼례 형식에서 가장 두드러지게 나타났다. 신정이 추진되고 있던 1900년대에 이미 신문에 공개 구혼을 하는 사례가 나타나 사람들의 이목을 끌기 시작했다. 천진과 상해의 일간지에 서양의 학문을 배운 천족 여성과 구식 혼례가 아니라 신식|서구식| 혼례를 올리고 싶다는 광고가 실린 것이다. 배우자의 조건으로 신식 교육 수혜자에 천족일 것을 명시한 것으로 보아 '재주 없는 것이 부덕婦德'이라는 전통적인 통념이 정면으로 도전받고 있는 것이다.

그렇지만 부모의 동의가 없을 경우 자식이 멋대로 결혼을 강행하면 평생 불효라는 죄명을 얻게 될 것이므로 부모와 맞서면서까

서양식 혼례

지 자유결혼을 실천에 옮긴 경우는 많지 않았다. 노신魯迅이나 호적胡適처럼 5·4운동에서 계몽의 선각자 역할을 한 이들이 홀어머니가 정해준 구식 여성과 마음에 없는 결혼을 수용한 것을 보아도 이런 분위기를 알 수 있다. 그렇기는 해도 이제 도시에서는 과거처럼 가장이 혼사를 초지일관 좌우할 수만은 없는 경우가 많아졌다. 혼례 형식에서 소위 문명혼례라 해 결혼 당사자가 중심이 되어 절차가 간소해진 신식 혼례를 치르는 것이 대도시의 새로운 풍속으로 자리 잡은 것을 통해서도 이를 알 수 있다.

신식 혼례는 자유연애를 토대로 한 것인데 청 말 신문에 보도된 실황이나 국민정부의 신식 혼례에 대한 규정을 보면 대체로 비슷했다. 즉 축가나 주악, 결혼 증서 낭독, 예물교환, 신랑신부의 맞절, 소개인과 증혼인證婚시I혼례의 증인I에 대한 신랑신부의 인사, 양가 어른에 대한 절, 내빈에 대한 인사, 저명인사나 증혼인의 연설 등이 있었다. 국민정부의 규정에서 식장의 모든 참가자가 국민당 기旗 및 국부인 손문의 사진을 향해 세 번의 국궁례I무릎 굽혀 절하기I를 하도록 되어 있는 점이 특이하다. 신식이라 해도 신랑신부가 양가 어른에 절을 한다든지 서로 맞절을 하는 것, 소개인의 존재를 규정한 것, 식후 연회를 여는 것 등은 전통 혼례의 요소가 남아 있는 부분이다. 아예 전통 의식과 서양식을 절충한 혼례도 있었는데 신식 의식을 채용하되 조상에게 제사를 올리고 웃어른에게 세 번 무릎 굽혀 절하고 같거나 아래 항렬의 친척들과 맞절하는 의식이 첨가되었다.

대체로 도시에선 신식과 절충형 혼례가 많았는데 때로는 간단히 다과회 정도로 혼례를 대체하거나 신문에 결혼을 공포하기만 한다든지 합동혼례를 하는 경우도 있었다. 폐쇄된 내륙지방에서는 아직도 혼주와 중매인, 점술가의 역할이 중요한 비중을 차지하고 육례를 갖추느라 재력이 필요한 구식 혼례를 치렀지만 구식 혼례도 새로운 관념의 영향을 받아 어느 정도 간소화하는 방향으로 변했다.

기타 혼인과 관련해 중대한 변화가 있었던 부분은 이혼과 축첩문제였다. 근대적인 법률체계가 세워지기 시작한 1920년대부터 조건부 이혼이 논의되었고 국민정부 시기에 법률규정이 마련되었다. 민법에 규정한 이혼조건으로는 중혼이라든지 간통, 학대, 불치병 등 10개 항목이 있었다. 가령 남편은 물론이고 시부모의 학대를 받는 경우에도 아내가 법원에 이혼을 제출할 수 있게 되었다. 이혼을 자유롭게 하게 되면 풍속이 타락할 것이라는 우려로 인한 제약이 있었지만 일단 자신의 의사와 관계없이 이루어진 결혼을 해제할 길이 생겼다. 그래서 도시에선 이혼 건수도 늘었다. 예컨대 북평지방법원 민사법정의 통계에 의하면 1929년 10월부터 1930년 9월까지 1년간 974건의 이혼안건 중에 법원의 판결로 이혼한 것이 610건이었는데 부인이 제기해 남편과 이혼한 것이 528건으로 9/10를 차지했다. 과거에는 참고 살았을 여성들의 태도 변화가 엿보인다.

물론 농촌에서는 이혼이 아주 드물었다. 부모가 결정한 혼인에 불만을 품고 이혼을 제의하더라도 주위의 질책을 받아서 성공하기 힘들었기 때문이다. 또 아내가 못마땅할 경우 남편들은 아내를 친정으로 쫓아버리는 전통적인 출처出妻방식을 택할 수 있었기 때문이다. 게다가 농촌에서는 시가에서 아들이 죽어 과부가 된 며느리를 재가시키면서 경제적인 대가를 얻는 관행도 여전해 결혼이나 이혼에서 여성의 자주권이란 찾아보기 어려웠다. 결혼의 자유라는 구호를 내세웠던 중국공산당도 권력을 장악하기 전인 1920년대의 농촌에서는 어쩔 수가 없었다. 즉 1920년대 광동성에서 소비에트 정부를 세우려던 공산당원들은 부모가 정해준 포판결혼을 정면으로 부정하지 못했다. 농촌의 상당수 농민들이 아내를 구하기 어려운 상황이었으므로 농민협회에 소속된 남성 농민들은 아내 쪽의 이혼 요구에 강하게 반발할 수밖에 없었다. 그래서 이혼의 자유를 포함한 부녀해방협회 여성들의 여성 인권에 관한 요구는 껄끄럽게 여겨졌다. 무장 자위에 필요한 남성 농민들을 동원하기 위해서라도 여성의 이혼 요구를 수용하기 어려운 상황이었다. 결국 농촌 여성의 인권이 아직까지는 혁명의 대의에 밀려 그늘에서 잠자고 있었음을 알 수 있다.

당시 보편적으로 존재하던 축첩문제에 대해서는 일부일처의 원칙을 확실히 했던 공산당이 국민정부와 차별적인 모습을 보였다. 국민정부 치하에서는 명문으로 축첩을 할 수 있다는 규정은 없었지만 첩이 낳은 서자를 승인했기 때문이다. 또 법률상 중혼죄의 규정이 있었지만 축첩을 결혼이라 보지 않아서 처 외에 다시 첩을 들여도 중혼죄가 성립하지 않았기 때문이다. 그래서 부유한 사람들은 여전히 축첩을 했다. 국민당과 공산당의 내전기에 동북지역 금주錦州에서 학교를 다니던 한 여학생은 첩을 구하러 학교에 찾아오는 국민군 장교들에 대한 혐오감이 일부 원인이 되어 결국 공산당을 도와 지하활동을 했다는 회고가 있다. 여기서도 국민정부의 관리, 장교 사이에 축첩이 보편적인 관행이었음을 알 수 있다. 그렇기는 하지만 대체로 예전처럼 축첩을 부의 상징으로 당연시하는 관행은 서서히 약화되었다.

1930년대에 들어 공산당이 권력을 장악한 소비에트정부에서는 결혼문제가 국민정부 지배지와 다른 양상을 보였다. 중화인민공화국 수립 이후 서방의 여권주의자들이 중국 여성들은 '하늘의 절반'을 떠안고 있는 사회적 지위를 가진다고 찬탄했는데 그 기원이 이미 이 시기에 나타났다. 즉 1934년에 제정된 「중화소비에트공화국혼인법」에서는 결혼의 자유, 일부일처제, 여성과 아동권익 보호의 3대원칙을 분명히 했다. 이제 부모가 강제하는 결혼包辦婚姻, 매매혼 등이 폐지되고 쌍방의 자유의사가 필수였다. 결혼수속에서는 소비에트에 가서 등기를 해 결혼증을 수령하고 신랑 측에서 신부집안에 주는 사례금이라든가 신부를 맞아들이는 예식을 폐지하도록 했다. 최

본처와 첩 한 명을 함께 데리고 찍은 농촌 가정의 가족사진(1920년대)

초로 등기제도를 만들어 결혼을 정부가 관리하게 된 것이다. 이혼의 자유도 인정되고 등기제도를 실행하도록 했다. 여성과 아동권익 보호 원칙에 따라 이혼 후 아내는 일정한 재산권을 가지며 어린아이나 태중의 아이를 양육할 일차적인 권리를 가졌다. 국민정부의 민법규정에서 이혼 후 아이는 원칙적으로 아버지 소유로 한 것과 크게 다른 점이다.

항일전쟁기로 들어가서 공산당은 소비에트를 취소하고 항일근거지를 늘려갔는데, 이때 근거지마다 반포한 결혼에 관한 조례를 보면 기왕의 규정에서 조금씩 달라졌다. 즉, 3대원칙 중 여성과 아동 권익 보호가 남녀평등으로 바뀌었다. 혼인 중과 이혼 뒤의 권익에서 남녀가 평등하다는 것인데 실질적으로는 소비에트시기에 이혼한 아내 쪽을 우선적으로 보호하던 것에서 한발 뒤로 물러난 것이었다. 농촌지역의 혼인습속에 대해서도 어느 정도 수용해 공개적인 혼인의식을 치를 수도 있게 되었다.

중화인민공화국이 수립되고 결혼과 이혼의 자유가 보장되는 새로운 혼인법이 나오면서 과거에 부모가 강제한 결혼이나 매매혼으로 고통받고 있던 사람들이 대거 이혼하는 사태가 나타났다. 결혼은 자신의 의지에 따라 하는 것이라는 통념이 자리 잡기 시작한 것이다. 또 가족제의 일반적인 형태는 핵가족이 되었다. 농촌의 문맹 여성들이 야학 등을 통해 문자를 터득하고 각종 조직에 참여하면서 전통적으로 부권 중심적이던 농촌 가정에서도 여성의 발언권이 강해졌다. 가정 내 남녀평등의 길로 나아가기 시작한 것이다. 도시의 여성들도 과거와 비교가 되지 않을 정도로 취업률이 높아졌고 소련식의 직장 탁아소가 늘어났다. 초기에는 여성이 가사노동과 직업활동을 겸해야 하는 부담을 졌지만 차츰 남성의 가사 분담률이 높아졌다. 한편으로 여성의 사회참여 증가와 더불어 혁명업무의 필요상 남편과 아내가 각자 떨어져 살아야 하는 가족의 비율이 늘어나는 문제점도 생겨났다.

아직 점진적인 사회주의화를 표방한 건국 초기에는 가정이 어느 정도 사적인 공간으로 기능했지만 점점 국가가 가정과 개인을 직접 장악하기 시작했다. 한 개인이 소속한 단위는 그 개인의 직업뿐 아니라 건강, 주거문제도 해결해 주고 심지어 자녀의 탁아소와 학교까지 책임졌다. 이를테면 한 개인의 평생을 보장해 준 것이다. 개인은 자신의 가정보다도 자신이 속한 단위라는 큰 조직에 더 의존하게 되었고 단위에 대한 충성이 가정에 대한 충성을 대치하게 되었다. 어린아이들은 탁아소, 유아원부터 학교에 이르기까지 공공의 교육기관에서 사회주의의 이상을 배웠다.

일체의 사적인 이해관계를 배제하고 공공의 이익을 위해 헌신할 것을 배운 새 세대는 전통적인 가족중심의 문화에 익숙한 조부모나 부모세대를 낙후된 세대라고 비판하게 되었다. 1950년대 말부터 진학이나 취업 등에서 불평등한 대우를 받게 된 지주, 자본가의 자녀들은 가정 내에서 부모, 조부모를 상대로 사상투쟁을 전개했다. 맹목적인 효도는 '봉건적' 도덕관념이라고 규정되었다. 문혁기에 이르게 되면 한 개인을 평가함에 있어서 개인의 능력보다 출신이 더욱 중요한 요인이 되었다. 자신의 출신으로 인해 곤경에 처한 청소년들이 초기 홍위병에 많이 가담했다는 분석도 있다.

그러나 대약진운동과 인민공사의 실패 이후에 가정의 지위를 국가가 대체하면서 생산의욕이 저하되었다는 사실이 드러났다. 그리하여 개혁개방 이후 가족이 농업경영의 책임을 지는 주체로 설정되면서 농업생산력이 향상되었다. 문혁기에 정점에 달한 금욕주의도 부정되었다. 가정의 소중함이 다시 일깨워지기 시작했다. 인구문제를 해결하기 위해 1970년대부터 시작된 가족계획정책이 확대되어 도시에서는 1979년부터, 농촌에서는 1985년부터 한 자녀 갖기 정책이 추진되면서 전통적인 남존여비의 관념도 많이 수정되었다.

20세기 초 개혁가나 혁명가가 이구동성으로 전통적인 중국인의 가족관념 내지 가족제를 비판한 것은 가족에 대한 충성이 사적인 이해관계만을 중시하게 만들어 공적인 대의를 위해 헌신하는 국민을 형성하지 못하고 있다는 자각 때문이었다. 5·4운동기의 지식인들이 가족제를 부정하고 개인의 자유를 부르짖은 것도 궁극적으로는 민주적인 사회를 향한 갈망 때문이었다. 그러나 막상 중화인민공화국 건국 후 개인에 대한 가족의 구속력이 사라지고 공을 위해 사를 버린 개인의 형상이 출현했음에도 불구하고 사회의 민주화와 부강한 국가라는 목표와는 거리가 멀었다.

가정이 다시 중시된 개혁개방 이후의 중국사회에 드러난 현상이 이상에 가까우냐 하면 그것은 더욱 아니었다. 모든 가정에 무차별로 불어닥친 시장경제와 화폐경제의 파도는 거의 배금주의의 수준을 보여 주면서 구사회의 잔재를 부활시키고 있다. '작은 황제小皇帝'*로 불리는 외동아들과 외동딸들이 어른들의 맹목적인 애정 속에서 이기적인 인물로 성장하여 국가건설에 보탬이 되지 못할 것이란 우려가 나타나고 있다. 허례허식이 많은 낡은 혼례의 부활과 배금주의적 결혼풍속도, 직업사회에서의 여성차별에 대한 개탄의 소리도 높아지고 있다. 이 모든 우려와 개탄의 목소리는 차별과 불평등을 없애기 위해 1세기 이상 분투해 온 중국사회에서 구질서가 되살아나는 게 아닌가 하는 의구심을 반영한다. 그러나 우려의 목소리가 있다는 것은 개선의 여지가 있다는 표지이기도 하므로 앞으로의 전개를 지켜볼 필요가 있겠다.

작은 황제
가족계획정책으로 인해 각 가정마다 아이를 하나씩만 낳게 되자 부모와 조부모, 외조부모 모두 아이 하나만을 바라보게 되어 아이를 지나치게 과보호하게 되었다. 원하는 것은 무엇이든 이뤄지게 되어 마치 어린 황제와도 같다는 의미로 현대 중국의 외동아이에게 소황제란 호칭이 붙었다.

부록_ 왕조 흐름도

상 商
(자씨子氏)

1 탕 湯 ─ 2 외병 外丙 ─ 4 태갑 太甲 ─ 5 옥정 沃丁 ─ 7 소갑 小甲 ─ 10 중정 仲丁
　　　　 3 중임 仲任　　　　　 6 대경 大庚 ─ 8 옹기 雍己 ─ 11 외임 外任
　　　　　　　　　　　　　　　　　　　　　 9 태무 太戊 ─ 12 하단갑 河亶甲 ─ 13 조을 祖乙 ─ 14 조신 祖辛 ───
　　　　　　　　　　　　　　　　　　　　　　　　　　　　　　　　　　　　　 16 옥갑 沃甲 ───

서주 西周
(희씨姬氏)

1 무왕 武王
2 성왕 成王
　　　　　　　　　　　　　　　 8 효왕 孝王
3 강왕 康王 ─ 4 소왕 昭王 ─ 5 목왕 穆王 ─ 6 공왕 共王 ─ 7 의왕 懿王 ─ 9 이왕 夷王 ─ 10 여왕 厲王 ─ 11 선왕 宣王 ─ 12 유왕 幽王

진 秦
(영씨嬴氏)

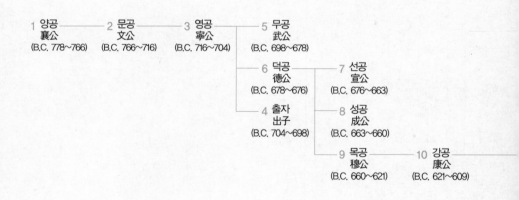

1 양공 襄公 (B.C. 778~766) ─ 2 문공 文公 (B.C. 766~716) ─ 3 영공 寧公 (B.C. 716~704) ─ 5 무공 武公 (B.C. 698~678)
　　　　　　　　　　　　　　　　　　　　　　　　　　　　　　　　　　6 덕공 德公 (B.C. 678~676) ─ 7 선공 宣公 (B.C. 676~663)
　　　　　　　　　　　　　　　　　　　　　　　　　　　　　　　　　　4 출자 出子 (B.C. 704~698) ─ 8 성공 成公 (B.C. 663~660)
　　　9 목공 穆公 (B.C. 660~621) ─ 10 강공 康公 (B.C. 621~609) ───

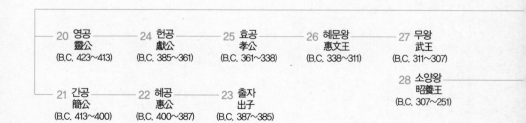

20 영공 靈公 (B.C. 423~413) ─ 24 헌공 獻公 (B.C. 385~361) ─ 25 효공 孝公 (B.C. 361~338) ─ 26 혜문왕 惠文王 (B.C. 338~311) ─ 27 무왕 武王 (B.C. 311~307)
　　　28 소양왕 昭養王 (B.C. 307~251) ───
21 간공 簡公 (B.C. 413~400) ─ 22 혜공 惠公 (B.C. 400~387) ─ 23 출자 出子 (B.C. 387~385)

* 왕조명 옆에 괄호 친 부분은 각 왕조의 성씨를 가리킨다.

15 조정 祖丁 — 18 양갑 陽甲

17 남경 南庚 — 19 반경 盤庚

20 소신 小辛

21 소을 小乙 — 22 무정 武丁 — 23 조경 祖庚 — 25 늠신 廩辛

24 조갑 祖甲 — 26 경정 庚丁 — 27 무을 武乙 — 28 태정 太丁 — 29 제을 帝乙

30 제신 帝辛

13 평왕 平王

11 공공 共公 (B.C. 609~604) — 12 환공 桓公 (B.C. 604~577) — 13 경공 景公 (B.C. 577~537) — 14 애공 哀公 (B.C. 537~501) — 15 혜공 惠公 (B.C. 501~491) — 16 도공 悼公 (B.C. 491~477) — 17 여공공 厲共公 (B.C. 477~443) — 18 조공 鐕公 (B.C. 443~427)

19 회공 懷公 (B.C. 427~423)

29 효문왕 孝文王 (B.C. 251~250) — 30 장양왕 莊養王 (B.C. 250~247) — 31 시황제 始皇帝 (B.C. 247~210) — 33 진왕 秦王 (B.C. 207)

32 2세황제 二世皇帝 (B.C. 210~207)

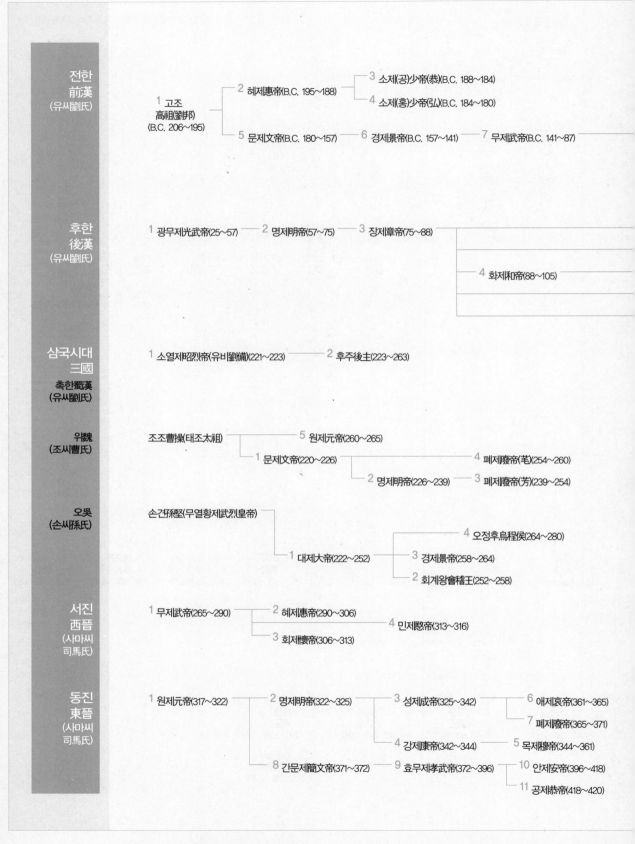

전한
前漢
(유씨劉氏)

1 고조
高祖(劉邦)
(B.C. 206~195)

2 혜제惠帝(B.C. 195~188)

3 소제(공)少帝(恭)(B.C. 188~184)

4 소제(홍)少帝(弘)(B.C. 184~180)

5 문제文帝(B.C. 180~157)

6 경제景帝(B.C. 157~141)

7 무제武帝(B.C. 141~87)

후한
後漢
(유씨劉氏)

1 광무제光武帝(25~57)

2 명제明帝(57~75)

3 장제章帝(75~88)

4 화제和帝(88~105)

삼국시대
三國
촉한蜀漢
(유씨劉氏)

1 소열제昭烈帝(유비劉備)(221~223)

2 후주後主(223~263)

위魏
(조씨曹氏)

조조曹操(태조太祖)

5 원제元帝(260~265)

1 문제文帝(220~226)

4 폐제廢帝(髦)(254~260)

2 명제明帝(226~239)

3 폐제廢帝(芳)(239~254)

오吳
(손씨孫氏)

손견孫堅(무열황제武烈皇帝)

1 대제大帝(222~252)

4 오정후烏程侯(264~280)

3 경제景帝(258~264)

2 회계왕會稽王(252~258)

서진
西晉
(사마씨
司馬氏)

1 무제武帝(265~290)

2 혜제惠帝(290~306)

4 민제愍帝(313~316)

3 회제懷帝(306~313)

동진
東晉
(사마씨
司馬氏)

1 원제元帝(317~322)

2 명제明帝(322~325)

3 성제成帝(325~342)

6 애제哀帝(361~365)

7 폐제廢帝(365~371)

4 강제康帝(342~344)

5 목제穆帝(344~361)

8 간문제簡文帝(371~372)

9 효무제孝武帝(372~396)

10 안제安帝(396~418)

11 공제恭帝(418~420)

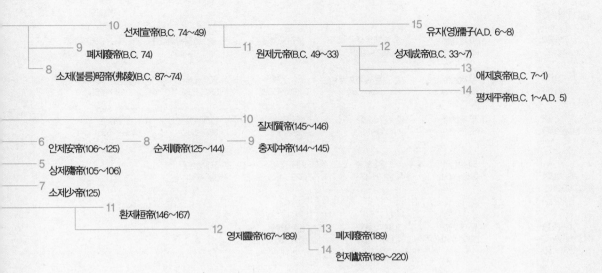

10 선제宣帝(B.C. 74~49)

15 유자(영)孺子(A.D. 6~8)

9 폐제廢帝(B.C. 74)

11 원제元帝(B.C. 49~33)

12 성제成帝(B.C. 33~7)

8 소제(불릉)昭帝(弗陵)(B.C. 87~74)

13 애제哀帝(B.C. 7~1)

14 평제平帝(B.C. 1~A.D. 5)

10 질제質帝(145~146)

6 안제安帝(106~125)

8 순제順帝(125~144)

9 충제冲帝(144~145)

5 상제殤帝(105~106)

7 소제少帝(125)

11 환제桓帝(146~167)

12 영제靈帝(167~189)

13 폐제廢帝(189)

14 헌제獻帝(189~220)

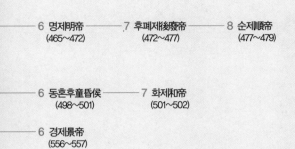

```
┌── 6 명제明帝 ──── 7 후폐제後廢帝 ──── 8 순제順帝
│     (465~472)        (472~477)          (477~479)

┌── 6 동혼후童昏侯 ──── 7 화제和帝
│     (498~501)          (501~502)

┌── 6 경제景帝
      (556~557)
```

```
┌── 6 유주幼主
      (577)
```

```
── 4 공제恭帝(대왕代王)(617~618)
```

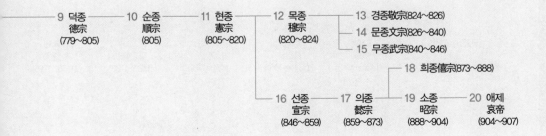

```
┌── 9 덕종 ──── 10 순종 ──── 11 현종 ──── 12 목종 ──┬── 13 경종敬宗(824~826)
      德宗          順宗          憲宗          穆宗    ├── 14 문종文宗(826~840)
   (779~805)       (805)      (805~820)     (820~824)  └── 15 무종武宗(840~846)

                                                          ┌── 18 희종僖宗(873~888)
                                                          │
                              └── 16 선종 ──── 17 의종 ──┴── 19 소종 ──── 20 애제
                                    宣宗          懿宗          昭宗          哀帝
                                 (846~859)     (859~873)     (888~904)     (904~907)
```

북송北宋
(조씨趙氏)

1 태조太祖(960~976) —— 2 태종太宗(976~997) —— 3 진종眞宗(997~1022)

남송南宋
(조씨趙氏)

1 고종高宗(1127~1162) —— 2 효종孝宗(1162~1189) —— 3 광종光宗(1189~1194)

원元
(보르지기드씨
孛兒只斤氏)

1 칭기즈칸(1206~1227) —— 2 오고타이(1229~1241) —— 3 구유크(1246~1248)
4 몽케(1251~1259)
5 쿠빌라이(1260~1294)
10 태정제泰定帝(1323~1328)
7 무종武宗(1307~1311)
8 인종仁宗(1311~1320)
6 성종成宗(1294~1307)

명明
(주씨朱氏)

1 홍무제洪武帝(1368~1398) —— 2 혜제惠帝(1398~1402)
3 영락제永樂帝(1402~1424) —— 4 홍희제洪熙帝(1424~1425) —— 5 선덕제宣德帝(1425~1435)
6 정통제正統帝(1435~1449)
8 천순제天順帝(1457~1464)
7 경태제景泰帝(1449~1456)

청淸
(아이신지오로씨
愛新覺羅氏)

1 태조(누르하치)太祖(1616~1626) —— 2 태종太宗(1626~1643) —— 3 순치제順治帝(1643~1661) —— 4 강희제康熙帝(1661~1722) —— 5 옹정제雍正帝(1722~1735) —— 6 건륭제乾隆帝(1735~1795)

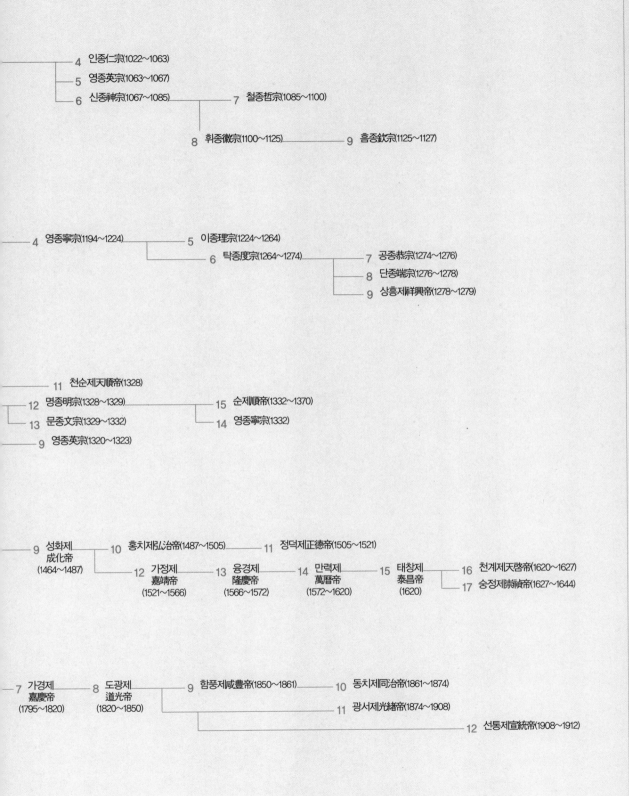

4 인종仁宗(1022~1063)
5 영종英宗(1063~1067)
6 신종神宗(1067~1085)
7 철종哲宗(1085~1100)
8 휘종徽宗(1100~1125)
9 흠종欽宗(1125~1127)

4 영종寧宗(1194~1224)
5 이종理宗(1224~1264)
6 탁종度宗(1264~1274)
7 공종恭宗(1274~1276)
8 단종端宗(1276~1278)
9 상흥제祥興帝(1278~1279)

11 천순제天順帝(1328)
12 명종明宗(1328~1329)
13 문종文宗(1329~1332)
15 순제順帝(1332~1370)
14 영종寧宗(1332)
9 영종英宗(1320~1323)

9 성화제
成化帝
(1464~1487)
10 홍치제弘治帝(1487~1505)
11 정덕제正德帝(1505~1521)
12 가정제
嘉靖帝
(1521~1566)
13 융경제
隆慶帝
(1566~1572)
14 만력제
萬曆帝
(1572~1620)
15 태창제
泰昌帝
(1620)
16 천계제天啓帝(1620~1627)
17 숭정제崇禎帝(1627~1644)

7 가경제
嘉慶帝
(1795~1820)
8 도광제
道光帝
(1820~1850)
9 함풍제咸豊帝(1850~1861)
10 동치제同治帝(1861~1874)
11 광서제光緒帝(1874~1908)
12 선통제宣統帝(1908~1912)